Die sieben Knappheiten

Henrik Müller ist promovierter Volkswirt und leitender Redakteur des *manager magazins*. Für seine Arbeit wurde er mit zahlreichen Preisen ausgezeichnet. Er schreibt das Blog »Müllers Welt« und ist Autor mehrerer Bücher.

Henrik Müller

Die sieben Knappheiten

Wie sie unsere Zukunft bedrohen und was
wir ihnen entgegensetzen können

Campus Verlag
Frankfurt / New York

Bibliografische Information der Deutschen Nationalbibliothek.
Die Deutsche Nationalbibliothek verzeichnet diese Publikation in der
Deutschen Nationalbibliografie. Detaillierte bibliografische Daten
sind im Internet unter http://dnb.d-nb.de abrufbar.
ISBN 978-3-593-38686-7

Copyright © 2008 Campus Verlag GmbH, Frankfurt am Main
Umschlaggestaltung: Hißmann, Heilmann, Hamburg
Satz: Campus Verlag, Frankfurt am Main
Druck und Bindung: CPI–Ebner & Spiegel, Ulm
Gedruckt auf säurefreiem und chlorfrei gebleichtem Papier.
Printed in Germany

Besuchen Sie uns im Internet: www.campus.de

Inhalt

Einleitung

Irgendwann muss Schluss sein. Schluss mit all den Veränderungen und Zumutungen, Schluss mit Reformen, Verteilungskämpfen und Streit. Wer sehnt sich nicht nach Ruhe und Stabilität, nach Verlässlichkeit und Geborgenheit in diesen Zeiten? Es scheint, als wünschten sich viele einen kosmischen Trick, der die Zeit rückwärts laufen ließe: Die Welt möge sich wieder in jenen Ort zurückverwandeln, an dem wir vor 1980 geborenen Westler aufgewachsen sind, einen Ort, an dem das Leben geordnet und sicher war. Okay, es herrschte Kalter Krieg, es gab Studentenproteste, Terrorwellen und Rezessionen. Aber insgesamt war die Zeit zwischen 1950 und 1990 eine gemütliche Phase, so jedenfalls stellt sie sich in der Rückschau dar. Dort wollen wir wieder hin. Zurück zu einem Zustand, den wir für die Normalität halten.

Normalität, Stabilität, Sicherheit – dies sind keine Begriffe, die zur Gegenwart passen. Wir sind Zeugen und Teilnehmer einer Phase, die nur vergleichbar ist mit großen Umwälzungen der Weltgeschichte: mit der Industrialisierung, mit der Renaissance und der Völkerwanderung. Wir erleben einen Wandel, der so rasch und so tiefgreifend vor sich geht, wie wir es noch nie erfahren haben. Die Menschen empfinden diese Veränderungen als Bedrohung. Zukunftsängste machen sich breit. Überall im Westen haben die Bürger das Gefühl, es laufe etwas schief in dieser verrückten Welt. Eine große Mehrheit der US-Amerikaner ist der Meinung, ihr Land entwickle sich in die falsche Richtung.[1] Zwei Drittel der Europäer fürchten, die nächste Generation werde es schwerer haben im Leben als die heute Erwachsenen; in Deutschland sind es sogar mehr als 80 Prozent.[2]

Aber Hoffnungen auf eine Rückkehr zur geordneten Welt des späten 20. Jahrhunderts sind illusionär. Denn die Ära des großen Wandels beginnt gerade erst. Sie ist geprägt von drei großen Trends, die sich wechselseitig verstärken und überlagern:

Die *Globalisierung* tritt in ihre nächste Stufe; sich rasch entwickelnde Schwellenländer und Rohstoffexporteure fordern den Westen heraus. Autoritär regierte Staaten wie China und Russland gelangen zu Wohlstand und Macht, sie verändern die internationalen Spielregeln. Und sie konkurrieren aggressiv um das immer engere Angebot an Ressourcen. Die ökonomischen und gesellschaftlichen Veränderungen wiederum gefährden die politische Stabilität: in nicht-demokratischen Staaten, weil die Bürger mehr Mitspracherechte fordern; in hochentwickelten westlichen Ländern, weil die zunehmend ungleiche Verteilung der Einkommen, Vermögen und Chancen das Vertrauen ins freiheitliche politische und ökonomische System unterminiert. Konflikte, auf die die westlichen Länder nicht vorbereitet sind.

Der *demografische Wandel*, der lange absehbar war und über den schon viel gesprochen und geschrieben wurde, bestimmt ab jetzt tatsächlich die Realität. Die Alterung der Gesellschaften schreitet rasch voran. In den kommenden Jahrzehnten werden große Teile der Welt diese Entwicklung erleben: Sinkende Geburtenraten und steigende Lebenserwartung führen dazu, dass der Anteil der Menschen im produktivsten Alter schrumpft. Mit kaum zu überschätzenden Folgen für jeden Einzelnen.

Die *Klimakrise* spitzt sich zu. Auch wenn die Modellrechnungen der Forscher im Detail umstritten bleiben: Dass die Anreicherung der Atmosphäre mit Kohlendioxid und anderen Gasen die klimatischen Bedingungen auf der Erde beeinflusst, gilt inzwischen als gesicherte Erkenntnis. Der rasche Anstieg des Ressourcenverbrauchs und der Emissionen droht alle bisherigen Prognosen über den Klimawandel zu übertreffen. Während die Auswirkungen des Treibhauseffekts – Erwärmung, Dürren, Stürme, Überflutungen – nur allmählich spürbar werden, wirkt die Klimapolitik unmittelbar in der Gegenwart: Der Übergang zu klimaschonenderen Wirtschaftsstrukturen und Lebensweisen wird langwierig, teuer und ungemütlich.

Das Zusammenwirken dieser drei Großtrends beschert der Welt überraschende Wendungen. Die Rohstoffkrise zum Beispiel, die sich Anfang 2008 zuspitzte, hat in ihrer Intensität niemand vorhergesehen. Dass die Preise für Weizen, Reis oder Mais, für Rohöl, Eisenerz, Kupfer oder Rhodium sich binnen weniger Monate vervielfachen würden, dass Hunderte Millionen Menschen von Hunger bedroht sein würden, dass eine Art weltumspannender Handelskrieg um Rohstoffe ausbrechen würde – auf dem Radar der Prognostiker hatte das nicht aufgeleuchtet. Die Krise illustriert, wie die drei großen Trends zusammenwirken: Die derzeit günstige Demografie großer Schwellenländer (der Anteil der produktiven mittleren Generation ist nahe dem Maximum, bevor die Alterung auch dort einsetzt) treibt das Wirtschaftswachstum an. Der Wohlstand steigt, die Menschen verbrauchen mehr Energie, fragen mehr Produkte nach und ernähren sich aufwändiger. Kurz: Sie leben ressourcenintensiver als früher. Parallel dazu veranlasst der Klimawandel Europäer, Nordamerikaner und zunehmend auch viele Schwellenländer, Erdöl teils durch nachwachsende Rohstoffe zu ersetzen – Agrarprodukte werden nun nicht nur für die Lebensmittelproduktion genutzt, sondern auch zum Betrieb von Verbrennungsmotoren. Und Jahre der Dürre, insbesondere in Australien, haben zu Ernteausfällen geführt; auch dies mutmaßlich durch die Klimaveränderungen verursacht. Die Globalisierung wiederum übersetzt diese regionalen Phänomene in einen erdumspannenden Effekt: Die steigende Nachfrage nach Rohstoffen treibt die Preise weltweit in die Höhe; offene Finanzmärkte ziehen Anleger und Spekulanten an, die auf weiter steigende Preise setzen und die Rohstoffnachfrage zusätzlich anheizen, sodass die Preise noch stärker steigen ... und die Erwartung der Knappheit zur sich selbst erfüllenden Prophezeiung wird.

Derzeit ist wieder einmal von den »Grenzen des Wachstums« die Rede. So wie in den siebziger Jahren des 20. Jahrhunderts, als der Club of Rome seinen gleichnamigen Bericht vorlegte. Und klingt es angesichts der jüngsten Rohstoffkrise nicht überzeugend, dass die Erde heute, da sie von knapp 7 Milliarden Menschen bevölkert wird, nun endgültig überfordert sei?

Aus Sicht des Ökonomen ist die Formel von den »Grenzen des Wachstums« irreführend. Dass der Zuwachs des Wohlstands phasenweise an Grenzen stößt, dass die Nachfrage schneller steigt als das Angebot, was sich in steigenden Preisen und in höheren Inflationsraten niederschlägt und typischerweise in einer Rezession endet – das ist nichts Neues. Im Gegenteil, es ist eine normale Entwicklung im Laufe jedes Konjunkturzyklus – ein Phänomen von meist kurzer Dauer, das keine Strukturbrüche beschreibt, sondern eine Überhitzungsphase. Aber genau das durchlebt die Welt derzeit: einen Strukturbruch. Die drei Trends Globalisierung, demografische Wende und Klimakrise verändern die Gegenwart in vielerlei Dimensionen; die Engpässe bei der Versorgung mit Rohstoffen sind nur ein Ausdruck dieses Wandels.

Wohin führen die drei Megatrends auf längere Sicht? Dieses Buch sucht Antworten, indem es die große Frage auf das Grundproblem der Ökonomie übersetzt, und das lautet: Wie gehen Menschen mit Knappheiten um? Wenn etwas zunächst reichlich vorhanden ist, dann aber knapp wird, steigen typischerweise sein Wert, seine Wertschätzung und sein Preis. Dann verändern Menschen ihr Verhalten. Dann schaffen sie sich Institutionen, um den Knappheiten geordnet begegnen zu können. Knappheiten zwingen dazu, bisherige Gewissheiten in Frage zu stellen. Knappheiten stellen faktische Zwänge dar, auf die Einzelpersonen, Gesellschaften, Regierungen und Unternehmen reagieren *müssen*. Sie schaffen, was bloße Einsichten und moralische Appelle nicht zustande bringen.

Deshalb blickt dieses Buch in die Zukunft, indem es die Veränderungen anhand von *sieben Knappheiten* analysiert, nämlich:

Menschen. Das gab es noch nie in der Geschichte: Menschen im leistungsfähigsten Alter werden knapp, während die Weltbevölkerung absolut noch wächst. Beginnend in Mittel- und Osteuropa verändert sich die Alterszusammensetzung der Gesellschaften. Zwar gab es auch früher Phasen, in denen ganze Jahrgänge junger Männer ausgedünnt waren, weil viele in Kriegen ihr Leben lassen mussten. Doch diesmal ist die Entwicklung von Dauer, weil die Menschen weniger Kinder bekommen und parallel dazu die Lebenserwartung steigt. Eine solche Konstellation ist eine historisch neue Erfahrung. Eine Folge dieser Entwicklung: Das heutige Lebensmodell des Westens – überdehnte Jugend- und Ruhestandsphasen, relativ kurze Erwerbsphase – ist nicht zu halten.

Geist. Obwohl sich im Zuge der Globalisierung in den vergangenen zwei Jahrzehnten die Zahl der Menschen, die am internationalen Austausch teilnehmen, vervielfacht hat, ist bislang wenig wirklich Interessantes dabei herausgekommen, denn die allermeisten dieser neuen Globalisierungsteilnehmer sind kaum qualifiziert. Die offene Weltwirtschaft ist bislang eine ziemlich triste Veranstaltung, die sich darauf beschränkt, die immer gleichen Dinge zu tun, nur eben immer billiger. Knapp sind gebildete Menschen; knapp sind vor allem freie, offene

Geister. Eine Geist-reichere Globalisierung ist eine vielversprechende Vision. Der Weg dahin wird noch blockiert von vielen Defiziten, gerade in Deutschland.

Zeit. Die zweite Hälfte des 20. Jahrhunderts war für die westlichen Länder eine historisch außergewöhnlich vorteilhafte Phase. Eine günstige Demografie, eine rasche Industrialisierung mit sehr schnellen Produktivitätsfortschritten sowie die weitgehende Abwesenheit von wirtschaftlicher Konkurrenz aus ärmeren Ländern (wenn man von wenigen kleineren Modellnationen wie Südkorea und Singapur absieht) schufen die Grundlage für die westlichen Freizeitgesellschaften. Immer kürzere Arbeitszeiten, immer längere Ausbildungszeiten, immer früherer Ruhestand waren bei steigendem Einkommen möglich. Es ging gemächlich zu. Das Veränderungstempo ganzer Gesellschaften sank auf einschläferndes Niveau. Eine stabile Ära ermöglichte den Luxus der Langsamkeit. Vorbei: In einer beschleunigten Welt des härteren Wettbewerbs wird Zeit knapp – und das Leben hektischer.

Energie. Über die Knappheit von Energie ist seit den siebziger Jahren des 20. Jahrhunderts viel geredet worden, aber die beiden Ölkrisen damals waren politische Schocks, keine ökonomischen: Auf den Energiemärkten gab es Engpässe, weil das Kartell der OPEC willentlich das Angebot kürzte. Eine echte Mangelsituation blieb bis vor kurzem eine ferne Fata Morgana, die sich vielleicht nie materialisieren würde. Doch die Lage hat sich fundamental geändert – durch den Energiehunger der Schwellenländer, die die Nachfrage nach oben getrieben haben; durch die Erschöpfung erschlossener Vorkommen in Europa und Nordamerika; durch Investitionszurückhaltung in großen Förderländern wie Saudi-Arabien, Russland und dem Irak; durch den Klimawandel, der fossile Rohstoffe wie Kohle und Öl inzwischen ziemlich risikoreich erscheinen lässt. Energie – saubere, sichere Energie zumal – dürfte auf Jahrzehnte knapp und teuer bleiben. Mit dramatischen Folgen für die Wirtschafts- und Lebensweisen.

Macht. Dass die Welt in der zweiten Hälfte des 20. Jahrhunderts vergleichsweise stabil war, lag insbesondere an einer hohen Konzentration von Macht. Die USA – und mit großen Abstrichen die Sowjetunion – dominierten das System der Staaten: politisch, ökonomisch, militärisch, kulturell. Sie etablierten eine internationale Ordnung, schufen und stabilisierten Institutionen nach ihrem Gusto. Die Globalisierung, das Ende des ideologischen Gegensatzes zwischen West und Ost sowie der Aufstieg großer Schwellenländer, sorgen für eine Diffusion der Macht. Es gibt keine dominanten internationalen Ordnungsmächte mehr. Eine heikle Konstellation, denn zugleich gibt es drängende globale Probleme, die nur in internationaler Abstimmung gelöst werden können – von der krisenanfälligen Weltwirtschaft über den Klimawandel bis hin zur Bekämpfung von Kriminalität und Terror.

Boden. Es ist noch gar nicht lange her, da erschien die Erde den Menschen als schier unendlich großer Raum. Fast menschenleere Kontinente harrten der Entdeckung und Besiedlung; die Menschheit breitete sich aus, immer auf der Suche nach offenem Land, nach fruchtbaren Äckern und den darunterliegenden Bodenschätzen. Platz war stets reichlich vorhanden. Doch jetzt füllt sich der Planet mit menschlicher Aktivität, dafür sorgen die drei Megatrends. Die Metropolen, Knotenpunkte der global integrierten Ökonomie, wachsen stark; 2007 lebten erstmals mehr Menschen in Städten als auf dem Land. Auch die Nachfrage nach Acker- und Weideland steigt, weil mehr Nahrungsmittel und nachwachsende Rohstoffe gebraucht werden. Zugleich bedroht der Klimawandel nutzbare Flächen: Agrarböden werden durch sich ausbreitende Dürrezonen und Flutgebiete in Mitleidenschaft gezogen; die dicht besiedelten Küstenstreifen werden von Überflutungen und Stürmen heimgesucht, ganze Metropolen könnten bei einem Anstieg des Meeresspiegels unbewohnbar werden. Die Menschheit stößt vermutlich nicht an Grenzen des Wachstums, wohl aber an geografische Grenzen – es wird eng auf der Erde.

Wasser. Vielerorts verhalten sich die Menschen immer noch so, als sei Wasser ein frei verfügbares, im Überfluss vorhandenes Gut. Und dementsprechend gehen sie damit um: Flüsse, Seen und Meere werden hemmungslos verschmutzt; notwendige Investitionen in die Wasser- und Abwasserinfrastruktur unterbleiben, insbesondere in den rasch wachsenden Metropolen der Schwellenländer. In der Landwirtschaft setzen Subventionen und Handelsbeschränkungen absurde Anreize, Wasser zu vergeuden und die Grundwasserbestände auszubeuten, weil zum Beispiel wasserintensive Ackerfrüchte wie Reis in trockenen Gegenden angebaut werden. Die Menschen werden zahlreicher, sie verbrauchen mehr Agrarprodukte, allein deshalb bedarf es eines völlig neuen Aquamanagements.

Zusammen spannen die *sieben Knappheiten* ein völlig neues Koordinatensystem für die Erde auf: ökonomisch, gesellschaftlich, politisch, ökologisch. Die größten Gefahren für die Menschheit resultieren nicht direkt aus den heraufziehenden Knappheiten, sondern aus den Reaktionen darauf. So könnte die zunehmende Rivalität um natürliche Ressourcen weltumspannende atomare Kriege um Boden, Wasser oder Öl auslösen. Ein Armageddon-Szenario. Aber Individuen, Gesellschaften, Volkswirtschaften können durchaus den Wandel meistern. Es gibt jedenfalls keinen Grund anzunehmen, dass der Homo sapiens plötzlich nicht mehr in der Lage wäre, sich veränderten Umweltbedingungen anzupassen. Warum sollte er verlernt haben, was ihn in der bisherigen Geschichte auszeichnete – seine Lernfähigkeit und eine fortschreitende kulturelle Zähmung? Beides erleidet zwar immer wieder üble Rückschläge, aber es gibt auch einen langfristigen Fortschritt zum Besseren. Das stimmt hoffnungsfroh.

Bei der Anpassung hilft eine anthropologische Konstante: Wenn sich neue äußere Zwänge einstellen, reagieren Menschen durch neue Verhaltensweisen und neue Leitbilder. Gesellschaftliche Wertesysteme passen sich veränderten äußeren Bedingungen an: Das Unausweichliche wird als das Gute definiert, das Zivilisationsgefährdende wird mit Tabus belegt. Auf diese Weise verinnerlichen Menschen äußere Zwänge. Ein gesunder Charakterzug: Wenn man lernt zu wollen, was man ohnehin muss, lebt's sich leichter.

Welche Werte, Verhaltensweisen und Fähigkeiten erleichtern den Umgang mit den *sieben Knappheiten*? Mit dieser Frage befasst sich der zweite Teil des Buches: »Die sieben Tugenden«. Sie stellen eine Art Alltagsethik für das beginnende Zeitalter dar. In vielerlei Hinsicht bedeuten sie eine radikale Abkehr vom bisher Gewohnten:

- *Arbeit*, weil wir uns Freizeit und Ruhestand nicht mehr in gewohntem Umfang leisten können;
- *Sparsamkeit*, weil der materielle Konsum völlig aus dem Ruder gelaufen ist;

- *Kreativität*, weil langweilige Routinetätigkeiten den Wohlstand nicht mehr sichern;
- *Offenheit*, weil der ängstliche Impuls, sich gegen Einflüsse von außen abzuschotten, nicht weiter hilft;
- *Solidarität*, weil die individuellen Risiken durch die Umbrüche so groß sind, dass sie für die Menschen nur erträglich werden, wenn sie gesellschaftlich und familiär abgesichert sind;
- *Kooperation*, weil Eliten lernen müssen, sich auch unter den neuen Bedingungen Regeln und Institutionen zu unterwerfen – international und innerstaatlich;
- *Originalität*, weil gewachsene kulturelle Traditionen letztlich die einzige Chance darstellen, attraktiv zu sein im globalen Wettbewerb der immer ähnlicheren Standorte.

Die *sieben Knappheiten* und die *sieben Tugenden* schlagen Schneisen in eine Debatte, die von vielen als ausufernd unübersichtlich empfunden wird. Sie skizzieren eine politische Agenda jenseits politischer Lager, weil auch die Ideologien vor dem Hintergrund des derzeitigen Wandels ihre Bedeutung verlieren. Wer die Welt ausschließlich durch die konservative, die neoliberale oder die linke Brille betrachtet, übersieht leicht das Wesentliche. Wer ungenehme Facetten der Realität einfach wegdefiniert und mögliche Lösungen von vornherein ausschließt, beraubt sich vieler Lösungsmöglichkeiten. Übrigens enthalten genau deshalb so viele Debattenbeiträge die Wendung »Es darf nicht sein, dass...« Ein verräterischer Satz, denn er offenbart, dass die Ideologie desjenigen, der ihn ausspricht, obsolet geworden ist; es darf nicht sein, was nicht ins Weltbild passt.

Dieses Buch bewegt sich jenseits traditioneller politischer Lager, aber es ist nicht frei von Grundüberzeugungen. In liberaler westlicher Tradition geht es vom Individuum aus – von seiner Freiheit *und* seinem Wohlstand. Denn ohne das eine ist das andere nicht viel wert.

Teil I
Die sieben Knappheiten

Die erste Knappheit:
Menschen

Stellen Sie sich einen Tsunami vor, eine Welle voll unermesslicher Energie, die lange Zeit um den Globus rollt, ohne auf ein Hindernis zu treffen. Auf hoher See werden Sie diese Welle kaum bemerken, nur ein sanftes Heben und Senken des Meeresspiegels, die gigantische Energie, die in ihr steckt, teilt sich nicht mit. Wenn sie aber auf flacheres Wasser nahe der Küste läuft, wird ihre Kraft offenbar: Sie bäumt sich auf zu einer enormen Wasserwand und bricht mit brutaler Macht. Die bestehende Ordnung wird durcheinandergewirbelt. Nichts bleibt, wie es war.

Ein Diagramm der Entwicklung der Weltbevölkerung während der vergangenen Jahrtausende, so wie Forscher die Zahl der Erdbewohner rekonstruiert haben, ähnelt frappierend dem Tsunami-Muster: eine Welle, die zunächst ganz langsam ansteigt, dann aber exponentiell wächst – und in naher Zukunft bricht.

Über sehr lange Zeiträume lebten nur wenige Millionen Menschen auf der Erde. Die Bevölkerung wuchs, jedenfalls im langfristigen Mittel, gelegentlich unterbrochen von Hungersnöten, Seuchen, Kriegen – und doch: Sie wuchs. Um Christi Geburt, vor 2000 Jahren, sollen rund 300 Millionen Menschen auf der Erde gelebt haben. Tausend Jahre später waren es noch ungefähr genauso viele.

Doch dann nimmt der Fortschritt allmählich Tempo auf, Innovationen wie der Wendepflug verbreiten sich unter den Bauern. Parallel dazu wird das Klima wärmer, die Bodenerträge steigen. Die Welt kann mehr Menschen ernähren, die Welle wächst. Zu Zeiten Martin Luthers, vor 500 Jahren, lebten schon rund 500 Millionen Menschen auf der Erde. Nur 200 Jahre später, um 1800, hatte sich die Weltbevölkerung bereits verdoppelt auf 1 Milliarde.

Thomas Robert Malthus, dessen Gedanken als Ökonom und Philosoph bis heute großen Einfluss haben, postulierte 1798, das Wachstum der Menschheit werde unweigerlich Hungersnot und Verarmung bringen. Seine Begründung: Einer exponentiell wachsenden Menschheit stehe nur ein arithmetisch wachsendes Nahrungsmittelangebot zur Verfügung. Die Folgen: Hunger, Seuchen, Kriege – regelmäßig wiederkehrende Verheerungen, deren Funktion es sei, die Bevölkerung wieder mit dem begrenzten Nahrungsmittelangebot in Einklang zu bringen.

Dennoch: Die Monsterwelle wächst, gelegentlich gebremst und vorübergehend gebrochen von Naturkatastrophen und den Gesetzen, die der Ökonomie innewohnen, deren Produktivität sich nämlich nicht so rasch steigern lässt, wie es nötig wäre. So sieht es Malthus. Und so sehen es Generationen von Ökonomen und Bevölkerungswissenschaftlern nach ihm bis heute. »Das Bevölkerungsproblem« besteht darin, eine immer weiter wachsende Menschenmenge zu versorgen, mit Produkten, mit Einkommen, mit Jobs. Die Wirtschaft muss wachsen, möglichst schneller wachsen als die Zahl der Köpfe. Dies ist die große Aufgabe. Die Produktionskapazitäten müssen schneller zunehmen als die Anzahl der Menschen, bis heute ist dies die oberste Direktive der Wirtschaftspolitik.

Bleibt die Entwicklung der Wirtschaft hinter der Bevölkerungszunahme zurück, kommt es zu Krisen, womöglich zu Katastrophen, Malthus hatte es klar und düster diagnostiziert. Auch John Maynard Keynes, den großen britischen Ökonom und Analytiker der Weltwirtschaftskrise der dreißiger Jahre des vergangenen Jahrhunderts, trieb das Bevölkerungsproblem um; er war nach den Zerstörungen des Ersten Weltkriegs keineswegs sicher, »ob der wirtschaftliche Fortschritt nach einem kurzen Intervall der Erholung und Wiederherstellung weitergehen wird oder die herrlichen Zeiten des 19. Jahrhunderts eine vorübergehende Episode waren«.[1] Für ihn bestand ein Kernproblem in dem Umstand, dass die Investitionen einer Volkswirtschaft tendenziell zu niedrig seien, um den Bedürfnissen der (wachsenden) Bevölkerung zu genügen.[2] Bei Malthus stand noch der Hunger der Massen im Zentrum des Denkens, bei Keynes ist es 140 Jahre später die Arbeitslosigkeit.

Fällt die Ökonomie hinter die Demografie zurück, verliert also die Produktion das Rennen gegen die Reproduktion, dann können sich Wirtschaftskrisen zu Katastrophen ausweiten. So war die Große Depression die Vorbotin des Zweiten Weltkriegs. Das Zurückfallen der Ökonomie verstärkte die Vorstellung von einer überbevölkerten Erde, auf der die Nationen einander verdrängen müssten. Vor diesem Hintergrund münzte Hitlers »Drittes Reich« die Menschheitserfahrung der Monsterwelle in die wahnhafte Idee um, die Deutschen seien ein »Volk ohne Raum«, das zusätzlichen »Lebensraum im Osten« erkämpfen müsse und die dort Lebenden vernichten oder versklaven müsse.

Die Macht des Bevölkerungsgesetzes wirkte auch nach dem Albtraum des Zweiten Weltkriegs weiter. 1950 lebten 2,5 Milliarden Menschen auf der Erde. Binnen zweier Generationen wuchs diese Zahl um sage und schreibe 260 Prozent: auf 6,7 Milliarden im Jahr 2007. Heute leben in Europa 33 Prozent mehr Menschen als 1950, in Nordamerika plus 97 Prozent, in Asien plus 187 Prozent, in Lateinamerika plus 241 Prozent, in Afrika plus 330 Prozent.[3] Atemberaubende Steigerungsraten.

Doch jetzt, während die Monsterwelle sich schneller und schneller aufbäumt, beginnt sie zu brechen. An einigen Stellen kippt der Kamm bereits, Gischt rieselt herunter. Dass sie mit großer Wucht kippen wird, dass sich ihre über lange Zeiträume akkumulierte Energie entladen wird – es ist längst sichtbar. In einigen Ländern geht die Bevölkerung bereits zurück, in vielen anderen wächst sie kaum noch. Und in den nächsten zwei Generationen dürfte die Weltbevölkerung insgesamt ihr Maximum erreichen. Dann beginnt das große Schrumpfen.

Für die Menschheit wird das Ende des großen demografischen Brechers eine gänzlich neue Erfahrung sein. Es stellt die jahrtausendealte Erfahrung einer wachsenden, sich immer wieder verjüngenden Bevölkerung in Frage. Eine Entwicklung, die Generationen für ein Naturgesetz gehalten haben, kommt zum Stillstand. Die Vorzeichen ändern sich, und die alten Muster verlieren ihre scheinbar unumstößliche Gültigkeit. Nun bricht eine neue Ära an: Menschen werden knapp.

Das »Bevölkerungsproblem« verändert grundlegend seinen Charakter. Künftig lautet die ökonomische Grundfrage nicht mehr: Wie sichern wir einer wachsenden Bevölkerung einen anständigen Lebensstandard? Sondern: Wie schaffen wir – und das heißt: immer weniger leistungsfähige Menschen – es, den Lebensstandard zu sichern, besser: zu steigern?

Verschiebung der Gewichte: die Entwicklung der Menschheit bis 2050

Es mag überraschend erscheinen, davon zu sprechen, dass Menschen knapp werden. Schließlich wird die Weltbevölkerung, so prognostiziert es die UNO, auch in den kommenden Jahrzehnten weiter wachsen. Im Jahr 2015 werden den Projektionen zufolge 7,3 Milliarden Menschen auf der Erde leben, 2025 sollen es 8 Milliarden sein, 2050 rund 9 Milliarden.[4] Indien wird dann das größte Land der Erde sein, mit einer Bevölkerung von 1,6 Milliarden. Viele Nationen werden bis 2050 weiter wachsen: die USA auf mehr als 400 Millionen Einwohner, Brasilien auf mehr als 250 Millionen, die Demokratische Republik Kongo auf 187 Millionen (eine Verdreifachung gegenüber heute), Vietnam auf 200 Millionen, der Iran auf 100 Millionen. Auch einige europäische Nationen werden wegen relativ hoher Geburten- und/oder Einwanderungszahlen bis 2050 noch an Bevölkerung zulegen: die Türkei wird auf 99 Millionen Menschen anwachsen, Großbritannien auf 69 Millionen, Frankreich auf 68 Millionen, die Niederlande auf 17 Millionen, Schweden auf 10 Millionen, die Schweiz auf 8,4 Millionen.

Aber viele heute noch dynamisch wachsenden Gesellschaften werden bereits bis 2050 zu schrumpfen beginnen. Es sind so unterschiedliche Länder wie China, Thailand, Sri Lanka, Südkorea, Kuba, Spanien, Italien, Belgien oder Österreich. Dort steigen die Bevölkerungszahlen in den kommenden Jahren zwar noch mit geringen Raten, im dritten und vierten Jahrzehnt dieses Jahrhunderts aber setzt der Rückgang ein.

Und dann gibt es eine Gruppe von Ländern, in denen die Bevölkerung bereits heute schrumpft. Unter den großen, reichen Staaten gehören Japan und Deutschland dazu. In der Bundesrepublik wird den Prognosen zufolge die Einwohnerzahl in den kommenden beiden Jahrzehnten zurückgehen, allerdings um lediglich 2 Millionen Menschen. Danach allerdings beschleunigt sich die Schrumpfung der Nation rapide, sodass 2050 nur noch 74 Millionen Menschen in Deutschland leben dürften, 8 Millionen beziehungsweise 10 Prozent weniger als heute. Noch schneller bricht die demografische Woge in Japan, wo bereits bald deutliche Rückgänge zu bemerken sein werden. Bis 2050 wird Japan 25 Millionen Einwohner verlieren – 20 Prozent der Bevölkerung.

Ihre ganze Wucht entfaltet das Brechen der Monsterwelle in Osteuropa. Einigen Staaten des vormaligen Einflussgebiets der Sowjetunion steht geradezu eine demografische Implosion bevor – je weiter östlich gelegen, desto schlimmer. Die Ukraine und Bulgarien werden bis 2050 ein Drittel ihrer Einwohnerzahl verlieren, Russland und Rumänien ein Viertel, Polen und die baltischen Staaten ein Fünftel, Ungarn, Tschechien und die Slowakei ein Siebtel.

Das globale Muster der künftigen Bevölkerungsentwicklung sieht folgendermaßen aus:

- Nord- und Südamerika, große Teile Asiens, vor allem aber Afrikas werden weiter wachsen.
- In Westeuropa wird das Bevölkerungswachstum nahezu zum Erliegen kommen.
- In Mitteleuropa inklusive Deutschland schrumpfen die Einwohnerzahlen bereits heute leicht. In Osteuropa gehen sie dramatisch zurück.

Diese Verschiebung der demografischen Gewichte wird in vielen Weltregionen eine Verschiebung der politischen Gewichte bewirken. Zum Beispiel: In Asien wird Indien zur Mitte des Jahrhunderts größer sein als China. In Osteuropa und im Kaukasus wird der Einfluss der Türkei zu- und der Russlands abnehmen; beide Staaten werden Mitte dieses Jahrhunderts etwa die gleiche Bevölkerungszahl haben. Europas Anteil an der Weltbevölkerung wird deutlich zurückgehen, was seinen internationalen Einfluss schmälern wird. Innerhalb der EU werden Frankreich und Großbritannien politisches Gewicht gewinnen – beide werden dann fast so bevölkerungsreich sein wie die Bundesrepublik.

Die Entleerung der Mitte: Altersstrukturen der Zukunft

Natürlich ist die Ab- oder Zunahme der Bevölkerung nur ein grober Indikator für den demografischen Gezeitenwechsel. Tatsächlich verharmlost der Blick auf die Gesamtzahlen die Radikalität der Veränderungen. Auch wenn nur in wenigen Ländern in naher Zukunft eine *absolute* Schrumpfung der Gesellschaft einsetzt, so werden doch große

Teile des Globus eine *relative* Knappheit an Menschen erleben. Diese Ära beginnt – jetzt.

Seit einigen Jahren gehen die Wachstumsraten in allen Weltregionen zurück, sogar in den ärmsten Ländern der Erde. Noch um 1970 stieg die Zahl der Erdbewohner um 2 Prozent jährlich, inzwischen liegt die Rate bei 1,17 Prozent. Zur Mitte des Jahrhunderts wird das globale Bevölkerungswachstum nach derzeitigen Prognosen mit einem jährli-

Grafik 1 Das Ende des Wachstums: Bevölkerungsentwicklung in ausgewählten Ländern (jährliche Veränderungsrate in Prozent)

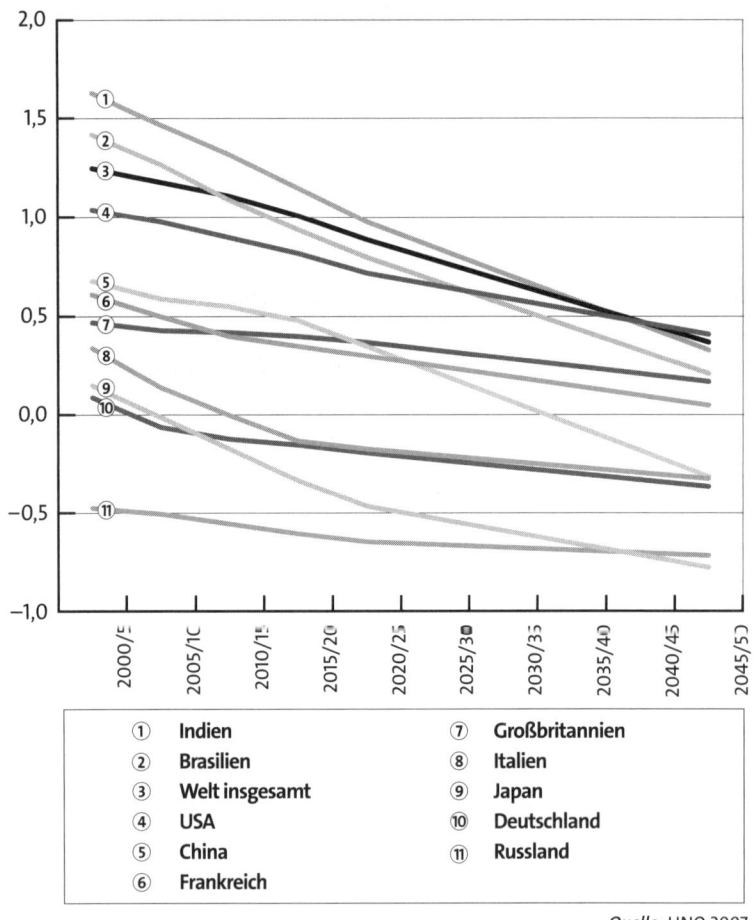

①	Indien	⑦	Großbritannien
②	Brasilien	⑧	Italien
③	Welt insgesamt	⑨	Japan
④	USA	⑩	Deutschland
⑤	China	⑪	Russland
⑥	Frankreich		

Quelle: UNO 2007

chen Zuwachs von nur noch 0,36 Prozent fast zum Stillstand gekommen sein.[5] In dieser Zeit dürfte die Weltbevölkerung ihr Maximum erreichen.

Der Rückgang der Wachstumsraten lässt die Erdbewohnerschaft zwar noch nicht schrumpfen, wohl aber altern. Relative Knappheit von Menschen heißt vor allem: Es macht sich ein eklatanter Mangel an Leistungsfähigen bemerkbar, also an Menschen im produktiven Alter. Der Bevölkerungsanteil der mittleren Altersgruppe geht weltweit zurück. Ein immer kleinerer Prozentsatz Mittelalter muss einen immer größeren Anteil an Älteren und Hochbetagten sowie die Generation ihrer eigenen Kinder versorgen.

Im europäischen Durchschnitt stellen heute die 15- bis 59-Jährigen, das nach derzeitigen Maßstäben produktivste Alter, 64 Prozent der Bevölkerung, bis 2050 wird ihr Anteil auf 51 Prozent sinken. 35 Prozent der Einwohner werden dann 60 Jahre und älter sein, 10 Prozent sogar 80 Jahre und älter. Daneben gibt es natürlich auch noch Kinder, die von der mittleren Generation mitversorgt werden müssen (15 Prozent), sodass im Jahr 2050 auf jeden Europäer im produktivsten Alter ein Europäer kommt, der noch nicht oder nicht mehr produktiv ist – auf keinem anderen Kontinent schreitet die Verknappung der Leistungsfähigen so schnell voran wie in der Alten Welt. Noch rascher als im europäischen Durchschnitt geht die Entwicklung übrigens in Deutschland: Im Jahr 2050 wird der Anteil der Mittelalten auf 49 Prozent gefallen sein. Diesen Leistungsfähigsten werden 37 Prozent Ältere und 14 Prozent Kinder gegenüberstehen.

Doch auch Amerika und Asien werden der relativen Menschenknappheit nicht entgehen. Bis 2050 wird in Asien der Anteil der Mittelalten von 63 auf 58 Prozent sinken, während der Anteil der Älteren von heute 9 auf dann 24 Prozent steigt. Ähnlich die Entwicklung in Nord- und Südamerika, wo der Anteil der Älteren auf 27 Prozent (Nordamerika) beziehungsweise 24 Prozent (Südamerika) steigt.

Nur eine Weltregion gibt es, der bis Mitte dieses Jahrhunderts keine Verknappung der Menschen bevorsteht: Afrika. Dort wird der Faktor Mensch nicht knapper, sondern reichlicher. Heute ist Afrika der einzige Kontinent, auf dem fast ebenso viele Kinder leben wie mittelalte Erwachsene. Diese Kinder werden weniger Nachkommen bekommen als ihre eigenen Eltern. Bis 2050 wird der Anteil der 15- bis 59-Jährigen

Grafik 2 Relative Verknappung der Leistungsfähigsten: Bevölkerungsanteil im Alter von 15 bis 59 Jahren in ausgewählten Ländern (in Prozent der jeweiligen Gesamtbevölkerung)

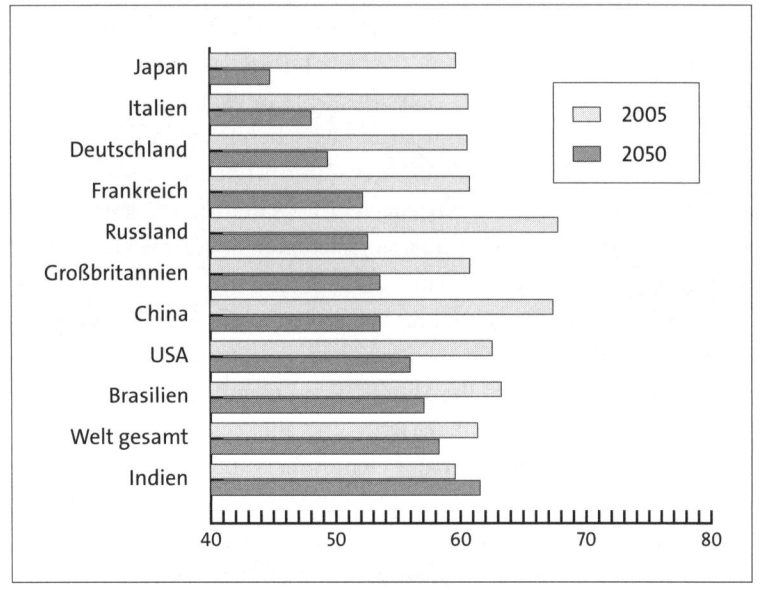

Quelle: UNO 2007

von 53 auf 62 Prozent steigen – während der Anteil der Kinder stark sinken und der Anteil der Generation 60 plus moderat steigen wird (auf 10 Prozent).

Nur in Afrika stellt sich das Bevölkerungsproblem noch in seiner ursprünglichen Form, nur dort bleibt die Frage aktuell, ob die Wirtschaft mit dem Wachstum der Einwohner mithalten kann. Der Rest der Welt blickt einer neuen Ära entgegen.

Reich und alt: warum die Bevölkerungswelle bricht

Machen wir uns nichts vor: Genauso wie das malthusianische Bevölkerungsproblem ist auch die nun einsetzende Verknappung der Menschen (im produktiven Alter) kein Naturgesetz. Es ist kein biologischer oder mechanistischer Vorgang. Es ist Ausdruck des Erfolgs der Ökonomie; der menschengemachte Wohlstand selbst bricht das Bevölkerungsgesetz. In reicheren Gesellschaften leben die Menschen gesünder, sie werden älter, und sie verfügen über staatliche Versorgungs- und private Versicherungssysteme. Deshalb steigt die Lebenserwartung, gerade in den ärmsten Ländern. Ein neugeborenes afrikanisches Kind hat heute eine Lebenserwartung von nur 53 Jahren. Wer dort in vier Jahrzehnten geboren wird, kann damit rechnen, 66 zu werden, sofern sich die bisherigen Trends fortsetzen. Ein grandioser Fortschritt. Weniger Leid, mehr Lebensqualität, weniger Angst, hoffentlich mehr Glück. Die Globalisierung sorgt, so gesehen, für einen grundlegenden Wandel zum Besseren. Gerade in den Schwellenländern. Zwischen 1950 und 2050 wird sich die Lebensspanne im Durchschnitt um zweieinhalb Jahrzehnte verlängert haben. Zweieinhalb Jahrzehnte mehr Zeit, Erfahrungen zu sammeln, zu lernen, produktiv zu sein, Erfahrungen weiterzugeben. Eine Entwicklung, in deren Genuss auch die ärmsten Länder kommen, wenn auch die Lebenszeit dort deutlich kürzer bleiben wird als in wohlhabenderen Regionen. In den reichsten Ländern – in Westeuropa, Nordamerika, Japan – wird sich die Lebenszeit zwischen 1950 und 2050 immerhin um 15 Jahre verlängert haben.

Der Anstieg der Lebenserwartung ist der Grund für das immer noch weitere stetige Wachstum der Weltbevölkerung. Die Lebenserwartung hat bislang den größeren demografischen Einfluss, größer als der Rückgang der Geburten – beides ein ungeheurer zivilisatorischer Fortschritt, kein Grund zu jammern. Denn Wohlstand, medizinischer Fortschritt und Bildung sorgen dafür, dass Frauen überall auf der Welt weniger Kinder zur Welt bringen. Kontrazeptiva sind weit verbreitet, ebenso das Wissen über ihre Verwendung.

Noch in den siebziger Jahren des 20. Jahrhunderts gebar jede Frau auf der Welt im Durchschnitt viereinhalb Kinder, heute sind es zweieinhalb. Bis 2050 wird die Geburtenziffer auf knapp über zwei sinken – jene Zahl, bei der die Bevölkerung konstant bleibt, weil die beiden Kinder in der nächsten Generation ihre Mutter und ihren Vater ersetzen und das Bevölkerungswachstum auf Dauer zum Stillstand kommt. In Westeuropa liegen die Geburtenziffern schon heute zwischen 1,4 (Deutschland, Spanien, Italien) und 1,9 (Frankreich), in Osteuropa betragen sie nur zwischen 1,15 (Ukraine) und 1,3 (Russland). Unter den reichen Ländern sind die USA mit einer Geburtenziffer von knapp über

2 die große Ausnahme, dies auch bedingt durch die Zuwanderer aus Lateinamerika, die im Durchschnitt mehr Kinder haben.

Knapp sind Kinder auch in Asien, jedenfalls in den wohlhabenderen Ländern: In Japan bekommen Frauen im Durchschnitt 1,27 Kinder, in Südkorea nur 1,21; in China sind es, als Folge der restriktiven Geburtenpolitik, 1,7 Kinder. Selbst in Afrika südlich der Sahara bekommen Frauen heute deutlich weniger Kinder als früher: In den siebziger Jahren brachten sie im Durchschnitt noch sieben bis acht Kinder zur Welt, heute sind es, je nach Land, fünf bis sieben.

Wunder der Globalisierung: Die Verbreitung des Wohlstands, die Annäherung der Entwicklungsstandards und der Wertesysteme sorgen auch für eine weltweite Annäherung der Fortpflanzungsgewohnheiten. Bis 2050, so schätzt die UNO, werden in den heutigen Schwellen- und Entwicklungsländern die Geburtenziffern stark sinken, in den USA werden sie leicht zurückgehen, während die Fertilität in Europa wieder leicht zunimmt; Afrikanerinnen würden dann im Schnitt noch zweieinhalb Kinder zur Welt bringen, Asiatinnen 1,9 Kinder, Amerikanerinnen 1,85, Europäerinnen 1,76 Kinder.

Was gegenwärtig in vielen Entwicklungsländern geschieht, haben die heute reichen Gesellschaften bereits Ende des 19. Jahrhunderts erlebt. So setzte die demografische Wende im damaligen Deutschen Reich um 1875 ein.[6] Damals brach zunächst das städtische Bürgertum mit dem hergebrachten Ideal maximaler Fruchtbarkeit; ansonsten hätten die gestiegene Lebenserwartung und vor allem die gesunkene Säuglingssterblichkeit viele Familien in den Ruin getrieben. Die Bürgerfamilien hätten hinnehmen müssen, dass ihrem Nachwuchs ein Abstieg des gesellschaftlichen Status drohte. Die Alternative hieß: weniger Kinder bekommen. Eine neue Verhaltensmaxime, die sich später auch in der Arbeiterschaft ausbreitete – und die entscheidend zum steigenden Lebensstandard beitrug. Die Prosperität veränderte die Werte. Die hergebrachte ständische Ordnung, in der jeder sein Platz im Leben vorherbestimmt war, wurde abgelöst durch eine industrielle Leistungsgesellschaft, in der man auf-, aber auch absteigen konnte. Bildung war die Eintrittskarte in diese Gesellschaft. Wer nur wenige Kinder zu versorgen hatte, der konnte seinen Kindern bessere Startmöglichkeiten eröffnen.

Staatliche Sozialversicherungen wurden eingeführt. Die Absicherung gegen Lebensrisiken wie Invalidität und Altersarmut war nun nicht mehr nur Privatsache, eine möglichst große Familie mit vielen Kindern war als Absicherung nicht mehr nötig. Dazu kam: Im städtischen Leben nahm der Konsum einen wachsenden Raum im Dasein ein. Kinder traten zunehmend in Konkurrenz zu den Konsumwünschen der Erwachsenen – wer weniger Kinder hatte, konnte sich einen höheren Lebensstandard leisten. In dieser neuen Gesellschaftsform, und das ist vielleicht der einschneidendste Wandel, veränderten sich auch die Rolle und das Selbstverständnis der Frauen. Immer mehr von ihnen begannen selbst zu arbeiten, verfügten über eigenes Einkommen, konnten und wollten über ihr Leben selbst bestimmen (dazu mehr im nächsten Abschnitt).

Wenn der Wohlstand ein bestimmtes Niveau erreicht, setzt eine Eigendynamik ein hin zu einer immer größeren Kinderknappheit bei gleichzeitig steigender Lebenserwartung, zuerst in den reichen Gesellschaften, künftig auch in vielen Entwicklungsländern. Im Laufe dieses Prozesses kommt es übrigens zu einer weiteren interessanten Verschiebung: Die Welt wird weiblicher.

Was außerdem knapp wird: Männer

Wir brauchen nicht bei Adam und Eva anzufangen, um die Vermutung zu äußern, dass es eigentlich überall auf der Welt genauso viele Männer wie Frauen geben sollte. Doch tatsächlich unterscheiden sich die Geschlechterzusammensetzungen in den Ländern der Erde dramatisch. In Estland beispielsweise kommen auf 100 Frauen nur 85 Männer, in den Vereinigten Arabischen Emiraten (VAE) hingegen liegt das Verhältnis bei 100 zu 210. Um zwei Extreme herauszugreifen. Die globale Geschlechterfrage hat eine fundamentale ökonomische Dimension.

Ein paar empirische Befunde: Frauen sind in allen reichen westlichen Gesellschaften in der Überzahl. Von Japan über Westeuropa bis Nordamerika – überall überwiegt das weibliche Element leicht. Auf 100 Frauen kommen in Frankreich 95 Männer, in Deutschland und Großbritannien sind es 96, in den USA 97. Der Wirtschaft sei Dank: Ein hohes Wohlstandsniveau hat die Lebenserwartung verlängert, was vor allem Frauen zugute kommt, die im Schnitt sechs Jahre länger leben als Männer.

Extrem ist der Frauenüberschuss in den meisten ehemaligen Ost-
blockstaaten: Von Armenien bis Ungarn herrscht akuter Männer-
mangel. Ein Hinweis darauf, dass ökonomische Krisen, wie sie der
Zusammenbruch des sozialistischen Systems mit sich gebracht hat,
gerade Männern zusetzen. Bis heute sind beispielsweise in Russland
(86 Männer pro 100 Frauen) der Alkoholmissbrauch und seine Folgen
(Gewaltverbrechen, Autounfälle) die häufigste Todesursache von Männern; deren Lebenserwartung liegt bei 59 Jahren, die der Frauen bei
72 Jahren.

In großen Teilen der Welt hingegen sind Männer in der Überzahl,
insbesondere in vielen asiatischen und arabischen Schwellenländern.
Ob China oder Indien (107 Männer pro 100 Frauen), Pakistan (106 zu
100), Libyen (107 zu 100) oder Saudi-Arabien (122 zu 100) – Frauen sind
das schwächer vertretene Geschlecht. In diesen Gesellschaften mit gehobenen Wohlstandsniveaus, aber noch traditionellen Gesellschafts-
strukturen nutzen relativ viele werdende Eltern die vorgeburtliche
Diagnostik, um weibliche Föten abzutreiben, sodass deutlich mehr
Jungen geboren werden. Allein in Indien wurden nach vorsichtigen
Schätzungen in den vergangenen 20 Jahren zehn Millionen Mädchen
vor der Geburt getötet. Die sehr hohen Männerüberschüsse in den
schnell wachsenden arabischen Volkswirtschaften wie den Vereinigten
Arabischen Emiraten wiederum resultieren aus der Zuwanderung vornehmlich männlicher Gastarbeiter.

Noch ist der Globus ein Lebensraum, in dem männliche Exemplare
in der Mehrheit sind; auf 100 Frauen kommen weltweit gesehen 102
Männer. Aber nicht mehr lange: Je reicher die Welt wird, desto weiblicher wird sie.

Der steigende Wohlstand führt zu einem Wertewandel, wie im vorigen Abschnitt skizziert. Das Bildungsniveau steigt, die Wirtschaft
braucht mehr und mehr qualifizierte Kräfte. Eine »globale Mittelschicht« (so die Weltbank[7]) entsteht – bis 2030 soll sie in den Schwellenländern 1,2 Milliarden Menschen umfassen –, die die traditionellen
Wertvorstellungen und Geschlechterrollen infrage stellt.

Dazu kommt: Alternde Gesellschaften – und das werden in den
kommenden Jahrzehnten die meisten auf der Erde sein – müssen einen größeren Anteil der Arbeitsfähigen beschäftigen, um nicht in die
demografische Falle zu tappen. Frauen, das ist eine schlichte Wahrheit,

28

sind das größte unausgeschöpfte Potenzial des Arbeitsmarktes. Wirtschaft, Gesellschaft, Kultur – die Welt wird weiblicher.

Die Gesellschaften sind auf die XX-Ökonomie sehr unterschiedlich gut vorbereitet. Deutschland tut sich schwer damit. Im Vergleich zu anderen reichen Ländern arbeiten nur wenige Frauen Vollzeit; rar sind sie vor allem im Management der Großunternehmen. Währenddessen werden die Klagen über den Fachkräftemangel laut und lauter. Die maskuline Hegemonie wird zum ökonomischen Nachteil.

Es ist wie überall auf der Welt: Die Wirtschaft braucht Frauen. Aber wer sie bekommen will, muss einen kulturellen Wandel durchlaufen.

Demografie und Ökonomie: das Ende des Wachstums?

Mal ganz grundsätzlich betrachtet: Wenn die Menschheit der malthusianischen Falle entrinnt, die seit Menschengedenken das Gros der Weltbevölkerung in existenzieller Armut gehalten hat, dann sollte doch eigentlich ein goldenes Zeitalter anbrechen. In schrumpfenden Gesellschaften verteilt sich der Wohlstand auf immer weniger Köpfe, die nun leichter reich werden können – Voraussetzung ist lediglich, dass die Wirtschaftsleistung langsamer schrumpft als die Bevölkerung. Und dort, wo die Bevölkerung zwar noch wächst, nun aber mit niedrigeren Raten, genügt ein geringeres Wirtschaftswachstum, um den Lebensstandard zu erhöhen. Weltweit sollte sich nach und nach ein neues Paradigma durchsetzen: Wohlstand durch Schrumpfen.

Doch leider fällt Prosperität nicht wie Manna vom Himmel. Wohlstand wird von Menschen gemacht – weil sie arbeiten, neue Produkte und Verfahren ersinnen, sparen und investieren, Wissen vermehren. Wachstum resultiert nach gängiger Lehre aus der Arbeit von Menschen und der Ansammlung von Kapital (Maschinen, Computer, Software, Wissen et cetera) sowie aus der Steigerung der Produktivität. Alle Faktoren werden durch die demografische Entwicklung tangiert, und zwar mutmaßlich negativ. Der Anteil der Menschen, die arbeiten können, schrumpft. Und je älter sie im Durchschnitt sind, desto geringer dürfte ihre Produktion von neuem Wissen und ihre Produktivität sein, so jedenfalls die bisherige Erfahrung. Auch die Kapitalausstattung ist demografieanfällig: Je älter eine Gesellschaft ist, desto weniger dürfte sie investieren, weil sie mehr Geld für den Konsum im Ruhestand braucht. Überhaupt liegt der Verdacht nahe, dass alte Volkswirtschaften als Investitionsstandorte nicht sonderlich attraktiv sein werden.

Die Kopfknappheit dämpft den ökonomischen Entwicklungsprozess von mehreren Seiten. Die ersten Gesellschaften, die dies zu spüren bekommen, werden Japan und Europa und hier insbesondere Deutschland sein.

So schätzt die Europäische Kommission,[8] dass sich das Wachstum der Produktionskapazitäten (»Potenzialwachstum«) in der EU insgesamt in den kommenden Jahrzehnten halbieren wird – von heute 2,4 Prozent auf nur noch 1,2 Prozent in den Jahren 2031 bis 2050. Allerdings ist die Variationsbreite groß: Wachsende Nationen mit einer gut ausgebildeten und deshalb hochproduktiven Bevölkerung wie Schweden werden der Prognose zufolge auch zur Mitte des Jahrzehnts noch ein Potenzialwachstum von rund 1,8 Prozent jährlich erreichen, etwa so viel wie Deutschland heute. Auch die Volkswirtschaften Frankreichs, Großbritanniens, Irlands, Dänemarks, Finnlands, Belgiens und der Niederlande werden zur Mitte des Jahrhunderts überdurchschnittlich wachsen, aber doch nur mit Raten von 1,5 oder 1,6 Prozent jährlich. Deutschland und Österreich werden dann noch ein Wirtschaftswachstum von 1,2 Prozent erreichen, etwa soviel wie der EU-Durchschnitt. Länder mit schrumpfenden, weniger gut ausgebildeten und deshalb weniger produktiven Bevölkerungen werden ökonomisch praktisch stagnieren: Italien, Spanien, Griechenland, Portugal, Polen, Tschechien, die Slowakei – dort wird das Potenzialwachstum im dritten und vierten Jahrzehnt dieses Jahrhunderts unter 1 Prozent jährlich liegen.

Die Zahlen zeigen: Von einem goldenen Zeitalter, in dem der bestehende Reichtum auf immer weniger Menschen verteilt wird, kann keine Rede sein.

Sogar die USA, obwohl eine wachsende Bevölkerung, spüren bereits heute die Folgen der relativen Kopfknappheit. Die große Altersgruppe der Babyboomer beginnt, sich in den Ruhestand zu verabschieden; da in Amerika der Babyboom nach dem Zweiten Weltkrieg früher begann als in Westeuropa, ist die Alterung dort bereits weiter fortgeschritten, wenn auch längst nicht so stark ausgeprägt. Jetzt sind die geburtenstärksten Jahrgänge jenseits der 50 und fahren allmählich ihr Arbeitsangebot zurück. In den nachfolgenden Jahrgängen indes sind die Erwerbsquoten geringer, wie eine Studie der US-Federal Reserve Bank zeigt. Die Folge ist ein allmähliches Absinken der Erwerbsbeteiligung, die bislang in den USA sehr hoch liegt.

Das US-Beschäftigungswachstum, das heute noch rund 1 Prozent jährlich beträgt, wird bis 2025 auf null fallen, danach allerdings, dank hoher Geburtenraten und hoher Zuwanderung, wieder ansteigen.[9] In der Folge, warnt die US-Notenbank, »verlangsame sich das Arbeitsangebot«, was wiederum »die langfristig zu erreichende Rate des Wirtschaftswachstums« absenke.[10] Schon in den vergangenen Jahren ist das Potenzialwachstum in den USA deutlich zurückgegangen, nicht nur wegen des verlangsamten Arbeitsangebots, sondern auch weil die Produktivität nicht mehr so stark steigt wie zu Zeiten des Booms der Informationstechnologie.

All diese Entwicklungen mögen noch wie Geschichten aus einer relativ weit entfernten Zukunft klingen. Aber in den demografisch fortgeschrittensten Ländern ist die Kopfknappheit längst ökonomische Realität.

Was knapp wird: Steuerzahler

Die Verknappung von leistungsfähigen Menschen in den kommenden Jahrzehnten wird auch die öffentlichen Haushalte in Unordnung bringen. Zum einen weil mehr Leute durch die staatlichen Versorgungssysteme – Rente, Gesundheitssystem, Pflege – unterstützt werden müssen. Zum anderen weil dieser großen Zahl von dann älteren Empfängern nur noch relativ wenige Einzahler gegenüberstehen. In Westeuropa werden sich die »Altersquotienten« – das Verhältnis der über 64-Jährigen zu den 15- bis 64-Jährigen – in den kommenden Jahrzehnten etwa verdoppeln: von Werten um die 25 Prozent auf rund 50 Prozent. Mit anderen Worten: Die demografische Last, die auf der jeweils arbeitenden Generation liegt, wird sich verdoppeln. Entsprechend wird, falls sich an den heutigen Strukturen der öffentlichen Haushalte nichts Grundlegendes ändert, sowohl die Einnahme- als auch die Ausgabenseite belastet.

Auf der Einnahmeseite werden die drei wichtigsten Kategorien der laufenden Staatseinnahmen – Steuern auf Einkommen und Ertrag,

Verbrauchsteuern sowie Abgaben für die sozialen Sicherungssysteme – betroffen sein. Dies liegt zum einem am nachlassenden Wirtschaftswachstum, mehr noch an der sinkenden Zahl der Beschäftigten. Derzeit lasten die Staatseinnahmen vorwiegend auf der jeweils erwerbstätigen Generation. Sie finanziert die sozialen Sicherungssysteme über ihre Beiträge und zahlt den Großteil der Einkommensteuer. Je höher jedoch der Anteil der Menschen ist, die nicht (mehr) arbeiten, desto mehr geraten die Staatseinnahmen unter Druck. Es ist daher mit zwei Tendenzen zu rechnen: Erstens werden Verbrauchsteuern weiterhin als Einnahmequelle des Staates an Bedeutung gewinnen. Sozialversicherungsbeiträge sowie Steuern auf Einkommen und Ertrag hingegen werden an Bedeutung verlieren. Zweitens werden Einkommensteuern zunehmend auch die alte Generation belasten durch eine verstärkte Besteuerung von Renteneinkommen und durch eine Besteuerung von Alterskapitaleinkünften. Anders werden die Staatshaushalte der Zukunft nicht finanzierbar sein.

Werden Steuern und Abgaben weiterhin stark steigen? Finanzpolitiker werden sich das sicher wünschen, um die wachsenden öffentlichen Ausgaben für die alternde Bevölkerung finanzieren zu können. In der Praxis aber erscheint das praktisch unmöglich: Die Globalisierung begrenzt den Spielraum der Staaten. Wer viel verdient oder besitzt, kann immer leichter dem Zugriff des heimischen Fiskus ausweichen – indem er oder sie fortzieht in Länder mit niedrigerer Besteuerung. Außerdem sind die Volkswirtschaften gerade unter den Bedingungen der demografischen Wende darauf angewiesen, die Motivation einer schwindenden Anzahl von leistungsfähigen Bürgern zu steigern. Übermäßig hohe Steuern schwächen die ökonomische Dynamik noch weiter. Beides – die Mobilität und Motivation der Leistungsträger – setzt den Steuererhöhungsfantasien der Finanzpolitiker Grenzen.

Auf der anderen Seite wird aber die Ausgabenseite der Staatshaushalte stark beansprucht werden. Renten, Gesundheit, Pflege – in allen drei altersbedingten Kategorien werden die Ausgaben stark steigen. Heute geben die EU-Staaten im Schnitt 18 Prozent der Wirtschaftsleistung für die Versorgung und Pflege alter Menschen aus. Im Jahr 2050 werden es nach den Projektionen der EU-Kommission 22 Prozent sein. Die Zahlen für Deutschland entsprechen etwa dem EU-Durchschnitt. Besonders stark betroffen werden die südeuropäischen Länder sein:

Italien wird voraussichtlich 24 Prozent seiner erwirtschafteten Einkommen für die Altenversorgung ausgeben, Spanien 25 Prozent, Portugal gar 28 Prozent.[11]

Bleibt alles wie es ist, eröffnet sich den Finanzministern nur ein Ausweg: mehr Schulden zu machen und damit das Problem auf spätere Generationen zu verschieben. Diverse Projektionen kamen in den vergangenen Jahren zum Ergebnis, dass Staatsdefizite und -schulden dramatisch anwachsen würden. So sagen Berechnungen des Internationalen Währungsfonds voraus, dass die Haushaltsdefizite der Euro-Staaten ihren Höhepunkt in den Jahren 2040 bis 2050 erreichen würden.[12] Falls sie nichts Grundlegendes ändern, schlittern fast alle westlichen Staaten in die Zahlungsunfähigkeit. Ob Frankreich, Deutschland, die USA oder Großbritannien, Rating-Agenturen wie Standard & Poor's stellen immer weitere Herabstufungen der Bonität in Aussicht. Statt der Bestnote AAA würden Staatsanleihen ab 2015 (beginnend mit Frankreich – Deutschlands Herabstufung begänne nach diesem Szenario 2023) immer schlechtere Bewertungen erhalten, im vierten oder fünften Jahrzehnt würden sie dann Junkbond-Niveau erreichen – und wären damit keine seriöse Anlageform mehr, sondern fänden nur noch zu sehr hohen Zinsen Abnehmer, was die Staatshaushalte vollends aus den Fugen geraten ließe.

Auch wenn Sparbemühungen fruchten sollten und die langfristige Tragfähigkeit der Staatsbudgets sichergestellt würde, die Struktur der öffentlichen Haushalte verformt sich längst durch die demografische Entwicklung: Der Staat gibt immer mehr für Konsum aus und investiert immer weniger.

Beispiel Deutschland: Der Bund bezuschusst die Rentenversicherung jährlich mit rund 80 Milliarden Euro, während die öffentlichen Investitionen seit Mitte der neunziger Jahre so weit gesunken sind, dass sie inzwischen geringer sind als der Werteverzehr (die Abschreibungen) auf das öffentliche Anlagevermögen; die Nettoinvestitionen (Investitionen minus Abschreibungen) sind seit 2003 negativ.[13] Es ist vielerorts längst sichtbar: In den Straßen klaffen Schlaglöcher; das Bahnnetz ist reparaturbedürftig, sodass Züge das Tempo drosseln müssen; viele Schulen bedürfen einer Sanierung; Schwimmbäder werden wegen Verfall geschlossen. Keine Anzeichen für einen Rückzug des Staates, sondern für seine Deformation.

Denn bevor die demografische Wende überhaupt ihre ganze Wucht entfaltet hat, hat Deutschland schon extrem aufgeblähte Sozialbudgets. Berechnungen der OECD zeigen, dass die Bundesrepublik Vize-Weltmeister im Umverteilen ist – nur Frankreich ist noch spendabler. Die Experten der Pariser Organisationen haben untersucht, wie viel Geld die Mitgliedstaaten fürs Soziale ausgeben – und wie viel sie absichtlich nicht einnehmen, weil sie sozial motivierte Steuervorteile einräumen.

Herausgekommen ist ein hochinteressanter Indikator: die Nettosozialausgaben-Quote. Sie misst, wie viel Geld der Staat, relativ zur Wirtschaftsleistung, unter dem Strich an tatsächlich oder vermeintlich Bedürftige ausschüttet. In den ersten Jahren des neuen Jahrtausends nahmen Deutschland mit 30,8 Prozent und Frankreich mit 31,2 Prozent bei diesem Indikator zweifelhafte Führungspositionen ein, weil sie sowohl hohe Ausgaben als auch jede Menge Steuerausnahmen gewähren. Sie verbinden die hohen Transfers des skandinavischen Modells mit den üppigen Absetzungsmöglichkeiten des US-amerikanischen. In den meisten anderen westeuropäischen Ländern müssen Sozialleistungen vom Empfänger versteuert werden. Tatsächlich zeigt sich eine überraschende Konvergenz: Die meisten hoch entwickelten Länder, so unterschiedlich ihre Systeme im Detail auch sein mögen, geben rund ein Viertel ihres Bruttoinlandsprodukts für soziale Zwecke aus – von Japan (22 Prozent) über die USA (24,5 Prozent) bis Großbritannien (27 Prozent).[14] Die Rekordhöhe der deutschen Sozialquote ist kein Luxusproblem. Das Geld fehlt für andere, produktive Staatsaufgaben: Bildung, Forschung und sonstige Infrastruktur sind chronisch unterfinanziert. Eine Bürde, die sich negativ auf die Wachstumsbedingungen auswirken wird und die demografisch bedingte Dämpfung der Wirtschaftsentwicklung noch verstärken kann.

Sogar die USA – jenes westliche Land, das die Kopfknappheit am wenigsten zu spüren bekommen wird – steuern enormen Budgetproblemen entgegen. Social Security, die staatliche Rentenversicherung, ist langfristig gesehen insolvent. Und auch die USA tun sich mit einer Reform schwer. Die zwangsläufige Folge werden geringere Leistungen und/oder höhere Beiträge in der Zukunft sein.[15]

Was *nicht* knapp werden wird: Geld

Sollten die Staatsdefizite und die aufgelaufenen Staatsschulden weiter steigen, liegt die Erwartung nahe, dass die Regierungen tun werden, was Staaten schon seit Alters her getan haben, wenn die fiskalische Situation eng wurde: Geld drucken. Die steigenden Forderungen an die Staatshaushalte könnten die Regierungen in Versuchung führen, sich ihrer Finanzprobleme einfach durch Inflation zu entledigen. Schon eine schleichende Geldentwertung von, sagen wir, 3 bis 4 Prozent im Jahr – statt wie in der Vergangenheit 2 bis 3 Prozent – würde Ansprüche der Bürger auf kaltem Wege enteignen. Zum Beispiel wird Rentnern in vielen Ländern kein Kaufkraftausgleich mehr zugesichert, sodass bei steigenden Inflationsraten die realen Ansprüche an die staatlichen Versicherungssysteme sinken. Auf der anderen Seite hätten die Finanzminister bei höheren Raten der Geldentwertung mehr Geld in der Kasse: Bei steigenden Preisen und Einkommen nimmt der Staat mehr ein, nicht zuletzt, weil nominal höhere Einkommen mit höheren Steuersätzen belegt werden. Obwohl die Bürger sich für ihr Geld gar nicht mehr kaufen können, werden sie bei progressiver Einkommensteuer höher besteuert (»kalte Progression«).

Die Versuchung, eine laxe Geldpolitik zu betreiben, ist also groß. Aber geht das überhaupt? Schließlich sind die Notenbanken in reichen Ländern unabhängig, und sie sind gesetzlich dem Ziel verpflichtet, die Geldwertstabilität zu gewährleisten. In der Euro-Zone kommt hinzu, dass der nationalen Finanzpolitik durch den Maastricht-Vertrag und den Stabilitäts- und Wachstumspakt relativ enge Grenzen gesetzt sind. Die aufgelaufene Staatsschuld soll 60 Prozent des Bruttoinlandsprodukts (BIP) nicht übersteigen, das laufende Defizit in der konjunkturellen Normalsituation um den Nullpunkt pendeln. Auch wenn die Regeln 2005 gelockert wurden,[16] die Finanzpolitik ist in der EU nicht mehr allein Sache jedes einzelnen Landes. Ihre Einhaltung sollen EU-Kommission und EU-Ministerrat im Zusammenspiel sicherstellen: Die EU-Kommission überwacht, sammelt Daten und ermittelt gegebenenfalls ein »übermäßiges Defizit«, das der Ministerrat mit qualifizierter Mehrheit feststellt, um anschließend über Sanktionen zu entscheiden. Dieses System funktioniert so lange, wie nur ein einzelner Staat oder wenige Staaten gegen die Regeln verstoßen. Nur dann gibt es eine Chance, dass eine qualifizierte Mehrheit zustande kommt. Da aber praktisch alle Mitgliedstaaten von höheren demografiebedingten Staatsschulden betroffen sein werden, wird das System in Zukunft, wenn es wirklich darauf ankommt, erst recht nicht mehr funktionieren. Da viele Staaten simultan in prekäre Haushaltslagen rutschen, erscheint es höchst unwahrscheinlich, dass der Stabilitäts- und Wachstumspakt hält: Eine qualifizierte Mehrheit wird kaum zustande kommen, um die erforderlichen Sanktionen zu beschließen – welche Regierung entscheidet schon gegen sich selbst.

Der Weg in die staatliche Insolvenz wäre damit frei; die EU-Haushaltsregeln werden dafür jedenfalls keine Hürde darstellen. Welche Auswirkungen ergeben sich daraus für die Geldpolitik der Europäischen Zentralbank (EZB)? Die Finanzminister dürfen die Frankfurter Währungshüter schließlich nicht anweisen, die Geldschleusen zu öffnen. Faktisch jedoch kann eine so gravierende, so lange andauernde, so universell wirkende Belastung wie die demografische Wende die EZB nicht unbeeindruckt lassen. Einwirkungsmöglichkeiten auf die Notenbanker haben die Regierungen über verschiedene Kanäle: Sie können die öffentliche Meinung beeinflussen und einen Druck erzeugen, dem die Notenbank nicht zu widerstehen vermag. Sie können ihnen genehme Notenbanker berufen, die eher für eine laschere Geldpolitik stehen. Sie können auch über die Wechselkurspolitik versuchen, eine Aufweichung des geldpolitischen Kurses zu erreichen, indem sie der EZB einen nach außen möglichst schwachen Euro vorschreiben.[17]

Sobald sich abzeichnet, dass die fiskalpolitische Verfassung der Europäischen Währungsunion praktisch bedeutungslos wird, dürfte es zu einem signifikanten Anstieg der langfristigen Zinsen als Indikator der Inflationserwartungen kommen.

Außerhalb der Eurozone könnten demografiegestresste Finanzminister noch leichter Einfluss auf die Geldpolitik gewinnen. In den USA beispielsweise hat die Federal Reserve Bank nach ihrem Statut auch die sonstige wirtschaftliche Lage zu berücksichtigen, gleichberechtigt zum Ziel, die Kaufkraft des Geldes stabil zu halten. Selbst in Ländern, in denen die Notenbanken allein ein explizites Inflationsziel verfolgen wie in Großbritannien oder Neuseeland, kann die Politik relativ einfach auf eine Politik des leichten Geldes drängen: Die maximale Inflationsrate, die die Notenbank mit ihrem Kurs nicht überschreiten soll, wird von der Politik vorgeschrieben – sie lässt sich durch eine einfache Gesetzesänderung anheben.

Irreale Therapien: Kinder kriegen fürs Vaterland?

Eine oft diskutierte Strategie gehört übrigens ins Land der Märchen: mehr Nachwuchs zeugen. Es ist eine Illusion zu glauben, in alternden und schrumpfenden Gesellschaften wie der deutschen könnte die Bevölkerungspolitik spürbar die demografische Lage zum Besseren wenden. Selbst wenn Frauen im Durchschnitt wieder mehr Kinder bekämen – aus welchen Gründen auch immer –, würde das die Bevölkerung kaum verjüngen. Der Grund: Schon die Zahl der potenziellen Mütter ist geringer als in den älteren Altersgruppen. Sogar ein Anstieg der Geburten pro Frau in Deutschland um, sagen wir, durchschnittlich 0,3 Kinder (auf ungefähr skandinavisches Niveau), wird die Bevölkerung lediglich etwas geringer schrumpfen lassen als bislang. Es mag aus vielen Gründen sinnvoll und wünschenswert erscheinen, das Kinderkriegen zu fördern, auch durch finanzielle Zuwendungen seitens des Staates – der demografischen Krise wird man dadurch nicht entgehen.

Die zweite Knappheit:
Geist

Es war im Frühjahr 2007, als ich Wei Luan kennenlernte, einen schmächtigen, von milder Hyperaktivität getriebenen Chinesen, inzwischen deutscher Staatsbürger. Wei lebt seit langem in der Bundesrepublik, er hat sich sogar einen urdeutschen Namen gegeben: »Wolfgang«. Dabei ist es nicht so, dass er seine Herkunft verleugnen würde: Er trägt gern traditionelle hochgeschlossene Jacken, in seinen Büros in einem grauen Düsseldorfer Gewerbegebiet stößt man auf allerlei folkloristische Objekte: kämpfende Drachen aus Wurzelholz, angreifende Adler aus Jade, einen Elefantenstoßzahn, aus dem eine Gartenlandschaft herausgeschnitzt ist. Häppchenweise Heimat.

Wolfgang-Wei ist das personifizierte deutsch-chinesische Joint Venture. An seiner ganz persönlichen Geschichte lässt sich nachzeichnen, wie sich die Globalisierung und ihr größter Shootingstar – China – entwickelt haben. Als er 1989 als Student in die Bundesrepublik kam (»mit 1000 D-Mark in der Tasche«), war China noch eine weitgehend geschlossene, rückständige Volkswirtschaft. Luans erste Geschäfte bestanden darin, billige Messgeräte aus seiner Heimat zu importieren. Als China sich in den neunziger Jahren mehr und mehr für ausländische Investoren öffnete, stieg Wei Luans Firma – die für deutsche Ohren den etwas großsprecherisch klingenden Namen »Famous Industrial Group« trägt – in den Export von deutschen Maschinen ein und in die Beratung deutscher Unternehmen auf dem schwierigen chinesischen Markt: Wei Luan kaufte angejahrte Anlagen auf und verschiffte sie gen Fernost. Für ihn selbst fiel dabei eine Autozulieferfabrik mit 180 Leuten in Liaonin gab. »Wolfgangs« Meisterstück in dieser Phase war der Abbau der Dortmunder Kokerei Kaiserstuhl. Eine Anlage auf dem aktuellen Stand der Technik, die er 2004 komplett demontieren, auf 26 Schiffen nach China schaffen und dort wieder aufbauen ließ.

Kapital und Anlagen nach China, fertige Produkte in den Westen –

das war das Handelsmuster, fast 20 Jahre lang. Doch gegen Ende des ersten Jahrzehnts des dritten Jahrtausends verändert sich dieses Prinzip rasant: China ist auf dem Weg nach Westen. Das Land setzt zum nächsten Sprung nach vorn an. Es geht um den groß angelegten Einstieg in westliche Unternehmen. Es geht um den Transfer von Technologien, es geht um Macht, Märkte und Margen. Geschichte wird gemacht – eine neue Phase der Wirtschaftsexpansion hat begonnen. Und »Wolfgang« Wei Luan ist vorn dabei. Er berät jetzt auch chinesische Firmen bei ihrer Expansion nach Deutschland. Als ich ihn traf, war er gerade dabei, für seine neuen Kunden auf seinem Düsseldorfer Firmengelände ein parkartiges Businesszentrum anlegen zu lassen, ganz im Pagodenstil gehalten samt Teich, Teehaus und Kung-Fu-Zentrum (»damit sich die Chinesen hier wohlfühlen«). Auch er selbst will in Deutschland investieren. 2006 hätte er beinahe einen Hersteller von Verpackungsmaschinen übernommen, kam aber nicht zum Zuge. »Ich suche weiter«, sagte Wei Luan lächelnd. »Deutschland hat exzellente Qualität und exzellente Technologien.« Genau die richtige Ergänzung zu den billigen Produktionsmöglichkeiten in der alten Heimat.[1]

Luans Weg zeigt, wie schnell das einst größte Entwicklungsland der Welt voranstürmt – und er illustriert eine interessante Facette der bisherigen Globalisierung: Die Produktionsmöglichkeiten sind der Fantasie der Menschen und ihren Fähigkeiten enteilt. Mit all den großartigen zusätzlichen Kapazitäten wissen wir noch nichts wirklich Spannendes anzufangen. Bislang ergeht sich die Globalisierung im Kopieren des immer Gleichen. Der Welt im frühen dritten Jahrtausend mangelt es an Inhalten: Originelles und Originäres sind rar, die Globalisierung ist eine reichlich langweilige Veranstaltung geblieben. Warum?

Weil Geist ein relativ knappes Gut ist.

China, Osteuropa, Indien oder Vietnam versuchen sich ihren Platz in der nun offenen Weltwirtschaft zu erarbeiten, indem sie praktisch das Gleiche machen wie Nordamerika und Westeuropa – nur zu niedrigeren Kosten. In der Folge wird die Welt zugeschüttet mit billigen Produkten. T-Shirts, Jeans, Jacken, Kinderbekleidung, all das lässt sich heute für wenige Cent herstellen, und sofern westliche Marken diese Kleidungsstücke nicht mit dem Anschein von Exklusivität aufwerten, werden sie auch nur für wenige Euro verkauft. Seit China Mitglied der Welthandelsorganisation (WTO) ist und die Märkte für Textilien und

Kleidung liberalisiert wurden, hat bei diesen Produkten ein dramatischer Preisverfall eingesetzt. Ähnliches gilt für Musikinstrumente: Früher war ein Klavier eine Anschaffung für Generationen, heute gibt es fabrikneue Instrumente Made in China für 2 000 Euro.

Anderthalb Jahrzehnte Investitionsboom in den Schwellenländern haben die weltweiten Produktionskapazitäten förmlich explodieren lassen. Weil aber nur wenig wirklich Neues auf den Markt kommt, sondern bloß immer mehr vom immer Gleichen, verfallen die Preise. Ob Kühlschränke, Fernsehgeräte oder Radios, ob Fotoapparate oder Videokameras – seit Jahren werden viele Konsumgüter billiger und billiger.[2]

Sogar in den Schwellenländern selbst – wo immerhin Milliarden von Menschen mit enormem Nachholbedarf leben, wenn man den westlichen Lebensstandard als Maßstab nimmt – sind bereits viele Märkte gesättigt: Das Wachstum der Kapazitäten übersteigt das Wachstum der Konsummöglichkeiten bei weitem. China zum Beispiel galt noch vor wenigen Jahren unter westlichen Autoherstellern als gelobter Markt: Wer dort große Marktanteile erreiche, so die Erwartung, würde für lange Zeit ausgesorgt haben. Ein großer Irrtum. Schneller als wohl irgendjemand erwartet hätte, gibt es seit Mitte des ersten Jahrzehnts des 21. Jahrhunderts auf dem chinesischen Automarkt Überkapazitäten. Alle globalen Konzerne sind inzwischen dort vertreten. Dazu kommen die Staatskonzerne FAW und SAIC, die durch diverse Joint Ventures mit westlichen Konzernen (General Motors, VW) verbandelt sind, sowie halb private Unternehmen wie Chery und Geely. Die Überkapazitäten sind umso überraschender, als der Autoabsatz in China nach 2001 mit atemberaubendem Tempo gewachsen ist, in manchen Jahren um 50 Prozent. Der chinesische Automarkt ist heute der zweitgrößte nach den USA. Dennoch: Das Angebot übersteigt die Nachfrage – 2006 wurden in China 7,22 Millionen Autos verkauft, aber 7,28 Millionen produziert, dazu kommen noch Importfahrzeuge. Die Folge ist ein Preiskampf sondergleichen. Es wird mit aller Macht gefertigt, doch die Gewinne fallen; so zum Beispiel im Jahr 2004, als die PKW-Umsätze in China um 45 Prozent gegenüber dem Vorjahr stiegen, aber die Profite um 6 Prozent sanken.[3]

Das explosive Wachstum der Produktionskapazitäten sorgt für einen rapiden Verfall der Margen, nicht nur in China, sondern weltweit und bei fast allen Autobauern. Selbst Toyota, der effizienteste Massenhersteller der Welt, kommt auf Umsatzrenditen von rund 9 Prozent. Dass die Chinesen nun den Überkapazitäten daheim durch größere eigene Exportanstrengungen entrinnen wollen, dürfte den globalen Margenverfall noch beschleunigen.

Für die Verbraucher weniger sichtbar, aber nicht minder »dramatisch«, wie eine Branchenstudie im Auftrag der EU-Kommission konstatiert,[4] ist die Situation auf dem Investitionsgütermarkt: Im Maschinenbau haben chinesische Hersteller so eifrig westliche Konkurrenten nachgeahmt und das Angebot so stark ausgeweitet, dass sie kaum noch Geld verdienen. Längst versuchen sie, in die südostasiatischen Nachbarländer als Absatzmärkte auszuweichen. Weil aber auch dort »der Wettbewerbsdruck« steige, würden chinesische Unternehmen nun verstärkt versuchen, »höher entwickelte Märkte zu erschließen« – also Ausfuhr in den Westen, wo Deutsche und Japaner bislang die Platzhirsche sind. Doch dafür, so die Studie, genüge das Know-how der Chinesen nicht. Mutmaßlicher Ausweg: »weitere Ausbeutung von geistigem Eigentum in ausländischem Besitz«. Vulgo: Know-how-Klau.

Kopieren statt innovieren, Masse statt Klasse, Geiz statt Geist – es ist ein eintönig Ding um das globale Wirtschaftsgeschehen.

Wer mit Fachleuten des deutschen Bundesamts für Verfassungsschutz über den chinesischen Hunger nach geistigem Eigentum spricht, der bekommt ein drastisches Bild präsentiert: Die Chinesen gingen nach einem »Masterplan« vor – alles für den Aufstieg des Mutterlands, nichts für die ausländischen Partner. Von fairem Austausch könne keine Rede sein. Die Abwehrexperten sind sich sicher, ein lockeres, aber effektives Netzwerk zu erkennen. Botschaften und Konsulate würden hier lebende Chinesen – Studenten an deutschen Unis, Wissenschaftler an deutschen Instituten, Spezialisten in der Industrie – erinnern, ihre vaterländischen Pflichten zu erfüllen. Konkretes Ziel: die wichtigsten Branchen systematisch auszuforschen.

Die Methoden, berichten Verfassungsschützer, seien mitunter dreist. So sei es schon vorgekommen, dass sich ein chinesischer Gast aus einer Besprechung auf eine Zigarette verabschiedet habe – und später mit seinem USB-Stick beim heimlichen Abzapfen von Daten aus einem Computer erwischt worden sei. Auch bei den Übernahmen hiesiger Unternehmen, glauben Deutschlands Spionjäger, gehe es vor allem um eines: Know-how abzuziehen – und damit andere westliche Firmen niederzuwalzen.

Gibt es ein besseres Indiz dafür, wie groß die Knappheit an Geist inzwischen auf dem Globus ist?

Viele Menschen, wenige Köpfe: die globale Qualifizierungslücke

Die relative globale Knappheit an Geist resultiert aus dem bisherigen Verlauf der weltwirtschaftlichen Integration. Volkswirtschaften mit einem am Westen gemessen exorbitanten Entwicklungsrückstand haben sich in die internationale Arbeitsteilung eingeordnet. Zollschranken wurden eingerissen, Verkehrs- und Kommunikationswege, Geschäfts- und Produktionsbeziehungen aufgebaut. Es begann in den achtziger Jahren des 20. Jahrhunderts, zunächst ganz langsam, dann immer schneller. Aus Selbstversorger-Nationen wurden exportierende Volkswirtschaften – aus chinesischen Bauern wurden Industriearbeiter, aus indischen Gelegenheitsarbeitern wurden Callcenter-Agents. Ökonomen nennen eine solche Entwicklung »Angebotsschock«, eine plötzliche, unvorhergesehene Veränderung der Marktbedingungen. Seit 1980 hat sich das globale Arbeitsangebot nach Berechnungen des Internationalen Währungsfonds vervierfacht. Tendenz: wachsend, und zwar immer schneller.[5]

Zwei Großtrends verstärken sich wechselseitig: Globalisierung und Demografie wirken zusammen; die ökonomische Integration schreitet rasch voran, und die Anzahl der Personen im erwerbsfähigen Alter wird in vielen Schwellenländern noch auf Jahrzehnte zunehmen (siehe das Kapitel »Die erste Knappheit: Menschen«). Die demografiebedingte Zunahme des Arbeitsangebots in den Newcomer-Nationen wiederum erhöht den Druck in Richtung einer immer rascheren ökonomischen Integration, weil auch sie am Wohlstand teilhaben wollen.

Es ist nur so: Fast die gesamte Steigerung des globalen Arbeitsangebots setzt sich aus gering qualifizierten Personen zusammen. Während ihre Zahl zwischen 1980 und 2005 um den Faktor 3,5 stieg, nahm die Zahl von Hochqualifizierten nur um 50 Prozent zu, und zwar vornehmlich in den reichen Ländern.[6] Auch Letzteres ist ein beachtlicher Zu-

Grafik 3 Global unterqualifiziert: Weltweites Arbeitskräfte-
angebot nach Bildungsstand (in Millionen Menschen*)
exportgewichtet

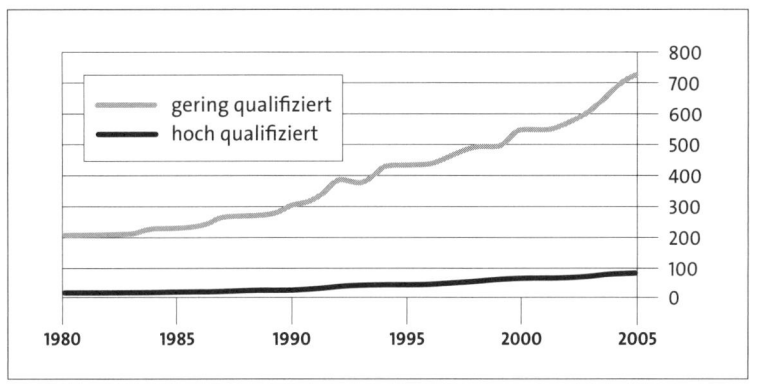

Quelle: IWF 2007a

wachs – aber relativ zur reinen menschlichen Arbeitskraft ist das geistige Potenzial der Weltwirtschaft zurückgeblieben.

Die globalisierte Ökonomie gleicht einem extrem aufgepumpten
Bodybuilder: üppige Muskelmasse, aber mit einem geradezu lächerlich
kleinen Kopf.

Dass die Newcomer-Nationen sich bislang darauf konzentriert haben, den reichen Volkswirtschaften nachzueifern, ist logisch und verständlich. Zum einen waren es zunächst globale Konzerne aus den reichen Ländern, die die Globalisierung vorantrieben. Sie nutzten und
nutzen die gigantischen Lohnunterschiede – chinesische Löhne liegen
immer noch bei nur 15 Prozent des US-Niveaus (umgerechnet zu Kaufkraftparitäten)[7] – und ordneten ihre Wertschöpfungsketten neu. Tätigkeiten, die einen hohen Arbeitsaufwand erfordern, wurden in billigere
Länder ausgelagert, wo neue Produktionskapazitäten aufgebaut wurden. So kommt es zu einer Ausweitung der Quantität, aber nicht zur
Herstellung von qualitativ Neuem.

Zum anderen liegt die Konzentration auf bestehende Produkte im
wirtschaftlichen Interesse der Schwellenländer selbst. Wollen sie sich
in die Weltwirtschaft integrieren, müssen sie Dinge anbieten, die die
großen Importeure der Welt – die reichen Länder – nachfragen. Hätten
sie sich von Anfang an auf ganz neue Produkte spezialisiert, wäre ih-

nen diese Integration nicht gelungen. Internationaler Handel findet traditionell zwischen ähnlichen Gesellschaften statt; wer sich in die Weltwirtschaft integrieren will, muss sich den Verhältnissen anpassen, die auf den internationalen Märkten herrschen. Es war und ist ihre einzige Chance: Sie müssen sich angleichen und dabei ihre Vorteile ausspielen – nämlich ihre niedrigen Löhne.

Die Reservearmee von Arbeitern in den Schwellenländern ist schier unbegrenzt. Weitere Milliarden von Menschen stehen bereit, ihre Arbeitskraft anzubieten und sich in die Weltmärkte zu integrieren. Umso drängender wird der globale Mangel an Geist. Denn sofern all diese Menschen auch noch das Gleiche tun, nur noch billiger als all die anderen, wird der Verfall der Preise und Löhne weitergehen. Keine sonderlich befriedigende Situation – weder für die Beschäftigten, deren Einkommen leiden werden, noch für die Unternehmen, deren Margen schrumpfen.

Um dieser Abwärtsspirale zu entrinnen, verschiebt sich der globale Wettbewerb auf ein anderes Spielfeld: Die Welt rüstet intellektuell auf. Vorneweg die reichen Länder, um der wachsenden Niedriglohnkonkurrenz auszuweichen, aber auch Schwellenländer wie China und Indien.

Im Frühjahr 2007, ungefähr zu der Zeit, als ich Wei »Wolfgang« Luan kennenlernte – den Mann, der auf der Suche nach Know-how-reichen deutschen Unternehmen ist –, führte ich ein langes Gespräch mit dem OECD-Bildungsexperten Andreas Schleicher über adäquate Reaktionen auf die globale Bildungslücke. Schleicher ist bekannt geworden als Verantwortlicher für die Pisa-Tests, die die Fähigkeiten von Schülern international vergleichen – Untersuchungen, bei denen Deutschland bestenfalls mittelmäßig abgeschnitten hat und die ihm, dem Studienleiter, heftige Anfeindungen seitens deutscher Bildungspolitiker eingebracht haben. Aber das nur am Rande.

Hier Auszüge unserer Unterhaltung:[8]

Sagen Sie mal, Herr Schleicher, läuft Deutschland dem globalen Bildungsboom hinterher?

Viele Staaten haben auf die veränderten Anforderungen bereits vor Jahrzehnten reagiert. Korea, ein Land das in den sechziger Jahren das Bruttoinlandsprodukt von Afghanistan hatte, ist von einem der letzten Plätze im OECD-Vergleich in die internationale Leistungsspitze vorgestoßen. Deutschland

dagegen ist vom guten Mittelfeld ins letzte Drittel der OECD-Staaten abge-
rutscht – nicht weil die Hochschulbeteiligung zurückgegangen ist, sondern
weil sie in so vielen Staaten so viel schneller gestiegen ist. Und wie wird die
internationale Bildungslandschaft erst aussehen, wenn China dem Beispiel
Koreas nachfolgt! Wir stehen heute nicht mehr nur im Wettbewerb mit Staaten, die geringe Qualifikationen zu geringen Kosten anbieten, sondern auch
mit Ländern wie China und Indien, die mehr und mehr nach Spitzenqualifika-
tionen streben. Das macht sich auf dem Arbeitsmarkt schnell bemerkbar.

Wir verschlafen den Bildungsboom?

Ja, das gilt sowohl in quantitativer als auch in qualitativer Hinsicht. Quantita-
tiv haben wir in vielen OECD-Staaten einen dynamischen Ausbau der Bildungssysteme, insbesondere im akademischen Sektor beobachtet: Im OECD-
Mittel beginnt jetzt mehr als die Hälfte eines Jahrgangs eine akademische
Ausbildung und in Australien, Schweden oder Finnland sind es sogar mehr
als 70 Prozent. In vielen Staaten kann man von einem Paradigmenwechsel
sprechen, weg von der traditionellen Ausbildung, die darauf abzielt, den gegenwärtigen Qualifikationsbedarf des Arbeitsmarkts abzudecken, hin zur
Investition in die weiterführende Bildung junger Menschen, um diese zu be-
fähigen, den wirtschaftlichen und sozialen Wandel der Gesellschaft aktiv zu
gestalten.

*Im Ernst: Braucht man tatsächlich so viele Akademiker? Führt eine derartige
intellektuelle Aufrüstung nicht nur dazu, dass schwächer Qualifizierte ohne
Not verdrängt werden?*

Es gibt keine Anzeichen, dass der dynamische globale Ausbau des tertiären
Bildungssystems zu einer ›Inflation‹ der Qualifikationen führt. Ganz im Gegenteil, unter den Staaten, in denen der Anteil der 25- bis 64-Jährigen mit
tertiären Abschlüssen seit 1995 besonders stark gestiegen ist – Australien,
Dänemark, Frankreich, Irland, Japan, Kanada, Korea, Spanien und England –,
haben die meisten Staaten sinkende Arbeitslosenquoten sowie steigende
Einkommensvorteile unter den Hochschulabsolventen verzeichnet. Es gibt
einen großen und steigenden Bedarf an Hochqualifizierten.

*Und das bleibt auch so, wenn China und Indien in ein paar Jahren die Welt
mit Akademikern überschwemmen?*

Absolut. Es wäre völlig falsch, aus der weltweit steigenden Zahl von Spitzen-
kräften auf eine sinkende Nachfrage nach höheren Qualifikationen in

Deutschland zu schließen – so nach dem Motto, das alles sei ein Nullsummenspiel.

Welchen ökonomischen Mechanismus sehen Sie hier am Werk? Fragen Akademiker eher höherwertige Leistungen anderer Akademiker nach? Sind wir auf dem Weg zu einer generellen Anreicherung der Wertschöpfung mit Humankapital?

Nehmen Sie den Unterschied zwischen wissensbasierten und materiellen Gütern: Wenn Sie ein Wissensarbeiter sind, der ein wissensbasiertes Produkt schafft, etwa ein Buch oder eine Dienstleistung als Berater, dann können Sie Ihr Produkt an umso mehr Menschen verkaufen, je größer der Markt ist ...

... die berühmten Skalenvorteile.

Wenn Sie dagegen Ihre manuelle Arbeitskraft verkaufen oder ein materielles Produkt, dann wird dessen Wert nicht unbedingt steigen, wenn der Markt wächst – schließlich können Sie jedes Produkt sowie Ihre manuelle Arbeitskraft nur einmal verkaufen. Deswegen werden die Chancen für diejenigen, die gut gebildet sind, weiter steigen, während die Risiken für Menschen mit unzureichender Ausbildung ebenfalls zunehmen werden.

Auch wenn die Vergleichbarkeit der Pisa-Ergebnisse umstritten bleibt: Die empirischen Belege für den intensiven internationalen Bildungswettbewerb sind erdrückend. Und sie sind längst in der ökonomischen Realität spürbar.

Zu dumm zum Wachsen? Deutschland in der IQ-Falle

Das Jahr 2006 markierte einen historischen Wendepunkt in Deutschland, ohne dass die Öffentlichkeit davon größere Notiz genommen hätte. Es war der erste Aufschwung unter den Bedingungen der Kopfknappheit. Bis 2006 war das Erwerbspersonenpotenzial angestiegen, seither sinkt es wieder.

Erstmals merkten die Unternehmen in der Breite, dass sie im Inland an Grenzen stießen: Viele Firmen wollten gern mehr in Deutschland investieren – allein, es fehlte an fähigem Personal. Und das schon bei einem eigentlich moderaten Wirtschaftswachstum von knapp 3 Prozent und damals immer noch 4 Millionen Arbeitslosen. 18,5 Milliarden

Euro gingen der deutschen Wirtschaft 2006 verloren, weil sie freie Fachkräftestellen nicht besetzen konnten.[9] Und das ist erst der Anfang.

Sind die Deutschen inzwischen zu dumm, um über längere Zeit ein anständiges Wirtschaftswachstum hinzubekommen? Es sieht ganz so aus.

Das Geld ist willig, aber der Geist ist schwach. Es sind gerade Branchen mit hoher Wertschöpfung, die an ihre Entwicklungsgrenzen stoßen. Ob Maschinenbau, Elektrotechnik oder Optik – landauf, landab geben Firmen in den regelmäßigen Umfragen des Ifo-Instituts an, sie litten unter Personalmangel. Zum Beispiel der schwäbische Maschinenbaukonzern Voith, dessen Personalchef Hilmar Döring mir erklärte: »Wir sind nicht mehr in der Lage, unsere offenen Stellen in vernünftiger Zeit zu besetzen.« Bisher gelinge es noch, etwaige Engpässe im weltweiten Produktionsverbund auszugleichen – zur Not holt man ein paar Voith-Mitarbeiter aus Brasilien für ein paar Monate ins Schwäbische. »Aber wenn die Entwicklung so weitergeht, dann könnte das künftig auf Investitionsentscheidungen Auswirkungen haben.«[10]

Besonders krass ist die Situation in der IT-Branche: Am Ende des Wendejahres 2006 suchten 56 Prozent der Unternehmen händeringend Leute, wie eine Umfrage des Branchenverbands Bitkom zeigte. Je kleiner die Unternehmen, desto größer die Not.[11] Gerade als der Markt nach Jahren der Flaute mal wieder richtig wuchs, konnten viele Firmen ihre Chancen nicht nutzen. Produktentwicklungen gehen zu langsam voran, Zeitvorsprünge gegenüber Wettbewerbern schmelzen dahin.

Die Auswirkungen der Akademikerknappheit sind weit über die Firmengrenzen hinaus spürbar. Weniger Wachstum bei den Hightech-Betrieben bedeutet weniger Jobs auf nachgelagerten Wertschöpfungsstufen – in der Produktion, in der Logistik. Zu wenige Informatiker bedeuten zu wenige Jobs für Nichtakademiker. Unternehmen verlagern Forschung und Entwicklung ins Ausland, nicht weil sie wollen, sondern weil sie müssen: Viele würden lieber weiter in Deutschland bleiben, sie schätzen die heimischen Ingenieure und Naturwissenschaftler; im Inland zu innovieren ist schneller, produktiver und auch sicherer – in Zeiten verschärften Technologiediebstahls kein geringes Argument –, aber wer keine qualifizierten Leute bekommt, muss sich eben ins Ausland orientieren.

Die nationale Geistesschwäche ist desaströs für Deutschland, das hoch produktive Potenziale verliert – und zwar nicht, wie in der Vergangenheit, der Kosten wegen, sondern weil die heimischen Hirnkapazitäten beklemmend eng geworden sind. So erklärt sich die Parallelität von Massenarbeitslosigkeit und Fachkräftemangel. Die deutsche Wirtschaft, das wurde im ersten Aufschwung nach dem demografischen Wendepunkt deutlich, steckt in der IQ-Falle. Ein überkommenes Bildungssystem, eine alternde, stagnierende und bald schrumpfende Erwerbsbevölkerung, dazu die Auswanderungswelle der vergangenen Jahre (siehe »Die siebte Tugend: Originalität«) – das sind die großen Wachstumsbremsen.

In den Topetagen der Wirtschaft erkennt man das Problem inzwischen. Eine Umfrage der Personalberatung Egon Zehnder International bei Führungskräften in Deutschland, Frankreich, Großbritannien und den USA zeigt: Nur 17 Prozent der befragten deutschen Manager sind mit dem heimischen Bildungssystem zufrieden; unter den Franzosen sind es stolze 77 Prozent, bei den US-Amerikanern immerhin 40. Für problematisch halten deutsche Manager vor allem die Motivation der Lehrer (80 Prozent) und deren Qualifikation (53 Prozent). Ihre eigenen Kinder möchte die große Mehrheit denn auch lieber vor der heimischen Bildungsmisere bewahren: Nur 40 Prozent wollen ihren Nachwuchs auf eine deutsche Schule schicken, lediglich 17 Prozent auf eine deutsche Uni.[12]

Jetzt rächt sich, dass sich das deutsche Bildungssystem – von der Krippe bis zur Hochschule – viel zu langsam den Anforderungen der Globalisierung anpasst. Während andere Länder seit Anfang der neunziger Jahre ihre Bildungskapazitäten massiv ausgebaut haben, hängt Deutschland an überkommenen Traditionen: Die frühe Aufteilung auf Haupt und Realschule und Gymnasium unterbindet soziale Mobilität; das Festhalten an der betrieblichen Lehre hält junge Leute von den Hochschulen fern (dazu weiter unten mehr); der weitgehende Verzicht auf Studiengebühren behindert den Ausbau der Universitäten. All das trägt dazu bei, dass auf dem Arbeitsmarkt letztlich zu wenige Hochqualifizierte ankommen.

Ein Rückstand, der in krassem Gegensatz zur deutschen Tradition steht. Der Aufstieg der deutschen Industrie in die internationale Topliga am Ende des 19. Jahrhunderts fußte auf intellektuellem Vorsprung.

Damals erfanden deutsche Konzerne das systematische Forschen und Entwickeln überhaupt erst. Sie stellten Wissenschaftler ein, um Produktionskapazitäten mit Geist – und das heißt: mit Wert – aufzuladen. Noch in den achtziger Jahren des 20. Jahrhunderts hatte die Bundesrepublik einen ansehnlichen Bildungsvorsprung gegenüber anderen reichen Ländern, inzwischen liegt sie am unteren Ende der Skala.

Besonders alarmierend: Der Akademikeranteil in den jüngeren Altersgruppen sinkt; im Alter zwischen 25 und 34 Jahren gibt es weniger Hochschulabsolventen als in höheren Altersgruppen – ein bemerkenswerter Rückschritt. Und international eine einsame Ausnahme. In Kanada beispielsweise, einem der Spitzenreiter in Sachen akademischer Aufrüstung, haben mehr als 54 Prozent der 25- bis 34-Jährigen einen akademischen Abschluss; in der Generation der 45- bis 54-Jährigen sind es 43 Prozent. Ähnlich das Bild in Japan: Dort gibt es in der jüngeren Altersgruppe 53 Prozent Akademiker gegenüber 38 Prozent in der älteren. In Frankreich? 39 zu 18 Prozent. In Schweden? 37 zu 28 Prozent. In Großbritannien? 35 zu 28 Prozent. Und in Deutschland? 22 Prozent in der jüngeren Altersgruppe gegenüber 26 Prozent in der älteren.[13]

Dies ist kein Luxusproblem, sondern eine fundamentale Schwäche. Kaum eine reiche Gesellschaft altert so schnell wie die deutsche. Allein um bestehende Akademikerstellen im Inland neubesetzen zu können, müsste in den jüngeren Altersgruppen der Anteil an Hochqualifizierten deutlich höher liegen. Ansonsten stehen nicht genug Hochschulabsolventen als Ersatz bereit, wenn die größeren, älteren Jahrgänge in Rente gehen. Eine ökonomische Zeitbombe. Auf dem globalen Markt für Akademiker, sagen Berechnungen der OECD vorher, wird Deutschland in den nächsten Jahren Anteile verlieren. »Schon seit Längerem trägt die Verbesserung des Humankapitals nicht mehr nennenswert zum Wirtschaftswachstum bei«, sagt der Bildungsfachmann Hans-Peter Klös vom industrienahen Institut der deutschen Wirtschaft. »In Zukunft könnte dieser Beitrag sogar negativ werden.«

Der technologielastigen heimischen Wirtschaft bereitet vor allem die Ebbe an in Deutschland ausgebildeten Ingenieuren, Naturwissenschaftlern, Mathematikern und Informatikern Sorge. Die gelten zwar immer noch als Humankapitalträger exzellenter Qualität; woran es hapert, ist die schiere Quantität. Ob Finnland, Frankreich, Spanien

Grafik 4 Deutschland fällt zurück: Bevölkerung mit Hochschulabschluss in Prozent der jeweiligen Altersgruppe

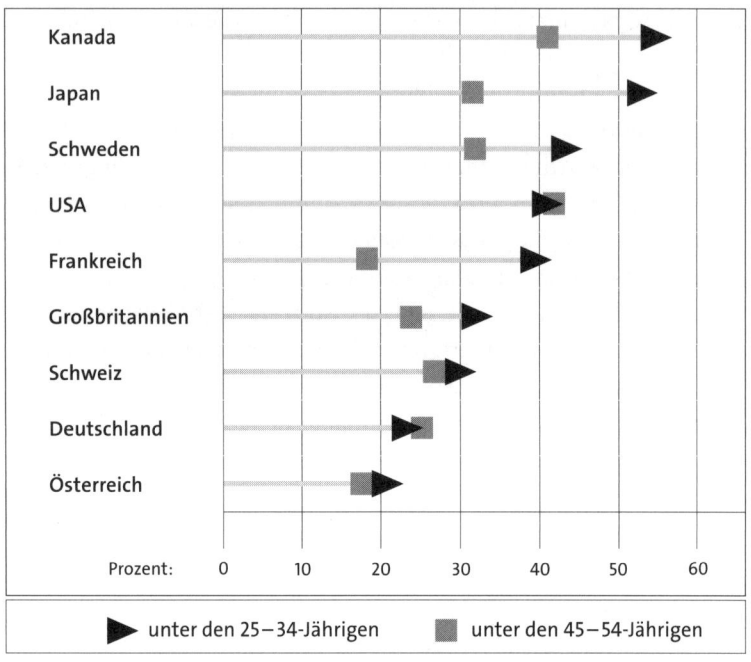

Quelle: OECD (2007a)

oder Nordamerika – viele reiche Staaten gehen den umgekehrten Weg und erhöhen die Anzahl technisch-naturwissenschaftlicher Absolventen stetig.

»Was die Gesellschaft und die Wirtschaft brauchen und was entsprechend das Bildungssystem anbieten sollte«, so OECD-Fachmann Schleicher, »das wird in Deutschland überhaupt nicht thematisiert.« Niemand rede ernsthaft über Strukturreformen, es gehe nur um Effizienzverbesserungen des Bestehenden. Nach Schleichers Analyse sind vor allem die Schulen reformbedürftig: Bildungspolitiker und -praktiker würden immer noch in Unterrichtsstunden, Altersjahrgängen, Stundentafeln, Klassengrößen und formalen Abschlüssen denken, während sich die Gesellschaft heute nach Zielvorgaben, Deadlines und Ergebnisverantwortung organisiere.

Die Wirtschaft des 21. Jahrhunderts braucht keine Leute mehr, die ihr Leben lang das Gleiche machen. Sie braucht flexible Geister, die sich schnell in neue Felder einarbeiten können. Bildungsexperten gehen deshalb davon aus, dass der Bedarf an Akademikern in der Wirtschaft fast unbegrenzt ist. Der Zwang zur intellektuellen Aufrüstung ergibt sich auch aus der demografischen Entwicklung. Denn eine alternde und schrumpfende Bevölkerung kann nur noch Wachstum generieren, wenn sie es schafft, die immer kleinere Zahl von Beschäftigten immer höher zu qualifizieren. Nur eine Produktivitätsexplosion kann die demografische Krise verhindern. Deutschland ist auf diese Herausforderungen schlecht vorbereitet. Die wirkliche Bildungsmisere komme erst noch, prognostiziert Schleicher: »In zehn Jahren wird der Personalmangel eine völlig andere Dramatik annehmen.«

Und was macht das politische Deutschland? Es klammert sich an die Vergangenheit.

Die Lehrstellen-Lüge: wie Generationen in Sackgassen gelockt werden

Vor einiger Zeit begab ich mich auf eine Rechercheise durch das deutsche Berufsbildungssystem.[14] Das mag langweilig klingen. Denn wer sind schon die Protagonisten dieser Sphäre? Funktionäre, Beamte, Meister – eher farblose Figuren. Tatsächlich aber war es eine hochinteressante Exkursion in eine eigene Welt: in ein Biotop, dessen Bewohner – Vertreter von Kammern, Verbänden, Gewerkschaften und Ministerien – mühsam ein Gleichgewicht der Interessen aufrechterhalten, weitgehend abgeschirmt von der realen Wirtschaft. Worum es all diesen Leuten nicht zuförderst geht, ist auch offenkundig: um die Zukunft der nächsten Generation.

Zur Zeit meiner Reise war es Sommer, und der deutsche politökonomische Komplex widmete sich mal wieder der Planerfüllung wie jedes Jahr. Bis zum 1. September, wenn überall in Deutschland das Lehrjahr begonnen hat, soll es für jeden Schulabgänger möglichst einen betrieblichen Ausbildungsplatz in einer Fachrichtung seiner Wahl geben, so lautet die Zielstellung an »die Wirtschaft«.

Folglich läuft im Sommer die Schlacht um die Planerfüllung auf Hochtouren. Der »Lenkungsausschuss des Ausbildungspakts« tagt, leibhaftige Minister und die Präsidenten der Spitzenverbände der Wirtschaft sind dabei. Und da die Planerfüllung Jahr für Jahr scheitert, schwärmen alle aus, um Lehrstellen einzuwerben: Minister, Abgeordnete, Abgesandte der Kammern für Handwerk, Industrie und Handel. Ein Kampf Betrieb um Betrieb. Im Sommer ist Lehrstellenaktion. Der öffentliche Druck wächst. Die Rhetorik wird laut und lauter. Unternehmen, die sich dem Plan entziehen, stehen am Pranger. Politiker geben zu Protokoll, sie fänden die mangelnde Ausbildungsbereitschaft der Wirtschaft skandalös. Gewerkschafter fordern eine »Ausbildungsplatzumlage«, also Bußgelder gegen Planuntererfüllung. Vertreter der Kammern wiegeln ab und lassen wissen, sie sähen gute Chancen, dass man im laufenden Jahr doch noch allen ausbildungswilligen und -fähigen Jugendlichen ein Angebot machen könne. Die einen werben, die anderen drohen, die Wirtschaft beschwichtigt. So gebietet es das Ritual, das zum festen bundesdeutschen Repertoire gehört.

Es ist eines der dümmsten Rituale der Republik – weil es verschleiert, dass eine Runderneuerung des Bildungssystems nötig wäre; weil Deutschland vordringlich mehr Akademiker braucht, nicht mehr Gesellen; vor allem aber, weil Hunderttausende junger Leute in berufliche Sackgassen gelockt werden.

Während meiner Reise traf ich eines sehr heißen Vormittags im Juli mit Jutta Zülow zusammen, einer resoluten, freundlichen Unternehmerin. Wir saßen am Rande ihres Firmenkomplexes auf einem alten Gutshof am Saum von Neuss im Schatten alter Bäume. 160 Mitarbeiter beschäftigt die auf Informationstechnik spezialisierte Firma. An der Einfahrt zum Firmengelände im Ortsteil Gnadental stand ein Schild: »Wir stellen ein: Elektriker/Meister, Fernmeldemonteure«. Es war mit Graffiti beschmiert. Sie würde sofort fünf, sechs neue Jobs schaffen, aber sie finde keine geeigneten Leute, erzählte Frau Zülow.

Sie und ihr Mann leiten genau die Art von Unternehmen, für die das deutsche Berufsbildungssystem eigentlich gemacht ist: einen Handwerksbetrieb. Den Nachwuchs bildet die Firma seit dreieinhalb Jahrzehnten selbst aus. In aller Regel werden die Auszubildenden nach der Lehrzeit übernommen. Die Zülows sind auf das Berufsbildungssystem angewiesen. Deshalb sehen sie deutlich, was falsch läuft: Statt dem Nachwuchs aufeinander aufbauende Fähigkeiten zu vermitteln, die sich flexibel ergänzen und erneuern lassen, wenn sich der globalisierte Markt plötzlich ändert – und das tut er ja genau genommen dauernd –, werden immer noch starre Ausbildungspläne erfüllt. »Statt das System komplett zu verändern, haben wir viel zu lange daran herumgeschliffen.« Jutta Zülow spricht von der »Lehrstellenlüge«. »Wissen Sie«, sagt Frau Zülow, »unsere Auszubildenden lernen noch genauso wie früher mein Vater. Und der ist Jahrgang 1921.« Schuld sei ein »völlig festgefahrenes System«, das nur weiter bestehe, weil Verbände und Kammern »nicht zu Veränderungen bereit« seien.

Auch wenn eine große Koalition von Traditionalisten an dem überkommenen System festhält – längst ist offensichtlich, dass es nicht mehr funktioniert. Seit Mitte der neunziger Jahre gibt es jedes Jahr weniger Ausbildungsplätze als Bewerber. Diese »Lehrstellenlücke« ist mal größer und mal kleiner, je nachdem, wie die Konjunktur läuft. Aber sie verschwindet nicht mehr. »Wenn Unternehmen weniger Lehrstellen anbieten, dann ist das doch ein Signal«, sagt der Wirtschaftsforscher Hilmar Schneider vom Bonner Institut zur Zukunft der Arbeit. »Dann heißt das: Wir brauchen künftig weniger Mitarbeiter mit betrieblicher Ausbildung, deshalb bilden wir weniger Nachwuchs aus.«

Das deutsche System der betrieblichen Bildung plus Berufsschule ist ausgerichtet auf traditionelle Wirtschaftszweige, für die es nach wie vor seine Berechtigung hat. Industrie, Handwerk und Bauwirtschaft profitieren von solide ausgebildeten Fachkräften, die zuverlässig und flexibel einsetzbar sind. Allerdings spielen diese Branchen für die Beschäftigung in Deutschland eine immer kleinere Rolle. Folgerichtig halten sich die Betriebe bei der Ausbildung des Nachwuchses zurück. Vor allem Firmen in neueren Dienstleistungsbranchen haben weniger Interesse am Ausbilden: Sie sind nicht in der Lehrlingstradition verwurzelt. Das System mit seinen Ausbildungsverordnungen, Kammerprüfungen und Berufsschulzeiten scheint ihnen zu kompliziert. Oder sie brauchen schlicht keine berufsgebildeten Mitarbeiter.

Dieser Strukturwandel hat die Zahl der Auszubildenden seit Anfang der neunziger Jahre deutlich sinken lassen. Doch statt aus dem allmählichen Niedergang grundlegende Konsequenzen zu ziehen, wurde ein Provisorium nach dem anderen geschaffen. Immer mehr junge Leute werden in einem ausufernden »Übergangssystem« zwischengelagert: an beruflichen Schulen oder bei privaten Bildungsträgern, die eine berufliche Grundbildung vermitteln sollen, die aber zumeist keine vorzeigbaren Abschlüsse bringen. Die Folge: Millionen Berufseinsteiger wurden in sinnlosen, demotivierenden Warteschleifen geparkt, aus denen sie sich häufig wiederum auf betriebliche Ausbildungsplätze bewerben. Zwischenzeitlich Gelerntes können sie sich in einer späteren Lehre nicht anrechnen lassen. Eine gigantische Verschwendung volkswirtschaftlicher Ressourcen. Schlimmer: eine unverantwortliche Beschränkung individueller Entfaltungschancen.

Statt die nächste Generation auf die neue Ära der Geistesknappheit vorzubereiten, hält man an Überkommenem fest. Der Betrieb als Schule der Nation – so soll es bleiben. Wie im Mittelalter, so im 21. Jahrhundert.

Also bemühen sich die Kammern, vor allem die Industrie- und Handelskammern (IHK), mehr Lehrstellen hervorzulocken, indem sie neue Branchen in die duale Bildung hineinzuziehen versuchen. Immer neue Berufe, immer neue Spezialisierungen werden erfunden. So kam die IHK Rostock auf die Idee, dass deutsche Campingplätze von eigens ausgebildeten Experten betreut werden sollten. Das Berufsbild einer Fachkraft für Camping müsse her. Also setzte man sich zum »Vorverfahren« zusammen: Vertreter von der Rostocker IHK und vom Deutschen Industrie- und Handelskammertag (DIHK), von einschlägigen Wirtschaftsverbänden und Unternehmen, vom Kuratorium der Deutschen Wirtschaft für Berufsbildung und der Gewerkschaft Verdi. Alles hübsch paritätisch. Entschieden wird einstimmig. Im Laufe des Verfahrens veränderte sich das Projekt komplett. Auf Drängen der Gewerkschafter wurde aus der ursprünglich angepeilten zweijährigen Lehre zum amtlich anerkannten Platzwart, der zupackt und die tagtägliche Arbeit erledigt, eine dreijährige Ausbildung zum beziehungsweise zur »Kaufmann/-frau für Tourismus und Freizeit«. Arbeitgeber der neuen Spezies sollen, so will es die Ausbildungsordnung, »regionale und nationale Tourismusorganisationen« sein, zudem »touristische Branchenverbände, Freizeitbäder, Freizeit- und Ferienparks, Campingplätze, Marinas« und dergleichen. Eine Art Reiseverkehrskaufmann fürs Inland.

Ob jemand das neue Berufsbild braucht? Niemand weiß es. Das interessiert aber auch nur noch am Rande. Zunächst mal sind alle froh, dass es nach ewig langem Gefeilsche – das Verfahren dauerte von 1997 bis 2005 – endlich einen neuen Beruf gibt. Die 16. Variante des Kaufmanns. Inzwischen existieren weitere Varianten, etwa den/die »Kaufmann/-

frau für Dialogmarketing«, spezialisiert auf die Arbeit in Callcentern. Davon gibt es auch eine zweijährige Light-Version, die »Servicefachkraft für Dialogmarketing«. Leute also, die laut Ausbildungsordnung »sicher und kompetent« mit Kunden »kommunizieren und korrespondieren« können sollen, und zwar »bei gleichzeitiger Nutzung von Informations- und Kommunikationssystemen«. Eigentlich ein kleines Wunder, dass hierzulande schon seit vielen Jahren Callcenter funktionieren.

Weitere bahnbrechende Innovationen kommen auf den Ausbildungsmarkt: »Fachangestellte für Tanzschulen«, »Objektschutzfachkräfte« sowie »Sportfachmann/-frau«. Internationale Wellen schlug gar das geplante Berufsbild der »Fachkraft für Speiseeisherstellung«. Vehement setzte sich der italienische Botschafter dafür ein; schließlich ging es um die offizielle Anerkennung der Fähigkeiten hiesigen Eisdielenpersonals, also um die Ehre. Im Pakt-Lenkungsausschuss stritten sich die damaligen Minister Wolfgang Clement (Wirtschaft und Arbeit, dafür) und Edelgard Bulmahn (Bildung und Forschung, dagegen). Am Ende stand, logisch, ein Kompromiss: Die zweijährige Ausbildung zum Eismacher kann bei einer späteren Lehre zum Konditor angerechnet werden.

So differenziert sich das Berufespektrum immer weiter aus. Rund 350 gibt es inzwischen. Vorschläge, auch die Tätigkeit von Kinoplatzanweisern und Sonnenstudiofachkräften zu kammertauglichen Berufen auszubauen, konnten sich allerdings bislang nicht durchsetzen.

Bringen all die hoch spezialisierten Berufe Deutschland voran? Nützen sie den Unternehmen? Sichern sie die Lebensgrundlage der nächsten Generation – jener heute jungen Leute, die sich in einer alternden Gesellschaft, die im scharfen internationalen Wettbewerb steht, werden behaupten müssen? Fragen, die die Beteiligten in Verbänden, Gewerkschaften und Ministerien angeregt debattieren. Von einer gemeinsamen Antwort sind sie weit entfernt. Zu sehr ist die Berufsbildungsszene mit sich selbst und mit ihren jeweiligen Eigeninteressen beschäftigt. Auf engem Raum in Bonn-Poppelsdorf, wo die meisten beteiligten Institutionen sitzen, ist eine Welt für sich entstanden, die sich von der Wirtschaft weitgehend abgekoppelt hat. Draußen in der Wirklichkeit ist die Welt in Bewegung. Und wie.

Die Globalisierung erhöht den Wettbewerbsdruck, gerade auf die Absolventen des deutschen Berufsbildungssystems. Längst schützt eine solide Lehre nicht mehr vor Arbeitslosigkeit. Eine Untersuchung des Bundesinstituts für Berufsbildung (BIBB) zeigt: Entscheidend für den späteren beruflichen Erfolg am Arbeitsmarkt ist nicht allein die spezielle Ausbildung, sondern die schulische Allgemeinbildung im Verbund mit einer guten Ausbildung im Betrieb oder in der Berufsfachschule. Das mag viele überraschen, die die betriebliche Lehre immer noch für das Nonplusultra halten. Aber eigentlich sei es doch ganz logisch, sagt BIBB-Präsident Manfred Kremer: »Je breiter jemand ausgebildet ist, desto flexibler ist er einsetzbar, desto geringer ist folglich das Risiko des Jobverlusts.« Immer spezialisiertere Lehrberufe zu schaffen hält Kremer deshalb für »völlig falsch«.

Unübersehbar ist der weltweite Trend zur akademischen Aufrüstung. Der Bedarf an Hochschulabsolventen ist in den vergangenen Jahrzehnten stark gestiegen, auch in Phasen schwachen Wachstums. Die Arbeitslosigkeit in dieser Gruppe liegt seit Jahren bei nur 4 Prozent. Wer hingegen lediglich eine betriebliche Berufsausbildung absolviert hat, der hat ein doppelt so hohes Risiko, arbeitslos zu werden. Tendenz steigend.

»Aus ökonomischer Sicht ist die niedrige Akademikerquote das Hauptproblem«, meint Lutz Bellmann vom Institut für Arbeitsmarkt- und Berufsforschung. »Wenn wir weiterhin hoch produktive Wertschöpfung im Land halten wollen, die auch Facharbeitern Arbeitsplätze bietet, brauchen wir mehr Hochschulabsolventen.« Dass sich immer noch viele Abiturienten als Auszubildende verdingen, sich gelegentlich sogar in den Warteschleifen des Übergangssystems verfangen, sieht Bellmann höchst kritisch. Vertane Zeit, entgangene Chancen.

Fragen wir noch mal OECD-Fachmann Andreas Schleicher, was er von der klassischen Lehre hält.

Herr Schleicher, die OECD vergleicht Länder mit sehr unterschiedlichen Systemen. In Deutschland fußt die Bildung traditionell auf Lehre, Berufsschule, Meisterschule – all das sind Faktoren, die die Akademikerquote drücken. Sind diese Leute tatsächlich schlechter ausgebildet als Hochschulabsolventen?

Die berufliche Ausbildung ist eine große Stärke des deutschen Bildungssystems. Aber sie ist ein Modell für einen schrumpfenden Teil der Wirtschaft, nämlich für das Handwerk und für die klassische Industrieproduktion. Wer eine Lehre gemacht hat, ist nicht unbedingt schlechter ausgebildet als ein Hochschulabsolvent, er findet oft auch relativ schnell einen Arbeitsplatz. Jedoch steht dem Erfolg des Dualen Systems zu Beginn des Arbeitslebens ein stetig wachsendes Arbeitslosigkeitsrisiko in späteren Lebensjahren gegenüber. Man kann das an den Statistiken ablesen: Beim Eintritt in den Beruf stehen die Absolventen einer Lehre den Jungakademikern praktisch in nichts nach. Aber ab einem Alter von 40 steigen die Arbeitslosenquoten an, während Akademiker bis ins höhere Alter vermittelbar bleiben. Es gelingt den Absolventen dieses Bildungsweges oft weniger, sich später den rasch wandelnden Anforderungen der Arbeitswelt anzupassen.

Nichtakademiker haben also Schwierigkeiten, sich auf die raschen technologischen und ökonomischen Entwicklungen einzustellen?

Viele, ja. Das ist ja ganz logisch. Wenn Personen für spezielle Arbeitsgebiete ausgebildet werden und diese Arbeitsgebiete wegfallen, dann haben sie ein Problem. Gefordert ist heute Transversalität – also die Fähigkeit, über Betriebs-, Branchen- und Tätigkeitsgrenzen hinweg wechseln zu können.

Der klassische Spezialist, den sich ja nach wie vor viele deutsche Unternehmen wünschen, hat ausgedient?

Klar ist, dass in unserer Gesellschaft nicht mehr Generalisten oder Spezialisten die entscheidende Rolle spielen, sondern Menschen, die sich zwischen diesen beiden Ebenen bewegen können. Natürlich behalten Generalisten, die einen weiten Wissensbereich überschauen und entsprechend transversal agieren können, ihre Bedeutung. Auch Spezialisten, die vertieftes Wissen über einen begrenzten Bereich besitzen, werden innerhalb ihrer Profession weiterhin Anerkennung finden. In einer komplexen, sich rasch veränderten Welt kommt es jedoch zunehmend auf die Fähigkeit an, sich vertieftes Fachwissen in neuen Zusammenhängen zu erwerben, den eigenen Horizont durch lebensbegleitendes Lernen beständig zu erweitern, neue Rollen einzunehmen und sich ständig neu zu positionieren. Es braucht also Leute, die über ein gutes und ständig ausbaubares Grundwissen verfügen und die in der Lage sind, sich rasch in neue Arbeitsgebiete einzuarbeiten. Zum Beispiel der Computerspezialist, der in der Pharmabranche daran arbeitet, das Genom zu entschlüsseln und neue Medikamente zu entwickeln. Das sind die Leute, die heute erfolgreicher sind. Diese raschen Wechsel gelingen jenen Personen am besten, die selbstständiges Lernen und Problemlösen seit früher Jugend gelernt haben.

Doch statt neue Fähigkeiten für neue Zeiten zu vermitteln, pflegt der politisch-ökonomische Komplex immer noch die Fiktion, dass das Handwerk nun mal »goldenen Boden« habe.

Kampf um die Köpfe: Versäumnisse der Unternehmen

Ideen, Wissen, Kreativität – das ist der Rohstoff, aus dem sich in Zeiten globalen Hyperwettbewerbs noch margenträchtige Geschäfte entwickeln lassen. Kopieren und produzieren kann man fast überall. Die Welt ist übervoll mit wenig originellen und deshalb billigen Produkten. Einen Überfluss an Formen hat die globale Industrie hervorgebracht – was knapp ist, sind die Inhalte und die Leute, die sie ersinnen. All das ist auch für die Unternehmen eine neue Erfahrung. Nicht nur wegen der demografischen Entwicklung, auch wegen des globalen Bildungsbooms müssen sie komplett umdenken. Auch sie stecken mitten in einem Lernprozess. Jahrzehntelang gab es zumeist ein Überangebot an Leuten, die Personalmanager konnten aus dem Vollen schöpfen – und wenn gerade mal die Kosten gesenkt werden mussten, wurden halt Leute hinausgeworfen, auch hochqualifizierte Humankapitalträger. »Für die Betriebe wird die Situation nie mehr so komfortabel werden wie in der Vergangenheit«, warnt Eugen Spitznagel vom Institut für Arbeitsmarkt- und Berufsforschung.

Die Topmanager erkennen das Problem – 86 Prozent der Befragten in der schon genannten Egon-Zehnder-Studie wähnen sich in einem »War for Talent« – einem Kampf um die Talente. Aber viele gehen noch immer nicht wirklich systematisch vor. So sagt ein Drittel der befragten Deutschen, die Topnachwuchskräfte in der Firma seien nicht alle bekannt.

Ein schwerwiegendes Versäumnis. Im 21. Jahrhundert steht die Ökonomie vor einem Paradigmenwechsel. Die Globalisierung und die Integration von Milliarden gering ausgebildeter Menschen in die Weltwirtschaft drücken auf Löhne und Preise. Billig kann künftig jeder. Daraus erwächst ein anschwellender Druck zum geistigen Upgrading. Wer sich dem Wissenswettbewerb nicht stellt, der verliert, verarmt, verkümmert. Das gilt für jeden einzelnen Menschen, für jedes Unternehmen, für jede Gesellschaft. Mehr noch: Wissen allein genügt nicht. Denn Wissen und Information sind praktisch an jedem Ort der Welt zu niedrigen Kosten verfügbar. Entscheidend ist allein, was man daraus macht. Deshalb geht es in diesem Kapitel um »Geist«, nicht um »Wissen« oder »Bildung«. Standardkenntnisse in Standardsituationen anwenden zu können reicht nicht mehr aus.

Die dritte Knappheit:
Zeit

Ganz am Anfang hatte der Mensch Zeit, viel Zeit. Denn Gott, so erzählt die Bibel die frühe Menschheitsgeschichte, »pflanzte einen Garten in Eden gen Osten hin und setzte den Menschen hinein«, sodass für alles gesorgt war. Adam und Eva konnten sich nach Herzenslust bedienen. Arbeit, Krieg und Streit gab es nicht. Anstrengung war überflüssig. Paradiesische Zeiten, in der Tat. Doch dann kam der Sündenfall, die Vertreibung aus dem Garten Eden, und seither hat der Mensch keine Zeit mehr: Er muss arbeiten und für seine Sicherheit sorgen. »Auf deinem Bauch sollst du kriechen und Erde fressen dein Leben lang«, ruft der zürnende Gott Adam nach.

In der Geschichte vom Paradies und der Vertreibung aus demselben sehen heutige Bibelforscher ein großes Gleichnis, das eine fundamentale Menschheitserfahrung überliefert. Es ist eine Parabel auf die Sesshaftwerdung des Menschen – sie beschreibt den Übergang zur heutigen Form des Wirtschaftens.

Die Geschichte spielt in einer Zeit, als die Bewohner des Mittleren Ostens aufhören, als Jäger und Sammler zu leben – die gewachsene Zahl von Menschen lässt sich nicht mehr auf derart ungezähmte Art ernähren. Die Menschen damals müssen diesen Übergang als traumatisch erlebt haben: Aus dem wilden, freien Leben im relativen Überfluss, das die jagenden und sammelnden Nomaden zuvor führten, ist eine mühevolle Existenz geworden. Von nun an müssen die Menschen als Bauern ihr Brot – wortwörtlich – im Schweiße ihres Angesichts erarbeiten.

So erzählt es die Bibel: Als der eine Sohn von Adam und Eva den anderen erschlägt, geht die Mühsal erst richtig los. Der Schäfer Abel stirbt, und der »Ackermann« Kain muss fürderhin noch schwerer schuften. Kain, der Bauer, ist der Archetypus der neuen Zeit. Seine Arbeit ist hart, der Ertrag ist karg. Kein Wunder, denn die gerade sesshaft gewordenen Menschen müssen die Techniken des Landbaus erstmal erfinden. Noch einmal Mose: »Verflucht seist du auf der Erde, die ihr Maul hat aufgetan und deines Bruders Blut von deinen Händen empfangen. Wenn du den Acker bebauen wirst, soll er dir hinfort seinen Ertrag nicht geben. Unstet und flüchtig sollst du sein auf Erden…« Und so weiter und so fort. Alles hochgradig symbolisch.

Kains Leben ist hart, er ist streitbar, neidisch und gewalttätig, all das gehört zur neuen Epoche. Denn im Zentrum der Existenz des Bauern steht nun das Eigentum: an Boden und an Saatgut. Während in den vorherigen – den paradiesischen – Zeiten Eigentum nur eine begrenzte Bedeutung hatte, wird es nun überlebenswichtig. Muße und Friedfertigkeit haben in dieser Welt kaum noch Platz. Der Mensch kämpft ums Überleben, gegen die Natur, gegen andere Menschen.

Und doch versinkt die Menschheit nicht in Chaos und Hunger. Im Gegenteil: Die Vertreibung aus dem Paradies löst eine Explosion an Produktivität und Kreativität aus.

Kain, der mit dem Schandmal Gezeichnete, schafft wahrhaft Großes: Nachdem er »von dem Angesicht des Herrn« weggehen musste, geht er ins Land Nod, »jenseits von Eden, gegen Osten«. Und schon kommt die Kulturgeschichte mächtig in Schwung: »Kain erkannte sein Weib; die ward schwanger und gebar den Henoch. Und er baute eine Stadt, die nannte er nach seines Sohnes Namen Henoch.« So geht es weiter, Schlag auf Schlag: Kain wird Stammvater mehrerer Stämme und mehrerer Berufe. Er begründet, wie es bei Mose heißt, den Stamm derjenigen, »die in Zelten wohnen und Vieh halten« (also Nomaden). Unter seinen Nachfahren finden sich »alle Zither- und Flötenspieler« (die schönen Künste). Und außerdem »alle Erz- und Eisenschmiede« (das Handwerk). Eine stolze Leistung für einen Menschen: eine Stadt gegründet, mehrere Stämme und Berufe begründet. Wer kann das schon von sich sagen!

Zeit ist knapp. Deshalb ist Zeit Geld. Das Leben besteht aus Arbeit, aus der Erringung von Besitz und aus der Verteidigung desselben. So ist die Welt, jenseits von Eden.

Jenseits von Eden? In gewisser Weise erleben wir in der Gegenwart etwas ähnlich Schockierendes. Es ist, in stark abgeschwächter Form, eine erneute Vertreibung aus dem Paradies – ein Hinausgestoßenwerden in eine risikoreichere Welt, in der es rauer und reichlich stressig zugeht. Natürlich sind die Lebensbedingungen heute nicht mit denen im Zweistromland Jahrtausende vor der Zeitenwende zu vergleichen. Aber wir erleben eine fundamentale Umwälzung, die viele Zeitgenossen als Verschlechterung wahrnehmen. Eine Ära der Muße und Behaglichkeit endet, es beginnt eine Phase des harten Wettbewerbs und der multiplen Knappheiten, von denen dieses Buch handelt.

Die Globalisierung und der demografische Wandel beenden eine in gewisser Weise paradiesische Epoche. Nach der Katastrophe des Zweiten Weltkriegs und den ersten harten Jahren des Wiederaufbaus begann eine Phase, in der nicht nur die materiellen Möglichkeiten der Bürger in den westlichen Ländern rasch stiegen, sondern auch ihre verfügbare Zeit. Die Arbeitszeiten gingen zurück. Die 40-Stunden-Woche wurde eingeführt, später mancherorts gar die 35-Stunden-Woche. Arbeitsfreie Samstage und vier bis sechs Wochen Jahresurlaub wurden in Westeuropa Standard. Mehr noch: Immer längere Lebensphasen wurden komplett von Arbeit befreit. Die Ausbildungszeiten, zumal für Akademiker, dehnten sich immer weiter aus. Der Ruhestand wurde immer länger, ohne dass die Rentner ihren Lebensstandard nennenswert hätten einschränken müssen. Zeitweise gingen die Deutschen mit durchschnittlich 59 Jahren in den Ruhestand. Wer es geschickt anstellte, konnte mit Ende 20, nach langem Studium, in den Beruf einsteigen und sich mit Ende 50 schon wieder in die Rente verabschieden – rund 30 Jahre Erwerbstätigkeit bei einer Lebenserwartung von knapp 80 Jahren. Wurde er zwischendurch arbeitslos, bekam er eine relativ großzügige Unterstützung, die ihm zumindest halbwegs den gewohnten Lebensstandard sichern sollte.

Es kam noch besser. Hausarbeit wurde in einem zuvor unvorstellbaren Maß rationalisiert. Die automatische Waschmaschine ersetzte Waschbrett, Kochzuber und Mangel; der elektrische Staubsauger trat an die Stelle von Teppichklopfer und Besen; der Geschirrspülautomat löste händisches Spülen und Abtrocknen ab; die Zentralheizung entband vom Kohlenschleppen und vom Anheizen des Ofens; Mikrowellengeräte und Fertiggerichte ermöglichten das Zubereiten ganzer (wenn auch nicht sonderlich schmackhafter) Mahlzeiten binnen Minuten statt Stunden; die Versorgung mit Essensvorräten konnte man nun in ein und demselben Supermarkt erledigen statt auf Märkten oder mühsam in eigenem Anbau. Um nur die augenfälligsten zeitsparenden Neuerungen zu nennen. Frühere Generationen brauchten täglich

Stunden, um Kleidung und Wohnung sauber zu halten, um zu heizen, um Essen zu beschaffen und zuzubereiten – jetzt war all das in einem Bruchteil der Zeit möglich. Eine enorme Ersparnis. Und bei all diesen Entlastungen brauchten die Menschen sich nur noch vergleichsweise wenig um Kinder und Alte zu kümmern. Denn sie hatten weniger Nachwuchs. Und auf die großen Kohorten mittleren Alters kam nur eine relativ geringe Zahl alter, pflegebedürftiger Menschen. Pflege und Betreuung übernahmen zunehmend Profis in staatlich finanzierten Einrichtungen.

Auch wenn es uns heute nicht so vorkommt: Die Welt, aus der wir kommen und die die Mehrheit der heute Lebenden geprägt hat – die Welt der sechziger bis achtziger Jahre des 20. Jahrhunderts –, kam dem innerweltlichen Äquivalent zum Garten Eden ziemlich nahe.

Nie zuvor hatten die Menschen so viel Zeit. Keine vorangegangene Generation genoss eine vergleichbare Sicherheit. Und es ist nicht absehbar, dass es nachfolgende Generationen je wieder so leicht haben werden. Schluss mit lustig? Jedenfalls ist die »Freizeitgesellschaft«, in der die anstrengenden Teile des Lebens eher Nebensache sind und die sich vor allem ums Vergnügen kümmert, ein Auslaufmodell.

Denn: Zeit wird knapper, weil die offene Weltwirtschaft einen harten Wettbewerb um höhere Produktivität und niedrigere Kosten entfacht hat, dem sich jeder Einzelne stellen muss – durch mehr Arbeit, Fortbildung und Fortentwicklung.

Zeit wird knapper, weil die Globalisierung einen permanenten und häufig schwer vorhersehbaren Wandel vorantreibt, der Individuen und ganze Gesellschaften dazu zwingt, sich immer wieder auf neue Bedingungen einzustellen – ein zeitraubendes, aufwändiges und häufig nervenaufreibendes Geschäft.

Zeit wird knapper, weil die demografische Wende zu einer ungünstigeren Alterszusammensetzung der Bevölkerung führt, was nur durch höhere Produktivität und längeren Lebensarbeitszeiten abgefedert werden kann – der »Ruhestand« wird deutlich kürzer.

Zeit wird knapper, weil die immer größere Zahl der hilfebedürftigen Alten so stark steigen wird, dass ihre Unterstützung die öffentlichen Systeme überfordert – nur private Hilfsleistungen, informell unter Freunden, Verwandten und Nachbarn oder formell in Ehrenämtern, werden in den kommenden Jahrzehnten die Lücke schließen können.

Zeit wird knapper, weil die staatlichen Sicherungssysteme für viele nur noch ein Minimum an Unterstützung bieten können und kein Niveau, das den Lebensstandard sichert – Erwerbsarbeit wird für viele Menschen zur Notwendigkeit.

Kurz: Das Leben füllt sich wieder mit Pflichten an. Aber ist das schlimm? Eigentlich nicht. Dieses Urteil drängt sich jedenfalls auf, wenn man sich anschaut, wie die Deutschen bislang ihre Lebenszeit verbringen.

Vermessung der Freizeitgesellschaft: wofür die Deutschen ihre Zeit aufwenden

Alle paar Jahre befragen die Statistiker die Bürger, was sie so treiben den ganzen Tag lang. Wie nutzen sie all die Zeit, die ihnen zur Verfügung steht? Für Deutschland hat das Statistische Bundesamt zuletzt in den Jahren 2001 und 2002 eine große Untersuchung vorgenommen.[1] Die Ergebnisse zeigen eine Gesellschaft, in der, nun ja, viele offenkundig wenig Sinnvolles anzufangen wissen mit ihrem Alltag. Ich weiß, dies ist eine starke Wertung. Aber es scheint einige Langeweile zu herrschen diesseits von Eden.

Im Durchschnitt verbringen die Bundesbürger (ab 10 Jahre) ihre täglichen 24 Stunden folgendermaßen: gut drei Stunden mit Arbeit und Bildung, dreieinhalb Stunden mit unbezahlter Arbeit im Haushalt und im Ehrenamt, gut zwei Stunden mit privaten Kontakten und Gesprächen, vier Stunden mit Hobbys, Sport und Mediennutzung (vor allem Fernsehen), knapp drei Stunden mit Essen und Körperpflege. Die verbleibenden achteinhalb Stunden verschläft der Durchschnittsdeutsche.

Das Schlagwort vom »lebenslangen Lernen« ist bislang nicht mehr als eine Forderung. Erwachsene wenden für Bildung praktisch gar keine Zeit mehr auf. Unter den 25- bis 45-Jährigen sind es nur noch 19 Minuten täglich, ein Wert, der auf späte Studenten in dieser Altersgruppe zurückgehen dürfte. Jenseits der 45 sind Bildungsanstrengungen praktisch nicht mehr messbar.

Im Vergleich zu den frühen neunziger Jahren arbeiteten die Deutschen um die Jahrtausendwende deutlich weniger, und zwar sowohl bezahlt als auch unbezahlt. »Dafür steht mehr Freizeit und mehr Zeit für persönliche Dinge wie das Essen zur Verfügung«, schreiben die Autoren der Studie. Dies liegt nicht nur am Rückgang der Arbeitszeiten (dazu mehr im folgenden Abschnitt), sondern auch an einer sinkenden Erwerbsquote: Es waren relativ weniger Menschen im Job, sie nutzten diese gewonnene Zeit aber nicht, um andere gesellschaftliche Aufgaben wahrzunehmen, sondern weiteten ihre Freizeit aus. Nicht nur im historischen Vergleich, auch in Relation zu anderen Ländern sind die Deutschen ein Volk, das es eher ruhig angehen lässt. Nur die Finnen, berichtet das Statistische Bundesamt, haben noch mehr Freizeit. In Ländern mit hoher Erwerbsquote hingegen, etwa in Großbritannien, wurde um die Jahrtausendwende pro Tag rund eine halbe Stunde mehr gegen Bezahlung gearbeitet.

Interessant ist in diesem Zusammenhang auch, was sich hinter der Kategorie »unbezahlte Arbeit« verbirgt. Von den insgesamt dreieinhalb Stunden, die die Deutschen damit verbringen, geht der größte Teil für Haus- und Gartenarbeiten drauf, nämlich mehr als zwei Stunden (Frauen) beziehungsweise anderthalb Stunden (Männer). Eine weitere Dreiviertelstunde verbringt der Deutsche täglich mit Einkaufen. Die Pflege und Betreuung von Angehörigen macht nur rund eine Viertelstunde aus. Noch weniger Zeit verwenden die Deutschen fürs Ehrenamt oder für die informelle Hilfe außerhalb der Familie.

Arbeit, Bildung, Ehrenamt, Betreuung von Kindern und Alten – all das füllt zusammen nicht viel mehr als ein Sechstel des deutschen Normaltages aus. Der Eindruck drängt sich auf, dass da noch enorme produktive Potenziale zu heben sind.

Aber: Hinter den Durchschnitten verbergen sich enorme Unterschiede. Unter den Erwerbstätigen arbeitet mancher mehr als 50 Stunden pro Woche. Die allermeisten Führungskräfte schaffen sogar mehr als das.[2]

Ein ähnliches Bild ergibt sich beim Ehrenamt. Im Durchschnitt ist der Zeitaufwand hierfür gering, aber jene 18 Prozent der Bevölkerung, die sich in Vereinen oder Kirchen bürgerschaftlich engagieren, sind stark beansprucht, wie die Studie des Statistischen Bundesamts zeigt. Es sind häufig Leute, die auch anderswo in engen Bindungen leben: Paare mit Kindern zumal, bei denen beide Partner erwerbstätig sind und die dennoch Zeit fürs Ehrenamt finden, engagieren sich im Schnitt auch dafür noch rund vier Stunden wöchentlich nebenher. Ehrenamtlich tätige alleinerziehende Mütter sind drei Wochenstunden aktiv. Auch die Betreuung Alter und Kranker ist extrem ungleich verteilt. Wer in der Situation ist, einen oder mehrere Familienangehörige zu betreuen, wendet dafür mehr als siebeneinhalb Stunden pro Woche auf.

Im internationalen Vergleich, auch das zeigen die Statistiken, sehen die Deutschen relativ wenig fern, und sie sind vergleichsweise gesellig und gesprächig. Der Wirtschaftsforscher Giacomo Corneo unterscheidet in diesem Zusammenhang zwischen »einsamer Freizeit« (»solitary leisure«) und »geselliger Freizeit« (»social leisure«). In einer spannenden Untersuchung stellt er fest, dass Fernsehen – die Form der Freizeitgestaltung, für die in den reichen Ländern die meiste Zeit aufgewandt wird – in einem engen Zusammenhang zum Arbeitsvolumen steht. Je mehr Stunden die Menschen im Jahr arbeiten, desto mehr Stunden verbringen sie vorm TV-Gerät, desto mehr »einsame Freizeit« verbringen sie. Die USA, das Land mit der längsten Arbeitszeit unter den reichen Ländern, verzeichnen den höchsten Pro-Kopf-Fernsehkonsum, mehr als 1500 Stunden im Jahr. Viel arbeiten, lange fernsehen – das gilt auch für Großbritannien, Japan und Griechenland. In Ländern mit kurzen Arbeitszeiten hingegen, Deutschland, den Niederlanden und Frankreich beispielsweise, wird vergleichsweise wenig Zeit vom Bildschirm verbracht. Wie so oft fallen die Skandinavier aus dem internationalen Muster heraus: In Schweden zumal wird viel gearbeitet und relativ wenig ferngesehen.[3]

Eltern verbringen mehr Zeit mit ihren Kindern als noch Anfang der neunziger Jahre. Offenkundig mögen die Leute diesen Lebensstil: Die Hälfte der Bundesbürger wünscht noch mehr persönliche Freizeit. Nur 5 Prozent gaben an, sie würden ihre Freizeit lieber reduzieren.[4]

Sind die Deutschen eigentlich zu faul? Vor einigen Jahren habe ich unter dieser Überschrift einen heftig diskutierten Artikel geschrieben. Das Fragezeichen war ernst gemeint: Wer die Frage uneingeschränkt mit »Ja« beantwortet, der fällt ein hartes, ein geradezu calvinistisches Werturteil: dass nämlich nur, wer arbeitet, etwas wert ist. Ich habe darüber ein interessantes Interview mit dem texanischen Forscher Daniel Hamermesh geführt, einem der führenden Experten auf dem Gebiet der Zeitökonomie.

Hier einige Auszüge:

Sagen Sie mal, Herr Professor Hamermesh, warum arbeiten die Deutschen im Schnitt so wenig?

Nun, die Deutschen verbringen ihre Zeit anders. Umfragen zeigen, dass sie mehr zu Hause arbeiten; sie putzen, kümmern sich um den Garten, basteln an ihren Autos, solche Dinge. Und die Deutschen haben viel mehr Urlaub: Zu jeder Jahreszeit sind mehr Deutsche als Amerikaner in den Ferien, obwohl wir dreimal so viele Menschen sind.

Hierzulande sind sechs Wochen üblich, in Amerika nur zwei. Wer muss sich wem anpassen?

Wir Amerikaner sind schon verrückt. Sogar die Japaner arbeiten nicht mehr so irre wie wir.

Wie bitte? Als Ökonom halten Sie es nicht für ein Problem, wenn wenig gearbeitet wird?

Warum sollte es ein Problem sein? Ihr arbeitet mehr zu Hause – wir kaufen mehr Dienstleistungen ein. Ist das eine besser als das andere? Wenn ihr Deutschen wenig arbeiten wollt, bitte schön. Aber offenbar sind eure Manager über diese Entwicklung besorgt.

Kein Wunder, die rückläufige Arbeitsleistung lässt in Deutschland Wachstum und Produktivitätsfortschritt erlahmen.

So what! Als Ökonom geht es mir nicht um Wachstum oder Produktivität, sondern darum, dass es den Leuten gut geht. Wenn sie sich für mehr Freizeit entscheiden, dann fühlen sie sich damit offenbar wohler.

Professor Hamermesh, glauben Sie, dass wir fauler geworden sind?

Es gibt keinen Zweifel, dass die Deutschen die Champions im Nichtarbeiten sind, während wir Amerikaner immer mehr arbeiten und uns in einem Rattenrennen verausgaben. Offensichtlich sind hierfür eher kulturelle als wirtschaftliche Unterschiede verantwortlich.[5]

Das ist mal eine liberale Weltsicht. Und doch meine ich, dass vielen Deutschen das Verständnis für den Zusammenhang zwischen Arbeitsvolumen und Wohlstand abhanden gekommen ist – abhanden gekommen *war*, um genau zu sein, denn es ist ein paar Jahre her, dass ich dieses Gespräch führte. Und nach meinem Eindruck hat sich seither einiges verändert. Nicht an den harten Daten über die Zeitverwendung, wohl aber an der gesellschaftlichen Stimmung. Von Arbeitszeitverkürzung ist nicht mehr die Rede. 32-Stunden-Woche, »Rente mit 60« – vor ein paar Jahren waren das noch gewerkschaftliche Projekte, für die sich heute keine nennenswerte Gefolgschaft mehr findet. Die Leute wollen nicht weniger arbeiten, sondern eher mehr. Die Reallohnverluste seit der Jahrtausendwende und die Aussichten, im Fall des Jobverlusts nach spätestens zwei Jahren Arbeitslosigkeit weitgehend auf sich selbst gestellt zu sein, scheinen Wirkung zu zeigen.

Sind die Deutschen immer noch zu faul? Die Rückkehr der Arbeit

Es war ein langer Weg ins Freizeitwunderland. Kurz vor der Gründung des Deutschen Reiches 1870 arbeiteten die Deutschen rund 3000 Stunden im Jahr, dies hat der Wirtschaftshistoriker Angus Maddison kalkuliert.[6] Seither hat sich das Arbeitsvolumen pro Beschäftigtem halbiert, auf 1456 Stunden im Jahr 2006. Arbeiter und Angestellte schaffen sogar nur noch 1355 Stunden jährlich.[7] Diese fortschreitende Verdrängung der Arbeit aus dem Leben fand in allen reichen Ländern statt. In Deutschland war sie nur etwas stärker ausgeprägt als anderswo: Kaum irgendwo wird heute so wenig (pro Kopf, legal) gearbeitet wie hierzulande.

Möglich wurde diese immer weiter sinkende Arbeitszeit durch eine erstaunliche ökonomische Entwicklung, die sich im gleichen Zeitraum, zwischen 1870 und heute, vollzog: Die Wirtschaftsleistung pro Beschäftigtem explodierte förmlich. Obwohl die Leute nur noch halb so lange arbeiteten, stieg ihr Output pro Kopf auf das Zehnfache! Paradiesische Zustände, wie gesagt.

Wie konnte es dazu kommen? Es sind vor allem zwei Entwicklungen, die diese Wohlstandsexpansion ermöglichten: Da ist, erstens, die Industrialisierung, die für eine Produktivitätsrevolution sorgte, und zwar insbesondere in den ersten Jahrzehnten nach dem Zweiten Weltkrieg. Zwischen 1950 und 1973 stieg die Arbeitsproduktivität (die Wertschöpfung pro gearbeitete Stunde) jedes Jahr um 5,9 Prozent. Ein beispielloser Fortschritt. Zum Vergleich: In der Phase der ersten Globalisierung zwischen 1870 und 1913 lag dieser Zuwachs bei lediglich 1,6 Prozent.

Grafik 5 Die Halbierung der Arbeit: Beschäftigung
und Jahresarbeitszeit in Deutschland

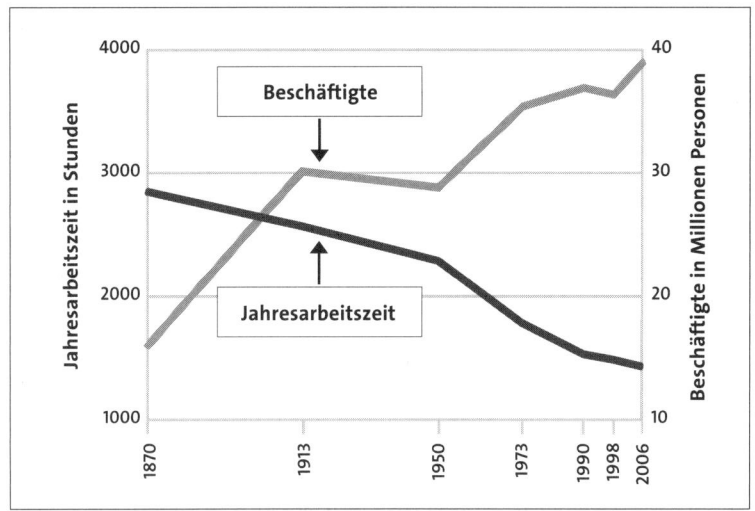

Nach 1973 sackte das Produktivitätswachstum auf 2,4 Prozent ab, später sank es noch weiter.

Und da ist, zweitens, die demografische Entwicklung, die seit dem späten 19. Jahrhundert wegen zurückgehender Geburtenraten bei gleichzeitig steigender Lebenserwartung und besserer Gesundheit günstig war. Zudem stieg die Frauenerwerbstätigkeit. Dieser demografische Schub ließ zwischen 1870 und heute die Zahl der Erwerbstätigen etwa auf das Doppelte steigen. Auch dieser Prozess lief parallel in praktisch allen westeuropäischen Ländern ab.

Zusammen ebneten die Produktivitätsexplosion und die günstige Demografie den Weg ins ökonomische Paradies – weniger Arbeit, mehr freie Zeit und trotzdem mehr Geld. Es ist dieses Zusammenwirken günstiger Faktoren, das unsere Vorstellungen von Arbeit und Freizeit bis heute prägt. Von »freizeitorientierter Schonhaltung« spricht der Münchner Wirtschaftspsychologe Dieter Frey.

Es ist nur so: Die Bedingungen haben sich fundamental geändert. Die demografische Welle bricht. Der Anteil der Menschen im produktivsten Alter nimmt ab, sodass immer weniger Erwerbstätige immer

69

mehr Alte und Kinder versorgen müssen. Dass diese enorme zusätzliche Versorgungslast allein durch das Produktivitätswachstum aufgewogen werden könnte, wie mancher zu glauben scheint, ist schlicht illusionär – die fünfziger und sechziger Jahre des 20. Jahrhunderts sind vorbei. Es wäre schon eine tolle Sache, wenn in den kommenden Jahrzehnten der Output pro Stunde jährlich um 2 Prozent wachsen würde. Die Menschen werden deshalb künftig mehr Stunden arbeiten müssen, wobei relativ unerheblich ist, ob die Tages- oder Wochenarbeitszeit steigt oder die Urlaubszeit sinkt. Hauptsache, diejenigen, die können, arbeiten. Anders wird es schwierig, den Wohlstand zu halten (siehe »Die erste Tugend: Arbeit«).

Tatsächlich ist etwas in Bewegung gekommen. Zwar bleibt die Jahresarbeitszeit im Durchschnitt aller Arbeitnehmer einstweilen ausgesprochen kurz: 1355 Stunden – das sind 300 Stunden weniger als Mitte der achtziger Jahre, 150 Stunden weniger als in Österreich, 450 Stunden weniger als in den USA, 600 Stunden weniger als in Polen. Aber hinter diesem Durchschnitt, der auch durch die hohe deutsche Teilzeitquote nach unten gezogen wird, tut sich einiges. Zum Beispiel hat sich die vertraglich vereinbarte Wochenarbeitszeit in deutschen Betrieben auf 39,4 Stunden pro Woche erhöht. Und zwar in praktisch allen Branchen, so eine Erhebung des Instituts für Arbeitsmarkt- und Berufsforschung (IAB). Bei den Vollzeitbeschäftigten in deutschen Betrieben ist der jahrzehntelange Trend der immer weiteren Arbeitszeitverkürzung gebrochen. Betriebliche »Bündnisse für Arbeit«, die die Lohnstückkosten senken sollen, um heimische Standorte gegenüber ausländischer Konkurrenz wettbewerbsfähiger zu machen, beinhalten oft Arbeitszeitverlängerungen, bei konstanten oder sogar sinkenden Löhnen. So stieg in der deutschen Industrie zwischen 2004 und 2006 die durchschnittliche wöchentliche Arbeitszeit um eine halbe Stunde.[0]

Immer mehr Leute arbeiten oder bieten Arbeit an. Die Beschäftigungsquote ist auf 67,2 Prozent gestiegen. Ein im internationalen Vergleich überdurchschnittlicher Wert. Immer mehr ältere Beschäftigte wollen und finden einen Job. Zwischen 1996 und 2006 ist die Beschäftigung der über 60-jährigen Beschäftigten nach Berechnungen des Deutschen Instituts für Wirtschaftsforschung (DIW) um 60 Prozent gestiegen. Den Grund für diese Entwicklung sehen die DIW-Forscher vor allem in einem »veränderten Erwerbsverhalten« älterer Beschäftigter

– die Leute wollen arbeiten, auch weil die eingeführten Abschläge bei frühem Eintritt in den Ruhestand empfindliche Einbußen bei der Rente zur Folge haben.[9] Umfragen für das *manager magazin* unter Hochschulabsolventen und jungen Führungskräften zeigen, dass der hochqualifizierte Nachwuchs fast unbegrenzt leistungsbereit ist.[10] Entwicklungen, die hoffnungsfroh stimmen. Denn in den langen Jahren der deutschen Krise seit Mitte der neunziger Jahre war der fortgesetzte Rückzug der Deutschen aus der Arbeitswelt, obwohl sich die äußeren Bedingungen geändert hatten, eine der Hauptursachen der Misere: Weil weniger gearbeitet wurde, stiegen die Lohnstückkosten. Also investierten die Unternehmen weniger in Deutschland, sondern lieber anderswo. Dadurch wiederum sank das Produktivitätswachstum, stagnierten die Löhne, stieg die Arbeitslosigkeit. So funktionierte die Abwärtsspirale in den Jahren der Krise. Diese destruktive Mechanik muss sich dauerhaft umkehren, gerade angesichts der verschärften demografischen Bedingungen.

Es ist nicht nur jeder und jede Einzelne, die gefordert sind, auch Gesellschaften insgesamt müssen anpassungsfähiger werden in wechselhaften Zeiten. In einer Ära raschen Wandels wird Zeit nicht nur individuell knapp, sondern auch kollektiv: Unternehmen, Staaten, Gesellschaften – sie alle müssen in der Lage sein, sich auf wechselnde Umweltbedingungen einzustellen. Und auch das ist am deutschen Bespiel erkennbar: Wenn die Anpassung des Kollektivs ausbleibt, sind die Anpassungslasten des Einzelnen umso größer.

Das Tempo der Nationen: gesellschaftliche Innovationszyklen

Wenn man von heute aus zurückblickt, dann ging es in der Ära des Kalten Krieges beschaulich zu. Es war eine stabile, wenn auch beängstigende Welt, geschaffen durch die wechselseitige Bedrohung der Supermächte und den Systemgegensatz zwischen marktwirtschaftlicher Demokratie und planwirtschaftlichem Sozialismus. Die Märkte waren weitgehend abgeschottet: Zwar öffneten die reichen Länder ihre Gütermärkte allmählich für den internationalen Handel. Doch der freie Kapitalverkehr blieb auch unter den OECD-Ländern bis weit in die achtziger Jahre beschränkt. Entwicklungsländer nahmen ohnehin kaum am

Welthandel teil. Nur wenigen, kleineren Volkswirtschaften gelang es seit den siebziger Jahren, in die globale Wohlstandssphäre aufzubrechen. Dies waren insbesondere Südkorea und Taiwan sowie die Stadtstaaten Singapur und Hongkong.

Sicher, auch damals gab es Erschütterungen: politische – wie die Unabhängigkeitsbewegungen und -kriege in den ehemaligen Kolonien, die Kriege in Korea, Vietnam, Afghanistan, die Bürgerrechts- und Studentenbewegungen in den sechziger und die Terrorwelle in den siebziger Jahren; und wirtschaftliche – wie die Ölkrisen der siebziger Jahre, das Zerbrechen des Wechselkurssystems von Bretton Woods (siehe »Die fünfte Knappheit: Macht«), die Schuldenkrise in den Entwicklungsländern in den achtziger Jahren.

Aber insgesamt war es eine vergleichsweise gemütliche Zeit. Unternehmen sicherten quasi lebenslange Beschäftigung zu. Die Einkommen stiegen von Jahr zu Jahr, mal schneller und mal langsamer, aber ein Lohnplus war immer drin. Der Sozialstaat wurde in den westlichen Ländern ausgebaut und sicherte immer weitergehende Bereiche des Lebens ab.

Seit Anfang der neunziger Jahre ist es mit der Ruhe vorbei. Die Globalisierung schafft einen enormen Anpassungsdruck. Länder wie China und Indien klettern im Zeitraffertempo die Produktivitätsleiter empor, und zig Entwicklungsländer versuchen, es ihnen nachzutun (siehe auch »Die zweite Knappheit: Geist«). Sie fordern die etablierten Nationen heraus, die sich auf die neuen Wettbewerber einstellen müssen.

Seit Beginn der Ära der Globalisierung, etwa seit 1989/90 wurden die großen Entwicklungslinien regelmäßig unterbrochen von Schocks und Krisen. Die Welt hat überraschende Umschwünge erlebt, die in dieser Ballung in den Jahrzehnten zuvor undenkbar waren. Eine unvollständige Aufzählung:

- *Ende des Kalten Krieges 1989/90:* Mauerfall, Zerfall des Ostblocks, ökonomische Öffnung Indiens und Lateinamerikas, beschleunigte Integration Chinas
- *europäische Integration:* EU-Binnenmarkt (1993), Euro-Einführung (1999), EU-Osterweiterung (2004)
- *Kriege:* Kuwaitkrieg (1991), Balkankriege (1991–1999), Afghanistankrieg (2001), Irakkrieg (seit 2003), zweite Intifada in den Palästinensergebieten (seit 2000)

72

- *Terror:* Selbstmordattentate vom 11. September 2001, danach eine nicht endende Kette von Anschlägen (Djerba, Bali, Mombasa, Riad, Casablanca, Jakarta, Istanbul, Madrid, London, Scharm el Scheich ...), ständig neue Selbstmordanschläge in Israel, Irak, Afghanistan
- *Finanzkrisen in Schwellenländern:* Mexiko (1995), Asien (1997/98), Russland (1998), Brasilien (1999), Türkei und Argentinien (2001)
- *Finanzmarktblasen in den reichen Ländern:* Tech-Bubble (geplatzt 2000), Haus-Bubble (geplatzt 2007), die Banken- und Kreditkrisen nach sich ziehen
- *Wechselkursverwerfungen:* US-Dollar-Tief (1995), Euro-Fall (2000), Euro-Rekordhoch (2007)
- *Rohstoffknappheit:* Preisverfall (Ende der neunziger Jahre), Ölpreis auf Rekordhöhe (2007/08), Explosion praktisch aller Rohstoffpreise verbunden mit Lieferengpässen (2007/08)
- *Auftreten neuer, mächtiger Akteure:* Hegdefonds (in den neunziger Jahren), Private Equity (nach 2000), Staatsfonds (nach 2000)
- *schwelende politische Krisen:* Atomstreit mit Iran, innere Instabilität von Staaten wie Saudi Arabien, Somalia ...
- *schwelende ökonomische Konflikte:* Streit um Zugang zu Rohstoffen (Öl, Gas), Hungeraufstände in ärmeren Ländern, Gefahr von Protektionismus ...

Die Welt ist unruhig, jenseits von Eden.

Das System des globalen Kapitalismus hat die Weltwirtschaft zu einem verwobenen System verbunden, in dem sich Schockwellen über die Finanzmärkte binnen Sekunden um den Erdball ausbreiten. Es hält viele, nicht immer positive Überraschungen bereit, wie die Aufzählung zeigt. Wer sich auf dem Erreichten ausruht, läuft Gefahr, aus dem Markt gedrängt zu werden. Volkswirtschaften, die sich, wie früher, vornehmlich ums Verteilen kümmern, nicht ums Verdienen, drohen ihren Wohlstand zu verlieren. Nationen, die zu defensiv agieren, können ihre Interessen nicht vertreten, gerade gegenüber sehr selbstbewusst auftretenden, autoritären Staaten wie China und Russland. Sie müssen reagieren, besser noch agieren, auf jeden Fall aber: schnell.

Auch der nächste Schock, dem wir uns anpassen müssen, steht längst bevor: der Klimawandel. Im Herbst 2007 führte ich eine E-Mail-Korrespondenz mit Elga Bartsch, einer Deutschen, die bei der Investmentbank Morgan Stanley in London arbeitet und die ich seit langem kenne. Sie hatte gerade einen klugen Report veröffentlicht über die ökonomischen Auswirkungen des Klimawandels, ein Papier, das in Deutschland leider wenig beachtet worden ist.

»Sag mal, Elga«, schrieb ich ihr, »wenn ich deinen Report so lese, dann gewinne ich den Eindruck, dass Europa und gerade Deutschland ziemlich eindeutig zu den Gewinnern des Klimawandels zählen könnten. Denn wir sind bereits relativ energieeffizient, haben einen Vorsprung bei klimaschonenden Technologien und könnten auch klimatisch durch längere Vegetationszeiten profitieren.«

Sie antwortete prompt: »Bislang hat old Europe zwar die Nase vorn. Wenn sich die USA aber drehen, dann sind die in der Regel viel besser in Sachen Innovationen und Strukturwandel. Siehe Internet/IT ...«

Da ist er wieder, der Faktor Zeit. Der Klimawandel zwingt nicht nur zu rascher Veränderung beim Umgang mit Energie. Es ist auch, ganz unsentimental betrachtet, das nächste ganz große Geschäftsfeld, und wer schnell ist, kann Chancen nutzen. »Nach dem Fall des Eisernen Vorhangs und der Informationstechnologie-Revolution könnte der Klimawandel der nächste globale Megatrend sein«, schreibt Elga Bartsch. Eine Entwicklung, die nicht individuell betrieben werden könne – schließlich ist der übermäßige Ausstoß klimaschädigender Gase ein gravierender Fall von Marktversagen, dessen Lösung ohne politische Interventionen praktisch unmöglich wäre –, sondern gefordert sei »mutiges Regierungshandeln«. Das ist schon auf nationaler Ebene schwierig, erst recht auf internationaler.

»Die Voraussetzung für die Gesundheit der Nationen ist ihre Fähigkeit, sich ständig zu erneuern«, ja, sich neu zu erfinden, so Arnoud De Meyer, Managementprofessor an der Elite-Business-School Insead in Fontainebleau bei Paris.[11] Das klingt gut. Aber für eine derartige permanente Innovation der Nation bedarf es eines starken Zusammengehörigkeitsgefühls der Gesellschaft, intelligent designter Institutionen und einer starken und klugen Führung. Kleine Länder, das ist die Erfahrung seit den neunziger Jahren, tun sich leichter, sich auf die globalisierungsbedingten Veränderungen einzustellen; die Niederlande, Neuseeland, Schweden, Finnland, Dänemark, selbst Österreich galten als vorbildliche Reformländer (von denen einige allerdings längst reif für die nächste Reformrunde sind). Sie alle haben sich in nationalen Kraftakten auf die neuen Realitäten eingestellt, haben grundlegende Änderungen durchgesetzt. Deutschland allerdings tut sich schwer damit, sich immer wieder neu zu erfinden. Wir haben Schwierigkeiten, uns im Wettbewerb mit anderen Nationen rasch auf neue Umweltbedingungen einzustellen. Warum? Weil wir über keine stabile nationale Identität verfügen. Weil wir eine Staatsform haben, in der die Macht im Land auf viele Institutionen verteilt ist. Und weil wir Eliten heranziehen, die sich schwertun, miteinander zu kooperieren. All diese Faktoren sind in einer Weise verknüpft, die gar kein anderes Bewegungstempo als das einer Schnecke zulassen.[12]

Warum eine stabile nationale Identität beim Reformieren des Steuer-, Gesundheits-, Renten- oder Bildungssystems hilfreich sein soll, leuchtet vielen nicht unmittelbar ein. Und doch lauten heute die großen Fragen an jede Gesellschaft: Wohin sollen wir uns entwickeln? Wo liegt unsere Zukunft? Die liberalen Außenhandelstheorie gibt darauf als Standardantwort: Jedes Land sollte sich bei offenen Grenzen auf das spezialisieren, was es am besten kann. Die internationale Arbeitsteilung wird ausgeprägter, die Produktivität und mithin der Wohlstand steigen. Aber um zu wissen, worin man besser ist als andere, braucht eine Gesellschaft eine stabile nationale Identität. Was sind unsere Stärken? Worauf sollten wir uns mit all der uns zu Gebote stehenden Energie konzentrieren? Halten wir überhaupt noch zusammen, wenn die Grenzen offen sind, oder wandern viele aus? Keine leichten Fragen, für keine Nation. Gerade für die Deutschen. Eine Gesellschaft – wie jede Großorganisation – braucht eine Richtung. Einen Glauben an sich selbst. Ohne eine solche kollektive Vision von der Zukunft wird es schwierig, die Einzelpläne der vielen Individuen so zu koordinieren, dass das Gemeinwesen effizient und effektiv zusammenarbeitet. Wir Deutschen haben – aus verständlichen Gründen – eine gebrochene nationale Identität. Deshalb tun wir uns schwer damit, uns als Nation Ziele zu setzen und sie entschlossen anzusteuern.

Erschwerend kommt hinzu, dass die Verfassung eine extreme Machtverteilung festgeschrieben hat. Föderalismus plus Verhältniswahlrecht schaffen eine extreme Gewaltenteilung, die eine weitläufige Machtzersplitterung zur Folge hat. Die staatliche Gewalt ist auf so viele Köpfe und Institutionen verteilt, dass das politische System immer wieder einem Kartell der Verhinderer ausgeliefert ist. Kein anderer hoch entwickelter Staat vergleichbarer Größe ist so wenig regierbar wie die Bundesrepublik. Die Länder können kaum etwas selbst entscheiden, dafür aber im Bundesrat Gesetze blockieren. »Kooperativer Föderalismus« heißt dieses Prinzip des »Alle entscheiden alles gemeinsam und im Zweifel gar nicht«. Es ist ein Zwittersystem aus Zentralismus und Föderalismus. Zwar wird das meiste zentral entschieden und wenig Vielfalt auf Länderebene zugelassen. Dafür dürfen die Ländervertreter aber vieles auf Zentralebene mitentscheiden.

Die Machtzersplitterung wird noch dadurch verschärft, dass auf allen Ebenen des föderalen Gebildes Koalitionen aus mehreren Parteien regieren. Bislang waren Zwei-Parteien-Koalitionen die Regel, das politische Spektrum war in stabile Lager aufgeteilt, was die Machtausübung stabilisierte. Da seit dem Auftauchen der Links-Partei inzwischen fünf Parteien miteinander konkurrieren, drohen Dreier-Koalitionen zur Regel zu werden. Und zwar in wechselnden Zusammensetzungen, ohne klare Lagertrennung. Schnelle Entscheidungen? Entschlossene Reformen? Kühne Visionen? Kaum vorstellbar.

Die diffuse Machtverteilung in der Bundesrepublik wäre nicht weiter dramatisch, wenn es unter den deutschen Eliten in Politik, Verwaltung, Wirtschaft, Gewerkschaften, Wissenschaft einen überwölbenden Konsens gäbe. Wie kaum ein anderer Staat ist die föderalistische Bundesrepublik mit ihrer Machtzersplitterung auf einen Grundkonsens der Funktionseliten angewiesen. Doch ein übergreifender Comment existiert nicht. Für diesen Mangel an Gemeinsamkeiten ist zum einen das Bildungssystem verantwortlich: Deutsche Universitäten bilden Spezialisten aus, aber keine Leader (um den Begriff »Führer« zu vermeiden). In praktisch allen übrigen westlichen Ländern gibt es Elitelinstitute, die den Führungsnachwuchs heranziehen, der sich später auf Wirtschaft, Staat, Wissenschaft verteilt und leichter von einer Seite auf die andere wechseln kann. In Frankreich oder den USA ist das zum Beispiel üblich. Sie teilen Wertvorstellungen und Habitus, verfügen über einen Fundus an Gemeinsamkeiten, der sie zur Kooperation befähigt. Und dort bekommen sie das Bewusstsein vermittelt, dass die Zukunft der Nation maßgeblich von ihnen abhängt. In Deutschland hingegen sind die einzelnen Karrierewege hermetisch gegeneinander abgedichtet. In Staat, Politik, Wirtschaft, Wissenschaft gelten jeweils eigene Regeln und Wertvorstellungen und ein jeweils eigener Habitus. Statt Gemeinsamkeiten pflegen sie wechselseitige Vorurteile. Man lästert übereinander und schiebt sich gegenseitig die Schuld zu, statt gemeinsam nach Lösungen zu suchen.

Dazu kommt eine weitere Schwierigkeit: Deutschlands dezentrale Raumstruktur. Es gibt nicht die eine, alles überstrahlende nationale Metropole, in der sich die Eliten unterschiedlicher Institutionen quasi von allein über den Weg laufen und auch mal informell zusammensitzen. Auch aus diesem Grund tun sich klassische Zentralstaaten wie Frankreich oder Großbritannien, insbesondere aber kleine Länder wie die skandinavischen Staaten oder auch Österreich bei der Zusammenführung der Eliten leichter. In Deutschland hingegen existiert eine ausgeprägte Distanz. Von »Führungsleistung und Vorbildverantwortung« der Eliten, so der Soziologe Heinz Bude, sei »trotz nationaler Ruck-Appelle wenig zu spüren.« Einen »überlappenden Konsensus« vermochte er noch in den ersten Jahren des 21. Jahrhunderts »nicht zu erkennen«.[13] In jüngster Zeit macht sich zwar ein gewisses Umdenken bemerkbar, insbesondere unter dem Eindruck eines stärkeren Staatseinflusses in anderen Ländern. Aber zu wirklichen gemeinsamen Projekten kann man sich bislang nicht aufraffen.

Schwache nationale Identität, zersplitterte Macht, distanzierte Eliten – die Folge ist ein schneckenhaft langsames Entwicklungstempo. Deutschland reagiert nicht koordiniert auf Veränderungen der äußeren Rahmenbedingungen. Nationale Innovationszyklen, die in der Globalisierung kürzer geworden sind, laufen unkoordiniert ab. Und deshalb ziemlich schmerzhaft.

Bereits Mitte der neunziger Jahre war klar, dass die Arbeitskosten in Deutschland zu hoch waren. Bis dahin hatten Gewerkschaften, Arbeitgeber und Bundesregierungen bedenkenlos die Löhne und die Sozialversicherungsbeiträge immer weiter in die Höhe getrieben und die Arbeitszeiten verkürzt. Es waren ein paar Drehungen zu viel an der Umverteilungsschraube. Die Lohnstückkosten – das Verhältnis der Löhne und Abgaben zur Produktivität der Beschäftigten – schossen derart in die Höhe, dass die Unternehmen immer weniger in Deutschland investierten. Weil Niedriglohnstandorte in Osteuropa und Asien verstärkt als Konkurrenz auftraten, musste die Bundesrepublik reagieren. Und zwar besser schnell als langsam.

Das passierte aber nicht. Von den Möglichkeiten, kurzfristig die Lohnstückkosten zu senken – Lohnzurückhaltung, Lohnnebenkosten senken oder Mehrarbeit fürs gleiche Geld –, blieb lange nur Variante eins. In anderen Ländern halfen die Regierungen durch Entlastung der Beschäftigten. Nicht so in der Bundesrepublik, wo sich die Regierungen unter Kohl und Schröder nicht an durchgreifende Reformen der Sozialversicherungen wagten; wo die Gewerkschaften zu lange an der Doktrin der flächendeckenden Arbeitszeitverkürzung festhielten. Die Folge war ein schleichendes Absinken des Lebensstandards großer Teile der Bevölkerung, verbunden mit einem starken Anstieg der Arbeitslosigkeit.

Statt eines koordinierten Reformprozesses fand eine Sanierung auf die harte Tour statt. Viele, viele private und öffentliche Sparrunden. Dieser quälend langsame Anpassungsprozess hat die Stimmung nachhaltig getrübt und das ohnehin brüchige Selbstbewusstsein der Nation weiter beeinträchtigt. Die lange Krise hat vorgeführt, wie träge sich das System Deutschland auf neue Umweltbedingungen einstellt. Auf äußere Schocks (Wiedervereinigung, Globalisierung, Euro) reagiert es mit unkoordinierten, privaten Sanierungsstrategien, praktisch ohne Hilfe von Staat und Politik. Es bewegt sich, aber viel zu langsam.

Was bei dieser unkoordinierten Sanierung kaum möglich ist, sind offensive Strategien. Statt sich in einen immer weiteren Kostensenkungswettbewerb zu verstricken, haben sich andere Nationen entschlossen daran gemacht, die Produktivität auf breiter Front zu erhöhen. Voraussetzung dafür ist eine erstklassige Bildung für die größtmögliche Zahl von Menschen. Deshalb hat im weltweiten Trend – vorbildlich: Skandinavien – eine rasche und entschlossene Aufrüstung der Schulen und Hochschulen stattgefunden (siehe auch »Die zweite Knappheit: Geist«). Nicht so in Deutschland. Erst mit anderthalb Jahrzehnten Verspätung reagiert die Bundesrepublik, wie so häufig dezentral. Wie so häufig reichlich langsam.

Die nächste akute Krise kommt bestimmt. Ob Rezession, Klimawandel, eine bahnbrechende technologische Innovation oder eine veränderte Sicherheitslage – viele äußere Schocks stehen bevor. Deutschland ist auf ihre Abfederung leider nicht gut vorbereitet.

Zeitmangel ist eine historische Konstante. Wir werden sie in den kommenden Jahrzehnten neu entdecken. Für Langeweile oder Ruhestand werden wir kaum Gelegenheit haben. So ist das Leben, jenseits von Eden.

Die vierte Knappheit:
Energie

Fatih Birol ist ein vorsichtiger Mann. Sein Job ist es, in die Zukunft zu blicken, und das ist in seiner Branche, die zur Hyperaktivität neigt, ein gefährliches Geschäft – der türkische Ökonom ist Chefvolkswirt der Internationalen Energie-Agentur (IEA) in Paris, der Organisation der Energieimporteure, dem westlichen Gegenstück zum Kartell der Ölexporteure OPEC. Seine Vorhersagen werden beachtet, können Märkte bewegen. Deshalb hält er sich lieber an komplexe Modelle und eher konservative Annahmen – da steht man auf sicherem Grund und macht niemanden verrückt.

»29« – so lautete seine Antwort auf meine Frage, welchen Ölpreis er denn langfristig erwarte – 29 US-Dollar pro Fass in der Zeit nach 2020. Unser Gespräch fand Anfang 2003 statt. Die USA bereiteten sich gerade auf die Irakinvasion vor, und die Welt fürchtete eine neue Ölkrise. Die Lage war angespannt, der Westen stockte seine Vorräte auf. Würde es Lieferengpässe geben? Würden die Autofahrer plötzlich auf dem Trockenen sitzen? Kurzfristig könne es schon eng werden, sagten mir Birol und seine Kollegen bei der IEA. Aber zu großen Sorgen bestehe kein Anlass. Die Situation werde sich schnell wieder beruhigen. Bestimmt. Man sei vorbereitet. Nur auf sehr lange Sicht, auf Jahrzehnte, müsse man mit zunehmender Knappheit und steigenden Preisen rechnen. 29 US-Dollar das Barrel ab 2020, wie gesagt.

Inzwischen hat die Realität die Prognosen mit atemberaubender Geschwindigkeit überholt. Mitte 2008 kostete Öl erstmals mehr als 140 US-Dollar pro Fass. Kaum jemand bezweifelt noch, dass der Preis in absehbarer Zeit auf 200 Dollar steigen kann – Lieferengpässe nicht ausgeschlossen.

Binnen weniger Jahre haben sich die Aussichten für die Weltenergiemärkte radikal gewandelt. Und zwar nicht, weil völlig überraschende Entwicklungen eingetreten wären, sondern weil die Globalisierung sich als erfolgreicher erwiesen hat, als selbst Optimisten erwartet hatten. Angetrieben von den Mega-Schwellenländern China und Indien erleben wir einen unerwarteten Ausbruch ökonomischer Dynamik.

Ganze Industrien werden aus dem Boden gestampft; Millionenstädte wachsen binnen weniger Jahre aus Provinzkäffern heran; bislang arme Menschen werden mobiler, kaufen sich Motorräder und Autos, und ihre Wohnungen statten sie mit Kühlschränken, Klimaanlagen, Fernsehgeräten aus; der Welthandel ist über Jahr viel schneller gewachsen als die Weltwirtschaft. Und um diesen Fortschritt auf die Beine zu stellen, braucht man Energie. Öl, Gas, Kohle, Atom, Wind, Wasser, Biomasse – egal, all das und möglichst noch mehr.

Plötzlich ist Energie eine der großen globalen Knappheiten. Nach langen Jahren des Überflusses und der niedrigen Preise steht die Welt am Beginn einer neuen energetischen Zeitrechnung.

Die Haltbarkeit der Prognosen hat sich radikal verkürzt. Immer schneller müssen die kalkulierten künftigen Bedarfe nach oben angepasst werden. Im Jahr 2007 schlug Fatih Birols IEA-Team Alarm. Schon wieder sei ein Weltenergieszenario zu Makulatur geworden, nämlich das von 2006. Wieder haben sie die Prognosen nach oben korrigiert: »Wenn die Regierungen der Welt bei ihrem jetzigen Kurs bleiben, wird der Energiebedarf bis 2030 um 55 Prozent steigen.« Maßgeblich verantwortlich: die beiden »kommenden Giganten« China und Indien, die zusammen 45 Prozent dieses Anstiegs zu verantworten hätten.[1] Die IEA schließt Lieferengpässe im Ölsektor nicht aus, allerdings schon in den Jahren nach 2010. Dazu später mehr.

Zunächst bleibt festzustellen: Den Westen hat eine gewisse Panik erfasst. Werden wir noch nach Herzenslust Auto fahren können? Werden wir im Winter in kalten Wohnungen sitzen? Was wird aus unserem Urlaubsflug in die Sonne? All die Annehmlichkeiten, an die wir uns so gewöhnt hatten – wie eng wird die Energieversorgung wirklich? Ist unser Lebensstil in Gefahr? Und: Können es sich die Schwellenländer, ökologisch gesehen, eigentlich leisten, den westlichen Standard anzustreben?

Ganz grundsätzlich betrachtet ist Energie auf der Erde keineswegs rar, sondern sie ist, im Gegenteil, äußerst reichlich vorhanden – jedenfalls so lange die Sonne scheint, und das wird sie noch ein paar Milliarden Jahre. Direkte Sonnenenergie (Wärme, Licht) und indirekte Sonnenenergie (Wind, Biomasse) gibt es in quasi unendlicher Menge. Ob und wie man sie nutzt, ist nur eine Frage von Kosten und Preisen. Dass die Menschheit bisher vor allem auf fossile Brennstoffe – Öl, Gas, Kohle – setzt, hat den simplen Grund, dass sie zu niedrigen Kosten nutzbar sind, weil die darin konservierte Sonnenenergie über die Jahrmillionen extrem komprimiert ist. Deshalb sind fossile Energieträger leicht zu transportieren, platzsparend aufzubewahren und am Ort des Verbrauchs leicht zu verbrennen. Energie ist also nicht prinzipiell knapp. Knapp ist billige Energie. Erschlossene Öl- und Gasvorkommen gehen zur Neige. Das Aufspüren und Aufbereiten weiterer Lagerstätten ist teuer und aufwändig. Deshalb wurden Investitionen lange Zeit unterlassen, erst allmählich laufen sie wieder an, seit sich nämlich die Förderländer sicher sind, dass die Preise dauerhaft hoch bleiben.

Knapp ist auch sichere Energie. Denn die Versorgung konzentriert sich zunehmend auf unsichere Regionen. Weil eigene Ressourcen des Westens erschöpft sind und auch China, Indien und andere Schwellenländer auf Energieimporte in großem Stil angewiesen sind, teilt sich die Welt strenger als bisher in zwei Lager: in Energieverbraucher und Energielieferanten. Letztere agieren zunehmend machtbewusst, wie auch die von ihnen betriebene zunehmende Vermachtung der Energiemärkte zeigt, was natürlich nicht unbedingt zum Vorteil der Verbraucherländer ist.

Knapp ist schließlich die Aufnahmefähigkeit der Umwelt. Dass die von Menschen verantworteten Emissionen von Treibhausgasen – vor allem Kohlendioxid durch die Verbrennung fossiler Energieträger – das Klima verändern, ist inzwischen unstrittig. Ein ungebremster weiterer Ausstoß von Klimagasen hätte mutmaßlich katastrophale Folgen.

Selbst wenn alle heutigen Pläne zum Energiesparen umgesetzt würden, stiege der Ausstoß an Kohlendioxid immer noch zwischen 2007 und 2030 um 27 Prozent, rechnen Fatih Birols IEA-Leute vor. Hauptverantwortlich wiederum sind: die »kommenden Giganten«. Sollten Chinesen und Inder pro Kopf irgendwann so viel Energie verbrauchen wie die Amerikaner, dann würde sich die weltweite Ölnachfrage verdoppeln. Die bekannten Ölreserven wären binnen 15 Jahren erschöpft. Wenn dabei auch noch die Pro-Kopf-Emissionen an Treibhausgasen in beiden Ländern das US-Niveau erreichten, hätte dies wirklich katastrophale Folgen – nämlich eine Verdreifachung der Emissionen gegenüber heute.[2]

So weit wird es hoffentlich nicht kommen. Die steigenden Preise müssten eigentlich eine Energiewende herbeiführen. Was die Umweltpolitiker jahrzehntelang mühevoll mittels Verboten und Geboten, mittels Subventionen und Steuern versucht haben, das wird die zunehmende Knappheit erreichen: den effizienteren Umgang mit Energie, die Erschließung neuer Energiequellen, die Entwicklung neuer Technologien.

Der Weg dahin jedoch ist lang und steinig.

Der China-Schock: die Nachfrage nach Energie

Im Westen galt die klassische Industrie lange als Auslaufmodell, als ein Sektor, der zwar nicht verschwinden, dessen Bedeutung aber schrumpfen würde. Dienstleistungen – je höherwertig, je wissensintensiver, desto besser –, das sei die Zukunft. Und tatsächlich ist es der Weg, den die etablierten Volkswirtschaften in den Jahrzehnten nach dem Zweiten Weltkrieg gegangen sind. Umso überraschender kam für den Westen, was seit den neunziger Jahren in China passiert ist. Im Zeitraffer macht das Land einen industriellen Entwicklungsprozess durch, wie ihn Europäer und Nordamerikaner im 19. und 20. Jahrhundert erlebt haben. Nur alles im Maxi-Maßstab: Eine Milliardennation wird zur Fabrik der Welt. Und dafür braucht sie Energie, viel Energie. Und Rohstoffe, was immer die Märkte hergeben.

Indien wählt ein anderes Vorgehen und versucht, das industrielle Zeitalter zu überspringen: Die zweite Milliardennation setzt auf Dienstleistungen und bietet, begünstigt durch die englische Sprache, Online-Dienste für die Welt an. Deshalb ist Indiens Wachstum längst nicht so rohstoffintensiv wie Chinas, aber der Hunger nach Energieträgern wächst auch dort mit dem zunehmenden Wohlstand.

Zusammengenommen sind China und Indien binnen weniger Jahre zu den größten Rohstoffkonsumenten der Welt herangewachsen. Mitte des ersten Jahrzehnts im neuen Jahrtausend erreichten beide Länder prominente Plätze auf der Weltrangliste der Ressourcenverbraucher:

- *Öl:* China auf Rang 2, Indien auf Rang 6
- *Kohle:* China auf Rang 2, Indien auf Rang 3.
- *Aluminium:* China auf Rang 1, Indien auf Rang 8.
- *Kupfer:* China auf Rang 1, Indien auf Rang 11
- *Eisenerz:* China auf Rang 1, Indien auf Rang 5
- *Blei:* China auf Rang 1, Indien auf Rang 15
- *Nickel:* China auf Rang 1, Indien auf Rang 17
- *Zink:* China auf Rang 1, Indien auf Rang 8
- *Weizen:* China auf Rang 1, Indien auf Rang 2
- *Zucker:* China auf Rang 3, Indien auf Rang 1

In vielen Fällen ist China nicht nur die Nummer eins, sondern der mit großem Abstand größte Verbraucher der Welt.[3] Die zusätzliche Nachfrage hat einen weltweiten Rohstoffboom ausgelöst, von dem wiederum andere Schwellen- und Entwicklungsländer profitieren: Russland, Lateinamerika, dort besonders Brasilien, zunehmend auch Afrika, die Ölexporteure sowieso. Volkswirtschaften also, die jahrzehntelang unter einem Preisverfall der Rohstoffe gelitten hatten, weil eine zunehmend desindustrialisierte Welt nur noch wenig von ihren Hauptexportgütern brauchte. Jetzt partizipieren sie an der weltwirtschaftlichen Regression: vom Rückfall in eine frühere Entwicklungsstufe – vom Rückfall ins industrielle Zeitalter.

Den Westen tangiert der China-Schock vor allem durch seine Auswirkungen auf die Energiemärkte, denn von Öl, Gas und Kohle sind auch die etablierten Volkswirtschaften nach wie vor abhängig. Und die Aussichten sind durchaus besorgniserregend: Entwickelt sich die Welt in den bisherigen Bahnen weiter, dann wird die Nachfrage nach Primärenergie bis zum Jahr 2030 wie bereits dargelegt um 55 Prozent steigen. Es ist eine fossile Zukunft, auf die die Welt zusteuert: 84 Prozent des Anstiegs entfallen in diesem Szenario auf Öl, Kohle und Gas.

Das heißt nicht, dass die Entwicklung stehen bliebe. Die IEA-Experten gehen von einem kontinuierlichen Fortschritt aus, der die Effizienz beim Einsatz primärer Energie jährlich um 1,8 Prozent steigert. Und selbst wenn sich dieser technische Fortschritt auf 2,3 Prozent (ein Anstieg um die Hälfte immerhin) beschleunigen würde, selbst wenn die Regierungen der Welt all jene Energiesparmaßnahmen, die sie bislang nur erwogen haben, in konkrete Politik umsetzen würden, selbst wenn

Grafik 6 Fossile Zukunft: Nachfrage nach Primärenergieträgern
bis 2030* in Millionen Tonnen Erdöläquivalenten

*im Kernszenario der Internationalen Energieagentur

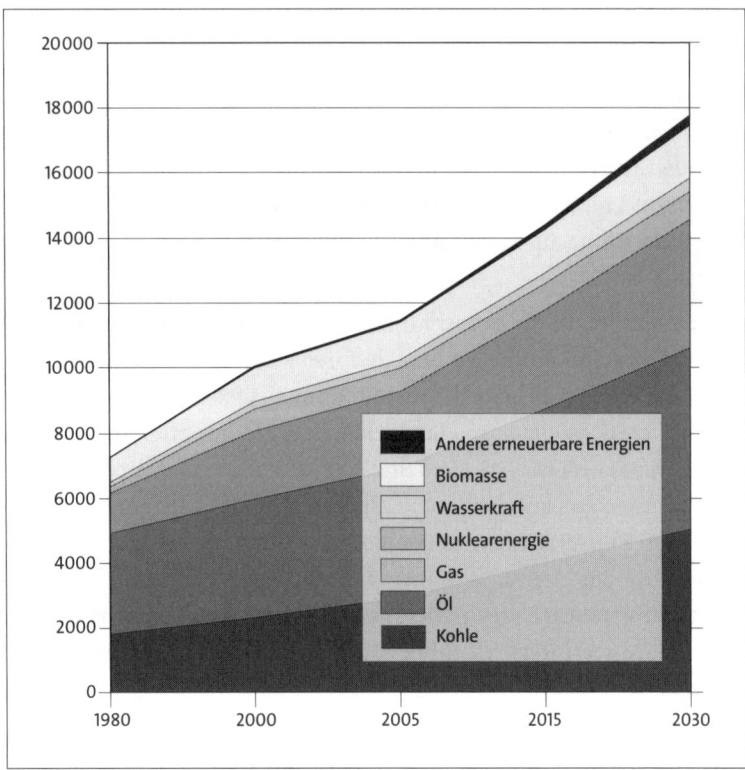

Quelle: IEA 2007

sie bestehende, schmutzigere Anlagen rascher gegen neue, sauberere
austauschten und wenn sie verstärkt auf erneuerbare Rohstoffe und
Wasserkraft setzten – selbst dann stiege der weltweite Energieverbrauch
bis 2030 immer noch um 38 Prozent gegenüber 2005.[4] Selbst in diesem
Szenario nimmt der Energieverbrauch pro Kopf der Weltbevölkerung
noch bis 2020 zu und verharrt dann etwa auf gleichem Niveau. Mit anderen Worten: Auch in einem optimistischen Szenario gelingt es der
Welt zwar, den Energieverbrauch vom Wirtschaftswachstum zu entkoppeln, nicht aber vom Wachstum der Weltbevölkerung.

Diese Berechnungen sind einerseits reichlich pessimistisch, denn
sie unterstellen eine träge Anpassung der Welt an die neuen Bedingun-

gen der fundamentalen Energieknappheit. Andererseits sind die Szenarien aber auch reichlich konservativ: Sie gehen von einem vergleichsweise niedrigen Wirtschaftswachstum aus, insbesondere in den Schwellenländern; Chinas Sozialprodukt, so die Annahmen, soll danach bis 2030 im Durchschnitt um 6 Prozent jährlich zulegen, Indiens um 6,3 Prozent (wegen des dort schnelleren Bevölkerungswachstums). Werte, die weit niedriger sind als die Realität im frühen 21. Jahrhundert, als China um 10 Prozent und Indien um 8 Prozent jährlich zulegten.

Sollte sich die bisherige wirtschaftliche Dynamik in den Schwellenländern noch längere Zeit fortsetzen, ohne dass es große Veränderungen in der Energie- und Umweltpolitik gäbe, dann werden sich alle bisherigen Szenarien abermals überholt erweisen. Und das heißt: als viel zu optimistisch. Dann wäre die Energiekrise bald Realität – und die Klimakrise obendrein.

Geht man davon aus, dass die Wirtschaft weiterhin dynamisch wächst und dass die Politik sich gleichzeitig um einen verschärften Energiesparkurs bemüht, erscheint das Hauptszenario der IEA durchaus realistisch. Und das sagt eine deutliche Verschärfung der Lage vorher.

Das Szenario im Einzelnen: Um das Jahr 2030 sind die Schwellenländer als Gruppe die größten Energieverbraucher der Welt. Chinas *Ölnachfrage* verdoppelt sich auf 16,5 Millionen Fass täglich, mehr als der Verbrauch in ganz Westeuropa. Indiens Ölkonsum steigt mit noch schnelleren Raten, allerdings von niedrigem Niveau aus; 2030 verbrauchen die Inder 6,5 Millionen Fass am Tag. Auch die übrigen Weltregionen, außer Europa und Japan, hätten große Steigerungsraten beim Ölverbrauch.

Die Ursachen für den steigenden Öldurst liegen im Transportsektor: Autos, Lastwagen, Motorräder, Flugzeuge, Busse, Schiffe. Die Globalisierung und Mobilisierung der Welt dürfte sich ungebremst fortsetzen. Derzeit gibt es rund 900 Millionen Fahrzeuge auf den Straßen,[5] 2050 werden es den Prognosen zufolge mehr als 2 Milliarden sein. Für die zusätzliche Motorisierung ist vor allem Asien verantwortlich. Fahr- und Flugzeuge werden ganz überwiegend mit Treibstoff auf Ölbasis betrieben, Substitutionsmöglichkeiten gibt es bislang nur ansatzweise.

Öl wird zu wertvoll, um es noch in Kraftwerken zur Stromerzeugung zu verbrennen. Es wird in immer größerem Maße zur Fortbewegung eingesetzt.[6] Insgesamt wird die Welt nach diesem Szenario im Jahr 2030 ein Drittel mehr Öl verbrauchen als in den ersten Jahren des 21. Jahrhunderts, im Transportsektor steigt der Bedarf um mehr als 50 Prozent.

Die *Gasnachfrage* steigt voraussichtlich noch stärker als der Ölkonsum, nämlich um 2,1 Prozent jährlich. Allerdings bleiben die absoluten Volumina deutlich kleiner. Gas wird überwiegend zur Stromerzeugung eingesetzt. Gaskraftwerke sind relativ billig zu bauen und effizient zu betreiben. Es hat den weiteren Vorteil, dass es vergleichsweise sauber und CO_2-arm verbrennt, insbesondere im Vergleich zur Kohle.

Die mit Abstand größten Gasverbraucher sind die USA und Europa. Und sie werden es bleiben, größter Importeur von Gas wird auch 2030 Westeuropa sein – wenn auch der Anstieg des Verbrauchs in diesen saturierten Ländern gering ist.

Für den globalen Anstieg der Gasnachfrage sind maßgeblich wiederum die großen Schwellenländer verantwortlich. Bislang verbrauchen sie kaum Gas, aber das wird sich ändern. Ihr Energiehunger – und die immer drängendere Aufgabe, das Klima zu schützen – zwingen sie, ihren öl- und kohlelastigen Energiemix zu verbreitern. So wird sich Chinas Gasverbrauch um 6,4 Prozent jährlich erhöhen, Indiens um 4,8 Prozent.

Auch der Nahe Osten gibt Gas – und verbrennt immer mehr davon. Trotz großer Vorkommen am Persischen Golf wird bislang nur wenig Gas vor Ort verbraucht. Nun aber boomt die Region, befeuert von den hohen Öleinnahmen. Energieintensive Industrie, aber auch Hotels oder Vergnügungsparks in den Emiraten brauchen Strom, und den wollen sie in Gaskraftwerken erzeugen. Insgesamt hat die Region den größten Anteil am Anstieg der globalen Gasnachfrage.

Die fossile Zukunft der Menschheit kommt insbesondere darin zum Ausdruck, dass der *Kohleverbrauch* stark steigt: um 2,2 Prozent jährlich. Bis 2030 um sage und schreibe 73 Prozent. Zu drei Vierteln wird Kohle zur Verstromung genutzt. Kohle hat den Vorteil, immer noch relativ billig zu sein, jedenfalls gemessen an den starken Preisanstiegen bei Öl und Gas. Durch neue Kraftwerkstechnologien steigt die Effizienz der Kohleverstromung. Und sie ist der einzige klassische Energieträger, der in wichtigen Verbraucherländern vorkommt und nicht, wie Öl und Gas, größtenteils importiert werden muss.

Hauptverantwortlich für den Anstieg sind, keine Überraschung, wiederum China und Indien. Zusammen sorgen sie für drei Viertel des höheren Kohlekonsums. Schon heute entfallen 45 Prozent des Weltkohleverbrauchs auf sie. Chinas Nachfrage wird sich bis 2030 mehr als verdoppeln: Das Land wird dann allein etwa die Hälfte des globalen Verbrauchs ausmachen. Der Effekt auf Weltmärkte ist aber gering, weil China die heimische Förderung etwa in gleichem Maße ausbaut. Indien hingegen wird ein großer Importeur von Kohle werden und dann knapp ein Fünftel der weltweit gehandelten Kohle einführen.

In der Europäischen Union hingegen wird die Nachfrage bis 2030 um mehr als 10 Prozent sinken, vor allem wegen des Emissionsrechtehandels, der die Nutzung von CO_2-intensiver Kohle aus Gründen des Klimaschutzes politisch verteuert.

Industrialisierung und Verstädterung führen auch zu starken Steigerungen des *Stromverbrauchs*. Kraftwerke und Netze werden ausgebaut, gerade in den Schwellenländern. Um 2,8 Prozent jährlich steigt weltweit die Nachfrage bis 2030. In China nimmt der Bedarf um 5,1 Prozent zu, in Indien um 6,1 Prozent. Auch in den reichen Ländern steigt die Stromnachfrage weiter, nämlich um 1,5 Prozent.

Der Markt für Elektroinfrastruktur ist längst leergefegt. Lieferzeiten für Kraftwerke und für wichtige Bauteile liegen inzwischen schon mal bei einer halben Dekade. Weil in China etwa jede Woche ein neues Kraftwerk in Dienst gestellt wird, haben sich die Lieferzeiten um Jahre verlängert.

Was den Strommix angeht, also die Mischung von Primärenergieträgern, die zur Elektrizitätserzeugung verwendet werden, so wird er dem Kernszenario der IEA zufolge im Jahr 2030 so aussehen: 45 Prozent werden aus Kohle erzeugt (heute sind es 40 Prozent), 23 Prozent aus Gas (heute 20 Prozent), 3 Prozent aus Öl (heute 7 Prozent), 14 Prozent aus Wasserkraft (heute 16 Prozent), 9 Prozent aus Atomenergie (heute 15 Prozent), nur der Rest von 6 Prozent wird aus erneuerbaren Energien bestehen können.

Nach dem Hauptszenario der IEA, das die heute geltenden Gesetze berücksichtig, wird auch in zwei Jahrzehnten zusammengenommen nur ein Fünftel des Strombedarfs aus Biomasse, Wind, Wasser und Sonne gedeckt. Der große Rest der stark gestiegenen Strommenge wird auch dann noch wie eh und je durch die Verbrennung von Kohle und Gas erzeugt.

Und das ist ziemlich risikoreich: langfristig, weil die Konsequenzen für das Klima gravierend sind – kurzfristig, weil keineswegs sicher ist, dass das Angebot zu jedem Zeitpunkt an jedem Ort ausreichen wird, um die Nachfrage zu decken.

Vor der Ölklemme? Das Angebot an Energie

In den Jahren 2010 bis 2015 wird die Welt in eine kritische Phase eintreten, so haben es Fatih Birols Leute berechnet. Dann könnte etwas Realität werden, was die Welt in Friedenszeiten noch nicht erlebt hat: ein »Oil-Crunch« – eine Ölklemme, bei der das Angebot geringer ist als die Nachfrage. Öl würde rationiert; sogar wer sehr hohe Preise böte, ginge dann womöglich leer aus. Anders als die beiden Ölkrisen in den siebziger Jahren des vergangenen Jahrhunderts, die durch Preissteigerungen des Kartells der Förderländer ausgelöst und durch Panikkäufe der westlichen Autofahrer und Ölheizungsbesitzer verschärft wurden, wäre dies eine echte Knappheit. Die Folgen für die Weltwirtschaft wären gravierend. Kaum vorstellbar, dass eine tiefe globale Rezession sich vermeiden ließe.

Ein extremes Szenario. Wie könnte es so weit kommen?

Die Ölförderländer und die großen Energiekonzerne haben in den vergangenen Jahrzehnten, als die Ölpreise niedrig waren, zu wenig investiert: in die Suche nach Vorkommen, in die Erschließung von Ölfeldern, in Raffinerie- und Transportkapazitäten. Nun laufen zwar Projekte an. Aber erstens dauert die Realisierung lange; es ist unklar, ob sie so rechtzeitig fertig werden, dass sie mit der rasch steigenden Nachfrage Schritt halten können. Zweitens ist fraglich, ob der geplante Ausbau der Kapazitäten überhaupt ausreicht. Das Oil-Crunch-Szenario wird noch dadurch verschärft, dass nach 2010 die Vorkommen in Europa und den USA zur Neige gehen.

Natürlich hat niemand ein Interesse daran, es so weit kommen zu lassen. Auch den Förderländern käme eine Ölklemme alles andere als gelegen: weil sie eine Wirtschaftskrise auslösen könnte, die die Öleinnahmen schmälern würde; und weil sie die Verbraucherländer davon überzeugen könnte, dass sie möglichst schnell vom Öl unabhängiger werden müssen. Beides würde große, unterentwickelte Förderländer

Grafik 7 Die Welt fährt auf Reserve: Ölförderung und
Kapazitäten weltweit

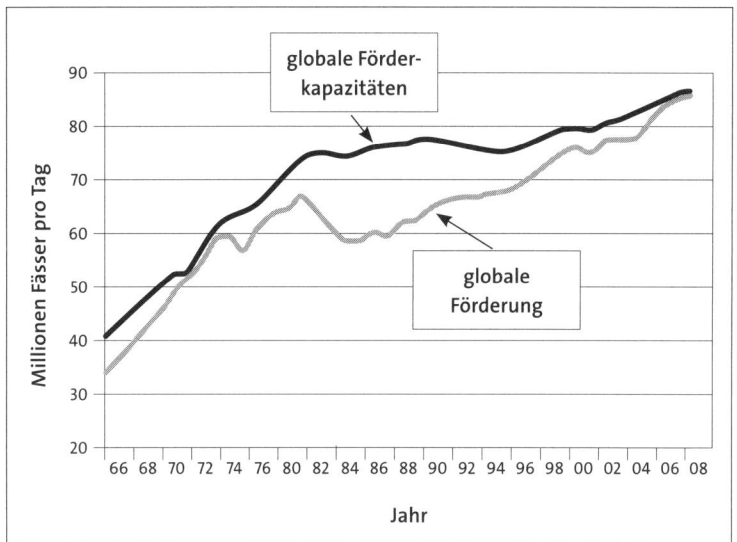

Quelle: Goldman Sachs

wie Saudi-Arabien, Iran oder Venezuela ökonomisch und politisch destabilisieren; Länder, die auf eine rasche Entwicklung hoffen, auf einen
Fortschritt, den sie mit üppigen Öleinnahmen finanzieren wollen. Jede
rational im nationalen Interesse handelnde Regierung muss also an
der Entschärfung der potenziell explosiven Zuspitzung gelegen sein –
was selbstverständlich nicht ausschließt, dass sich in einigen Ländern
irrationale politische Führer durchsetzen.

Die OPEC jedenfalls will den Rest der Welt nicht auf dem Trockenen
sitzen lassen. Ihre Mitgliedstaaten planen mehr als 90 Förderprojekte,
die bis 2012 die Förderkapazität um 11,4 Millionen Fass Rohöl pro Tag
erhöhen sollen. Im gleichen Zeitraum wollen Länder, die nicht zur
OPEC gehören, ihre Produktion um noch mehr erhöhen: nämlich um
13,6 Millionen Fass pro Tag. Ob in Russland, am Kaspischen Meer, am
Golf von Mexiko, in Brasilien, in Westafrika, sogar in der Tiefsee – nach
langer Schonzeit hat die Jagd auf Öl wieder begonnen. Kanada, das
über ölhaltige Sande verfügt, die bis vor wenigen Jahren kaum genutzt
wurden, weil die Ölgewinnung daraus bei niedrigen Preisen unprofita-
bel war, steigt zu einem der größten Ölproduzenten auf.

Die in Aussicht gestellten zusätzlichen Fördermengen mögen gigantisch klingen. Und doch ist keineswegs sicher, ob sie ausreichen. Denn vorhandene Ölfelder erschöpfen sich allmählich; ihre Fördermenge vermindert sich im Durchschnitt um 3,7 Prozent jährlich. Entsprechend viel Öl muss aus neu erschlossenen Quellen jedes Jahr geholt werden, allein um die weltweite Fördermenge konstant zu halten. Da aber auch noch die globale Nachfrage steigt, muss die zusätzliche Förderung noch weit stärker zulegen: Zwischen 2006 und 2015 müssten nach IEA-Kalkulationen alles in allem Kapazitäten von 37,5 Millionen Fass pro Tag zusätzlich installiert werden – das wäre eine Steigerung der weltweiten Produktion um ein Drittel. Ein hochgradig ambitioniertes Ziel.

Die kritische Phase beginnt 2012 – den Prognosen zufolge kommt es dann zu einem Ausgleich zwischen Angebot und Nachfrage. Anders als früher, als das größte Förderland Saudi-Arabien durch Aufdrehen des Pipelinehahns temporäre Engpässe mal eben wegspülen konnte, läuft die Weltwirtschaft am Limit, nennenswerte Reservekapazitäten gibt es nicht mehr. Um die steigende Nachfrage bedienen zu können, müssten allein zwischen 2012 und 2015 die Kapazitäten um 12,5 Millionen Fass pro Tag ausgebaut werden.[7] Eine ungemütliche Situation, da es durchaus möglich ist, dass die Fördermengen aus bestehenden Ölfeldern schneller fallen als mit der angenommenen Rate von 3,7 Prozent. Es kann Lieferengpässe durch Naturkatastrophen, Krieg und Terror geben. Auch die Weltwirtschaft könnte schneller wachsen als vorhergesehen.

Die Reaktionsmöglichkeiten vonseiten der Ölverbraucher auf diese Zuspitzung sind gering. Dazu ist der verbleibende Zeitraum zu kurz und die Substitution von Öl durch andere Treibstoffe, gerade im Verkehrssektor, zu schwierig. So bleibt zur Krisenvorsorge nur eine Option: der rasche Ausbau der Kapazitäten.

Bis 2030 müsste die Förderung von heute 85 Millionen auf 116 Millionen Fass pro Tag steigen. Weil die Ölfelder der USA und Westeuropas bis dahin weitgehend leer sind, konzentriert sich die Produktion immer mehr auf die OPEC-Gruppe, deren Anteil an der Weltproduktion auf 52 Prozent steigt (2006: 42 Prozent). Vor allem die Region mit den größten bekannten Lagerstätten wird kräftig zulegen: der Persische Golf, wo sich die Förderung annähernd verdoppeln wird, von 24 auf 45 Millionen Fass täglich, davon werden 17,5 Prozent auf Saudi-Arabien entfallen.

Die restliche Ölproduktion wird sich bis 2030 wie folgt über den Globus verteilen: Die übrige OPEC außerhalb des Nahen Ostens (Venezuela, Nigeria, Angola) wird 15,6 Millionen Fass pro Tag fördern. Die Region um das Kaspische Meer (vor allem Aserbaidschan) wird auf 17 Millionen Fass zulegen.

Russland wird seine Öl-Kapazitäten auf 11 Millionen Fass nur leicht ausbauen ebenso wie Nordamerika (dann 15 Millionen Fass), wo kanadische Ölsande nach und nach die versiegenden US-Quellen ersetzen. Auch Lateinamerika expandiert, 2030 sollen außerhalb Venezuelas 7 Millionen Fass täglich zur Verfügung stehen, die Hälfte davon aus Brasilien. Afrika spielt mit seiner Ölförderung – außerhalb der afrikanischen OPEC-Länder – von 3,6 Millionen Fass auch 2030 keine entscheidende Rolle. Westeuropas Produktion schließlich wird sich bis dahin auf nur noch 2,5 Millionen Fass pro Tag halbieren. Auch China und Indien, die schon heute nur über geringe heimische Förderung verfügen, werden den Prognosen zufolge weiter abbauen.

Ergo: Die großen Verbraucher USA, Europa, China und Indien fallen als Produzenten zunehmend aus. Sie werden immer abhängiger von Importen – aus Regionen mit zweifelhafter Sicherheitslage (siehe nächster Abschnitt).

Öl ist der große Engpassfaktor im Energiegefüge. Alle übrigen Energieträger sind für die nächsten Jahrzehnte in üppiger Menge vorhanden. Die *Gasvorkommen* beispielsweise sind »mehr als ausreichend«, um die Nachfragesteigerungen zu befriedigen, so die IEA. In allen Regionen der Welt, auch in Nordamerika und in China, wird sich die Förderung erhöhen – mit der einzigen Ausnahme Westeuropas, wo sich die Nordsee-Gasfelder nach und nach erschöpfen. Russland wird seine Kapazitäten um etwa 50 Prozent erhöhen. Der Nahe Osten, insbesondere Katar und Iran, werden ihre Kapazitäten verdreifachen; 2030 wird die Region etwa ein Fünftel des Gesamtangebots stellen, heute ist es knapp ein Zehntel. Insbesondere der Markt für Flüssiggas (LNG – Liquid Natural Gas), das wie Öl auf Tankschiffen transportiert wird, soll dynamisch wachsen.[8] Auch *Kohle* ist nicht knapp, sondern nach wie vor in großer Menge und zu niedrigen Förderkosten in vielen Ländern der Erde vorhanden. Die größten Exporteure sind Australien, Indonesien, Südafrika, Kolumbien und Russland.[9]

Um den steigenden Energiebedarf zu decken, muss die Welt gigantische Summen in den Ausbau der Energieinfrastruktur bereitstellen:

22 Billionen US-Dollar zwischen 2006 und 2030, davon die Hälfte in neue Kraftwerke.

Drohende Engpässe auf dem Ölmarkt, weiter steigende Preise und ein sehr hoher Investitionsbedarf werfen die Frage auf: Lassen sich nicht durch Energiesparen einige dieser Ausgaben vermeiden?

Die Antwort lautet: ja, begrenzt. Die größten Einsparpotenziale gibt es dabei in den Schwellenländern, die ja gerade erst ihre Infrastruktur aufbauen. Würden sie nicht weiter den fossilen Pfaden folgen, die vor ihnen der Westen bei seiner Entwicklung genommen hat, sondern direkt zur neuesten Technologiegeneration bei Erzeugung und Verbrauch wechseln, ließe sich sowohl die Knappheit auf den Energiemärkten lindern, als auch etwas fürs Klima tun. Das gilt insbesondere für das industrielastige China, wo die größten Einsparungen möglich sind. Aber auch die reichen Länder haben diverse Möglichkeiten, weitere Einsparungen vorzunehmen. Insbesondere im Transportsektor ließe sich durch verbrauchsärmere Fahrzeuge die Abhängigkeit vom Öl vermindern. Dass solche Veränderungen vor 2012 – also bevor die Märkte in eine kritische Phase treten – spürbare Einsparungen bringen werden, ist indessen kaum zu erwarten.

Despoten an den Quellen: Wie knapp ist sichere Energie?

Die große Verknappung der Energie macht die Lage ungemütlicher für die großen Verbraucherländer in Nordamerika, Westeuropa und Asien. Weil ihre eigenen Öl- und Gasvorkommen versiegen, müssen sie immer mehr Energie importieren. Und diese Importe konzentrieren sich immer stärker auf wenige Regionen, die nicht gerade sonderlich verlässliche Lieferanten zu sein scheinen, entweder weil sie politisch instabil sind oder weil sie zunehmend selbstbewusst – um nicht zu sagen, aggressiv – ihre nationalen Interessen durchsetzen. Oder beides. Es sind vor allem zwei Regionen von zweifelhaftem Ruf, die immer wichtiger werden: der Persische Golf und Russland (das auch seinen Einfluss auf die Förderländer am Kaspischen Meer ausübt).

Öl kommt künftig zur Hälfte vom Persischen Golf, Gas (vor allem als LNG) wird zu einem Fünftel aus dieser Region stammen – einem Gebiet, in dem der instabile, terrorgeschüttelte Irak die Sicherheit in allen übrigen Ländern bedroht, in dem die Führungen des Irans und Syriens militante islamistische Gruppen unterstützen, wo in Saudi-Arabien weite Teile der Bevölkerung unter dürftigen Bedingungen leben, während die Königsfamilie in Luxus schwelgt, wo in den Emiraten am Golf unklar ist, ob die große Bevölkerungsmehrheit der Gastarbeiter auf Dauer bereit sein wird, auf Bürger- und Mitbestimmungsrechte zu verzichten und sich den feudalistisch strukturierten Stammesgesellschaften der einheimischen Minderheiten zu unterwerfen.

Schon bisher ist die Region keine völlig sichere Quelle: 90 Prozent aller Lieferunterbrechungen seit Ende der sechziger Jahre waren am Golf zu verzeichnen. Während des Irakkriegs 2003 fielen zunächst 2,9 Prozent der Weltproduktion aus. Bis heute ist der Ölexport aus dem Irak schwierig wegen ständiger Terrorattacken auf Ölquellen und Pipelines. 2006 und 2007 sorgten Berichte über geplante Al-Kaida-Angriffe auf die Öl-Infrastruktur im größten Ölland Saudi-Arabien für Unruhe, auch wenn sie von den Behörden vereitelt werden konnten.[10]

Tankschiffe, die im Golf Öl oder LNG geladen haben, müssen einen gefährlichen Weg nehmen: die Straße von Hormus. Sie ist der einzige Zugang zum Persischen Golf. Schon jetzt ist die Meerenge zwischen der Arabischen Halbinsel und dem Iran eine der am stärksten befahrenen Wasserstraßen der Welt und besonders anfällig für Unterbrechungen durch Krieg und Terror. Selbst wenn alles friedlich bleibt, ist es fraglich, ob all die Tanker durch die Straße von Hormus passen. Die vorhergesagte Verdoppelung der Ölproduktion und die Verdreifachung der Gasproduktion in der Region wird die Meerenge überbeanspruchen.

Um den Engpass zu umgehen, gibt es in den Golfstaaten Überlegungen, eine Ölpipeline zu bauen, die von Kuwait durch die anderen Staaten bis an die arabische Küste außerhalb des Persischen Golfs verlaufen könnte, wo dann Tankschiffe beladen würden. Bislang ist das Projekt nicht aus dem Status einer Idee hinausgekommen. Und selbst wenn sich die Staaten auf das Projekt einigten: Bis es fertig gestellt werden kann, dürften viele Jahre vergehen. Und Tausende Pipeline-Kilometer werden ein vor Terroristen schwer zu schützendes Stück Infrastruktur sein.

Wenn die Tankschiffe den Persischen Golf verlassen haben, müssen sie durch weitere Meerengen, die schon heute bis an die Grenzen ihrer Kapazitäten befahren werden. Nach China geht's weiter durch die Straße von Malakka zwischen Indonesien, Malaysia und Singapur. Der Tankerverkehr dort dürfte sich in den kommenden zwei Jahrzehnten noch einmal verdoppeln. Um die Meerengen zu umgehen, hat China das Projekt einer Mammutpipeline ins Spiel gebracht, die Öl aus dem Nahen Osten über Myanmar ins Reich des roten Kapitalismus pumpen soll.

Auch Schiffe nach Europa müssen durch heikle Meerengen: am Horn von Afrika durch den Golf von Aden, vorbei am unruhigen Jemen und am chaotischen Somalia, wo die staatliche Ordnung zusammengebrochen ist, durch die Straße Bab el Mandab, dann durchs Rote Meer und den Suez-Kanal. Unruhige Gewässer.

Russland, auch künftig vor allem als Gasexporteur eine Größe, ist zwar ein stabilerer Ort als der Persische Golf. Aber das Zurückdrängen der Demokratie zugunsten autoritärer Strukturen bereitet vielen Menschen im Westen Sorgen. Russland sorgt künftig für rund ein Sechstel der Weltgasproduktion. Diese Exporte strömen größtenteils per Pipeline gen Westeuropa, dessen Abhängigkeit durch den Bau der Ostseepipeline noch mal vergrößern wird. Auch China wird künftig abhängiger von Energieimporten aus ehemals sowjetischen Gebieten. Schon heute bekommt es Öl per Zug aus Russland und per Leitung aus Kasachstan. Die Kapazitäten sollen ausgebaut werden. Gern würde China auch aus Russland Öl per Pipeline importieren.

Über Jahrzehnte waren Russland und zuvor die Sowjetunion verlässliche Gaslieferanten Westeuropas. Nun argwöhnen westliche Experten, Russland investiere zu wenig in Ausbau und Modernisierung seiner Infrastruktur. Und die Moskauer Führung hat sich selbst ins Gerede gebracht, als sie mitten im kältesten Winter, im Januar 2006, am Gashahn fummeln ließ. Für einige Tage drehte sie der Ukraine die Leitung ab, um danach die Preise anzuheben. Ein Schock.

Eigentlich sind Pipelines ein hochgradig verlässliches Instrument, nicht nur technisch, sondern auch machtpolitisch. Lieferant und Kunde an beiden Enden der Röhre stehen in einem gegenseitigen Abhängigkeitsverhältnis. Ist die Leitung erst mal gelegt, haben beide Seiten viel Geld hineingesteckt, und mittelfristig haben sie keine Alternativen, als Geschäftspartner zu bleiben. Weil sie auf unabsehbare Zeit aneinander gebunden sind, bleibt ihnen nichts anderes übrig, als in gegenseitigem Einvernehmen zu handeln. Nicht nur der Westen ist auf Energieimporte aus Russland angewiesen, auch Russlands wirtschaftliches Wohlergehen hängt zum beachtlichen Teil an den Einnahmen aus den Gas-verkäufen. Ein Arrangement, das über Jahrzehnte gehalten hat.

Die strategische Konstellation kann sich jedoch im Laufe der Zeit ändern. So ist es auch im russisch-europäischen Verhältnis: Mit China ist ein neuer Nachfrager für russisches Gas herangewachsen. Schon hat Russlands starker Mann Wladimir Putin offen damit gedroht, künftig mehr gen Asien pumpen zu wollen – und weniger in den Westen.

Der Westen seinerseits versucht, sich Alternativen zu schaffen: Er will eine Gaspipeline (Projektname:»Nabucco«) von Baku am Kaspischen Meer durch die Türkei über den Balkan bis nach Österreich verlegen lassen. Außerdem sollen LNG-Lieferungen vom Persischen Golf einen wirklich flüssigen Weltmarkt für Gas schaffen, mit Preisen, die sich nach Angebot und Nachfrage richten und nicht nach der momentanen Machtkonstellation.

Die Moskauer Führung stemmt sich gegen einen solchen Weltmarkt und spricht ihrerseits mit den anderen großen Gasexporteuren, Katar, Iran und Algerien, darüber, eine Gas-OPEC zu gründen, ein Kartell, das gemeinsam an der Preisschraube drehen könnte. Außerdem versucht sich der russische Staatskonzern Gazprom in westliche Netze einzukaufen, auch in Deutschland. Gerade dieses Zusammenwirken von Regierungen und staatlich beeinflussten Unternehmen in den Lieferländern, die Hand in Hand arbeiten und gemeinsam an vielerlei Stellen Druck ausüben können, ist aus westlicher Sicht problematisch.

Die Konflikte dürften sich in Zukunft weiter zuspitzen. Dafür spricht schon die politökonomische Dynamik des Rohstoffbooms: Die rohstoffexportierenden Länder entwickeln sich immer weiter von westlichen Demokratievorstellungen weg, sie werden despotischer. So auch Russland. Warum eigentlich?

Der globale Boom lässt die Ressourcenpreise steigen, dadurch steigen die Einnahmen in den Lieferländern. Gelder, die zu großen Teilen dem Staat zufließen. Wer immer den Staat führt, kann sich damit Gefolgschaft kaufen und Opposition unterdrücken. Länder wie Russland und Venezuela sind durch den Rohstoffboom gleichzeitig reicher und undemokratischer geworden. Sicher, es gibt westliche Rohstofflieferanten mit stabilen demokratischen Traditionen wie Kanada, Australien und Norwegen. Aber sie sind weltweit die Ausnahme. Die meisten rohstofflastigen Länder tappen in die Despotiefalle. Und aus der können sie sich kaum befreien. Denn je länger der Ressourcenboom andauert, desto mehr verformt sich ihre Wirtschaftsstruktur: Sie spezialisieren sich immer stärker auf den Rohstoffsektor. Menschen und Kapital wandern dorthin ab, weil in den Rohstofffirmen die höchsten Löhne und die höchsten Renditen gezahlt werden. Dazu kommt ein außenwirtschaftlicher Effekt: Ein hoher Handelsbilanzüberschuss lässt typischerweise die Landeswährung aufwerten – es sei denn, massive Interventionen an den Devisenmärkten unterdrücken diesen Effekt –, sodass andere Exportgüter als die Rohstoffe ihre Wettbewerbsfähigkeit verlieren. Es kommt zu einer Deindustrialisierung.

Durch die verschlechterte Wettbewerbsposition wird der Aufbau anderer Sektoren, die aus eigener Kraft eine hohe Wertschöpfung generieren, schwierig. Die Golfstaaten und auch Russland bemühen sich zwar inzwischen massiv um den Aufbau und den Zukauf von Firmen und Technologien. Ob sie damit letztlich Erfolg haben können, bleibt zweifelhaft. Offene Märkte sind nur in offenen Gesellschaften möglich; Innovation ist ohne freien Informationsfluss und ohne Meinungsfreiheit nicht möglich – doch all das ist den Rohstoffdespoten suspekt.

Die Entwicklung der Energiemärkte und die mutmaßlich weiter steigenden Einnahmen aus Rohstoffexporten dürften für die absehbare Zukunft die Regime in den Lieferländern stabilisieren. Umsturz und Chaos werden daher in Zeiten der Energieknappheit in den kritischen Ländern strukturell unwahrscheinlicher. Ob dies eine Entwicklung ist, die den Westen, China, Indien und andere Energieimporteure in Sicherheit wiegen kann, wird sich zeigen.

Auch Luft wird knapp

Es ist offensichtlich: Alle bisher beleuchteten Szenarien sind definitiv nicht kompatibel mit klimapolitischen Erfordernissen. Eine wachsende Weltbevölkerung und eine wachsende Weltwirtschaft lassen sich mit den bisherigen Mitteln und Technologien nicht auf ein Niveau bringen, das die Klimaexperten für gerade noch akzeptabel halten.

Nach den Berechnungen des Weltklimarats liegt die Konzentration von Treibhausgasen in der Atmosphäre am Beginn des 21. Jahrhunderts bei 380 ppm (parts per million). Wollte man die Erderwärmung eindämmen – das heißt, den Temperaturanstieg dauerhaft auf 2 bis 2,4 Grad Celsius (gegenüber vorindustriellem Niveau) begrenzen –, dann dürfte die Klimagaskonzentration nicht über 445 bis 490 ppm steigen.[11] Die nächsten zwei bis drei Jahrzehnte werden entscheidend sein: Um die Konzentration zu stabilisieren, müssten die Emissionen bis zum Jahr 2015 ihr Maximum erreichen und danach fallen. 2050 dürfte eine auf mutmaßlich neun Milliarden Menschen angewachsene Weltbevölkerung (siehe »Die erste Knappheit: Menschen«) nur noch maximal halb so viel CO_2 ausstoßen wie 2000. Das heißt: Pro Kopf dürften wir nur noch ein Drittel so viel Ausstoß produzieren wie derzeit. Maximal. Weniger wäre besser.

Bislang ist das Erreichen dieser Ziele in weiter Ferne. Selbst wenn die heute diskutierten Sparmaßnahmen umgesetzt würden und die Weltwirtschaft weiter dynamisch wüchse (das entspricht den in den vorherigen Abschnitten genannten Zahlen für Verbrauch und Produktion), steigt die Konzentration der Klimagase nach IEA-Kalkulation auf Werte zwischen 855 und 1.130 ppm. Eine solche Verdoppel- bis Verdreifachung des Ausstoßes hätte nach den Modellen des Weltklimarats einen Temperaturanstieg um bis zu 6 Grad Celsius zur Folge. Auch das optimistischere Szenario der IEA, bei dem unterstellt wird, dass die Energieeffizienz schneller steigt als bisher (und die Wirtschaft langsamer wächst), würde immer noch zu einer Konzentration von 550 ppm führen – mit einem folglichen Temperaturanstieg um etwa 2 Grad Celsius gegenüber heute (beziehungsweise 3 Grad Celsius gegenüber vorindustriellem Niveau). Und schon dieses »Alternative Policy Scenario«, wie es die IEA nennt, ist durchaus ambitioniert: Es hätte zur Folge, dass der weltweite Ausstoß an Kohlendioxid noch bis 2015 ansteigt und sich danach stabilisiert – die emittierte Menge an Treibhausgasen läge aber immer noch um 27 Prozent höher als heute. Nur Westeuropa und Japan könnten unter diesen Bedingungen ihre Emissionen tatsächlich reduzieren, wenn auch nur leicht.

Bei ihrem Gipfel im deutschen Ostseebad Heiligendamm im Sommer 2007 haben sich die Staats- und Regierungschef der G8-Staaten darauf verständigt, wenigstens ernsthaft über das Ziel nachzudenken, die globalen Emissionen bis 2050 »mindestens zu halbieren«. Und der Weltklimarat möchte die Menschheit dazu bringen, die Treibhausgaskonzentration in der Atmosphäre bei rund 450 ppm zu stabilisieren, was, wie gesagt, einem Temperaturanstieg um etwa 2 Grad Celsius entspräche.

Die IEA hat kalkuliert, wie das gehen könnte: Über die heute diskutierten Energiesparmaßnahmen hinaus müssten weitere 25 Prozent durch effizienteren Einsatz von Fossilbrennstoffen in Gebäuden und bei der Industrie hereingeholt werden, 21 Prozent durch die unterirdische Einlagerung von CO_2, 19 Prozent durch den Ausbau von erneuerbaren Energien, 16 Prozent durch den Ausbau der Atomenergie, 13 Prozent durch geringeren Stromverbrauch in Gebäuden, 4 Prozent durch den Ausbau von Biokraftstoffen der nächsten Generation (bei denen nicht nur die Früchte verwendet werden wie bei Weizen, Mais oder Raps, sondern die Biomasse der gesamten Pflanze). Autos müssten 60 Prozent weniger verbrauchen als heute.

In der politischen Debatte, gerade in Deutschland, werden erneuerbare Energien und Atomenergie häufig als Gegensätze gesehen. In diesem Szenario werden beide parallel ausgebaut – nämlich um den Ausbau der hochgradig klimaschädlichen Kohleverstromung zurückzudrängen, die für einen Großteil des vorhergesagten Anstiegs der Emissionen verantwortlich ist. Tatsächlich sind gerade bei der Stromerzeugung die größten klimapolitischen Fortschritte möglich, gerade in den Ländern, die den Ausbau der Kohleverstromung mit hohem Tempo vorantreiben, nämlich China und Indien. Voraussetzung für die schrittweise Abkehr von der billigen und weitverbreiteten Kohle als Energieträger ist ihre systematische Verteuerung. Am besten durch ein globales System des Handels mit den Rechten zur Treibhausgasemission, das die traditionelle Verbrennung von Kohle so verteuert, dass sauberere Technologien eine Chance hätten.

Können wir uns wirtschaftlichen Fortschritt und massenhaften Wohlstand auf der Erde überhaupt leisten, angesichts der damit verbundenen Treibhausgasemissionen? Ja, sagen die Experten, aber nur wenn es die Menschheit schafft, sich von ihrem bisherigen Entwicklungsmuster zu lösen. Und das ist extrem klimagasintensiv: Zwischen 1970 und 2004 sind die Treibhausgasemissionen um 70 Prozent gestiegen. Bei der Stromversorgung sind die Emissionen in diesem Zeitraum um 145 Prozent gestiegen, beim Transport um 120 Prozent, in der Industrie um 65 Prozent, in Land- und Forstwirtschaft (durch Abholzungen und verstärkte Viehhaltung) um 40 Prozent.

Und es war keineswegs so, dass technologischer Stillstand geherrscht hätte: Die Welt nutzt Energie heute um ein Drittel effizienter als 1970. Aber das Wachstum der Wirtschaft und der Weltbevölkerung überwogen diese Einsparungen bei weitem; sie waren nach Berechnungen des International Panel on Climate Change (IPCC), des Weltklimarates der Vereinten Nationen, etwa zu gleichen Teilen für den Anstieg verantwortlich.

Dies sind die drei Stellschrauben: Um die Emissionen zu senken, muss man entweder auf Wohlstand verzichten oder das Bevölkerungswachstum drosseln oder viel effizienter mit Energie umgehen. Die Rückgänge beim Bevölkerungswachstum sind bereits Realität (und schaffen ihre eigenen Probleme, siehe das Kapitel »Die erste Knappheit: Menschen«). Von dieser Seite entspannt sich die Klimasituation. Wohlstandssteigerungen – zumindest die Chance darauf – werden sich die Menschen, gerade in den Entwicklungsländern, nicht nehmen lassen. Der Aufholprozess hat die Lebensumstände in den Schwellenländern bereits so erlebbar verändert, dass der Aufholprozess eine kaum stoppbare Eigendynamik entwickelt hat.

Bleibt noch die dritte Stellschraube: die Erhöhung der Effizienz. Und da ist vieles möglich. Wie erwähnt, steht ein Ausbau der weltweiten Energieinfrastruktur in einer Größenordnung von 22 Billionen US-Dollar an. Dabei fallen Entscheidungen von enormer Tragweite, weil die Anlagen jahrzehntelang genutzt werden. Der IPCC schätzt, dass schon mit einer Budgetaufstockung um 5 bis 10 Prozent eine deutliche Reduzierung der Treibhausgasemissionen zu schaffen wäre, wenn nämlich heute in den Schwellenländern die neueste, energieeffizienteste Technik installiert würde.

Teils sind diese Technologien bereits in den reichen Ländern im kommerziellen Betrieb – etwa effizientere Hochtemperatur-Kohlekraftwerke (»ultra-supercritical pulverised coal combustion«). Teils sind neue Methoden in der Entwicklung – wie die unterirdische Speicherung von CO_2 aus Kraftwerksabgasen. Teils ist sie nur die Idee eines ambitionierten Forschers – wie die Baupläne des amerikanischen Biotech-Pioniers Craig Venter, der künstliche Organismen genetisch so programmieren will, dass sie brennbare Gase ausscheiden.

Neben der Stromerzeugung entscheidet sich die Schlacht gegen den Treibhauseffekt im Transportsektor. Nirgends steigen die Emissionen so stark an wie in diesem Bereich. Wenn die Entwicklung der vergangenen Jahrzehnte sich fortsetzt, werden Autos, LKWs, Busse, Flugzeuge und Bahnen im Jahr 2030 nach den Prognosen des Weltklimarats 80 Prozent mehr Treibhausgase ausstoßen als heute. Und es ist wie in allen Teilen des Energiesektors: Es gibt sehr wohl technische Fortschritte, die für einen sparsameren Umgang mit Energie sorgen. Sorgen *könnten*, muss man sagen. Denn die Effizienzsteigerungen werden bislang durch größeres Verkehrsaufkommen, gestiegenen Komfort und höhere Geschwindigkeiten mehr als aufgewogen. In den USA hätte der durchschnittliche Energieverbrauch der Personenwagenflotten zwischen 1987 und 2005 um ein Viertel sinken können, weil sich der Wirkungsgrad der Antriebstechnik erhöht hat. Da aber die Amerikaner immer größere und schwerere Autos mit mehr Leistung fuhren, stieg der Spritverbrauch im Schnitt um 5 Prozent.

Werden die Menschen bereit sein, auf Mobilität zu verzichten, um das Klima zu schützen? Kaum vorstellbar.

Verkehrsforscher haben herausgefunden, dass die Zeit, die die Menschen für ihre Fortbewegung aufwenden, ziemlich konstant ist. Egal, wie viel sie verdienen, egal, wo sie leben. Mit zunehmendem Wohlstand wechseln sie aber zu immer schnelleren Verkehrsmitteln, sodass sie in der gleichen Zeit immer weitere Distanzen zu überwinden vermögen. Die ganz Armen gehen zu Fuß, wie im ländlichen Afrika. Wer über etwas Geld verfügt, steigt auf Pferde- oder Ochsenkarren oder aufs Fahrrad um, das immer noch das Grundtransportmittel in Asien ist. Weiter oben auf der Einkommensskala folgen Bus, schließlich das eigene Auto, das mit steigendem Wohlstand immer größer, stärker und komfortabler ausfällt. Weitere Distanzen werden zunächst mit dem Zug zurückgelegt, dann mit dem Flugzeug. Die globale Geschäftselite legt heute pro Kopf viele zig Tausend Kilometer jährlich zurück, nicht wenige Hunderttausende Kilometer.

Das Muster ist eindeutig: Mit zunehmendem Wohlstand steigt der Energieverbrauch für Transportzwecke. Die Globalisierung sorgt dafür, dass der Personenverkehr zwischen Metropolen und Ländern rapide anschwillt. Strecken, die in der Regel per Flugzeug und/oder Auto (USA) beziehungsweise per Flugzeug, Auto und/oder Hochgeschwindigkeitszug (Westeuropa, Japan) zurückgelegt werden. Weil in Entwicklungsländern die Infrastruktur nicht rasch genug mitwächst, dominieren dort bisher Autos und langsame Züge. China verfügte 2001 über 2,4 Millionen Autos, 2006 waren es schon 7,2 Millionen. Weil Langstrecken-Bahntrassen fehlen, steigt das Flugaufkommen schnell an, in China um 12 Prozent jährlich.

Der Gütertransport wird zu Lande ganz überwiegend mit Lastwagen abgewickelt statt mit energiesparenderen Zügen. Sogar innerhalb der Europäischen Union, die ja über ein den Kontinent überspannendes, engmaschiges Bahnnetz verfügt, transportieren LKWs drei Viertel aller Güter, nur 16,4 Prozent werden von Bahnen bewegt.[12]

Vom Energieverbrauch des weltweiten Transportsektors entfällt heute etwa die Hälfte auf Personenwagen, ein Viertel auf Lastwagen, 12 Prozent auf Flugzeuge, 9 Prozent auf Schiffe, 6 Prozent auf Busse, 1,6 Prozent auf Motorräder und nur 1,5 Prozent auf Züge.[13]

Weil der Transport straßenfixiert ist, ist er CO_2-intensiv. 95 Prozent des Verkehrsaufkommens werden nach wie vor mit fossilen Brennstoffen befeuert – Benzin, Diesel, Kerosin. 23 Prozent der weltweiten Treibhausgasemissionen werden bislang vom Verkehr verursacht, davon drei Viertel durch Autos, LKWs und Busse. In keinem anderen Sektor wachsen der Energieverbrauch und die Treibhausgasemissionen so schnell.[14]

Zwar sind weitere Effizienzsteigerungen möglich, sie dürften sogar schneller vorangehen als in den vergangenen Jahrzehnten, ausgelöst durch steigende Energiepreise. Aber wie in der Vergangenheit wird die zunehmende Mobilität alle Einsparversuche im Verkehrssektor zunichte machen. Auch Biokraftstoffe aus Mais, Weizen, Raps oder Zuckerrohr, deren Anbau und Beimischung zum Treibstoff insbesondere in den USA und in der EU vorangetrieben werden, sind keine Lösung, weil die Spriterzeugung daraus hochgradig ineffizient ist und sie in direkter Konkurrenz zu den ebenfalls immer knapperen Anbaumöglichkeiten für Nahrungsmittel stehen (siehe »Die sechste Knappheit: Boden«).

Übrigens wird der Klimawandel selbst neue Probleme für die Energieversorgung mit sich bringen. So geht der Report des britischen Ökonomen Nikolas Stern davon aus, dass »der Energieverbrauch in niedrigeren Breitengraden steigen wird«, da in den heißeren Sommern verstärkt Klimaanlagen betrieben werden müssen. Zwar würden auch die Winter milder, sodass weniger geheizt werden müsse, aber diese

Einsparungen würden den größeren Bedarf an Kühlung nicht aufwiegen. In Italien beispielsweise werde bei einer globalen Erwärmung um 3 Grad Celsius der Strombedarf im Winter um 20 Prozent sinken, im Sommer aber um 30 Prozent steigen. In höheren Breitengraden, in Deutschland etwa, könne die Kühlungs-Heizungs-Bilanz allerdings positiv ausfallen, sodass die Erwärmung tatsächlich eine Energieersparnis mit sich brächte.

Der Klimawandel kann außerdem die Stromerzeugung beeinträchtigen. Die für mittlere Breitengrade vorhergesagten trockenen Sommer können die Pegel von Talsperren so weit sinken lassen, dass deren Generatoren weniger Strom erzeugen. So werde im dichtbesiedelten Kalifornien die Stromproduktion aus Wasserkraft um 30 Prozent sinken, wenn die Temperatur weltweit um 4 Grad Celsius steigt, wie der Stern-Report prognostiziert. Auch die Kühlung von Kraftwerken könnte im Sommer problematisch werden. Im Sommer 2003, als Europa unter einer Hitzewelle schwitzte, musste in Frankreich die Stromerzeugung zurückgefahren werden, weil die Flüsse zu wenig Wasser führten, um die Atomkraftwerke ausreichend zu kühlen.[15]

All diese Folgen sind jedoch Lächerlichkeiten verglichen mit jenen Klimaveränderungen, auf die sich die Menschheit gefasst machen muss, wenn die Entwicklung in den bisherigen Bahnen weiterläuft. Wie gesagt, die prognostizierte Steigerung des Energieverbrauchs wird nach den Modellen der Klimaforscher eine Erderwärmung um 6 Grad Celsius nach sich ziehen.

Die Szenarien der Energie- und Klimaforscher zeigen eines deutlich: Wenn die Welt auf ihrem bisherigen Kurs bleibt, gerät sie ins Trudeln.

Die fünfte Knappheit:
Macht

Der Generaldirektor wollte nicht über Details reden, sondern übers große Ganze: über die Weltordnung des 21. Jahrhunderts. Größer geht's kaum.

Es war ein faszinierendes Gespräch, das ich im November 2007 mit Pascal Lamy, dem Chef der Welthandelsorganisation (WTO) führte. Eigentlich waren die dümpelnden internationalen Verhandlungen zur weiteren Öffnung des internationalen Handels unser Thema. Aber, sagte Lamy, es gehe hier doch um viel mehr als um ein paar Zölle und Importquoten. Es gehe um die globale Machtfrage. Um nichts weniger. Es gehe darum, dass der Westen nicht mehr allein über die Welt bestimmen könne. Die Schwellenländer wollten »die Doha-Runde [die Doha-Entwicklungsagenda von 2001] dazu nutzen, das gesamte internationale System zugunsten der Entwicklungsländer neu auszubalancieren. Bisher werden die reichen Länder bevorzugt – im Währungsfonds, in der Weltbank, im UN-Sicherheitsrat, auch im Welthandel.« Aber das gehe nicht mehr. Das 20. Jahrhundert sei vorbei, endgültig. »Dies ist nicht mehr das postkoloniale Spiel. Wenn wir diese Runde beendet haben werden, wird das internationale System anders aussehen«, sagte Lamy. »Es geht bei der Doha-Runde nicht nur um ökonomische Motive, es geht auch um die große Weltpolitik.« Wir stünden an einem weltgeschichtlichen Wendepunkt.

Einen bildlichen Eindruck davon, wie es in einer Welt zugeht, in der nicht mehr wenige Großmächte das Sagen haben, sondern viele Staaten gleichberechtigt sind, bekam ich ganz nebenbei. Nachdem ich mich von Lamy verabschiedet hatte, schaute ich im Vorbeigehen in einen Verhandlungssaal der WTO: Mehr als 100 Experten sitzen da mit Kopfhörern über den Ohren für die Simultanübersetzung und Bergen von Papieren vor sich in einem Saal und diskutieren über irgendwelche Details der Handelsregeln für irgendeine Produktgruppe. Fast jedes Land der Erde – die WTO hat mehr als 150 Mitgliedstaaten – entsendet seine Experten. Und am Ende, ganz am Ende, wenn die Verhandlungen irgendwann einmal beendet sein sollten, müssen alle zustimmen. Jedes Land hat eine Stimme, jedes ein Vetorecht. Es ist schwer vorstellbar, wie Verhandlungen mit so vielen Teilnehmern über hochkomplexe Themen ablaufen.

Wer sich die WTO-Verhandlungen live anschaut, bekommt einen sinnlichen Eindruck davon, wie weit verteilt die Macht auf der Erde inzwischen ist. Und die WTO ist der Ort, wo deutlich wird, wie schwierig diese neue Weltunordnung zu steuern ist.

Bei der WTO wird sichtbar, wie sehr die Globalisierung die Machtkonzentration auf der Erde dezentralisiert hat. Aus einer streng geordneten Welt, die aufgeteilt war in zwei Blöcke mit jeweils einer Hegemonialmacht im Zentrum – den USA im Westen, der Sowjetunion im Osten – und die auch die »blockfreien« Entwicklungsländer drängte, sich eher auf die eine oder die andere Seite zu schlagen, aus dieser geordneten Welt ist ein unübersichtliches Gelände geworden. Etablierte Staaten und Konzerne werden herausgefordert von Newcomern in den Schwellenländern. Märkte und Machtpositionen, die früher in Stein gemeißelt schienen, sind bestreitbar geworden. Den USA und der Europäischen Union stehen im Wettbewerb mit China, Indien, Brasilien, Russland. Aus einer statischen Struktur ist ein großer globaler Fluss geworden – mit Strudeln, Untiefen und unvorhersehbaren Biegungen.

Wie sagte Lamy? »Dies ist nicht mehr das postkoloniale Spiel.« In der Tat.

Man kann das als Fortschritt betrachten und die neue multipolare Weltordnung sympathisch finden. Aber diese Entwicklung hat eine problematische Kehrseite: Die Diffusion der Macht schafft eine Knappheit an Ordnung und Gestaltungsmöglichkeiten. Wer löst Konflikte? Wer führt? Wer entwickelt Visionen? Und wer ist in der Lage, große Pläne in praktisches Handeln zu übersetzen? Wer hält das globale Handelssystem offen? Wer entschärft regionale militärische Konflikte? Wer sorgt dafür, dass sich die Staaten der Welt darauf einigen, den Klimawandel zu bremsen? Fragen, die bislang unbeantwortet sind.

Die Globalisierung schafft eine Verdünnung der Machtkonzentration. Mit der Konsequenz, dass die Globalisierung selbst aus den Fugen zu geraten droht. Das mag paradox klingen – aber nur auf den ersten Blick. Nicht nur auf der Bühne der internationalen Politik, auch im Innern der Staaten ist eine Diffusion der Macht zu beobachten. Und überall ist es die Öffnung der Volkswirtschaften und der Gesellschaften, die eine neue Unübersichtlichkeit geschaffen hat. Das Vertrauen in die Handlungsfähigkeit der Demokratie und ihrer Institutionen ist arg angekratzt. Privilegien und Vorrechte werden bestritten, Monopole und Kartelle werden geschliffen. Das kann ein großer Fortschritt sein, solange die neue Unübersichtlichkeit in einen produktiven Wettbewerb mündet. Es ist ein Rückschritt, wenn der Wandel tiefgreifende Konflikte nach sich zieht, die offen und mit voller Härte ausgetragen werden.

Macht und Ordnung: von der Urhorde zur Globalisierung

Wer der Auflösung der Machtmonopole nur Gutes abgewinnen kann, sollte einen Blick zurück werfen. Die Geschichte der Zivilisation, so wie sie sich die Staatsphilosophen vorgestellt haben, ist auch eine Geschichte der Machtkonzentration: Aus einer Horde, in der das Recht des Stärkeren galt, wurde eine Gesellschaft, die sich einem Herrscher unterordnete. Diese Herrscher bauten später in der frühen Neuzeit staatliche Institutionen um sich herum auf, die flächendeckend den herrschaftlichen Machtanspruch geltend machten (Absolutismus). Nun erst wurde es möglich, dauerhaft einen »Landfrieden« durchzusetzen, nun erst konnten Menschen auch außerhalb der Städte vor Übergriffen geschützt werden. Auch dieses System überlebte sich, weil wohlhabendere und besser gebildete Menschen mitreden und mitbestimmen wollten. Die Rolle des Herrschers wurde zurückgedrängt, häufig durch blutige Revolutionen, die zunächst andere, nicht minder brutale Herrscher an die Macht brachten (Jakobiner, Bolschewisten, Militärjuntas et cetera). Doch in einer hochentwickelten Wirtschaft und Gesellschaft verlangen die Bürger nach Freiheitsrechten, nach Mitsprache und Repräsentation: Die Herrscher, die ihre Legitimation aus Gottesgnadentum, Ideologie oder völkischer Prädestination beziehen, wurden ersetzt durch gewählte Beauftragte des Volkes (Demokratie).

Der Übergang von der Allein- zur Volksherrschaft – vom absoluten Machtmonopol zum politischen Wettbewerb – geht einher mit einer umfassenden Institutionalisierung und Verrechtlichung. Was bleibt, ist das Gewaltmonopol des Staates. Außer staatlichen Institutionen und ihren Dienern darf niemand andere Menschen einsperren oder Waffen gegen sie richten. Wiederum: Sicherheit, Frieden, Stabilität werden erkauft durch das Machtmonopol des Staates. Aber dieses Monopol soll in Demokratien nicht willkürlich ausgeübt werden, sondern ist begrenzt durch Parlamente, Opposition, freie Medien, Verfassungen, Gesetze, Verordnungen, Geschäfts- und Prozessordnungen, die die Institutionen an Regeln binden. Demokratie ist ein aufwändiges Geschäft.

Auf internationaler Ebene gibt es bislang nichts Vergleichbares. Im Innern der zivilisierteren Staaten wurde die Ordnung qua Herrscher (oder herrschender Clique) ersetzt durch eine Ordnung qua Institution. Die Entsprechung des Herrschers im zwischenstaatlichen Gefüge ist die Hegemonialmacht. Sie kann anderen Ländern eine Ordnung aufzwingen, *ihre* Ordnung, die sie zunächst mal nach in ihren eigenen Interessen gestaltet. Aber wenn es gut läuft, stabilisiert die Hegemonialmacht die internationalen Beziehungen, sie ebnet den Weg zu Frieden und Wohlstand, womöglich gar zur Freiheit. Ob der *Pax Romana* in der Antike oder der *Pax Americana* nach 1945 – es waren Systeme, die nicht nur den Zentralmächten in Rom und Washington nützten, sondern auch jenen Ländern, die sie dominierten. So verstandene hegemoniale Stabilität schafft Ordnung im internationalen System und legt damit eine Grundlage für Prosperität. Erst durch ihre positiven Folgen wird die Herrschaft der Hegemonialmacht legitimiert.

Die Krux bei diesem Arrangement: Je erfolgreicher das hegemoniale Regime ist, je mehr Wohlstand es den beherrschten Ländern bietet, desto weiter emanzipieren sich diese von ihm. Die Macht verschiebt sich weg vom Zentrum, sodass das hegemoniale System im Laufe der Zeit instabil wird.

In gewisser Weise ist die amerikanische Ordnung an ihrem eigenen Erfolg zugrunde gegangen. Die USA verfügten jahrzehntelang über einen geradezu erdrückenden Teil der weltweit verfügbaren Machtmittel: Sie waren die mit Abstand größte Volkswirtschaft, besaßen das größte militärische Arsenal mit den meisten Atomwaffen, und, vielleicht am wichtigsten, sie verfügten über eine enorme kulturelle Anziehungskraft. Freiheit, Menschenrechte, Massenkonsum, Hollywood, Coca-Cola, Autos, und all das kann jeder haben – dies war das amerikanische Versprechen an die Welt. Die USA verfügten nicht nur über die Möglichkeit, ihren Willen mittels roher Gewalt durchzusetzen (»hard power«), sondern auch über kulturelle »soft power«,[1] die ihnen Gefolgschaft rund um die Welt sicherte. Der *Pax Americana* war eine hochgradig erfolgreiche Ära. Westeuropa, Japan, Australien, Neuseeland, Israel, später Korea – Hunderte Millionen Menschen schafften unter der Hegemonie der USA den Sprung auf ein nie zuvor erlebtes Reichtumsniveau. Es war eine Sphäre des Wohlstands, von der eine enorme Attraktivität ausging. Amerika und seine Verbündeten ließen die konkurrierende sowjetische Hegemonialmacht dürftig aussehen, denn die stützte sich soft-power-mäßig auf einen ideologischen Überlegenheitsanspruch, der arg theoretisch blieb, und auf das Versprechen, das Proletariererparadies auf Erden errichten zu wollen. Weil sie nicht in der Lage war, diese Verheißungen einzulösen, blieb ihr nur eine Alternative: Gewalt gegen die eigenen Bürger auszuüben, der alltägliche Terror durch Geheimdienste, Polizei und sonstige staatsrevolutionäre Obrigkeiten. Kurz: Der sowjetische Gegenentwurf zum Amerikanismus erschien rückständig und grausam. Er war eine Antithese, keine Alternative.

Die Lage für die Sowjetunion wurde in den achtziger Jahren verschärft durch die riskante Strategie des Wettrüstens. Während des Grande Finale des Kalten Krieges zwangen die USA die Sowjetunion, immer größere Teile ihres ohnehin knappen Sozialprodukts für nutzlose Nuklearwaffen auszugeben. Damit trugen sie maßgeblich zum Zusammenbruch der östlichen Hegemonialmacht bei. 1990 war alles vorbei. Die Sowjetunion zerfiel, ihre europäischen Satellitenstaaten wandten sich dem Westen zu. Und mit ihnen schwenkten auch viele Entwicklungsländer auf westlichen Kurs ein: Lateinamerika und Indien öffneten ihre Volkswirtschaften dem Wettbewerb; das immer noch autoritär regierte China, schon seit Ende siebziger Jahre auf vorsichtigem Reformkurs, forcierte seine ökonomische Öffnung. Der Prozess der Globalisierung setzte ein, fußend auf dem Vorbild der *Pax Americana*. Der US-Politologe Francis Fukuyama rief »das Ende der Geschichte« aus. Alle Gegensätze seien verschwunden, das ewige dialektische Ringen zwischen These und Antithese zu einer neuen Synthese, das den Motor des historischen Fortschritts bildete, sei überwunden. Motto: Ab jetzt ist überall Westen.

Das war natürlich übertrieben, zumal seit Beginn des neuen Jahrtausends Freiheit und Demokratie wieder auf dem Rückzug sind (dazu mehr weiter unten in diesem Kapitel). Aber das amerikanische Jahrhundert ist vorbei. Die US-dominierte Ordnung ist am Ende. Dies ist teils die Folge der Unfähigkeit der Administration des George W. Bush, die im Irakkrieg unter Beweis stellte, dass Amerika nicht mehr in der Lage ist, Kriege zu gewinnen, und die durch Arroganz und Ignoranz sowie durch die Aushöhlung der Freiheitsrechte Amerikas »soft power«, seine kulturelle Anziehungskraft, geschwächt hat. Ob künftige US-Regierungen dieses Bild werden korrigieren können, wird sich zeigen.

Aber auch in punkto ökonomischer »hard power« ist Amerika, ist der Westen insgesamt relativ zurückgefallen, weil andere Weltregionen aufgeholt haben:

- Der Anteil der reichen Länder der Weltbevölkerung ist dabei, sich zu halbieren: 1950 lebte in Westeuropa, Nordamerika, Japan, Australien, Neuseeland noch ein Drittel der Weltbevölkerung. Bis 2050 wird der Anteil des Westens auf ein Sechstel sinken. Indien allein wird dann den UNO-Prognosen zufolge ähnlich viele Einwohner haben.
- Auch bei der Wirtschaftsleistung fällt der Westen relativ zurück, weil andere Regionen rasch aufholen. 1950 erwirtschafteten die USA allein 40 Prozent des Weltsozialprodukts. 2007 lag Amerikas Anteil, kaufkraftbereinigt, nur noch bei 20 Prozent. Die übrigen westlichen Länder bringen es zusammen auf 32 Prozent, sodass der Westen insgesamt immer noch auf gut die Hälfte der globalen Wirtschaftskraft kommt. China trägt nach Kaufkraftparitäten so viel zum Weltsozialprodukt bei wie das Euro-Gebiet, nämlich rund 15 Prozent. Indien kommt auf 6 Prozent.[2] Auch wenn beide Länder in Zukunft langsamer wachsen dürften als bisher, weil sie an fundamentale Engpässe stoßen (Wasser, Energie, Boden – siehe die entsprechenden Kapitel), so werden sie doch weiterhin Anteile gegenüber dem Westen gewinnen.

- Im Welthandel waren die heutige EU und die USA bis in die sechziger Jahre des 20. Jahrhunderts die einzigen dominanten Spieler. Mehr als 50 Prozent der weltweiten Exporte entfielen auf diese beiden Blöcke. Selbst im Jahr 2000 lag ihr gemeinsamer Anteil am Welthandel noch bei mehr als einem Drittel. Doch seit der Jahrtausendwende haben sich die Gewichte deutlich verschoben: Chinas Anteil verdoppelte sich zwischen 2000 und 2005 – von 5 auf 10 Prozent. China ist damit inzwischen die drittgrößte Handelsnation (nach der EU und den USA). Auch andere Länder wie Indien, Russland und Brasilien haben ihre Anteile am Welthandel in raschen Schritten gesteigert, wenn auch ihr jeweiliges individuelles Gewicht vergleichsweise gering bleibt.[3]
- Die Energievorräte der Welt konzentrieren sich auf immer weniger Länder außerhalb des Westens. Das gilt insbesondere für die Versorgung mit Öl und Gas. Bislang konnten die USA und Westeuropa noch nennenswerte Teile ihres Energieverbrauchs aus heimischen Öl- und Gasvorkommen decken. Doch diese Quellen sind weitgehend erschöpft. Mit der Folge, dass sich die Versorgung der Welt mit diesen kritischen und knappen Energieträgern auf immer weniger Länder konzentiert: durch die Golfstaaten, Russland und die Südkaukasus-Region. Weil die Nachfrage nach Öl und Gas durch das rasche Wirtschaftswachstum in den Schwellenländern stark zunimmt, steigt die internationale Bedeutung der Förderländer (siehe »Die vierte Knappheit: Energie«).
- Auch auf dem Feld der Klimapolitik gewinnen die Schwellenländer an Einfluss. Weil sie heute zu den größten Emittenten von Treibhausgasen zählen, wäre jedes Abkommen ohne sie wertlos. Anfang der neunziger Jahre, als der Weltklimagipfel von Rio de Janeiro stattfand, emittierten die USA und die Europäische Union zusammen rund die Hälfte des globalen CO_2-Ausstoßes, Chinas Emissionen betrugen damals etwa ein Viertel. 15 Jahre später hat China die Europäische Union als Emittent Nummer zwei überholt und schickt sich nun an, auch den Ausstoß der USA zu übertreffen. Der Anteil der beiden großen westlichen Spieler schrumpft. Entsprechend sind sie auf die neuen anderen Emittenten als Partner angewiesen. Es mag zynisch klingen, aber Schmutzigsein bedeutet auch Macht.

Das Ende der US-Dollar-Herrschaft

Die USA waren in der zweiten Hälfte des 20. Jahrhunderts zu allererst eine Geldmacht. Die Führungsrolle der Amerikaner wurzelte in ihrem Wohlstand, in ihrer wirtschaftlichen Dynamik, in ihrem Aufstiegsversprechen, das sie dem Rest der Welt machten: Wenn ihr werdet wie wir, könnt ihr reich werden wie wir. Es war dieses Versprechen, das das amerikanische Gesellschaftsmodell so attraktiv machte. Und sein Symbol war der US-Dollar. Die grünen Scheine, die »Greenbacks«, wurden Ikonen, gewissermaßen das pekuniäre Pendant zur Freiheitsstatur. Die amerikanische Währung war nach dem Ende des Zweiten Weltkriegs der globale Geldstandard. Was immer international gehandelt wurde – Industriegüter, Rohstoffe, Kapital und Patente –, abgerechnet wurde in US-Dollar. Überall im Westen orientierten sich Regierungen und Notenbanken am Kurs der USA. In dem Währungssystem, das die Regierungen im Sommer 1944 in einer großen internationalen Konferenz im neuenglischen Skiort Bretton Woods vereinbart hatten, fixierten sie ihre Wechselkurse gegenüber dem US-Dollar, der wiederum durch Gold gedeckt war. Kam es zu Zahlungsbilanzkrisen, stand der Internationale Währungsfonds bereit, um mit kurzfristigen Krediten auszuhelfen. Erstaunlicherweise funktionierte dieses System 25 Jahre lang enorm erfolgreich. Die hegemoniale Stabilität der amerikanischen Ära war auch auf dem Export von monetärer Stabilität gegründet.

Doch Ende der sechziger Jahre des vergangenen Jahrhunderts bekam der strahlende Glanz der amerikanischen Welt- und Geldmacht deutlich sichtbare Kratzer. Eine Kombination aus teuren Sozialprogrammen im Inneren (»Great Society«) und der massiven Ausweitung der Militärausgaben im Zuge des Vietnamkriegs trieben die Inflationsraten in die Höhe. Präsident Richard Nixon musste die Golddeckung des US-Dollar aufheben – es war zu viel Geld im Umlauf, sodass die Goldbarren, die in Fort Knox lagerten, nicht ausgereicht hätten, um den gesetzlich verbrieften Umtauschsatz von 35 US-Dollar pro Unze Gold zu ermöglichen. Die europäischen Staaten, voran die Bundesrepublik, waren besorgt über die Inflation, die sie nun aus Amerika importierten. Ab 1969 werteten sie ihre Währungen auf. 1973 schließlich brach das System endgültig zusammen. Die westlichen Staaten ließen die Wechselkurse frei schwanken, es begann die Ära des »Floating«.

Dennoch, und hierin zeigte sich die immer noch überragende Macht der USA, blieb der Dollar die Weltwährung. Aus dem formellen Dollar-System wurde ein informelles. Noch immer waren die Finanzmärkte dollarfixiert. Noch immer dominierte die amerikanische Währung im internationalen Handel. Noch immer hielten die Notenbanken ihre Devisenreserven überwiegend in US-Dollars. Noch immer musste man den Umweg über den Dollar gehen, um, sagen wir, australische Dollars in französische Francs zu tauschen – der Dollar war die »Vehikelwährung« der Welt. Es gab keine Alternative. D-Mark und Yen basierten auf zu kleinen Volkswirtschaften und Finanzmärkten, als dass sie dem Dollar ernsthaft Konkurrenz hätten machen können. Der amerikanische Geldmachtstatus blieb erhalten.

Und er wuchs sogar wieder. In den neunziger Jahren und zu Beginn des 21. Jahrhunderts bildete sich ein neues informelles Arrangement heraus: Die rasch aufsteigenden Schwellenländer Asiens und auch die Rohstoffexporteure banden ihre Währungen fest an die amerikanische. »Bretton Woods II« haben Ökonomen dieses System genannt. Doch im Unterschied zu Bretton Woods I war es nicht das Resultat multinationaler Verhandlungen, wurde es nicht von einer potenten internationalen Institution wie dem Währungsfonds überwacht und stabilisiert, sondern es war eine Folge autonomer Entscheidungen der nationalen Regierungen Chinas, Saudi-Arabiens und anderer Staaten.

Während ich dies schreibe, mehren sich die Anzeichen für ein Zerbrechen von Bretton Woods II. Ende 2007, Anfang 2008 habe ich eine umfangreiche Recherche für einen Report zu diesem Thema angestellt.[4] Ich sprach mit Notenbankgouverneuren, mit Chefvolkswirten internationaler Institutionen, mit Spitzenbeamten in Berlin und Brüssel. Keiner von ihnen wollte sich zitieren lassen. Das Ende einer Ära lag in der Luft. Nur in Hintergrundgesprächen waren Topleute der internationalen Geldbürokratie bereit, halbwegs offen mit mir zu reden. »Wir erleben derzeit das Ende des bisherigen Währungssystems«, sagte einer. Ein anderer: »Die Bewegung hin zum Euro wird sich beschleunigen. Es gibt einfach zu viele strukturelle Gründe, die auf absehbare Zeit gegen den Dollar sprechen.« Ein dritter: »Ein Dollar-Crash würde mich nicht überraschen.« Was sie alle umtrieb, war die Möglichkeit einer unwillkommenen »Euro-Phorie«: Investoren in aller Welt, so das Szenario, könnten angesichts immer schlechterer Wirtschaftsnachrichten aus

Amerika das Vertrauen in den Dollar verlieren und fortan auf die europäische Währung setzen. Der Dollar-Kurs fiele ins Bodenlose, der Euro ginge durch die Decke. Die Folgen für die Wirtschaft: womöglich desaströs.

Es ist längst unübersehbar, dass der Dollar, ein halbes Jahrhundert lang unangefochten die dominante Weltwährung, international an Bedeutung verliert. Im Gegenzug gewinnt der Euro – an Verbreitung, an Wert, an Macht. Eine Entwicklung, die über Jahre langsam ablief, sich aber in der ersten Dekade des neuen Jahrhunderts beschleunigt hat. Erstmals gibt es mit dem Euro eine Alternative zum Dollar.

Interessanterweise haben Europas Topmanager diese Entwicklung frühzeitig und eindeutig erkannt. Für den erwähnten Report gab die Unternehmensberatung Roland Berger eine internationale Umfrage in Auftrag, um von Führungskräften in international operierenden Konzernen in Euroland, Großbritannien und den USA zu erfahren, wie sie die Zukunft der internationalen Rolle des Euro einschätzten. Ich entwickelte das Konzept für den Fragebogen, und die Ergebnisse waren am Ende so eindeutig, dass sie mich überraschten.[5]

Von den Topmanagern aus dem Euroland glaubten

- 94 Prozent, die »internationale Bedeutung des Euro« werde »in den nächsten fünf Jahren zunehmen«;
- 39 Prozent sogar, dass der Euro »den Dollar als Weltwährung Nummer eins im nächsten Jahrzehnt ablösen wird«;
- 88 Prozent, eine prominentere internationale Rolle des Euro sei »gut für Europa«;
- nur 26 Prozent, Europa sei »keine ernsthafte Konkurrenz« für den Dollar, weil es »politisch und militärisch zu schwach« sei.

Da aus Sicht der Befragten insgesamt die Vorteile einer Internationalisierung des Euro klar überwiegen, erteilten sie politischen Einmischungen eine eindeutige Absage: Nur 15 Prozent der Befragten äußerten die Meinung, Eurolands Regierungen und Notenbank sollten sich »gegen die internationale Verbreitung des Euro stemmen«.

Europa profitiert von der Schwäche der einstigen Hegemonialmacht Amerika. Das europäische Gemeinschaftsgeld, noch vor wenigen Jahren als Totgeburt verunglimpft, wird zur Weltmacht. Immer mehr internationale Anleger setzen auf die europäische Währung. Die Hälfte der Anleihen auf der Erde lautet inzwischen auf Euro. Es gibt mehr Euro- als Dollar-Scheine auf der Welt. Als Reservemedium der Notenbanken hat der Euro dem Dollar kontinuierlich Marktanteile abgenommen. Und immer mehr Staaten binden ihre Währungen an den Euro oder erwägen, dies zu tun. Europas Geld ist gefragt. Und teuer. Zwischen dem Tiefststand 2001 und der Jahreswende 2007/08 hatte es gegenüber dem Dollar um mehr als 50 Prozent zugelegt, um 40 Prozent gegenüber den Währungen aller Handelspartner zusammengenommen. Weitet man den Zeithorizont noch weiter aus, zeigt sich ein langer Abwärtstrend des Außenwerts des Dollars: Ende der fünfziger Jahre musste man nur 25 US-Cent aufwenden, um eine D-Mark zu kaufen (umgerechnet also etwa 50 US-Cent pro Euro). Fünf Jahrzehnte später muss man rund 1,50 US-Dollar pro Euro zahlen – eine 300-prozentige Abwertung.

Zugegeben, dieser langfristige Abwärtstrend wurde immer wieder unterbrochen durch Phasen heftiger Wechselkursbewegungen: Anfang der achtziger Jahre wertete der Dollar extrem auf, was 1985 durch Interventionen der wichtigsten Länder (»Plaza-Agreement«) beendet wurde. Danach ging es in die Gegenrichtung, bis 1987 der Dollar gestützt werden musste (»Louvre-Abkommen«). Im Jahr 2000 war die Schwäche des Euro Anlass für konzertierte Interventionen der westlichen Notenbanken. Heute wären solche gemeinschaftlichen Stützungsmaßnahmen schwieriger zu bewerkstelligen, weil durch die Globalisierung neue Spieler hinzugekommen sind, ohne deren Mitwirkung nichts geht: die großen Schwellenländer, allen voran China. Ein Zeichen für die Diffusion der Macht, die nicht mehr allein im Westen konzentriert ist.

Dass der Dollar seine Rolle als einzig dominierende Weltwährung verliert, das ist einerseits ein Resultat der ökonomischen Schwäche Amerikas, die sich mit der Immobilien- und Bankenkrise für jeden sichtbar offenbart hat. Andererseits, und das unterscheidet die derzeitige Situation beispielsweise von den trüben siebziger Jahren unter Richard Nixon, sind andere Weltregionen potenter als früher. Euro-Europa zumal. Erstmals gibt es eine monetäre Alternative für den Rest der Welt.

Auch wenn viele Amerikaner es ungern hören: Das Euroland ist ein ebenbürtiger Währungsraum.[6] Bevölkerung: 317 Millionen in den 15 Euro-Staaten, 300 Millionen in den USA. Anteil am Weltsozialprodukt: 22 gegenüber 27 Prozent. Anteil am Welthandel: 13,3 gegenüber 13,1 Prozent. Größe der Finanzmärkte: 53.268,8 Milliarden gegenüber 56.509,4 Milliarden Dollar.[7] Wenn Schwellenländer nach einem währungspolitischen Orientierungspunkt suchen, dann bietet der Euro inzwischen eine echte Alternative zum Dollar. Wenn Privatleute in aller Welt Geld anlegen wollen – die Euro-Finanzmärkte sind groß genug. Wenn Unternehmen nach einem Geldmaßstab für ihren internationalen Handel suchen – der Euro bietet ihn.

Zwar gelten die USA, trotz ihrer Schwierigkeiten, als die langfristig dynamischere Ökonomie, vor allem wegen ihrer günstigeren Demografie. Dafür ist das Euro-Gebiet stabiler, mit ausgeglichener Leistungsbilanz, geringeren konjunkturellen Ausschlägen, niedrigerer Inflationsrate und geringeren Schwankungen der Zinssätze – ein Hort relativer Sicherheit in unsicheren Zeiten. Der größte Malus des Euro sei die Kleinstaaterei bei der Aufsicht von Finanzmärkten und Banken, findet Adam Posen vom Peterson Institute for International Economics in Washington. »Das ist eine echte Schwäche.« Institutionell scheint Euro-Land noch nicht recht vorbereitet zu sein auf seine neue Rolle. Dass der Euro in den vergangenen Jahren so stark an Wert gewonnen hat, ist nur die sichtbare Oberfläche einer tektonischen Verschiebung. Einen dauerhaften strukturellen Wandel, erkennt Klaus Regling, der langjährige EU-Generaldirektor für Wirtschaft und Währung, nämlich eine »wachsende Bedeutung des Euro im internationalen Finanzsystem«.

Während ich dies schreibe, ist das Weltwährungssystem reif für ein Beben. Letztlich sind es nur wenige Akteure, denen Schlüsselrollen zukommen: den Regenten Chinas und der großen Rohstoffexporteure, voran Saudi-Arabiens und der Golf-Staaten. Diese »Bretton Woods II«-Länder haben ihre Währungen an den Dollar gekettet. Um ihre Wechselkurse niedrig zu halten, haben sie in den vergangenen Jahren in ganz großem Stil Dollar aufgekauft. Nun sitzen sie auf den größten Währungsreserven der Weltgeschichte. Die großen Überschussländer Asiens und Arabiens bilden eine Art Dollar-Kartell. Gemeinsam finanzieren sie das amerikanische Leistungsbilanzdefizit. Ihre Exporte rechnen sie in Dollar ab. Und auch der Handel zwischen den asiatischen und arabischen Ländern wird in Dollar abgewickelt. Doch wie in der Endphase von Bretton Woods I wächst für wichtige Länder der Druck auszusteigen: Damals war es die Bundesrepublik, die die D-Mark vom

Dollar löste, um die Inflation in Deutschland in den Griff zu bekommen. Heute sorgen sich China und die Ölexporteure um Inflationsraten, die sich auf die 10-Prozent-Marke zubewegen: Weil ihre Zinsen mit den US-Zinsen fallen und ihre Währungen mit dem Greenback in den Keller gehen, überhitzen ihre ohnehin vom globalen Rohstoffboom hochtourig laufenden Volkswirtschaften. Statt wie früher von Amerikas Stabilität zu profitieren, importieren sie nun Instabilität. Bretton Woods II, so scheint es, steht vor dem Ende.

Schon haben antiamerikanisch gesinnte Herrscher wie Hugo Chávez (Venezuela) und Mahmud Ahmadinedschad (Iran) gefordert, Öl solle künftig weltweit nicht mehr gegen Dollar verkauft werden. In den Vereinigten Arabischen Emiraten (VAE) protestierten 2007 Gastarbeiter gegen den Kaufkraftverlust ihrer Löhne; die örtliche Währung Dirham ist an den Dollar gebunden. Um Druck aus dem Kessel zu nehmen, spielt Sultan Nassir al-Suweidi, der Chef der VAE-Notenbank, mit dem Gedanken, sich künftig an einem Währungskorb zu orientieren. Im Übrigen ist er überzeugt:»Bis 2015 wird der Euro die wichtigste Währung der Welt sein.«

Im Frühjahr 2007 besuchte ich Suweidi in seinem hallengroßen Büro in Abu Dhabi. Ein Mann, der eine gelassene Würde ausstrahlt. Er stammt aus einer der reichsten Familien Abu Dhabis, hat schon mehrere einflussreiche Posten bekleidet, derzeit ist er Gouverneur der VAE-Notenbank. Der einzige Fleck auf seiner Vita ist die Tatsache, dass er mit einer Edelfrau aus einem der kleinen, ärmeren Emirate im Norden der VAE verheiratet ist – ein Malus aus Sicht der immer noch geschlossenen arabischen Clan-Society. Zur Begrüßung servierte ein indischer Diener bitteren Tee aus einer Thermoskanne. Durchs Fenster sah man hölzerne Fischerboote in der Mittagshitze dösen. Die mächtige arabische Tradition ist allgegenwärtig.

Nach dem Austausch einiger Höflichkeiten, kamen wir zum Thema.»Bislang«, sagte Suweidi,»ist die Dollar-Bindung eine gute Sache für uns. Aber das heißt natürlich nicht, dass wir sie ewig behalten werden.« Sein Szenario sah so aus: Bis 2015 werde der Euro zur Weltwährung Nummer eins, auch asiatische Länder wie China würden wohl zunehmend von der amerikanischen auf die europäische Währung umsteigen. Und all das werde, natürlich, Auswirkungen auf die künftige Wechselkurspolitik der Golfstaaten haben. Man konnte hier eine leise

Drohung heraushören. Sie lautete: Wir werden nicht ewig Amerikas Defizite finanzieren. Es wird interessant sein, wie sich die arabischen Ölstaaten künftig verhalten werden. Abu Dhabi kommt dabei eine Schlüsselrolle zu. Der Staatsfonds des örtlichen Scheichs Chalifa Bin Sajid Al Nahayan, die Abu Dhabi Investment Authority (Adia), ist das größte Anlagevehikel der Welt mit einem geschätzten Volumen von 875 Milliarden Dollar. An welcher Währung sie sich orientieren werden, das ist für sie nicht nur eine ökonomische, sondern auch eine ideologische Frage. Bislang waren die Öldespoten vom Golf Amerika in Treue fest verbunden. Ausgebildet in den USA, beschützt von amerikanischem Militär, war die Dollar-Bindung für sie Ehrensache. Aber die anti-arabische Überreaktion der USA nach dem 11. September 2001 auf der einen Seite, die zunehmende Islamisierung und der wachsende Antiamerikanismus in ihren Gesellschaften auf der anderen Seiten schmälern auch die Attraktivität des US-Dollar, am Golf und anderswo.

Der Euro repräsentiert aus dieser Sicht den Gegenentwurf. Ein Weltgeld ohne Weltmachtanspruch. So ist in den Augen des deutschen Finanzministers Peer Steinbrücks das Gemeinschaftsgeld nicht nur ein schnödes Tausch- und Wertaufbewahrungsmittel, sondern auch ein Symbol:»In vielen Teilen der Welt wächst die Nachfrage danach, wofür Europa steht: für dauerhaften Frieden, Freiheit und Wohlstand. Das Modell Europa ist attraktiv für die Welt, weil es mehr als andere Modelle auf Toleranz und friedliches Miteinander setzt.« Der Euro – eine multilaterale Währung für eine multipolare Welt? Das weltanschaulich korrekte Zahlungsmittel für alle Amerika-Skeptiker?

Bei allen ideologischen Vorbehalten gegen den Dollar: Bislang ist es schwer vorstellbar, dass die»Bretton Woods II«-Staaten über Nacht die Seiten wechseln und von einer starren Dollar- zu einer starren Euro-Bindung wechseln.

In den vergangenen Jahren gab es immer wieder Gerüchte, dass einige Zentralbanken und Staatsfonds heimlich begonnen hätten, Dollars auf den Markt zu werfen. Was solchen Spekulationen Vorschub leistete, ist die Geheimniskrämerei der»Bretton Woods II«-Länder. Sie veröffentlichen nicht, aus welchen Währungen sich ihre Reserven zusammensetzen. Für rund die Hälfte der globalen Reserven gilt inzwischen: Herkunft unbekannt.

Mit anderen Worten: Der starke Euro wäre nur die sichtbare Oberfläche einer tektonischen Verschiebung im Weltwährungssystem. Und wie bei den Kontinentalplatten kann die Bewegung so sachte ablaufen, dass sie kaum jemand bemerkt – oder so abrupt, dass sie ein gewaltiges Erdbeben auslöst.

Um einen klareren Blick auf die untergründigen Bewegungen zu erhalten, hat die Bank für Internationalen Zahlungsausgleich (BIZ) China und Indien aufgefordert, endlich ihre Währungsreserven offenzulegen. Ergebnis: Schweigen. Inzwischen sitzt sogar Chinas Notenbank-Chef Zhou Xiaochuan im Board of Directors der BIZ. Zu mehr Offenheit ist Peking trotzdem nicht bereit. Alle bisherigen Bemühungen, die heikle Lage diplomatisch zu entspannen, sind gescheitert. Zwar haben die wichtigsten Spieler im Weltwährungsmonopoly – USA, Europa, China und Saudi-Arabien – voriges Jahr beim Internationalen Währungsfonds zusammengesessen. Jedoch ohne Folgen. Chinesen und Saudis waren noch nicht bereit, globale Verantwortung zu übernehmen. Die globale Machtdiffusion erfordert ein höheres Maß an Kooperationsbereitschaft als die Ära der Supermächte (siehe auch »Die sechste Tugend: Kooperation«).

Langfristig mag der Yuan das Zeug haben, zur Weltwährung Nummer drei aufzusteigen. Dafür spricht allein die ökonomische Potenz der 1,3-Milliarden-Volkswirtschaft. Bislang aber hat China weder entwickelte Finanzmärkte noch eine unabhängige, weltweit respektierte Notenbank. Mindestens zehn Jahre, schätzen westliche Experten, werde es noch dauern, bis auch der Yuan verstärkt internationalisiert werden könne. Bis dahin hat die Welt nur eine Alternative: den US-Dollar oder den Euro. Für die absehbare Zukunft muss sich die Weltwirtschaft auf ein Bi-Währungssystem einrichten – mit einem immer stärkeren europäischen Part. Und dieses neue Arrangement birgt enorme Risiken, solange unklar ist, was mit den gigantischen Währungsreserven geschieht, die die »Bretton Woods II«-Länder durch ihre jahrelangen Interventionen am Devisenmarkt angesammelt haben.

Über diese Unsicherheiten sprach ich mit Harold James, Professor in Princeton, Wirtschaftshistoriker und einer der besten Kenner der Geschichte des Weltwährungssystems. Er schlägt eine Institutionalisierung des Dollar-Problems vor: »Der Wert des Dollar hängt an wenigen Schlüsselspielern, die oligopolistisch interagieren. Eine strategische Konstellation, die der Grund für die derzeitige Nervosität der Devisenmärkte ist. Deshalb bin ich der Meinung, dass wir das internationale Währungssystem dringend reformieren müssen.« Dass die Situation so instabil sei, liege doch einzig »an der Konzentration derart gigantischer Währungsreserven in den Schwellenländern«, sagte James. »Die Marktteilnehmer wissen einfach nicht, was die Notenbanken und staatlichen Investmentfonds in Asien, Arabien und Russland mit ihren Billionen von Dollar tun werden. Deshalb plädiere ich dafür, dass diese Länder das Management ihrer Reserven an eine neutrale Institution übertragen, am ehesten wohl an den Internationalen Währungsfonds. Dadurch käme mehr Stabilität ins System.«

Eine vernünftige Schlussfolgerung. Und dennoch, so hakte ich nach, könne er sich im Ernst vorstellen, dass die Führer Chinas oder Russlands die Herrschaft über ihre Währungsreserven abgäben – und das ausgerechnet an eine westlich dominierte Institution wie den IWF?

»Ich weiß«, antwortete James, »meine Idee ist sehr ambitioniert. Sie hat, wenn überhaupt, nur im Rahmen einer großen IWF-Reform eine Realisierungschance. Aber sehen Sie es mal von der Warte eines Landes wie China aus: Die Regierung kann mit ihren Währungsreserven gar nicht viel anfangen – die Summen sind zu groß, um sie wirklich managen zu können. Zugleich müssen die Chinesen eine drastische Wertvernichtung fürchten. Die Reserven sind für sie auch eine Bürde. Wenn der IWF das Management übernähme, wäre das Risiko eines Dollar-Crashs beseitigt. Unsicherheit würde aus den Devisenmärkten verschwinden, was für die ganze Welt gut wäre und damit auch Chinas weitere Entwicklung absicherte.«

Dennoch, Harold, das Gefühl des Souveränitätsverzichts wäre doch enorm, oder? Gewiss, sagte James, »deshalb müssten China und andere Schwellenländer im Gegenzug viel mehr Einfluss im IWF bekommen: Sie sollten den westlichen Staaten gleichgestellt werden. Das ist ohnehin überfällig: Die Gewichte in der Weltwirtschaft werden sich weiter nach Asien verschieben. Entsprechend sollten China, Indien und andere beginnen, verstärkt internationale Verantwortung zu übernehmen.«[8]

Dies ist die historische Erfahrung: Wenn die Machtkonzentration verdünnt wird, müssen Institutionen und Regeln die Ordnung bewahren. Andernfalls drohen Instabilität und Chaos. Deshalb sind die internationalen Institutionen dringend reformbedürftig (siehe »Die sechste Tugend: Kooperation«).

Aber auch das ist klar: Institutionen auf-, aus- und umzubauen wäre leichter, wenn die neuen Partner in den Newcomer-Nationen Demokraten wären. Dann wären sie von zu Hause Gepflogenheiten gewöhnt, die auch auf internationaler Bühne den Umgang erleichtern: Kompromissfähigkeit, Toleranz, die Fähigkeit zum Ausgleich widerstrebender Interessen. Doch leider ist die Globalisierung in einer schwierigen Phase, in der es nach dem Motto zugeht: Despoten aller Länder, bereichert euch!

Die autoritäre Herausforderung: auch Freiheit wird knapp

Früher war die Globalisierung eine große Verheißung: Die Welt, so versprachen die Vertreter der Modernisierungstheorie, würde durch die große Grenzöffnung nicht nur wohlhabender, sondern auch freier. Erfolgreiches Wirtschaften sei nur offenen Gesellschaften möglich. Ökonomische und politische Liberalität würden Hand in Hand gehen, jedenfalls langfristig gesehen.

In vielen Ländern – ob in Deutschland im 19. oder in Chile in den achtziger Jahren des 20. Jahrhunderts – gab es Übergangsphasen, in denen autoritäre Regime die Grundlagen des Wachstums legten: die Infrastruktur und das Bildungssystem aufbauten, schneller, als Demokratien in der Regel dazu imstande sind. Doch ab einem gewissen Entwicklungsniveau würden die Menschen politische Freiheiten und Mitwirkungsrechte fordern: Ein Bürgertum würde entstehen, das nach Demokratie, nach freier Presse und Kultur, nach Rede- und Versammlungsfreiheit verlangte und sich in Verbänden und Gewerkschaften zusammenschließen wollte. Die freie Zivilgesellschaft würde dann für die teilweise Entmachtung des zuvor diktatorischen Staates sorgen. Langfristig, so die Modernisierungstheorie, könne die Menschheit nicht nur wohlhabend, sondern sie müsse auch, quasi zwangsläufig, frei werden.

Das mag auch nach wie vor stimmen. Doch seit einigen Jahren erleben wir die gegenteilige Entwicklung: Die Welt wird zugleich reicher und unfreier.

Einstweilen gilt die alte Gewissheit nicht mehr, wonach ausschließlich offene Demokratien dynamische Volkswirtschaften hervorbringen können. Kommunistische Marktwirtschaft (China), pseudozaristische

Oligarchien (Russland), petrokratischer Populismus (Venezuela), feudalistischer Kapitalismus (Golfstaaten) – ein ganzes Panoptikum neuer Staats- und Gesellschaftsmodelle macht derzeit die Weltwirtschaft unsicher. Ökonomisch erstaunlich offene, aber politisch geschlossene Gesellschaften. Und sie spielen nach anderen Regeln als der Westen. Demokratie? Meinungsfreiheit? Freie Lohnverhandlungen? Gewerkschaften? Demonstrationsrecht und Versammlungsfreiheit? Nicht in China oder Vietnam, nicht in den öl- und gassatten Petrokratien von Russland über die arabischen Golfstaaten und den Sudan bis nach Venezuela.

Und sie sind einstweilen durchaus dynamisch. In allen Weltgegenden außerhalb des Westens finden sich prominente Beispiele für autoritäre Regime, deren Wirtschaft schneller wächst als in demokratischen Nachbarländern. Belege? Zwischen 2002 und 2007 wuchs die Wirtschaft im autoritären China durchschnittlich um 10 Prozent, das demokratische Indien bloß um knapp 8 Prozent. Venezuela wächst schneller als Brasilien, Libyen schneller als Südafrika, Russland schneller als die meisten osteuropäischen EU-Staaten. Schneller als die etablierten Volkswirtschaften in Nordamerika und Westeuropa wuchsen sie ohnehin.

Ihre ökonomische Dynamik verhilft ihnen zu Strahlkraft über die eigenen Grenzen hinaus. China gilt vielen Entwicklungsländern heute als Vorbild. Zumal in Afrika gibt es viele Regime, die froh sind über die chinesischen Avancen, die ihnen endlich eine Alternative bieten zu den Europäern, die ihr Engagement an demokratische Konditionen binden. So endete der EU-Afrika-Gipfel im Herbst 2007 für die Europäer höchst unbefriedigend; ihre afrikanischen Counterparts waren nicht bereit, Wirtschaftsverträge zu unterschreiben. Ein neues Selbstbewusstsein ließ sich da beobachten, gestützt auf die Umwerbung durch die Chinesen, die Rohstoffe aufkaufen, billige Industrieprodukte zu Niedrigpreisen abkippen und sich ansonsten nicht in innere Angelegenheiten einmischen. Diese Form von kaufmännischer Chuzpe ohne politische Skrupel finden die örtlichen Eliten durchaus attraktiv.

So ist es vielerorts auf der Welt. Russlands prosperierende Putinkratie ist Vorbild und Bestätigung für die Regime in den Kaukasusstaaten, von Aserbaidschan über Kasachstan bis Usbekistan, wo die ohnehin spärlichen Freiheits- und Mitwirkungsrechte zurückgenommen werden. In Lateinamerika hat sich Venezuelas Präsident Hugo Chávez zum Anführer einer linkspopulistischen Bewegung aufgeschwungen. Auch wenn ihm das Volk die Präsidentschaft auf Lebenszeit verweigert hat: Sein erklärtes Ziel ist es, die Bewegung in andere Länder des Kontinents zu exportieren – in der Nachfolge von Kubas Fidel Castro. Dafür nutzt Chávez auch die Öleinnahmen, die seit einigen Jahren üppig sprudeln. Ein paar Milliarden US-Dollar hat er in einen eigenen Stabilisierungsfonds gesteckt, auf den lateinamerikanische Staaten zugreifen können, wenn sie in finanzielle Stresssituationen geraten – eine Konkurrenz zum westlich dominierten Internationalen Währungsfonds. Am Persischen Golf ist es vor allem der Aufstieg Dubais, der die Despoten der Region aufhorchen lässt. Binnen einer Generation hat es Dubais »Ruler« Scheich Mohammed Bin Raschid Al Maktum geschafft, eine glitzernde Metropole von globaler Bekanntheit aus der Wüste zu stampfen.

»Die Freiheit ist auf dem Rückzug«, mit diesen Worten schlug Anfang 2008 der Washingtoner Thinktank Freedom House Alarm. Bereits zwei Jahre hintereinander sei die Welt unfreier geworden. Eine Trendwende, nach 15 Jahren fortschreitender Liberalisierung. Die Experten von Freedom House untersuchen einmal jährlich die Länder der Erde und klassifizieren sie hinsichtlich ihrer bürgerlichen Freiheiten und politischen Mitwirkungsrechte.[9] Es gibt drei Kategorien: »frei«, »teilweise frei« und »unfrei«. Nach diesem Raster ordnet der »Freedom in the World«-Report für 2007 immerhin 90 Länder der Kategorie »frei« zu – 47 Prozent aller staatlichen Einheiten, 46 Prozent der Weltbevölkerung. »Teilweise frei« sind danach 31 Prozent der Länder und 18 Prozent der Weltbevölkerung. 22 Prozent der Länder und 36 Prozent der Weltbevölkerung wurden als »unfrei« eingestuft. Zwischen diesen Kategorien gibt es kaum Bewegung. Systemwechsel sind eher selten. Aber: In vielen un- oder semidemokratischen Ländern wurden 2007 Freiheiten eingeschränkt. Freedom House verzeichnet für viermal mehr Staaten Verschlechterungen als Verbesserungen.[10] Und dieser Rückzug der weltweiten Freiheit fand in einer Phase statt, die das höchste Wirtschaftswachstum seit Jahren verzeichnete. Wie passt das zusammen? Es sollte doch eigentlich umgekehrt sein – mehr Wohlstand, mehr Freiheit, so wie es Südkorea oder Taiwan in den vergangenen Jahrzehnten vormachten, oder?

Ein Faktor dieser Entwicklung ist die Wirtschaftspolitik vieler autokratischer Länder, die das weltwirtschaftliche Wachstum durch massive Eingriffe in den Markt befeuert hat. Die globale Ökonomie hat sich am Beginn des 21. Jahrhunderts in einer Weise entwickelt, die nicht gerade der Lehrbuchweisheit entspricht. In praktisch allen autokratischen Ländern sind die Zinsen viel zu niedrig und die Wechselkurse manipuliert (das gilt in allen »Bretton Woods II«-Ländern, siehe oben). Der Kapitalverkehr ist beschränkt, freie Lohnverhandlungen durch Gewerkschaften sind bestenfalls eingeschränkt möglich, wichtige Branchen sind verstaatlicht oder starkem staatlichen Einfluss unterworfen. Dazu kommt, insbesondere in China, ein massiver und rücksichtsloser Ausbau der Infrastruktur, der unter demokratischen Bedingungen kaum möglich wäre.

Das Ergebnis ist ein rasches, hochgradig kapital-, rohstoff- und umweltintensives Wachstum, weil Marktprozesse unterbunden werden, die normalerweise dämpfend auf die Entwicklung wirken. Wenn die Wirtschaft stark wächst, steigen üblicherweise die Zinsen, wodurch Investitionen unterbleiben; üblicherweise wertet die Währung auf, was die Exportdynamik abschwächt. Freie Lohnverhandlungen durch Gewerkschaften ermöglichen im Boom stärkere Lohnsteigerungen, die den Wohlstand der Bevölkerung heben, die Binnennachfrage steigern und arbeitskostenmotivierte Investitionen abschwächen. Ziviler Widerstand gegen den Ausbau von Straßen, Bahnen und Kraftwerken schafft Wachstumsengpässe – und Verschnaufpausen, Zeit zum Nachdenken. Normalerweise. In China und anderen Ländern kommen diese stabilisierenden Mechanismen kaum zum Tragen. Folglich überhitzen die Volkswirtschaften, das Rückschlagspotenzial ist umso größer.

Einstweilen nützt die rasche Industrialisierung den ressourcenreichen Ländern in aller Welt – Saudi-Arabien und Russland, Venezuela und Angola –, die erleben, dass ihre Hauptexportgüter plötzlich wieder gefragt sind. Rohstoffbooms jedoch führen tendenziell eher zu Unfreiheit: Sie bringen große Mengen Geld in die Hände der Herrschenden, die sich damit Gefolgschaft kaufen können (siehe »Die vierte Knappheit: Energie«). Welche politischen Rückwirkungen sich für die Regime ergeben, wenn sich das Wachstum abschwächen sollte – und das wird es mit Sicherheit, irgendwann –, ist eine offene Frage.

In den vergangenen Jahren aber sind die neuen dynamischen Despoten so erfolgreich gewesen, dass sich auch westliche Geschäftsleute ihrer Strahlkraft kaum entziehen können. Michael Profitt zum Beispiel, den ich während einer Recherche in Dubai kennenlernte. Der englische Logistikexperte war früher Manager bei Danzas, inzwischen ist er Chef von Dubai Logistics City. Seine Lieblingsvokabel lautet »maxed out« – ans Maximum der Kapazitäten stoßen. Das ist die größte Sorge Dubais und vieler anderer der neuen Boomstädte: dass die Kapazitäten nicht schnell genug mitwachsen. Und genau das, sagt Profitt, könnten Despoten nun mal besser als Demokraten.

Seit ein paar Jahren leitet Profitt den Bau des neuen Flughafens. »Dubai World Central International Airport« – schon der Name klingt nicht übermäßig bescheiden – ist eine Vision für die nächsten Jahrzehnte. Ein Flughafen, einer der größten der Welt, ausgelegt für bis zu 150 Millionen Fluggäste jährlich, mit sechs Startbahnen und zwölf Frachtterminals, umgeben von einem gigantischen Logistikzentrum, von Firmenparks, Luxuswohnungen und Arbeiterquartieren, von Golfplätzen und Hotels. Geplante Endausbaugröße von »Dubai Global City«: 1 Million Einwohner. Eine neue Stadt, 140 Quadratkilometer groß, wo bislang Wüste ist. Solchen Gigantismus findet man in den Golfstaaten keineswegs absurd. »Wir schaffen hier etwas von der Bedeutung Singapurs oder Hongkongs, einen Hub für die ganze Region«, sagt Profitt. Mit »Region« meint er die Welt in einer Entfernung von bis zu vier Flugstunden: Osteuropa, die früheren Sowjetrepubliken, Afrika, Indien – 2 Milliarden Konsumenten in rasch wachsenden Volkswirtschaften. Und Arabien mittendrin.

Wie viele westliche Manager vor Ort glaubt auch Proffitt an die Überlegenheit des feudalkapitalistischen Systems. »Dies ist eine Dynastie, die langfristig handelt, weil sie nicht darüber nachdenken muss, wiedergewählt zu werden. Die Führung konzentriert sich auf die ökonomische Entwicklung und auf die Menschen.« Der demokratische Prozess in westlichen Gesellschaften, sagt Proffitt, könne doch sehr erdrückend wirken. »Denken Sie nur an den Ausbau der Flughäfen in Frankfurt oder in London-Heathrow. Hier ist das anders: Was entschieden wird, das passiert auch.«

Können wir uns die Demokratie nicht mehr leisten? Dieser Eindruck drängt sich bei manchem Gespräch mit westlichen Managern auf, die in den Schwellenländern arbeiten. Voll des Lobes sind sie über die Effektivität der Regierungen in autoritär regierten Schwellenländern wie

China, Russland oder den Golfstaaten, sie preisen die dortigen Herrscher und sind begeistert von der Kraft der ökonomischen Entwicklung. Demokratie und Rechtsstaat im Westen hielten die wirtschaftliche Dynamik bloß auf – dieses Argument habe ich in den vergangenen Jahren häufiger hinter vorgehaltener Hand gehört.

Eine gefährliche Haltung. Man kann sie zynisch nennen. Barry Eichengreen nennt sie »auch ökonomisch völlig fehlgeleitet«.

Eichengreen ist einer der profiliertesten Analytiker der Globalisierung, Ökonomieprofessor an der US-Eliteuni Berkeley und ein vehementer Befürworter westlichen Selbstbewusstseins. »Wer die angebliche Effektivität von Diktaturen lobt, sollte mal an Indonesien Mitte der neunziger Jahre zurückdenken. Da hatte auch nur ein Einziger das Sagen: Suharto. Geschäfte in Indonesien zu machen galt damals als einfach, denn man brauchte sich nur mit einem seiner Brüder, Söhne oder Cousins zu verbünden. Das Problem war nur, dass niemand in diesem System Herrn Suharto daran hinderte, seine Ansicht zu ändern. Sie konnten morgen in Ungnade fallen. Außerdem erwies sich dieses Herrschaftssystem als wenig belastbar: Es brach im Zuge der Asien-Krise 1997/98 zusammen«, sagte er mir bei einem Interview.[11]

Dass es kurzsichtig ist, sich zu eng mit Despoten einzulassen, das legen auch die Ergebnisse einer empirischen Studie nahe, in der Eichengreen und sein Kollege David Leblang zeigen: Politische und ökonomische Freiheiten entwickeln sich parallel. Zumindest galt das für den Untersuchungszeitraum 1870 bis 2000.[12] Eichengreen ist guter Dinge, dass das auch in Zukunft so bleiben wird. Er sei »Optimist«, sagte er mir: »Langfristig werden sich freie, demokratische Gesellschaften wirtschaftlich besser entwickeln.« Im Übrigen warne er davor, »die Entwicklung der vergangenen Jahre einfach in die Zukunft fortzuschreiben«.

Was meinen Sie damit?, fragte ich ihn. »Lassen Sie uns einen Moment beim Vergleich der beiden großen asiatischen Volkswirtschaften bleiben«, sagte Eichengreen. »In vielerlei Hinsicht ist Indien für die Zukunft besser gerüstet als China – dank eines stabilen Bankensystems, gut regulierter Kapitalmärkte, einer vernünftig bewerteten Währung mit flexiblem Wechselkurs, die Deregulierung der Güter- und Arbeitsmärkte ist auf gutem Weg. China hingegen hat eine potenziell überhitzte Wirtschaft mit einem schwachen Bankensystem. Es gibt viele Gründe anzunehmen, dass Chinas Wachstum in den nächsten

Jahren deutlich abnehmen, während Indiens anziehen wird. Auch an diesem Beispiel zeigt sich: Demokratien haben stabilere Wirtschaftsstrukturen.«

Langfristig, glaubt Eichengreen, müssten sich auch die heute dynamischen Diktaturen auf höherwertige Wertschöpfung stützen, sie müssten »die technologische Leiter emporklettern«. Und dann, da ist sich der Professor sicher, müssten sie sich auch politisch öffnen:»Demokratien unterstützen den Wachstumsprozess durch eine Reihe von indirekten Einflüssen. Sie haben meist bessere Bildungssysteme. Der Wohlstand ist gleichmäßiger verteilt. Es gibt soziale Sicherheitsnetze. Sie schützen bürgerliche Freiheiten und erlauben den unkontrollierten Fluss von Informationen. All das sind Voraussetzungen für Risikobereitschaft, Kreativität und Innovation, ohne die es langfristig keine ökonomische Dynamik gibt.« Und Eichengreen mahnt nachdrücklich, der Westen dürfe nicht klein beigeben, sondern er müsse seine Stärken ausspielen. Gerade die Manager dürften sich nicht dazu hinreißen lassen, westliche Werte zu relativieren. »Wettbewerb führt nicht zu einem *Race to the Bottom*, sondern zu einem Ringen um höhere Produktivität. Das wird irgendwann auch in bislang autoritären Staaten passieren: Die Öffnung der Wirtschaft zwingt zu immer weiter steigender Produktivität – und das erreichen dauerhaft nur freie, humane Gesellschaften.«

Klingt überzeugend. Aber die Frage bleibt, was »irgendwann« und »dauerhaft« genau bedeuten. Wie lange dauert es, bis die Freiheit siegt? Die Erfahrung der Sowjetunion zeigt, dass es Jahrzehnte dauern kann. Die heutige Debatte über die Despoten und ihren wachsenden globalen Einfluss ähnelt der Furcht vor der Entwicklung der Sowjetunion. In den fünfziger und sechziger Jahren, nach dem Sputnik-Schock, debattierte der Westen darüber, ob ein dynamischerer Sowjetkommunismus, der entschlossen die Industrialisierung vorantriebe, nicht zum Einholen oder gar Überholen des Westens ansetzte. Kein Problem, sagten damals die Vertreter der Modernisierungstheorie, wenn das so kommt, brauchen wir keine Angst zu haben: Dann werden die Russen so reich, dass sie demokratisch werden müssen. Wie wir heute wissen, dauerte es weitere zwei Jahrzehnte, bis die leninistische Diktatur am Ende war. Und es brauchte dafür auch einen wirtschaftlichen Niedergang.

Manchmal kann die »lange Frist«, von der Ökonomen so gern reden, furchtbar lang sein.

Diffusion der Macht in den etablierten Demokratien

Die globalisierte Wirtschaft sorgt für einen intensiven Wettbewerb – zwischen Unternehmen, zwischen Nationen, zwischen Systemen. Dieser Wettbewerb, so die grundlegende These dieses Kapitels, sorgt dafür, dass etablierte Machtpositionen bestritten, dass Institutionen in Frage gestellt werden. Das gilt nicht nur im internationalen System, mit dem sich der größte Teil dieses Kapitels befasst, dieser Prozess ist auch im Innern der westlichen Gesellschaften zu beobachten. Der globalisierte Hyperwettbewerb führt zu einer bedenklichen Entwicklung: Er höhlt die Autorität der demokratischen Institutionen aus.

Zunächst ein paar grundsätzliche Gedanken: Die freiheitliche Ordnung stützt sich auf Überzeugungskraft. Im Gegensatz zur Diktatur, die Gefolgschaft mit Zwang und Terror herstellt, basiert die Demokratie auf Vertrauen. Nur wenn sie daran glauben, dass es in ihrem Staat gut und gerecht zugeht, nur dann halten die Bürger und ihre Vertreter sich freiwillig an die Spielregeln – Freiheit basiert auf Freiwilligkeit. Nur wenn die demokratischen Institutionen Glaubwürdigkeit besitzen, vermögen sie das Machtmonopol des demokratischen Staates durchzusetzen.

Vertrauen ist ein Schlüsselbegriff für freiheitliche Gesellschaften. Umso alarmierender ist die Erkenntnis, dass viele westliche Gesellschaften mit einem enormen Verlust des Vertrauens in ihre Institutionen konfrontiert sind. So fördern die regelmäßigen Umfragen der EU-Kommission Dramatisches zutage. Nur Minderheiten in Europa glauben noch, dass sich »ihr Land in die richtige Richtung bewegt«. Nur Minderheiten geben an, sie vertrauten noch den Regierungen, den nationalen Parlamenten oder gar den politischen Parteien.

In Deutschland, obwohl insgesamt etwas besser gestimmt als der Durchschnitt der EU, war gerade während des Jahres 2007 ein heftiger Vertrauensverlust zu beobachten: Binnen eines halben Jahres sank das Vertrauen in den Bundestag um 10 Prozentpunkte (auf 41 Prozent), in die Bundesregierung um 9 Prozentpunkte (auf 40 Prozent), in die Parteien um 1 Prozentpunkt (auf ganze 18 Prozent).[13] Entsprechend verhalten sich die Bürger als Wähler. Sie votieren für Parteien an den politischen Rändern, oder sie bleiben den Urnen gleich ganz fern.

Eine verbreitete Frustration mit den gesellschaftlichen Bedingungen ist zu beobachten, die die Macht und die Legitimation der Staaten schwächt. Und dieser Autoritätsverlust hat offenbar etwas mit der Globalisierung und ihren Folgen zu tun.

Bislang gärt es im Stillen. Ganz langsam und fast unsichtbar höhlt die schwindende Glaubwürdigkeit die westlichen Marktdemokratien von innen aus. Was nicht heißt, dass sich Deutschland und andere Staaten in absehbarer Zukunft autoritären Führern zuwenden werden. Auch wenn die politischen Ränder erstarken, auch wenn sich Teile der Wirtschaftseliten für wirtschaftsfreundliche Diktaturen in Schwellenländern begeistern können – kaum jemand stellt das System von Grund auf in Frage. Zu unattraktiv sind alle realexistierenden Alternativen. Und dennoch gibt dieses verbreitete »Unbehagen in der Demokratie«, wie es der Historiker Paul Nolte nennt.

Dieses Unbehagen führt dazu, dass gerade die Bundesrepublik noch unbeweglicher wird, als sie es ohnehin schon ist. Die Fähigkeit, Probleme zu lösen, schwindet weiter. Was einen weiteren Vertrauensverlust in die Institutionen mit sich bringt. Denn das scheint der Kern des Ansehensverlusts zu sein: Überall im Westen, in den USA genauso wie in Europa, haben immer mehr Menschen das Gefühl, der globalisierte Kapitalismus schade ihnen mehr, als dass er ihnen nütze. Das große Versprechen, wonach die Marktwirtschaft nicht nur zu »allgemeinem Überfluss« führe, sondern auch, »glücklicherweise auf fast dem gleichen Wege«, zu »Tugendhaftigkeit« und »Freiheit« (Adam Smith), zieht derzeit nicht so richtig. »Wohlstand für alle«, der liberale Schlachtruf aus deutschen Wirtschaftswundertagen, klingt nach guter alter Zeit. Nicht nach 21. Jahrhundert. »Die Wahrnehmung der Ökonomie«, sagt der Münchener Wirtschaftspsychologe Dieter Frey, »greift auf das politische System über.« Wer Angst vor dem sozialen und materiellen Abstieg habe, der stelle auch die Demokratie infrage. Da gebe es, empirisch nachweisbar, »enge Zusammenhänge«.

Die Demokratie lebt von dem Glauben an eine gute Zukunft. An Freiheit und Wohlstand. Mehr noch: an Wachstum – an *mehr* Freiheit und *mehr* Wohlstand. Auf die Globalisierung allerdings haben viele Unternehmen und auch viele westliche Staaten mit Schrumpfung reagiert. Unternehmen haben ihre Wertschöpfung über den Globus verstreut. Die Löhne sind für viele Menschen gesunken, die Verteilung des Wohlstands wurde ungleichmäßiger. Existenzängste plagen die Bürger bis in die oberen Mittelschichten hinein.

Dem globalen Trend folgend, öffnet sich die Einkommensschere, auch in Deutschland. Während der Anteil der Armen bedrohlich steigt – mehr als 18 Prozent der Haushalte gelten inzwischen als arm, haben also maximal 60 Prozent des Medianeinkommens zur Verfügung –, gibt es eine Oberschicht, die eindeutig zu den Gewinnern des Wandels gehört. Die wohlhabendsten 10 Prozent der Bevölkerung verfügten im Jahr 2006 im Durchschnitt über das 4,2-Fache der Einkommen des unteren Zehntels der Bevölkerung; im Jahr 1998 war es nur das 3,2-Fache, so die Erhebungen des Sozio-ökonomischen Panels (SOEP). Während die Einkommen der meisten privaten Haushalte kaum noch zulegen, sind die Gehälter einer Minderheit dynamisch gestiegen, insbesondere auch die Vergütungen der Topmanager in großen Konzernen. Das Echo ist verheerend. Dass es in Deutschland gerecht zugeht, glauben einer Umfrage der Bertelsmann-Stiftung zufolge nur noch 15 Prozent der Bundesbürger – ein historischer Tiefstpunkt.[14]

Nicht nur die Ungleichheit, auch die empfundene Unsicherheit unterminiert das Vertrauen der Bürger. Die Angst, den Job zu verlieren und keinen adäquaten neuen zu finden, ist in vielen Ländern groß, in Deutschland aber überwältigend. Im Herbst 2007, in einer günstigen Phase, als nach ein paar Jahren Wachstum mehr als 1 Million zusätzlicher Jobs entstanden waren und die Arbeitslosigkeit den niedrigsten Stand seit 1995 erreicht hatte, hielten immer noch 44 Prozent der Befragten die Arbeitsmarktsituation für das größte Problem im Land – so viele wie nirgends sonst in der EU.

Das ewige Gürtel-enger-Schnallen, so sieht es aus, schnürt der freiheitlichen Ordnung die Luft ab, denn die muss sich immer wieder aufs Neue legitimieren – durch Wahlen und durch allgemeinen Wohlstand. Beides gehört zusammen: Stabile Volksherrschaft basiert auf prosperierender Volkswirtschaft. Umgekehrt: Wenn große Teile der Bürger das Gefühl haben, dass ihr Wohlstand schwindet, dann lockert sich die Verankerung der demokratischen Institutionen im Volk.

Das Misstrauen des Souveräns richtet sich gegen die Eliten in der Wirtschaft, aber auch in der Politik. »Die da oben«, so empfinden es viele Bürger, hätten sich von der Mehrheit abgekoppelt. Und da ist etwas dran: Die Globalisierung sorgt dafür, dass sich dem international mobilen Teil der Gesellschaft Bewegungsspielräume eröffnen, über die die sesshafte Mehrheit nicht verfügt. Die Eliten engagieren sich überall auf der Welt; der Rest hat das – oft nicht unberechtigte – Gefühl, ihnen nützten all die Aktivitäten nicht.

Eigentlich sollen Eliten Motor und Avantgarde der Gesellschaft sein. Das ist ihre Aufgabe: die Nation in eine gute Zukunft zu führen. Es ist überhaupt die einzige Bedingung, unter der es Gesellschaften, die ihn der Tradition der Französischen Revolution (»Freiheit, Gleichheit, Brüderlichkeit«) stehen, ertragen, dass einige Mitbürger deutlich mehr haben als die Mehrheit – mehr Geld, mehr Macht, mehr Einfluss.[15]

Wie groß das Misstrauen gerade gegenüber den Wirtschaftseliten ist, offenbart sich in der Debatte über Managergehälter. Es geht dabei weniger um Neid; bei Spitzensportlern und Unterhaltungsstars – von »Schweini« bis Jauch – moniert schließlich auch niemand Multimillionen-Euro-Einkommen. Es geht darum, dass sich bei vielen Managern Leistung und Bezahlung entkoppelt haben. Und es geht darum, welche Rolle viele Vorstände spielen: die des eiskalten Kostenkillers. Sie sind diejenigen, die ihren (deutschen) Mitarbeitern Lohnsenkungen oder zumindest -stagnation zugemutet haben. Zeitgleich sind an der Spitze die Gehälter flott gestiegen. In den 100 größten Aktiengesellschaften Deutschlands bekamen 1991 die Vorstände etwa das 7,5-Fache eines leitenden Angestellten und das 22-Fache eines normalen Mitarbeiters; 2005 hatten sich beide Relationen verdoppelt, wie die Personalberatung Kienbaum errechnet hat.

Dass die Bezüge der Topmanager derart stark gestiegen sind, folgt der Logik des neuen, von sehr hohen Renditeerwartungen getriebenen Kapitalismus. Ob ein Unternehmen börsennotiert ist oder Private-Equity-Investoren gehört – immer weiter müssen Kosten gesenkt werden, immer weiter muss der Unternehmenswert steigen. »Wenn sogar profitable Betriebe schließen müssen, weil die Rendite nicht hoch genug ist, dann ist das eine Logik, die nicht mehr vermittelbar ist«, sagte mir ein hoher Beamter im Bundeskanzleramt in einem vertraulichen Gespräch. Ob im globalen Kapitalismus alles richtig läuft, fragen sich inzwischen viele Topleute in der Wirtschaft selbst. Der Chefcontroller eines Dax-Konzerns sagte mir: »Die meisten Konzerne haben doch gar keine Strategie. Die wissen nicht, wo sie hin wollen. Aber eines können sie alle: Kosten senken. Nur: Damit kann man auf Dauer kein Unternehmen sanieren. Das gelingt nur durch Geldausgeben, durch kluges Investieren.« Hellsichtige Erkenntnisse.

So wichtig Kostensenkungen als Sofortmaßnahme in Krisenzeiten sind, so schädlich sind sie, wenn sie zur Manie werden. Unternehmen wie auch Volkswirtschaften gedeihen durch Investitionen, nicht durch Einsparungen. Inzwischen aber haben sich die Mikro- und Makroökonomie so weit entkoppelt, dass noch nicht mal klar ist, ob es der Volkswirtschaft nützt, wenn Unternehmen wachsen. Makroökonomisch entsteht Wachstum vor allem bei der Ausweitung von Produktionskapazitäten. Eine einzelne Firma kann aber auch wachsen, indem sie andere Firmen übernimmt – es werden Vermögenswerte getauscht, nicht aber die Stromgrößen der volkswirtschaftlichen Gesamtrechnung – Investitionen, Bruttowertschöpfung, Bruttoinlandsprodukt – berührt. Diesen Effekt beobachten Statistiker in den reifen westlichen Ländern seit einigen Jahren. Verglichen mit früheren Konjunkturzyklen halten sich die Unternehmen mit genuinen Kapazitätsausweitungen zurück. In der Folge lahmen Produktivität, Wachstum, Lohnentwicklung.

Auch die Unternehmen müssten sich darum kümmern, dass sie ihrem Heimatland nützlich seien, sagt der erfahrene Strategieberater Dieter Heuskel, Senior Partner und Chairman der Boston Consulting Group (BCG). Betrieblicher und sozialer Nutzen müssten wieder stärker in Übereinstimmung gebracht werden. Heuskel glaubt, dass viele Firmen ihre Rolle in der Gesellschaft unterschätzen: »Ein Unternehmen ist nicht nur ein Ort, an dem Mehrwert erzeugt und Geld verdient wird. Für viele Menschen war – und ist – das Unternehmen immer auch ein Stück Heimat, ein Teil ihrer Identität. Umgekehrt sind Unternehmen auch in der Globalisierung auf die lokalen, regionalen Rahmenbedingungen angewiesen. Wenn das Management internationaler Konzerne sich vom Rest der Gesellschaft mehr und mehr abkoppelt, wird die Politik gezwungen zu reagieren.«

Das Volk ist dabei, den Eliten das Vertrauen zu entziehen. Es wird schwierig sein, es zurückzugewinnen.

Die sechste Knappheit:
Boden

Vor einigen Jahren lernte ich den Seniormanager einer großen Private-Equity-Firma kennen. Viele Jahre seines Berufslebens hatte er in Westdeutschland damit verbracht, angeschlagene Industrieunternehmen zu kaufen, zu sanieren, zu zerlegen und weiterzuverkaufen. Ein einträgliches Geschäft, das ihn zu einem reichen Mann gemacht hatte.

Nun war er um die 60 und suchte nach einer Möglichkeit, sein Geld mit Blick auf die nächste Generation langfristig anzulegen, damit seinen Kindern in den kommenden Jahrzehnten ein stattlicher Vermögenszuwachs zuteil würde. Von seiner Investitionsentscheidung war ich damals überrascht: Er kaufte Land. Einen großen landwirtschaftlichen Betrieb in Ostdeutschland, verbunden mit der Aussicht, weitere Flächen zu erwerben, wenn deren Besitzer, ehemalige DDR-Genossenschaftsbauern, sich irgendwann zum Verkauf entschließen sollten. Der Spleen eines Möchte-gern-Junkers, der von ostelbischer Landherrlichkeit träumt, vermutete ich damals, und derlei Anwandlungen spielten sicher auch eine Rolle. Aber nebenbei war es auch eine kluge Entscheidung, obendrein zu einem günstigen Zeitpunkt: nämlich bevor die Ära der großen Bodenknappheit sich deutlich abzuzeichnen begann.

Inzwischen sind die Preise für Agrarprodukte weltweit gestiegen. Ohne Vorwarnung ist Anfang 2008 in den ärmeren Teilen der Erde eine Hungerkrise ausgebrochen. Und internationale Experten sagen für viele Agrargüter weitere rapide Steigerungen voraus. Folglich zieht auch der Wert von Ackerland an. Boden wird knapp, begehrt und teuer. Und dies ist erst der Anfang.

Wir sind Zeitzeugen einer radikalen Trendwende. Jahrzehntelang gab es im Großen und Ganzen einen Überschuss an Land. Agrarprodukte unterlagen einem scheinbar unaufhaltsamen Preisverfall. Deshalb wurden in den reichen Ländern, vor allem in Europa, Flächen aus dem Verkehr gezogen: brach gelegt, extensiv genutzt, aufgeforstet. In den Entwicklungsländern wiederum blieben Äcker unbewirtschaftet, weil Produktionsüberschüsse des Westens, vor allem der EU, so billig auf den Weltmarkt gekippt oder gar umsonst als Nahrungsmittelhilfe abgegeben wurden, dass sich ein Anbau vor Ort gar nicht mehr lohnte. Auch der zusätzliche Bedarf an Siedlungsfläche war überschaubar: In den reichen Ländern leisteten sich mit zunehmendem Wohlstand die Menschen größere Wohnungen, aber da die Bevölkerungen nur noch langsam wuchsen, hielt sich die Raumnot, von zeitweiligen lokalen Engpässen abgesehen, in Grenzen. In den Ballungsräumen zogen besserverdienende Bürger ins Umland, niedrige Transportkosten machten es möglich. Die »Suburbanisierung«, der wichtigste Siedlungstrend des späten 20. Jahrhunderts, ließ vielerorts in den Stadtzentren die Preise und die Wohnqualität sinken, was, von amerikanischen Inner Cities bis zu Teilen des Ruhrgebiets, zu einer städtischen Abwärtsspirale führte. In den Entwicklungsländern wiederum stieg die Zahl der Einwohner zwar dramatisch an, aber die Armut der Menschen dort verhinderte, dass der zusätzliche Bedarf an Wohnraum sich in einem massiven Anstieg der effektiven Nachfrage niederschlug.

Boden verlor an Wert und an Wertschätzung. Allenfalls Naturliebhaber – und Leute mit einem Faible für die Gutsherrennart – konnten sich noch dafür begeistern. In den kommenden Jahrzehnten wird sich diese Entwicklung umkehren. Boden wird knapp. Und wieder sind die drei Großtrends am Werk, die die Matrix dieses Buches bilden – Globalisierung, Demografie und Klimawandel.

- Die Globalisierung lässt den Wohlstand, gerade in den Schwellenländern, steigen. Wer reicher ist, nutzt mehr Boden – zur Nahrungsmittelproduktion, für Wohnraum.

- Die Demografie sorgt in den Schwellenländern für einen weiteren Anstieg der Einwohnerzahl. Menschen, die ernährt werden müssen und die – vorzugsweise städtischen – Wohnraum brauchen. In einigen reichen Ländern wie Deutschland und Japan hingegen zieht sich eine schrumpfende Bevölkerung aus der Fläche in die Zentren zurück.

- Der Klimawandel schließlich sorgt von mehreren Seiten für eine Verknappung des Lebensfaktors Boden. Bereits seit wenigen Jahren hat die Produktion von nachwachsenden Kraftstoffen deutlich angezogen – wegen des Klimawandels, vor allem aber wegen der hohen Ölpreise. Künftig werden mehr und mehr Anbauflächen durch Trockenheit und Hitze verloren gehen. Und das vermehrte Auftreten desaströser Stürme und Sturmfluten wird dichtbesiedelte Küstenregionen bedrohen; womöglich werden ganze Stadtviertel einiger Megacitys unbewohnbar.

Aber eines nach dem anderen.

Fresswelle und Bioalkohol: warum Ackerland knapp wird

Was derzeit in vielen Schwellenländern abläuft, erinnert an die Entwicklung in Europa nach dem Zweiten Weltkrieg: Die Menschen sind zu bescheidenem Wohlstand gekommen, nun setzt eine Fresswelle ein. Und natürlich essen die Leute nicht umso mehr Müsli oder Brot, sondern sie verlegen sich zunehmend auf Fleischkonsum. Vor allem die großen, sich rasch entwickelnden Schwellenländer wie Brasilien, Indien und China treiben die Nachfrage hoch: 80 Prozent des Zuwachses, den die OECD und das Welternährungsprogramm (FAO) für die Weltfleischmärkte prognostizieren, gehen auf die zusätzliche Nachfrage aus den neuen Wohlstandszonen des Globus zurück. Um 1,7 Prozent jährlich soll der Fleischkonsum in den kommenden Jahren steigen, vor allem in Asien, wo man besonders Schweinefleisch und Geflügel mag, in Korea und Russland hingegen präferiert man Rind. Die zunehmende Karnivorisierung des Globus ermöglichen vor allem die Produktionsländer Brasilien, die USA, Kanada, Argentinien und Australien, wobei der Produktionszuwachs gerade in Südamerika stattfinden wird. Nach OECD/FAO-Prognose wird Brasilien in den kommenden Jahren zum mit Abstand größten Fleischexporteur der Welt aufsteigen und mit einem Marktanteil von 28 Prozent im Jahr 2016 mehr exportieren als die übrigen vier Topexporteure zusammen.

Auch Milchprodukte werden in den Schwellenländern häufiger gekauft. Butter, Käse und Milchpulver sind inzwischen gefragte Lebensmittel. Indien ist heute das Land mit der größten Milchproduktion der Welt. Bei stark steigender Nachfrage werden die Kapazitäten weiter ausgebaut. Ähnliches gilt für China. Milchprodukte haben in diesen Ländern den Reiz des Neuen. Früher gab es kaum Kapazitäten, Milch zu verarbeiten und die Milchprodukte dann gekühlt und schnell zu transportieren und zu vertreiben. Inzwischen ist diese Logistik im Aufbau begriffen, in manchen Ländern mit Unterstützung der Regierung, die durch höheren Milchkonsum die Volksgesundheit fördern will. Weiteres dynamisches Wachstum ist daher programmiert.

Dass in den vergangenen Jahren weltweit die Preise für Milchprodukte so stark gestiegen sind, ist eine Folge dieses strukturellen Wandels der Ernäherungsgewohnheiten. In den kommenden Jahren, so die OECD/FAO-Prognose, wird die Nachfrage nach Butter und Milchpulver stärker steigen als die Produktion. Folglich bleiben die Märkte angespannt, gerade für Milchprodukte.[1]

Die Wohlstandssteigerungen der vergangenen Jahrzehnte haben die Ernähungslage und damit die Gesundheit vieler Menschen stark verbessert. Seit den sechziger Jahren hat in den Entwicklungsländern die Kalorienzufuhr um 31 Prozent pro Kopf und Tag zugenommen, auch wenn sie im Schnitt immer noch 650 Kalorien unter dem Niveau der reichen Länder liegt. Der Konsum an Fleisch und Milchprodukten stieg um 67 Prozent. Allerdings ist zu erwarten, dass die Fresswelle irgendwann abflacht. So war es auch in den reichen Ländern, wo der Pro-Kopf-Konsum von Fleisch und Milchprodukten seit den siebziger Jahren weitgehend konstant ist, obwohl seither die Pro-Kopf-Einkommen noch mal stark zulegten.[2] Von einer solchen Abflachung des Nahrungsmittelkonsums pro Kopf sind die meisten Weltregionen noch weit entfernt. Erst einmal genießen die Newcomer die neuen Varianten der Kalorienzufuhr. Und es ist kein Ende abzusehen. Bis 2020 soll eine weitere Steigerung der weltweiten Fleischnachfrage um 57 Prozent stattfinden.

Tierische Produkte zu essen ist ein bodenintensiver Lifestyle. Mit dem steigenden Konsum von Fleisch und Milchprodukten nimmt auch der Flächenbedarf enorm zu: Mast- und Milchvieh muss gefüttert werden, nicht zuletzt mit Getreide. Und dafür braucht man Land. Es geht kein Weg daran vorbei: Wenn immer mehr Menschen höherwertige Nahrung zu sich nehmen, braucht man mehr Fläche, um sie satt zu bekommen. Entsprechend steigt die Nachfrage, insbesondere aus Ländern mit dynamisch wachsender Fleischproduktion wie China, Indien und Argentinien. Auch Ägypten, Iran, Kolumbien und Chile führen mehr und mehr Getreide ein.

Während in den Ländern mit rasch steigendem Wohlstand Feldfrüchte an Tiere verfüttert werden, ist Reis das Grundnahrungsmittel der Armen: Während die Weizen- und Futtermittelnachfrage typischerweise mit zunehmendem Reichtum steigen, nimmt der Konsum von Reis mit dem Wachstum der Bevölkerung zu, gerade in den armen Ländern. Dies ist insbesondere in Afrika der Fall. Viele Regierungen dort fördern den Reisanbau, auch um die Lebensgrundlage der Bevölkerung auf dem Land zu sichern und die Landflucht zu dämpfen. Solcher Bemühungen ungeachtet bleiben die traditionell größten Produzenten Indien, Indonesien, Thailand und Vietnam die mit Abstand wichtigsten Reisanbieter.

Während die Schwellenländer ihre Ernährung verbessern, treiben die reichen Länder die Nachfrage aus anderen Motiven in die Höhe: Sie wollen unabhängiger werden von Energieimporten, ihren Bauern neue Einkommensquellen erschließen und, womöglich, auch noch etwas für das Weltklima tun.

Mitte der ersten Dekade des neuen Jahrtausends haben die großen Agrarproduzenten damit begonnen, ihre Äcker verstärkt zur heimischen Treibstoffproduktion zu nutzen. Hohe Ölpreise und Bedenken bezüglich der Verlässlichkeit der Lieferungen aus dem Persischen Golf und aus Russland – den Regionen, auf die sich in den kommenden Jahrzehnten die globale Angebot an Öl und Gas zunehmend konzentrieren wird – bewogen sie zu diesem Umsteuern. Die Energieproduktion von heimischen Äckern schoss in diesen Jahren sprunghaft in die Höhe. Äthylalkohol aus Getreide und Pflanzenöl aus Ölsaaten wie Raps sollen die Abhängigkeit von Benzin und Diesel vermindern.

Die USA setzen fast ausschließlich auf Ethanol, für dessen Produktion sie vornehmlich Mais verwenden. Zwischen 2006 und 2016 soll sich nach Prognosen der OECD/FAO-Studie der Maiseinsatz zur Spriterzeugung verdoppeln auf 110 Millionen Tonnen, eine Menge, aus der sich 45 Milliarden Liter Ethanol gewinnen lassen. Gegenüber 2000 wäre das mehr als eine Verzehnfachung. Die Biotreibstoffproduktion erhöht die Nachfrage nach amerikanischen Agrarprodukten substanziell.

Im Gegensatz zum maisfixierten amerikanischen Ansatz setzt die Europäische Union seit Jahren vor allem auf die Produktion von Biodiesel aus Ölsaaten wie Raps. Seit 2007 schnellt aber auch die EU-Ethanolproduktion in die Höhe und ist inzwischen etwa genauso groß wie die Biodieselproduktion, wofür die EU nicht nur Mais, sondern zunehmend mehr Weizen einsetzt. Auf europäischen Äckern wuchsen im Jahr 2007 rund 10 Millionen Tonnen Ölsaaten, 5 Millionen Tonnen Weizen und etwa 4 Millionen Tonnen Mais, um Verbrennungsmotoren anzutreiben. Bis 2016 sollen sich die Mengen von Ölsaaten und Weizen verdoppeln.

Brasilien ist traditionell das Land mit der größten Biospritproduktion. Die Herstellung von Ethanol, das in dem südamerikanischen Land aus Zuckerrohr gewonnen wird, lag Mitte der neunziger Jahre bei knapp 15 Milliarden Litern jährlich; doch im neuen Jahrtausend zieht die Produktion stark an als Reaktion auf die hohen Ölpreise. Bis 2016 werden den Prognosen zufolge rund 40 Milliarden Liter jährlich hergestellt werden. Trotz steigender Produktivität im Zuckerrohranbau wird die Produktion zur Spritgewinnung bis 2016 um 120 Prozent steigen.

In Kanada, einem der großen Getreideproduzenten der Welt, spielte die Agrospritproduktion bis Mitte der ersten Dekade des 21. Jahrhunderts keine Rolle. Seit jedoch die Regierung in Winnipeg Beimischungen von Ethanol zum Benzin und von Bioöl zum Diesel sowie zum Heizöl beschlossen hat, zieht die Nachfrage an. Bis 2016 wird in Kanada insbesondere die Verwendung von Weizen und mehr noch von Mais zur Ethanolproduktion stark ansteigen. Dennoch: Verglichen mit den Großproduzenten USA und EU bleibt die Ethanolproduktion in Kanada gering; den Prognosen zufolge wird sie im Jahr 2016 nur bei gut dreieinhalb Milliarden Liter liegen. Auch das sich rasch motorisierende China setzt zunehmend auf Ethanol als Ölsubstitut, und zwar vorwiegend aus Mais. Die Mengen liegen etwa auf kanadischem Niveau.

Das Zusammenwirken von Bevölkerungswachstum und verbesserter Ernährung in den Schwellenländern auf der einen Seite und der anziehenden Biospritproduktion auf der anderen Seite hat die Agrarmärkte weltweit durcheinandergewirbelt. Aus einer stagnierenden Branche, die über lange Phasen von einer Tendenz zum Preisverfall geplagt wurde, ist ein dynamisch wachsender Markt mit Zukunftspotenzial geworden. Wohlhabende Leute wie der eingangs erwähnte Private-Equity-Manager oder Bernhard Termühlen, einer der Gründer des Finanzkonzerns MLP, kaufen sich große Ländereien zusammen. 2007 ging in Deutschland der erste Bauer an die Börse: Siegfried Hofreiter mit seiner KTG Agrar. Ein Geschäftsmodell, das es anderswo längst gibt. Mais, Weizen, Zucker, Raps – bislang langweilige Überschussprodukte sind plötzlich gefragt. Spekulanten und Anleger haben sie in den vergangenen Jahren als Anlageklasse entdeckt. Die Preise sind förmlich explodiert, nicht nur durch die gestiegene Nachfrage und die Spekulation, sondern auch durch wetterbedingt schlechte Ernten in den wichtigen Anbauländern USA, EU, Kanada, Russland, der Ukraine und vor allem Australien, wo die Produktionsausfälle mehr als 50 Prozent betrugen. Auch wenn bessere Ernten zu einer Normalisierung beitragen dürften, so sprechen die strukturellen Verschiebungen doch für ein dauerhaft gestiegenes Preisniveau. Für die Zeit bis zum Ende des kommenden Jahrzehnts rechnet die OECD mit Agrarpreisen, die um 20 bis 40 Prozent (je nach Pflanze) über dem Niveau der letzten zehn Jahre lägen, sagte mir Agrarabteilungsleiter Stefan Tangermann.

Die Agrarmärkte sind in Bewegung, weil die Nachfrage für die absehbare Zukunft kräftig weiter steigen wird, womöglich schneller als das Angebot. Und die neuen Knappheitsverhältnisse verursachen Anpassungen rund um den Globus: Immer mehr Flächen werden für den Getreideanbau genutzt. In Australien, Kanada und den USA werden andere Pflanzen durch die Produktion der nun wertvolleren Feldfrüchte Mais und Weizen verdrängt. In der EU werden Äcker, die zuvor stillgelegt wurden, um – gegen Subventionszahlung – die Agrarüberschüsse zu vermindern, wieder genutzt. In Lateinamerika werden neue Flächen erschlossen. So sind Brasilien und Argentinien dabei, Weiden in Ackerland umzuwandeln. Wo bislang Rinder in extensiver Haltung grasten, werden künftig Ölsaaten angebaut. Mit jährlichen Outputsteigerungen von knapp 4 Prozent entwickelt sich Brasilien zur größten Ölsaatenquelle der Welt, noch größer als der bisherige Spitzenproduzent USA. Auch in Afrika werden die Anbauflächen ausgeweitet. Internationale Bispritkonzerne erschließen Flächen südlich der Sahara. Sie versuchen selbst bürgerkriegsverwüstete Länder wie den Kongo, das frühere Zaire, zu Bispritproduzenten heranzuziehen.

Eigentlich ist es bemerkenswert, dass Ackerland erst jetzt zu einem knappen Faktor wird. Schließlich ist die Menschheit in den vergangenen Jahren extrem schnell gewachsen (siehe »Die erste Knappheit: Menschen«). Seit den sechziger Jahren hat sich die Weltbevölkerung

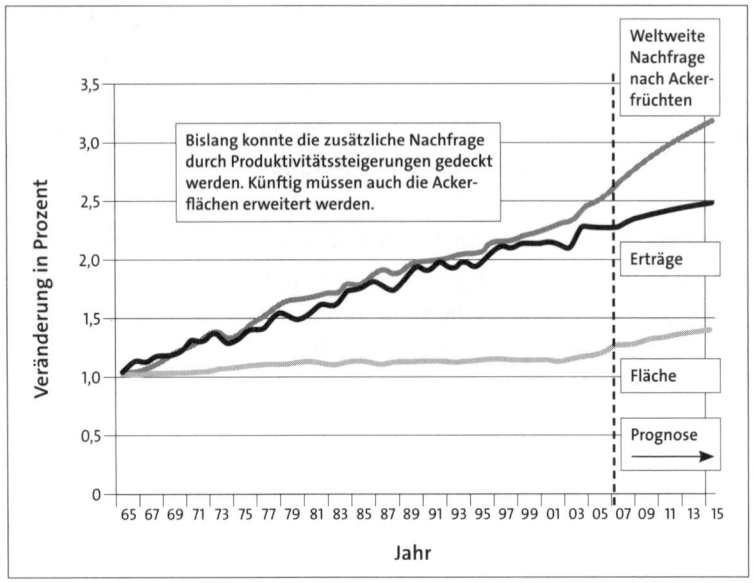

Bislang konnte die zusätzliche Nachfrage durch Produktivitätssteigerungen gedeckt werden. Künftig müssen auch die Ackerflächen erweitert werden.

Quelle: Goldman Sachs 2008

verdoppelt. Im gleichen Zeitraum ist das weltweit genutzte Agrarland nur um 10 Prozent gestiegen. Und das, wie eingangs dieses Abschnitts erwähnt, bei einer im weltweiten Schnitt deutlich verbesserten Ernähungslage. In den reichen Ländern ist die Agrarfläche sogar in diesem Zeitraum durch Stilllegungen leicht um 2 Prozent zurückgegangen, in den Entwicklungsländern ist sie um 19 Prozent gestiegen. Im Jahr 2002 wurden laut den Statistiken der Welternährungsorganisation rund 5 Milliarden Hektar agrarisch genutzt, davon 69 Prozent als Viehweiden, nur 28 Prozent für den Getreideanbau (obwohl in den Entwicklungsländern die Getreideanbaufläche seit den sechziger Jahren um 81 Prozent angestiegen ist).[3]

Das starke Wachstum der Weltbevölkerung einerseits und das moderate Wachstum der Agrarfläche andererseits hat einen logischen Effekt: die Ausdehnung des Bodens, der pro Kopf der Weltbevölkerung zur Verfügung steht, sinkt. Auf einen Einwohner kommt in den reichen Ländern etwa ein halber Hektar, in den Entwicklungsländern etwa 0,2 Hektar – rund 50 Prozent weniger als 1960. Diese Entwicklung zeigt eindrucksvoll, welche Auswirkungen die Produktivitätsrevolution in der Landwirtschaft gehabt hat. Immer ertragreichere Sorten, immer ausgeklügeltere Technik, immer effizientere Methoden, immer gezieltere Düngungen und Pflanzenschutzmaßnahmen, immer größere, finanzstärkere Betriebe – all das hat dazu geführt, dass die Bauern bislang mit der Nachfrage einer rasch wachsenden Weltbevölkerung mithalten konnten. Die malthusianische Falle schnappte nicht zu.

Doch diese Phase scheint nun zu Ende zu gehen. Die Globalisierung erhöht sprunghaft die Lebensstandards in den Entwicklungsländern und damit die Nachfrage nach höherwertigem Essen. Rohstoffe (wie Öl) sind teurer geworden, Bauern springen in die Bresche mit Feldfrüchten (wie Mais). Wie kann die Welt auf die rasch steigenden Bedürfnisse reagieren? Sicher, mit einer Ausweitung der Flächen. Doch Boden wird knapp. Rund 50 Prozent der Landmasse der Erde werden bereits als Acker- oder Weideland genutzt.[4] Natürlich kann man Flächen intensiver bewirtschaften und so die Erträge steigern: Weideland zu Äckern, so geschieht es in Lateinamerika und in Subsahara-Afrika. Doch diese Böden sind häufig schlechter – deshalb wurden sie ja bislang nicht genutzt –, weniger ertragreich und unterliegen eher der Gefahr der Übernutzung. Für eine intensivere Bewirtschaftung braucht man Wasser, also in vielen Weltgegenden künstliche Bewässerungssysteme. Doch auch Wasser wird knapp – durch Bevölkerungswachstum, Über- und Fehlnutzung, durch Klimaveränderungen, durch mangelhafte Infrastruktur (siehe »Die siebte Knappheit: Wasser«). Die flexible Ausweitung der Agrarproduktion ist daher kein Selbstgänger.

Ob weiterhin hohe Produktivitätssteigerungen möglich sind, hängt vor allem von drei Faktoren ab:

- *Erstens:* Wird es gelingen, hochertragreiche Getreidesorten zu entwickeln, die auf marginalen Böden bei karger Wasserversorgung gedeihen? Dadurch ließe sich nicht nur die Ernährungssituation in vielen Entwicklungsländern verbessern. Schnell wachsende Getreidesorten könnten auch mehr Kohlendioxid speichern und so dem Treibhauseffekt entgegenwirken.

- *Zweitens:* Wird es gelingen, effizientere Methoden zu entwickeln und zu verbreiten, um aus Agrarrohstoffen Energie zu gewinnen?

In einer Ära der Boden- und Rohstoffknappheit erscheint es abwegig, lediglich die ölhaltigen Rapskörner zur Treibstoffgewinnung zu verwenden und nicht die ganze Biomasse.

- *Drittens:* Wird es in absehbarer Zukunft ganz neue Formen der Energiegewinnung geben? Forscher wie der US-Biotech-Pionier Craig Venter planen, künstliche, primitive Lebewesen zu erzeugen und genetisch so zu programmieren, dass sie brennbare Gase absondern. Solche Methoden könnten die Energieversorgung vom Faktor Boden – und vom Faktor Bodenschätze – lösen.

Solange solche bahnbrechenden Neuerungen noch nicht massenhaft verbreitet sind, bleibt Agrarland knapp. Solange sind die Armen auf der Welt von Hunger bedroht. Nicht zuletzt, weil immer mehr Ackerfrüchte für die Biospriterzeugung verwendet werden. Essen oder Tanken – eine perverse Alternative. Was unter den Bedingungen der Überproduktion – der Milchseen, der Getreideeinlagerung und der Butterberge – seine Berechtigung gehabt haben mag, passt nicht in die Ära der Knappheit.

Was noch knapp wird: Wald

Während die wachsende Zahl von Erdbewohnern sich ausbreitet, besser essen und mobiler werden will, dehnt sie sich auf Kosten der Wälder der Erde aus. Jährlich werden rund 12,9 Millionen Hektar durch Abholzungen und Brandrodungen vernichtet.[5] Warum? Um Platz zu schaffen für die Landwirtschaft, für Straßen und Bahnlinien, für Siedlungen. Auch um den Rohstoff Holz auszubeuten. Es ist eine Mischung aus wachsender Bevölkerung, rascher Industrialisierung und Intensivierung der Landwirtschaft, die gerade in den tropischen Regionen Lateinamerikas, Asiens und Afrikas den Wäldern zusetzt.

Die Abholzung ist ökologisch hochproblematisch. Die 3900 Millionen Hektar Baumbiotop, 30 Prozent der Landfläche der Erde, produzieren lebensnotwendigen Sauerstoff, speichern Kohlendioxid und verlangsamen so den Treibhauseffekt. Andererseits setzt das Niederbrennen von Wäldern große Mengen Kohlendioxid frei. Die tropischen Regenwälder sind zentrale Funktionsträger für den Wasserhaushalt der Erde.

All das ist seit langem bekannt. Und allmählich reagiert die Menschheit. Reichlich langsam, aber immerhin. China, die Philippinen, Thailand und Indien haben seit den neunziger Jahren die Rodungen eingedämmt und teils sogar Aufforstungsprogramme gestartet. Nicht nur aus Pflichtgefühl gegenüber dem Weltklima, sondern auch um den gesundheitlichen und ökologischen Belastungen in der jeweiligen Region entgegenzuwirken. In Brasilien verlangt die Regierung jetzt von privaten Landbesitzern im Amazonasgebiet, 80 Prozent der Waldfläche zu erhalten statt sie für andere Zwecke zu roden. Zwar unterminiert die Korruption vor Ort diese Vorgaben, aber immerhin ist der politische Wille, etwas zu tun, erkennbar.

Ohne Wald ist schlecht atmen, diese Erkenntnis setzt sich weltweit durch. Erste Erfolge zeichnen sich ab, vor allem wenn man Aufforstungen und die natürliche Ausweitung einbezieht: Gingen in den neunziger Jahren noch jährlich 8,9 Millionen Hektar Bäume netto verloren, so ist dieser Wert Anfang des 21. Jahrhunderts auf 7,3 Millionen Hektar zurückgegangen. Allerdings findet eine Verschiebung der globalen Waldfläche nach Norden statt. Während in vielen Südstaaten nach wie vor Wald verloren geht, wachsen die Waldgebiete im Norden: in Europa, das (inklusive Russland) heute über die größten Waldflächen der Erde verfügt, 1 000 Millionen Hektar, ein Viertel des globalen Bestandes, und in Nord- und Zentralamerika, wo gut 700 Millionen Hektar stehen.[6] Ob diese Nordverschiebung den Verlust an tropischen und subtropischen Gebieten in den Kreisläufen der Erde kompensieren kann, darüber streiten die Klimaforscher noch.

Langfristig, nach 2030, werde die Waldfläche sich stabilisieren, schätzen die Experten des Weltklimarats. Die Gründe: Das globale Bevölkerungswachstum wird dann spürbar nachlassen, und es ist zu erwarten, dass die Agroproduktivität bis dahin so weit gestiegen ist, dass der Druck nachlässt, weiteres Acker- und Weideland zu erschließen. Fraglich ist allerdings, wie viele Bäume dann noch stehen.

Globale Knotenpunkte: das Wachstum der Städte

Es wird eng auf der Erde. Nirgends ist es so intensiv spürbar wie in den Metropolen der Welt. Die Bevölkerung und die Wirtschaft der Städte

Grafik 9 Die Urbanisierung der Welt: Entwicklung der Bevölkerung in Stadt und Land

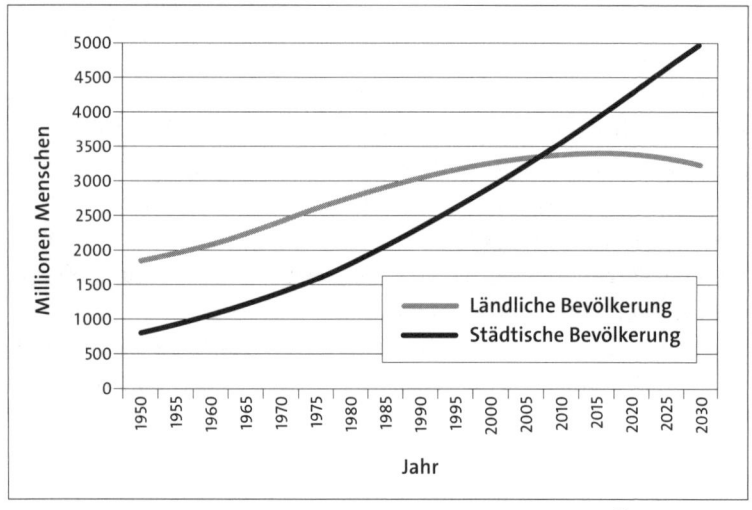

Quelle: OECD 2006a

wachsen, und zwar schneller als der Rest der Weltbevölkerung und der -wirtschaft, in manchen Ländern (Deutschland, Japan) setzen sich die Metropolen sogar deutlich vom nationalen Trend ab. Das Wachstum der Metropolen wird sich weiter beschleunigen: 2007 war ein globales Wendejahr – erstmals in der Geschichte lebten mehr Menschen in den Städten als auf dem Land.[7]

Die Welt wird urbaner. Die Intensivierung des internationalen Austauschs hat die Städte zu Brennpunkten der Entwicklung gemacht. Für ihr jeweiliges Hinterland sind sie die Tore zur Welt – Orte, wo für den Weltmarkt produziert, gedacht und verhandelt wird, wo unterschiedliche Kulturen aufeinander treffen, wohin sich Menschen und Kapital orientieren. Sicher, auch in peripheren Regionen existieren Unternehmen, die international führende Positionen einnehmen – gerade Deutschlands mittelständische heimliche Weltmarktführer sitzen häufig in der Provinz –, aber das sind Solitäre. Und auch sie könnten ohne eine Anbindung an die Metropolen nicht existieren: ohne Hochschulen, Finanzdienstleister, Flughäfen, ohne Verbindung zur Politik.

Die Globalisierung vollzieht sich vor allem zwischen Metropolen. Sie bilden ein weltumspannendes Netz aus Handels- und Reisewegen, die internationalen Kontakte und der internationale Austausch finden zwischen ihnen statt. Die weltweite Ausdehnung der Waren- und Finanzströme, der Kontakt der Kulturen und der Austausch von Wissen und Nachrichten – all das hat eine lokale Komponente, von »Glokalisierung« ist seit einiger Zeit die Rede. Die Metropolen der Welt nähern sich einander an. In fast allen Städten findet der globalisierte Handlungsreisende heute das gleiche, weitgehend standardisierte Sets von Dienstleistungen – vom Flughafen über das Taxi bis zum Fünf-Sterne-Hotel, von der Zahlung per Kreditkarte über die englische Sprache bis hin zum Restaurant, das eine Art euro-asiatische Fusionsküche anbietet.

Natürlich hat bislang nur ein kleiner Teil der Bevölkerung an dieser globalisierten Alltagskultur teil, die große Mehrheit lebt nach wie vor in ihrer lokalen Kultur, aber die Angleichung der Lebensweisen geht rasch voran, zumal in den Schwellenländern, wo die Menschen noch vor einer Generation in einfachsten Verhältnissen auf dem Land lebten, praktisch ohne Verbindung zur Außenwelt, und heute in großer Zahl als Stadtbewohner in den internationalen Austausch und in globale Wertschöpfungsketten eingebunden sind.

In den reichen Ländern – und erst recht in vielen ärmeren – sind die zentralen Metropolen die Motoren der ökonomischen Entwicklung.[8] In den OECD-Ländern gibt es 78 Metroregionen mit jeweils mehr als 1,5 Millionen Einwohnern, wo in der Regel ein wichtiger Teil des nationalen Wohlstands erzeugt wird. In Budapest, Seoul, Kopenhagen, Dublin, Helsinki, Brüssel und die Region Randstad-Holland konzentrieren sich jeweils rund der Hälfte der nationalen Wirtschaftsleistung. London erwirtschaftet für Großbritannien 31,6 Prozent des Bruttoinlandsprodukts (BIP), Stockholm 31,5 Prozent für Schweden, Tokio 30,4 Prozent für Japan, Paris 27,9 Prozent für Frankreich. Auch in Norwegen, Neuseeland und der Tschechischen Republik konzentrieren Oslo, Auckland und Prag jeweils immerhin rund ein Drittel des nationalen Outputs. In Kanada erbringen Toronto, Montreal und Vancouver jeweils mehr als die Hälfte des BIP der jeweiligen Region. Die meisten Metroregionen sind reicher als der Rest des jeweiligen Landes, mitunter viel reicher. Sie sind produktiver, und sie wachsen schneller.

Die Stadt ist die Mutter allen Wohlstands, auch wenn sich die Metroregionen in den reichen Ländern stark unterscheiden: von relativ kleinen nördlichen Zentren wie Dublin und Helsinki mit jeweils 2 Millionen

Einwohnern, über europäische Ballungsräume wie London (7,4 Millionen), Paris (11,2 Millionen), Istanbul (11,4) und Rhein-Ruhr (13,4 Millionen) sowie amerikanische Zentren wie New York (18,7 Millionen) und Mexiko City (18,4 Millionen) bis hin zu asiatischen Megalopolen wie Tokio (34 Millionen) und Seoul (23,5 Millionen).

Städte verbinden eine Vielzahl von Funktionen auf engem Raum: Wertschöpfung, Innovation, Bildung, Kultur, Administration. Das macht sie attraktiv für Unternehmen, aber auch für Menschen, die dorthin ziehen. Die Stadt, mehr noch die Hauptstadt, die auch staatliche Zentralfunktionen beheimatet, gedeiht dank eines Masseneffekts: Wo viel ist, wächst die Anziehungskraft. Wie ein kosmisches Phänomen. Mehr Menschen, mehr Unternehmen, mehr Branchen, mehr Universitäten, mehr Künstler, mehr Ideen ziehen weitere an. Dieser Effekt ist umso stärker, je niedriger die Kosten der Raumüberwindung sind: je leichter sich also Personen, Kapital und Information aus der Peripherie in die Stadt transportieren lassen und je größer die Märkte sind, die sich aus dem Zentrum bedienen lassen. Und genau dies geschieht ja im Zuge der Globalisierung: Die Kosten der Raumüberwindung (Transport, Information) sind extrem gesunken, administrative Handelsschranken haben sich gehoben. All das lässt die Größenvorteile der Stadt steigen und folglich die Metropolen weiter wachsen.

Ähnlich wie im 19. Jahrhundert erleben die Ballungsräume heute wieder einen Wachstumsschub. Damals waren es die Industrialisierung und der Aufbau der Eisenbahnnetze (und eines folglichen Sinkens der Transportkosten), die zur Konzentration der wachsenden Wirtschaftsaktivität an wenigen Orten führte; statt verstreut auf dem Lande zu leben, siedelten sich Menschen und Maschinen in den Zentren an. Aus einer bis dahin ländlichen Bevölkerung wurde eine urbane Gesellschaft. Konzentriert, beschleunigt, hochproduktiv — und, auch das, entwurzelt, verunsichert, »entfremdet«. An welche Werte, an welchen Gott sollte man glauben? Was würde die Solidarität der Großfamilien und der Dorfgemeinschaften ersetzen? Wodurch würde sich dieses Vakuum füllen lassen? In den Städten ballen sich nicht nur Menschen und Wohlstand, sondern auch soziale Probleme, stoßen Gegensätze krass, direkt und explosiv aufeinander. Wie im 19. Jahrhundert, so auch heute. Die Öffnung der Wirtschaft, der Übergang zur Wissens- und Kreativitätsökonomie beflügelt das Wachstum der Städte.

Die beiden Großtrends Globalisierung und Demografie befeuern die urbane Expansion. Weltweit gesehen wird nach UNO-Prognosen die städtische Bevölkerung bis 2030 um mehr als 1,5 Milliarden Menschen zunehmen – auf dann 5 Milliarden Städter. Und weil die Urbanisierung schneller voranschreitet als das Bevölkerungswachstum, werden dann knapp zwei Drittel der Weltbevölkerung Städtebewohner sein.

Vor allem die Schwellenländer sind für diese Entwicklung verantwortlich, wo der Umzug vom Land in die Stadt den Sprung von der Vormoderne ins 21. Jahrhundert bedeutet. Aber auch in den reichen Ländern werden die Städte weiter wachsen. Nicht nur an Bevölkerung, sondern auch an Fläche – aus Städten werden Metropolregionen. Ob Chicago, London, Paris, Seoul oder Tokio – bereits heute große Städte mit überlasteter Infrastruktur, langen Wegen und astronomischen Immobilienpreisen wachsen weiter.[9] Zum einen weil die ökonomischen Anforderungen durch die Globalisierung und den Übergang zur Ideengesellschaft die Städte wachsen lassen. Zum anderen weil entweder die Bevölkerungszahl weiter zunimmt (Westeuropa, Nordamerika), zum anderen weil sich eine schrumpfende Bevölkerung in die Metropolen zurückzieht (Japan, Deutschland, Osteuropa).

Ein anschauliches Beispiel für das Zusammenspiel von demografischer Kontraktion und geografischer Konzentration bietet Deutschland. Während das Land insgesamt an Bevölkerung verliert, kommt es zu einer Polarisierung der Siedlungsstruktur. Ökonomisch starke Regionen ziehen Leute an, weil sie ihnen mehr Möglichkeiten bieten. Schwache, bevölkerungsarme Gegenden verlieren Menschen. Nach den Prognosen des Bundesamts für Bauwesen und Raumstruktur (BBR)[10] für das Jahr 2020 wird etwa die Hälfte der Regionen Deutschlands Einwohner verlieren, die andere Hälfte hingegen wird von Zuzug profitieren. Zu den Gewinnergegenden zählen praktisch ganz Süddeutschland und der westliche Rand entlang einer Linie von Oldenburg im Norden über das Münsterland bis zur Rhein-Main-Neckar-Region. Typischerweise haben die Zuwanderungsgebiete auch höhere Geburtenraten als der Bundesdurchschnitt – eine relativ junge Bevölkerung zieht die Fähigen und die Flexiblen an. Gewinnen werden auch die Regionen um Hamburg, Berlin und Dresden. Der große Rest der Bundesrepublik verliert, teilweise sogar dramatisch.

Eine Spaltung der Wirtschafts- und Siedlungsstruktur bildet sich heraus: hier prosperierende Zentren, die Zuwanderer anziehen, dort verödende Landstriche, die Leistungsfähige geradezu abstoßen. Am schlimmsten wird es nach den BBR-Prognosen in der Altmark, der Region um Stendal, kommen. Der Landkreis um die Stadt ist so groß wie das gesamte Saarland, hat aber nur 13 Prozent der Einwohner. Schon heute ist es schwierig, die ganze Palette der staatlichen Funktionen in einer derart dünn besiedelten Gegend aufrechtzuerhalten. In Zukunft wird es unmöglich sein. 1990 hatte die Stadt Stendal 51 000 Einwohner, 2005 waren es noch 38 000. Bei einer Recherche für einen Artikel über das Auseinanderdriften der deutschen Gesellschaft unterhielt ich mich mit dem Oberbürgermeister Stendals, Klaus Schmotz, der mir sagte: »Es sind ausgerechnet diejenigen gegangen, die noch Kinder bekommen können« – die Jüngeren, insbesondere die Frauen. Zurück bleiben überwiegend Männer, viele arbeitslos und frustriert, was die Gegend wiederum nicht gerade attraktiver macht. So entsteht eine regionale Abwärtsspirale, der sich kaum entrinnen lässt.

Weil die Infrastruktur nach 1990 auf 50 000 Menschen ausgelegt wurde, hat Stendal heute überdimensionierte und entsprechend teure Kapazitäten. Aber der Bevölkerungsverlust hat auch Vorteile: Die Ausstattung der Stadt mit Kindergärten, Schulen und Kultureinrichtungen sei exzellent, findet Schmotz, die renovierte Altstadt biete preisgünstigen Wohnraum. Inzwischen zögen immer mehr Leute aus den verwaisenden Dörfern des Umlands nach Stendal. Auf die Entleerung der Fläche reagieren die Menschen mit Verdichtung an wenigen größeren Orten – darauf gründet sich die Hoffnung des Oberbürgermeisters. Wer nicht nach Berlin, Hannover, Hamburg, nach Süddeutschland oder gleich ins Ausland geht, der zieht vielleicht wenigstens aus dem Umland nach Stendal. Er habe nicht resigniert, sagte Schmotz, aber »man muss nüchtern bleiben«. Es sei unausweichlich, dass ein weiterer »herber Bevölkerungsrückgang« bevorstehe. Die Stadt reagierte mit einem »Rückbauprogramm«: dem Abriss von 6 000 Wohnungen und der Belebung der Innenstadt. Ähnlich wird es vielen anderen Städten gehen: »Wir sind in einer Pionierrolle für ganz Deutschland«, so Schmotz.

Spiegelbildlich sind die Aussichten in Ingolstadt: Die Stadt, so sagen es die BBR-Experten voraus, wächst so stark wie keine andere in Deutschland. Warum eigentlich?, fragte ich den Bürgermeister Albert

Wittmann. Seine Antwort:»Wir haben eine hohe Lebensqualität und eine sehr günstige geografische Lage mitten in Bayern.«Die Stadt ist Standort für diverse Großunternehmen, voran das Audi-Stammwerk, denen es lange Zeit gutgegangen ist und die eine Menge Jobs geschaffen haben. Die Wirtschaft blüht, überall finden sich Baustellen. Und weil die Ökonomie gedeiht, ziehen viele Leute nach Ingolstadt. Hoch Qualifizierte aus dem nahen München, bis Mitte der ersten Dekade des neuen Jahrtausends vor allem aber Spätaussiedler aus Osteuropa – sie sind hauptverantwortlich für den Bevölkerungszuwachs. Selbst in Ingolstadt, wo die Geburtenrate leicht über dem Bundesdurchschnitt liegt, reicht der Fortpflanzungswille auf Dauer nicht aus für ein selbsttragendes Bevölkerungswachstum. Auch im traditionsbewussten Oberbayern ist das Modell»Familie mit Kindern«nicht mehr der selbstverständliche Normalfall, sondern nur eine Option unter mehreren.

Das Zusammentreffen von Globalisierung, Bildungsarmut (siehe »Die zweite Knappheit: Geist«) und demografischer Wende entwickelt eine explosive Eigendynamik: Einige Regionen prosperieren weiter – andere bleiben zurück, mit ungewisser Zukunft. Deutschland zerfällt zunehmend in unterschiedliche Wohlstandssphären:»Früher gab es so große Differenzen nur zwischen Staaten, heute entstehen solche Unterschiede innerhalb Deutschlands«, sagt die Soziologieprofessorin Jutta Allmendinger. Es könnte sein, dass sich Zonen herausbilden, in denen die zivile Ordnung einer bürgerlichen Gesellschaft kaum noch aufrechterhalten werden kann. Die Dritte Welt innerhalb der Ersten.

Es ist ein globales Muster: Wo viel ist, kommt noch mehr hin; wo wenig ist, beschleunigt sich der Niedergang. Ob wachsende Bevölkerungen in Entwicklungsländern oder schrumpfende Bevölkerungen in Mittel- und Osteuropa – die Menschen leben zunehmend verdichtet. Zwangsläufige Folge: Städtischer Wohnraum wird zunehmend knapper, die Preise steigen. Gerade die gedeihenden Großstädte, zumal in den Schwellenländern, werden mutmaßlich auf Jahrzehnte eine stark steigende Nachfrage nach Immobilien verzeichnen. Ein Umfeld, das immer wieder den irrationalen Überschwang von Investoren beflügeln wird: Immobilienpreisblasen, wie sie Japan Ende der achtziger Jahre und die USA sowie viele europäische Länder (Deutschland nicht) seit Mitte der neunziger Jahre erlebt haben, dürften weiterhin die Immobilienszene bestimmen. In Entleerungsgebieten, gerade in schrumpfenden Nationen wie Deutschland, könnten lokale Immobilienmärkte allerdings auch komplett zusammenbrechen. Große Nachfrage und hohe Preise werden dazu führen, dass die Flächennutzung in den Städten noch intensiver wird. In den vergangenen Jahrzehnten war in den reichen Nationen eine Tendenz zur Suburbanisierung sichtbar – die Städte dehnten sich ins Umland aus, die Flächen wurden eher weniger intensiv genutzt. Dieser Prozess wird sich in Ländern mit wachsender Bevölkerung verlangsamen, auch durch steigende Pendelkosten. In schrumpfenden Bevölkerungen wie der deutschen wird er sich vielerorts umkehren: Die Suburbanisierung wird zurückgedreht, der Wohlstandsgürtel um die Städte schrumpft. Die Menschen ziehen zurück ins Zentrum. Entsprechend dürften in den Zentren die Wohnfläche pro Kopf sinken. Eine Tendenz, die auch die stark steigenden Energiekosten befördern.

Dürre, Flut und Sturm: Klimawandel und Bodenknappheit

Der Klimawandel wird aller Wahrscheinlichkeit nach zu einem verstärkten Auftreten von Hitzewellen, Dürren und Überflutungen führen. Diese vorübergehenden Wetterphänomene haben negative Effekte, die allerdings in ihren Auswirkungen räumlich und zeitlich begrenzt bleiben. So wie die mitteleuropäische Hitzewelle des Sommers 2003, die Hunderte Todesopfer forderte, weil die Bürger und die Infrastruktur nicht darauf eingestellt waren. Oder der tropische Wirbelsturm Katrina, der 2005 die amerikanische Millionenstadt New Orleans weitgehend zerstörte. Oder die australische Dürre im Jahr 2006, die katastrophale Ernteausfälle und Notschlachtungen von Vieh zur Folge hatte. All diese extremen Wetterphänomene, die nach den Modellen der Klimaforscher mit der zunehmenden Erwärmung der Erde häufiger werden, haben allerdings mittelbare Folgen, die weit über die jeweils betroffene Region hinausgehen. Zum Beispiel lassen Ernteausfälle die Weltmarktpreise für Agrarprodukte ansteigen.

Neben solchen begrenzten Katastrophen gibt es langfristige Auswirkungen des Klimawandels auf die Landwirtschaft. Für den Fall, dass die Temperaturen um 3 bis 4 Grad Celsius steigen, rechnet beispielsweise der Report des Ökonomen Nikolas Stern im Auftrag der britischen Regierung mit dauerhaften Ernteausfällen in Afrika und dem westlichen Asien von bis zu 35 Prozent. »Ein solches Absinken der Produktivität wäre eine echte Herausforderung für die ärmsten Länder, insbesondere für solche, die bereits heute von Wassermangel betroffen sind«, so der Report.[11] Allerdings muss man dazusagen (was Klimaschutz-Aktivisten in ihrem löblichen Eifer gelegentlich vergessen): Dies ist ein extremes Szenario. Ein Anstieg der weltweiten Durchschnittstemperatur um 4 Grad Celsius liegt am oberen Ende der Bandbreite, die der Weltklimarat für das Ende des 21. Jahrhunderts prognostiziert.[12] Solche Vorhersagen sind zwangsläufig mit großer Unsicherheit verbunden, erst recht was etwaige Ernteausfälle betrifft, wobei ja unterstellt wird, dass sich die Menschen in den nächsten Jahrzehnten nicht auf den Wandel einstellen, indem sie beispielsweise neue Getreidesorten und Anbaumethoden entwickeln.

Auch wenn die physischen und die ökonomischen Auswirkungen des Klimawandels mit hoher Unsicherheit behaftet und alle Zahlen mit Vorsicht zu genießen sind, so herrscht doch weitgehende Einigkeit über die Tendenz. Fruchtbare Böden und sichere Siedlungsgebiete werden knapper.

Zum Beispiel in Indien. Die nach wie vor stark an Bevölkerung zulegende Meganation ist anfällig für Veränderungen des Monsunregens. Der Klimawandel dürfte zur Folge haben, dass der Regen sich auf weniger Tage konzentriert. Entsprechend kommt es öfter zu Überflutungen, die insbesondere die armen Stadtbewohner betreffen, die häufig in Behelfsbehausungen entlang von Flüssen leben. Die Kehrseite der stärkeren Regenkonzentration sind längere regenlose Phasen, die im Zusammenwirken mit steigenden Temperaturen die landwirtschaftlichen Erträge sinken lassen dürften. Insbesondere in den Monaten April und Mai, unmittelbar vor dem Monsun, dürfte in Zukunft extreme Trockenheit ein häufiges Phänomen sein. Von den Klimaveränderungen wird besonders der Nordteil Indiens betroffen sein. Diese bereits heute trockene Region dürfte künftig auch noch unter dem Verschwinden der Himalaja-Gletscher leiden, deren Schmelzwasser die Flüsse auch während der Trockenzeit speist. Gehen die Gletscher in den nächsten 50 Jahren wie vorhergesagt zurück, würde das im Zusammenspiel mit dem Rückgang der Niederschläge und dem Bevölkerungswachstum zu krisenhaften Zuspitzungen führen.

Zum Beispiel in Afrika. Im Norden des Kontinents droht dem Nil und seinen Anrainern eine Verminderung der Wassermenge, die der Strom führt. Extreme Szenarios errechnen einen Rückgang des Nilwassers um 75 Prozent bis zum Jahr 2100. Millionen von Menschen wären ihrer Wassergrundlage beraubt. Südlich der Sahara wird der Klimawandel insbesondere Gebiete betreffen, die schon heute für extreme Wetterlagen anfällig sind: die trockeneren Regionen im südlichen Afrika, in Ostafrika vor allem das Gebiet um die Großen Seen und die Küstenregionen. Auch in Afrika steigt die Bevölkerung in den kommenden Jahrzehnten mit hohen Raten. Da zudem künstliche Bewässerungssysteme einerseits und andererseits Anlagen zum Überflutungsschutz bislang kaum vorhanden sind, werden die Auswirkungen dort direkt auf die Lebensgrundlage der Menschen durchschlagen.

Die Auswirkungen auf die landwirtschaftliche Produktion dürften desaströs sein. Bei einem Anstieg der Temperaturen um 3 Grad Celsius könnten dem Stern-Report zufolge zwischen 250 und 550 Millionen Menschen von Hungersnöten betroffen sein, mehr als die Hälfte von ihnen in Asien und in Subsahara-Afrika. Durch die Erwärmung könnte sich zudem die Malaria in Gebiete ausbreiten, wo sie bislang nicht verbreitet ist, etwa in Teile Zimbabwes.

Zum Beispiel in Lateinamerika. Um die Mitte dieses Jahrhunderts dürfte eine sich verschärfende Trockenheit die Andenregion stark in Mitleidenschaft ziehen, wo die Maisernten um 15 Prozent fallen sollen. Da Mais die Hauptnahrungsquelle ist, hätte das Sinken der Erträge direkte Auswirkungen auf das Leben der Menschen dort. In Lateinamerika insgesamt könnten aufgrund zunehmender Trockenheit im Jahr 2020 rund 40 Millionen Menschen unter Wassermangel leiden: zu wenig Trinkwasser, zu wenig Wasser, um die Felder zu bewirtschaften, zu wenig Wasser, um Strom in Hydrokraftwerken zu produzieren. Bis 2050, so die pessimistischen Vorhersagen, könnte diese Zahl auf 50 Million Menschen steigen, wenn die Gletscher in den tropischen Anden wie prognostiziert geschmolzen sind.[13]

Steigende Temperaturen werden indes in anderen Weltgegenden positive Einflüsse auf die Bodennutzung haben. Nördliche Breitengrade, die vom Temperaturanstieg besonders stark betroffen sein werden, dürften steigende Agrarerträge verzeichnen. Kürzere Winter verlängern die Vegetationsperiode. Ein Auftauen der Permafrostböden ermöglicht es, zuvor nicht nutzbares Land für die Agroproduktion zu erschließen. Kanada, Russland, Nordeuropa dürften eine Ausweitung ihrer nutzbaren Böden erfahren.[14] Unsicher ist allerdings zweierlei: erstens wie lange dieser Effekt anhält; bei weiter steigenden Temperaturen könnten auf lange Sicht die Erträge wieder zurückgehen. Zweitens und vor allem, ob die Steigerungen im Norden die Rückgänge im Süden ausgleichen können. Letzteres wird mutmaßlich nicht der Fall sein – allerdings könnte es zu einer massenhaften Zuwanderung in heute menschenleere Gebiete in Kanada oder Sibirien kommen.

Eine andere Horrorvision des Klimawandels, nämlich der starke und abrupte Anstieg des Meeresspiegels, verbunden mit mörderischen Überflutungen an den Küsten der Welt, liegt mutmaßlich noch in weiterer Ferne.[15] Durch das Abschmelzen von Polareis, zumal am Nordpol, kommt es den gängigen Modellen zufolge zu einem Anstieg um 20 bis 60 Zentimeter bis zum Ende des 21. Jahrhunderts, so der Weltklimarat in seinem vierten Bericht. In unterschiedlichen Weltgegenden wird dieser Anstieg unterschiedlich stark ausfallen. So werden die größten Anstiege in der Arktis und im Südatlantik sowie im Indischen Ozean vorhergesagt, auch wenn die Modelle teils widersprüchliche Ergebnisse zeitigen.

Der Anstieg des Meeresspiegels wird an den Küsten rund um den Globus spürbar sein. Dichtbesiedelte Gebiete, darunter ganze Viertel verschiedener Megastädte, werden durch einen Anstieg des Wasserspiegels bedroht. Intensiv genutzte Flächen gehen verloren: Stadtfläche, Industriegebiete, Anbauflächen. Wichtige Infrastruktur – Straßen, Schienen, Häfen, Raffinerien, Atomkraftwerke – liegen häufig in Küstennähe. Die Erhaltung der Nutzbarkeit dieser Flächen wird nur zu hohen Kosten möglich sein. Gelder, die gerade arme Nationen kaum aufbringen können.

Zuvörderst betroffen sind jene rund 200 Millionen Menschen, die heute in Überflutungsgebieten in Küstennähe leben, die nicht mal einen Meter über dem – oder sogar unter dem – Meeresspiegel liegen. Dazu gehört ein Viertel der Bevölkerung von Bangladesch. 22 der 50 größten Städte der Welt unterliegen einem erhöhten Überflutungsrisiko, darunter Tokio, Shanghai, Hongkong, Bombay, Kalkutta, Karatchi, Buenos Aires, St. Petersburg, New York, Miami und London. Dass auch ein System von Deichen nur begrenzte Hilfe gegen katastrophale Fluten bietet, hat das Beispiel New Orleans gezeigt, wo die mit dem Wirbelsturm Katrina einhergehende Flut die Dämme brechen ließ, sodass die Stadt, die unter dem Meeresspiegel liegt, geflutet wurde.

Süd- und Ostasien werden den gängigen Prognosen zufolge besonders stark betroffen sein, insbesondere die Deltaregionen großer Flüsse wie die des Perlflusses (China), des Ganges' (Indien) oder des Mekongs (Vietnam) – tiefliegende, fruchtbare Gebiete, die zu ökonomischen Brennpunkten geworden sind. Entsprechend wächst auch das Risiko für das dichtbesiedelte Nildelta sowie für die afrikanischen Küsten, erst recht für kleine Inselstaaten im indischen und im pazifischen Ozean. Immer mehr Menschen werden ab Mitte dieses Jahrhunderts zu Flutflüchtlingen, auf der Suche nach trockeneren Böden verlassen sie ihre Heimat und ziehen in höhergelegene Gebiete.[16]

In Westeuropa hat die Bedrohung durch steigende Meeresspiegel bereits große Infrastrukturprojekte in Gang gesetzt. An den norddeutschen Küsten werden die Deiche erhöht. Für die Niederlande, deren Territorium großenteils unterhalb des Meeresspiegels liegt und die eine jahrhundertealte Geschichte des Kampfes gegen die Fluten haben, geht es schlicht ums Überleben. Sperrwerke werden gebaut und spezielle Überflutungsgebiete eingerichtet, um den Wasserdruck in geordneten Strömen zu halten. In England bereiten sich die Behörden darauf vor, das Themse-Sperrwerk, 18 Kilometer stromabwärts des Londoner Zentrums, aufzustocken. Obwohl erst 1983 in Dienst gestellt, reicht es nicht mehr aus. Bereits heute muss es viel öfter geschlossen werden, als ursprünglich geplant: Um die britische Hauptstadt vor Überflutungen zu schützen, schließt es im Durchschnitt zehn Mal jährlich statt ein- bis zweimal, wie einst von den Planern erwartet.[17]

Die USA hingegen haben viel weniger für den Küstenschutz getan, erst seit der weitgehenden Zerstörung von New Orleans gibt es ein Umdenken. New York City sei besonders anfällig für klimabedingte Katastrophen, warnen die beiden Klimaforscherinnen Vivien Gornitz und Cynthia Rosenzweig von der New Yorker Columbia University: »Mit einer Bevölkerung von mehr als 8 Millionen, vielen Milliarden US-Dollar an Vermögenswerten und einer Hunderte Meilen langen Küstenlinie« sei ihre Stadt besonders hurrikangefährdet. Die tropischen Wirbelstürme kamen bereits in der Vergangenheit in vielen Fällen die Atlantikküste nordwärts bis nach New York. Der Klimawandel könne häufigere, heftigere Hurrikans bis nach New York führen. Eine zunehmende Gefahr für die Stadt, insbesondere in Verbindung mit dem allmählichen Anstieg des Meeresspiegels. Besonders schutzlos seien Lower Manhattan, Rockaways, Coney Island, die südlichen Gebiete von Brooklyn, Queens, Coroner Park sowie das südliche Staten Island vom Great Kills Harbor bis zur Verazzano Bridge.[18] Feuchte, nicht unbedingte fröhliche Aussichten.

New York City gehört zu den zehn gefährdetsten Küstenmetropolen der Welt. Und keine in den reichen Ländern hat einen schlechteren Küstenschutz, noch schlechter als der Küstenschutz von New Orleans vor Katrina. In einer Untersuchung für die OECD hat ein internationales Wissenschaftlerteam die 136 Hafenstädte der Welt mit mehr als 1 Million Einwohnern analysiert. Sie sind die Sollbruchstellen der globalen Ökonomie – Umschlagplätze für Güter, Menschen, Kapital, dicht besiedelt, voll kritischer Infrastruktur und wertvoller Immobilien. Und: Die boomenden Küstenregionen sind jene Gebiete, die Bevölkerung anlocken und deshalb ein hohes Bevölkerungswachstum aufweisen. Entsprechend groß sind die zusätzlichen Risiken, die in den kommenden Jahrzehnten auf die Hafenstädte zukommen: weil die Wahrscheinlichkeit katastrophaler Ereignisse steigt und weil der Schaden, den sie anrichten können, wächst.

Die Risiken konzentrieren sich auf die 30 am stärksten betroffenen Hafenstädte. Von diesen 30 Städten liegen 19 in Flussdeltas. Die Top 10 des Flutrisikos, gemessen an der potenziell betroffenen Bevölkerungszahl, sind demnach: Bombay, Guangzhou, Shanghai, Miami, Ho-Chi-Minh-Stadt, Kalkutta, der Großraum New York, Osaka-Kobe, Alexandria und New Orleans. Das Wissenschaftlerteam hat auch in den Blick genommen, wo die wirtschaftlichen Schäden potenziell am größten sind. Die größten flut- und sturmbedingten Zerstörungen sind in zehn Städten – nämlich Miami, der Großraum New York, New Orleans, Osaka-Kobe, Tokio, Amsterdam, Rotterdam, Nagoya, Tampa und Virginia – zu erwarten, wo zusammen Vermögen im Wert von 5 Prozent des weltweiten Sozialprodukts bedroht sind.

Durch das starke Bevölkerungs- und Wirtschaftswachstum werden die Risiken voraussichtlich bis in die siebziger Jahre des 21. Jahrhunderts stark steigen: In den zehn Städten mit der größten Gefährdung werden dann dreimal so viel Menschen (150 Millionen) leben wie heute, und es wird das neunfache an Vermögenswerten betroffen sein. Auch kleinere Städte wie das somalische Mogadischu oder das angolanische Luanda werden in der zweiten Hälfte des 21. Jahrhunderts stark gefährdet sein. Der OECD-Studie zufolge konzentrieren sich die volkswirtschaftlichen Schäden in wenigen Ländern: So liegen dann 90 Prozent der Vermögensrisiken in nur acht Ländern – China, USA, Indien, Japan, Niederlande, Thailand, Vietnam und Bangladesh.[19]

Und was nun? Nach uns die Sintflut?

Die siebte Knappheit:
Wasser

1822, 1831, 1832, 1848, 1859, 1866, 1873 – in all diesen Jahren war es schon schlimm gewesen. Doch dann kam es ganz dick: Im Sommer 1892 brach die Seuche wieder über Hamburg herein. Es war heiß in diesem Jahr, die Elbe, ohnehin ein stinkend dreckiger Fluss, stand niedrig, das Wasser war warm. Eine ideale Brutstätte für Erreger. Am 14. August wurde der erste Kranke, ein Kanalarbeiter, mit Brechdurchfall in ein Hospital eingeliefert, drei Tage später war er der Krankheit erlegen. In den kommenden Tagen erkrankten weitere Hamburger, zunächst nur Einzelfälle, dann brach die Katastrophe los. Am 22. August waren bereits 1100 Menschen erkrankt, 455 waren gestorben. An Cholera, wie sich nun herausstellte. So ging es weiter, obwohl inzwischen Schutzmaßnahmen eingeleitet worden waren. Bis in den Spätherbst hinein erkrankten immer weitere Menschen, fast 17000 insgesamt, mehr als 8500 von ihnen starben. Auf dem Olsdorfer Friedhof gruben die Arbeiter im Mehrschichtbetrieb, um die Toten zu bestatten.[1]

Der Hamburger Cholera-Ausbruch, die letzte große Epidemie in Deutschland, war so ungewöhnlich nicht. In den Städten zu leben war damals lebensgefährlich. Die wirtschaftlichen Zentren Westeuropas und Amerikas waren im Zuge der Industrialisierung rasch gewachsen, nun waren sie überfüllt von armen Zuwanderern, die auf engstem Raum im Dreck lebten. Seuchen wüteten, häufig, heftig und unbarmherzig. Chicago galt im späten 19. Jahrhundert als Typhus-Hauptstadt der USA mit 20000 Fällen im Jahr. In Städten wie Detroit, Pittsburgh oder Washington D.C. lag die Kindersterblichkeit doppelt so hoch wie heute in Afrika südlich der Sahara. Die Ursache war überall die gleiche: schmutziges Wasser.

Zum Beispiel in Hamburg: Bis zum Ausbruch der großen Seuche von 1892 wurde das Trinkwasser ungereinigt der Elbe entnommen. Abwässer wiederum wurden selbstverständlich ungeklärt in den Fluss geleitet. So breiteten sich die Cholera-Erreger durch die gelösten Exkremente der Erkrankten über das Trinkwasser im ganzen Stadtgebiet aus. Erst im Zuge der Epidemie bauten die Hamburger eine Filtrieranlage – eine Investition, die andere Städte bereits getätigt hatten, die dem Hamburger Senat bis dahin aber als zu teuer erschienen war.

Anderswo war man damals schon weiter. In den achtziger Jahren des 19. Jahrhunderts fand die Bewegung für den Ausbau städtischer Wassersysteme immer mehr Anhänger. Unhaltbar waren die Zustände in den überbevölkerten Städten, deren Infrastruktur mit dem raschen Wachstum der zurückliegenden Jahrzehnte nicht Schritt gehalten hatte. Die Bürger bekamen es mit der Angst zu tun. Sie verlangten mehr Sicherheit für Leib und Leben. Und mehr Mitspracherechte. Bislang private Wasseranbieter, die in vielen Ländern – in England bereits seit dem 16. Jahrhundert – die Stadtbewohner mit Wasser versorgten, wurden aus dem Markt gedrängt. Gegen Ende des 19. Jahrhunderts übernahmen staatliche Wasserwerke in Europa und Nordamerika die Versorgung der Bevölkerung mit sauberem Wasser und geordneter Abwasserentsorgung.[2]

Mit durchschlagendem Erfolg: In England stieg in der Zeit des großen Ausbaus der Hydro-Infrastruktur die Lebenserwartung sprunghaft an – zwischen 1890 und 1900 um eine ganze Dekade. Zeitgleich sank die Kindersterblichkeit von 160 Todesfällen pro 1000 Geburten auf 100.[3] In den USA war Typhus um das Jahr 1930 praktisch ausgerottet.[4] Besonders augenfällig war der zivilisatorische Fortschritt in Hamburg: Während die reiche Freie und Hansestadt für den Bau einer Filtrieranlage zu geizig gewesen war, gab es bereits eine solche Anlage im benachbarten, damals preußisch regierten Altona (heute ein Hamburger Stadtteil), wo während der großen Cholera-Epidemie weit weniger Menschen erkrankten.

Problem gelöst. Im 20. Jahrhundert war die Wasserversorgung kein großes Thema mehr. Hin und wieder gab es in den Lokalzeitungen Schlagzeilen über die anstehenden Sanierungsarbeiten der inzwischen altersschwachen Kanalisationssysteme. Kläranlagen wurden ausgebaut, die Flüsse waren sauberer. Ansonsten galt in den meisten wohlhabenden Ländern der Erde für Wasser das Gleiche wie für Strom: dass es irgendwie aus der Wand kommt, zuverlässig und billig. Weitere Gedanken – überflüssig.

Doch inzwischen rückt Wasser wieder ins Zentrum der Agenda. »Weltwassertage« werden abgehalten, internationale Konferenzen, bei denen Fachleute und Regierungsvertreter Probleme benennen und Lösungen diskutieren. Internationale Organisationen wie die UNO und die Weltbank legen dicke Berichte vor. 2008 machte es sogar das World Economic Forum, jener exklusive Club von Topmanagern aus aller Welt, der sich jeden Januar in Davos trifft, zum Jahresthema. Wasserknappheit, das zeichnet sich längst ab, ist ein Problem von globalem Ausmaß. Und sie wird sich dramatisch verschärfen.

Wie im 19. Jahrhundert, so sind auch heute die stürmische ökonomische Entwicklung und die sich rasch vermehrende Bevölkerung, zumal in den Städten, die entscheidenden Faktoren: Die Metropolen in den Schwellen- und in den Entwicklungsländern wachsen so rasch, dass die Infrastruktur nicht mitkommt. Vielerorts ist es auch schlicht und einfach Ignoranz: Ob in Delhi oder in Nairobi, die Städte bestehen in weiten Teilen aus riesigen Slums, durchzogen von stinkenden Kanälen oder verseuchten Flüssen, die für viele der einzige Zugang zu Wasser und die einzige Abwasserleitung sind; sauberes Wasser gibt es allenfalls zu hohen Preisen von gelegentlich vorbeifahrenden Tankwagen zu kaufen, während wohlhabendere Viertel ans Leitungssystem angeschlossen sind. Ähnlich in Hamburg vor der letzten großen Epidemie: Die Innenstadt war überfüllt von armen Zuwanderern, viele von ihnen aus Osteuropa, die im Hafen und auf den Werften arbeiteten und für die Hamburg eine Durchgangsstation auf dem Weg nach Amerika war. Ihre armseligen Quartiere in der völlig überfüllten Innenstadt waren das Epizentrum der Seuche.

Immer mehr Menschen, immer größere Städte, immer intensivere Landwirtschaft, eine immer schnellere Industrialisierung – all diese Entwicklungen, die Westeuropa und Nordamerika im 19. Jahrhundert durchliefen, machen die Schwellenländer heute im Zeitraffer durch. Und es ist wie eh und je: Ohne Wasser – reichlich und sauber – geht es nicht. Weil die Boomregionen zu trocken sind, droht in Ländern wie China und Indien das Wirtschaftswachstum zurückzugehen. Weil in Gegenden mit hohem Bevölkerungszuwachs, zumal in Subsahara-Afrika, die Äcker und Weiden verdorren, werden in den kommenden Jahrzehnten Schätzungen zufolge zig Millionen Menschen auf Nahrungsmittelhilfen angewiesen sein. Oder verhungern.

Die Folgen der Globalisierung und der demografischen Entwicklung lassen die Nachfrage nach Wasser steigen. Und der dritte Großtrend verschärft die Lage zusätzlich: Der Klimawandel verknappt das Angebot an Wasser. Schlaglichter auf ein inzwischen allgegenwärtiges Problem:

- »*Wasserkrise bedroht Süden mehr als Krieg*«[5]
- »*Ägäis-Inseln geht das Trinkwasser aus* – In Griechenland macht sich der Klimawandel bemerkbar – Urlauberboom verschärft die Knappheit. Nach einem der wärmsten und niederschlagsärmsten Winter der letzten Jahrzehnte droht vielen griechischen Ferieninseln im kommenden Sommer der Trinkwasser-Notstand. Tankschiffe müssen Süßwasser vom Festland bringen.«[6]
- »*Rohstoff zum Leben* – (China) braucht eines fast noch dringender als Öl: Wasser«[7]
- »*Stadt der Verschwender* – Wasserknappheit ist eines der drängendsten Menschheitsprobleme. (...) An kaum einem Ort wird das so deutlich wie in Neu-Delhi.«[8]
- »*Das Wasser bis zum Hals* – In Ankara ist seit Wochen das Wasser extrem knapp.«[9]
- »*Raubbau legt alles trocken* – Murcia ist der Gemüsegarten Europas. (...) Dafür wird Wasser sogar aus dem Zentrum Spaniens in den Fluss Seguro gepumpt, der die Felder rund um Murcia versorgt. Um die Äcker so extrem zu bewässern, fehlt es in Murcia ebenso wie in den Landstrichen um Alicante und Almeria eigentlich an Wasser.«[10]
- »*Die Sonne treibt Australien in die Rezession* – Der fünfte Kontinent leidet unter extremer Dürre. Bauern verlassen ihr Land. Die Krise erreicht nun andere Geschäftszweige«[11]
- »*Knappheit führt zu hohem Investitionsbedarf* – Der Wassersektor bietet Anlegern gute Chancen.«[12]

Schlagzeilen, willkürlich ausgewählt, die zeigen, dass die menschliche Entwicklung zuweilen an natürliche Grenzen stößt.

Lokal und global: das Wasserangebot

Wenn man die Welt als Ganzes betrachtet, ist der Begriff »Wasserknappheit« einigermaßen absurd. Kaum eine Substanz ist auf der Erde reichlicher vorhanden. Der blaue Planet ist der nasseste Ort im Universum, den wir kennen. Rund 70 Prozent der Erdoberfläche sind von Ozeanen bedeckt. Anders als Öl, Gas und Kohle kann die Menschheit das vorhandene Wasser nicht aufbrauchen, weil es ein unendlich erneuerbarer Rohstoff ist, der verdunstet, in die Atmosphäre aufsteigt, aus Wolken abregnet, sich in Meere, Flüsse, Seen ergießt, ins Grundwasser versickert, abermals verdunstet. Ein wunderbarer Kreislauf. 44 000 Kubikkilometer regnen Jahr für Jahr auf die Erde, 6 900 Kubikmeter pro Mensch, durchschnittlich, derzeit.

Es ist nur so: Den größten Teil der Vorkommen kann die Menschheit kaum nutzen. 97 Prozent des Wassers sind salzige Ozeane. Vom Rest ist das meiste im Eis der Polkappen gespeichert. Nur 1 Prozent ist leicht zugänglich, in Seen, Flüssen und im Grundwasser. Und dieses einfach zu nutzende Wasser ist extrem ungleich verteilt. Einige Gegenden bekommen große Mengen Niederschlag ab, andere leiden regelmäßig unter jahrelangen Dürren. Einige große Reservoirs finden sich in quasi menschenleeren Gebieten, während dichtbesiedelte Regionen dursten. So ist ein Viertel des weltweiten Süßwassers im Baikalsee gespeichert, der leider im fast unbesiedelten Sibirien liegt. Im dichtbesiedelten Norden Chinas hingegen stehen pro Kopf der Bevölkerung nur 757 Kubikmeter jährlich zur Verfügung, das ist weniger als in Teilen Nordafrikas; im Süden Chinas ist es pro Kopf die vierfache Menge. In Indien liegen zwei Drittel der natürlichen Wasserreserven in Gebieten, in denen dummerweise nur ein Drittel der Bevölkerung des Landes lebt. In Brasilien wohnen Millionen Menschen in Dürreregionen, obwohl das Land insgesamt viel Regen bekommt.

An gängige Gerechtigkeitsvorstellungen halten sich die Wasservorkommen auf der Erde selten.

In Lateinamerika insgesamt stehen pro Person zwölfmal so viel Süßwasser zur Verfügung wie in Südasien. Auch Kanada und der nördliche Teil Europas sind nasse Gegenden. Afrika südlich der Sahara ist insgesamt gut ausgestattet mit Wasser, aber es ist ein Kontinent mit extremen Feuchtigkeitsunterschieden: Während im Kongo üppige 20 000 Kubikmeter pro Einwohner zur Verfügung stehen, leiden die Sahel-Zone und Teile des südlichen Afrikas regelmäßig unter Dürre.

Wasserknappheit ist stets ein lokales Phänomen. Denn Wasser kann nur zu sehr hohen Kosten über weite Distanzen transportiert werden.

Pipelines zu bauen oder Tankschiffe um die Welt zu schicken, ist schlicht zu teuer. Und dann gibt es nicht nur eine räumliche, sondern auch noch eine zeitliche Dimension der Wasserknappheit: Mancherorts wechseln Flut und Dürre einander ab. Beides bedroht die Lebensgrundlagen von Menschen. So fallen in Teilen Asiens 90 Prozent der jährlichen Niederschläge binnen 100 Stunden während der Monsunzeit. Wetterbedingungen, denen die Infrastruktur angepasst sein muss – wer solch heftige Niederschläge nicht in geordnete Ströme lenken und speichern kann, riskiert desaströse Überflutungen und hat den Rest des Jahres dann doch nichts zu trinken.

Bedürfnisse und Bedarfe: Die Nachfrage nach Wasser

Anders als andere Stoffe ist Wasser lebensnotwendig. Ohne Wasser ist Leben auf der Erde unmöglich, menschliches Leben erst recht. Es gibt keine Alternativen, keine Substitute. Zugang zu Wasser ist deshalb heute ein Menschenrecht. Als unabweisbares Bedürfnis eines jeden. 20 Liter pro Kopf und Tag gelten internationalen Organisationen wie UNICEF oder der Weltgesundheitsorganisation (WHO) als absolutes hydrologisches Existenzminimum – für Trinken, Essenszubereitung, fundamentale Körperpflege. Wohlgemerkt: 20 Liter von einer Quelle in einer Entfernung von nicht mehr als 1 Kilometer. Mit anderen Worten: Ohne Anschluss ans Leitungssystem muss eine fünfköpfige Familie jeden Tag 100 Liter, also eine 100 Kilogramm schwere Last, in Flaschen, Kanistern oder Eimern 1 Kilometer weit schleppen. Zeit, die nicht für produktive Arbeiten und nicht für Bildung zur Verfügung steht.

Selbst zu einer solchen Basisversorgung haben Schätzungen zufolge 1,1 Milliarden Menschen weltweit keinen Zugang. Was bedeutet, dass sie ihr Wasser aus Flüssen, Seen oder irgendwelchen ungesicherten Quellen schöpfen müssen, mit entsprechend hohem Infektions- und Vergiftungsrisiko. Unter diesen Bedingungen leben 45 Prozent der Menschen in Afrika südlich der Sahara, 20 Prozent in Ostasien, 15 Prozent in Südasien und in den arabischen Staaten, knapp 10 Prozent in Lateinamerika.

Noch dürftiger sind die Bedingungen bei der Abwasserentsorgung.

Ein Drittel der Menschheit lebt nach UNO-Schätzungen ohne auch nur halbwegs geordnete sanitäre Infrastruktur: 2,6 Milliarden Menschen. Zwei Drittel der Afrikaner und Südasiaten, die Hälfte der Ostasiaten, knapp 30 Prozent der Araber, mehr als 20 Prozent der Lateinamerikaner. Statt Toiletten bleiben ihnen nur Gräben, Felder, Erdlöcher, Rinnsteine. Das erhöht nicht nur das Infektionsrisiko immens, es ist auch entwürdigend.

Die humanitären Kosten von Knappheit und mangelnder Hygiene sind enorm: 1,8 Millionen Kinder, so schätzen Fachleute, sterben jährlich an den Folgen von Durchfall, meist durch verdrecktes Wasser; Wassermangel und schlechte Hygienestandards sind die zweithäufigste Todesursache von Kindern. Durch wasserbedingte Erkrankungen fehlen Kinder zusammen 443 Millionen Schultage pro Jahr – was die Mehrung von Wissen und Wohlstand behindert.

Da in den Wassermangelregionen die Bevölkerungszahl weiter zunehmen wird, dürften in den kommenden Jahrzehnten immer mehr Menschen unter einer angespannten Wasserversorgung (»water stress«) leiden. Bis 2025 könnten den Prognosen zufolge 3 Milliarden Menschen in »Wasserstress«-Gebieten leben, 85 Prozent der Afrikaner, 90 Prozent der Araber, auch in China und Indien wird der Wassermangel bei einer solchen Fortschreibung der Entwicklung extreme Ausmaße annehmen. Bis 2050 wären es 4 Milliarden Knappheitsopfer. In den trockensten Ländern der Erde wird die Verfügbarkeit pro Kopf gegenüber 1950 um 85 Prozent sinken, überwiegend eine Folge des Bevölkerungswachstums. Als »water stressed« bezeichnen Hydrologen Gegenden, in denen weniger als 1700 Kubikmeter Wasser pro Kopf zur Verfügung steht, und zwar für die privaten Haushalte, die Landwirtschaft, die Industrie und eine nachhaltige Umweltqualität. Unter 1000 Kubikmeter wird die Lage als »Wasserknappheit« eingestuft, unter 500 Kubikmeter als »absolute Knappheit«. Schon heute leben in Indien 224 Millionen Menschen unterhalb der 1000-Kubikmeter-Schwelle.

Von diesem Wasser wird der kleinste Teil direkt von Menschen für ihre Ernährung und ihre Körperhygiene genutzt. Auch wer in den reichen Ländern täglich duscht und ein Wasserklosett hat, wer Geschirrspüler und Waschmaschine nutzt, sogar wer täglich seinen Rasen sprengt, verbraucht nur einen Bruchteil des insgesamt verwendeten

Grafik 10 Die globale Liquidität: Täglicher Wasserverbrauch pro Kopf in Litern

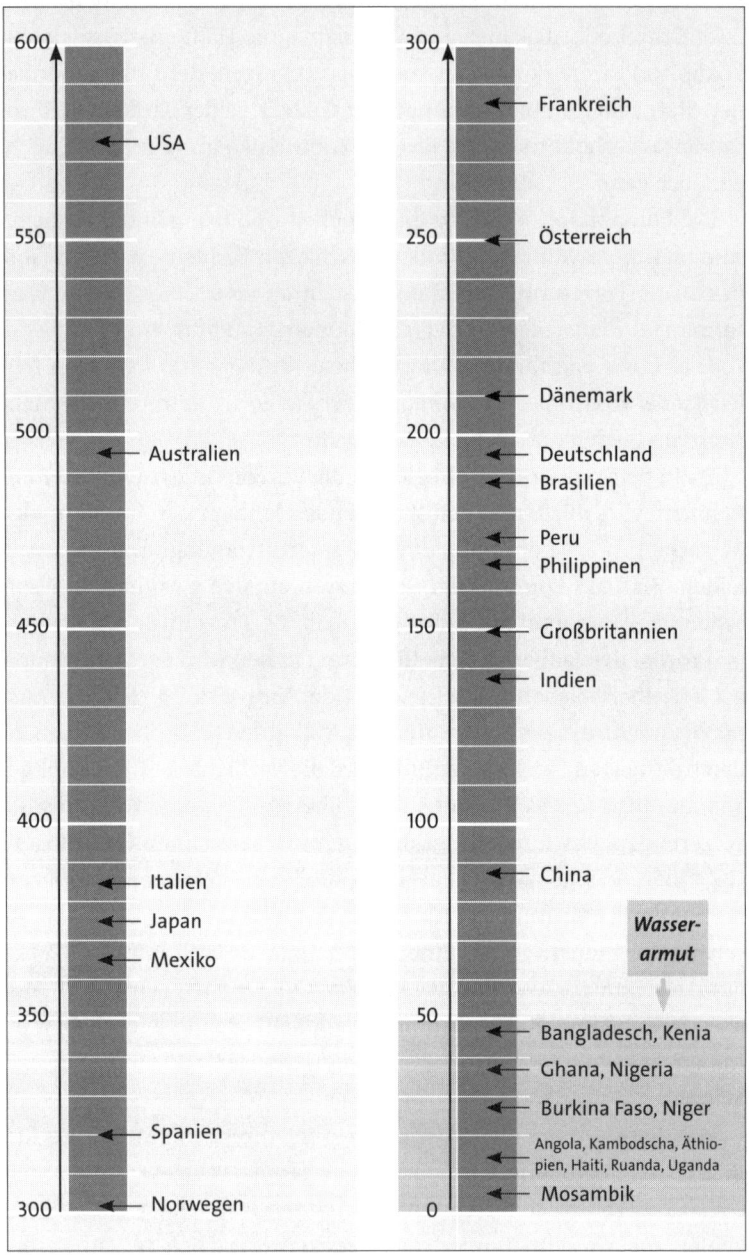

Quelle: UNDP 2006

Wassers. Ein Amerikaner nutzt im Haushalt 575 Liter pro Tag, in manchen Wüstengegenden, wo man dennoch auf üppig grüne Rasenflächen im Vorgarten nur ungern verzichtet, sind es sogar 1000 Liter; ein Deutscher verbraucht 195 Liter; ein Inder 175 Liter; ein Chinese 85 Liter, ein Bangladeschi 45 Liter, ein Mozambikaner 5 Liter täglich.[13] Um die globale Spannbreite deutlich zu machen.

Doch das ist alles nichts gegen den größten Verbraucher: die Landwirtschaft. Um das tägliche Nahrungsangebot von 3000 Kalorien zu produzieren, braucht man die 70-fache Menge der bereits erwähnten 20-Liter-Minimalversorgung. Zwischen 2000 bis 5000 Liter sind nötig, um ein Kilo Reis zu erzeugen. Für die Fleischproduktion bedarf es umso mehr Wasser: Denn das Vieh muss nicht nur getränkt, sondern auch – wiederum mit wasserintensiv hergestellten Ackerfrüchten wie Mais oder Soja – gefüttert werden. Je höherwertig sich die Menschen ernähren, je mehr Fleisch sie essen, desto mehr Wasser verbrauchen sie. Um einen Hamburger herzustellen, braucht man 11000 Liter Wasser. Auch Zucker ist ein typischer Bestandteil der Wohlstandsnahrung, dessen Produktion auf Wasserreichtum fußt; pro Tonne Zuckerrohr wird achtmal mehr Wasser gebraucht als pro Tonne Weizen.

Die neuen Wohlstandsgebiete der Erde machen die gleiche Entwicklung durch wie zuvor schon der Westen: Je reicher sie werden, desto größer wird ihr Durst.

Im 20. Jahrhundert hat sich die Weltbevölkerung vervierfacht, der Wasserbedarf hingegen ist um das Siebenfache gestiegen. Die Gründe liegen in der besseren Ernährung in den reichen Ländern sowie in der Industrie, die heute dort rund die Hälfte allen Wassers verbraucht. Auf die Landwirtschaft entfallen in den reichen Ländern nur noch 30 Prozent. In den Entwicklungsländern hingegen liegt der Agroanteil noch bei 80 Prozent.[14]

Die hochentwickelten Länder zeigen bei allem Wasserdurst auch, dass der Verbrauch nicht weiter endlos steigen muss. Seit 1980 ist in den OECD-Staaten der absolute Wassernutzung, trotz Bevölkerungswachstums, annähernd konstant, insbesondere weil in der Landwirtschaft und in der Industrie verbesserte Methoden angewandt wurden.[15] Das zeigt: Enorme Effizienzgewinne sind möglich. Und sie sind auch nötig – denn bislang bürdet die Menschheit dem globalen Wasserhaushalt enorme Schulden auf.

Die Überflussillusion

Obwohl Wasser aus dem Hydrokreislauf der Erde nicht einfach verschwindet – denn es regnet ja irgendwo ab oder fließt irgendwo hin –, gibt es doch in vielen Gebieten der Erde eine Übernutzung der Wasserressourcen. Eigentlich sollte genutzte Flüssigkeit an Ort und Stelle geklärt zurückgegeben werden, sodass Gewässer und Grundwasser auch weiterhin in guter Qualität zur Verfügung stehen. Tatsächlich aber wird in vielen Ländern Wasser bislang nicht als knappe Ressource behandelt, sondern als eine Substanz, die in praktisch unendlicher Menge zur Verfügung steht und die folglich auch nicht gepflegt zu werden braucht. Eine Überflussillusion.

Entsprechend haben Menschen in trockeneren Regionen Methoden und Lebensweisen aus feuchteren Gebieten übernommen. Angelsachsen beispielsweise lieben sattgrüne Rasenflächen, auch wenn sie die regenreichen britischen Inseln schon vor Generationen verlassen haben und nun in der Wüste Arizonas oder im australischen Outback siedeln. Golf-Araber möchten auch bei 50 Grad Celsius nicht aufs Skifahren verzichten und bauen sich überdachte Winterwelten – eine Scheich-Schweiz im Miniaturformat. Saudi-Arabien lässt in der Wüste Weizen sprießen und pumpt dafür fossile unterirdische Wasservorkommen ab. Die Illusion vom Hydroüberfluss treibt seltsame Blüten. Die Folgen: versiegende Flüsse, verschwindende Seen, fallende Grundwasserspiegel.

Ob Jangtse, Gelber Fluss, Ganges, Jordan, Nil, Tigris oder Euphrat – die Anrainer entnehmen den Flüssen zu viel Wasser. China zum Beispiel dürfte dem Gelben Fluss maximal Dreiviertel seines Wassers entnehmen, um ihn halbwegs am Leben zu erhalten. Tatsächlich werden 90 Prozent um- und abgeleitet, sodass der Fluss zeit- und stellenweise austrocknet. Murray und Darling, den beiden hydrologischen Highways Australiens, werden rund 80 Prozent ihres Wassers entnommen. Wofür? In den Ebenen zwischen den beiden Flüssen werden 40 Prozent des gesamten agrarischen Outputs des Landes erzeugt: Reis, Baumwolle, Weizen, Rinder. Und das, künstlich bewässert, auf dem trockensten Kontinent der Erde. Der Murray erreicht seit Jahren nicht mehr den Ozean, der Unterlauf bleibt trocken.

Weil sowjetische Planer unbedingt in der zentralasiatischen Steppe

Baumwolle anbauen wollten, wurden die beiden Flüsse Amu Darya und Syr Darya großflächig gestaut und zur künstlichen Bewässerung genutzt. Die Folge ist ein ökologisches und humanitäres Desaster: Der Aral-See, in den beide Ströme münden, verschwindet allmählich von der Landkarte. Aus einem um 1960 noch großen, fischreichen Hydrobiotop ist eine sandige Landschaft geworden, in der es nur noch ein paar kleinere Seen gibt, die zusammen gerade mal ein Viertel der ursprünglichen Fläche haben. Nun fehlt es an Verdunstungsfeuchtigkeit, ringsum vertrocknet das Land. Die Zuflüsse des zentralafrikanischen Tschad-See wurden von den Anrainerstaaten so rigoros abgeleitet, dass das einst mächtige Gewässer nur noch 10 Prozent seiner ursprünglichen Ausdehnung hat.[16]

Symptome einer weltumspannenden Wasserkrise, die keineswegs Folge eines katastrophalen Klimawandels oder eines irgendwie sinistren Neoliberalismus ist, sondern von kurzsichtiger Politik und gravierendem Missmanagement angerichtet wurden. Zu mächtig war und ist die Illusion vom Hydroüberfluss.

In trockenen Teilen Indiens und Chinas wird so viel zu Tage gepumpt für Landwirtschaft und Industrie, dass die Grundwasserspiegel um 1 Meter fallen – pro Jahr. Selbst ein eigentlich marktwirtschaftlich-demokratisches System wie das indische fördert durch staatliche Eingriffe den Raubbau, statt ihn zu unterbinden. So erhalten indische Bauern Subventionen in Form von kostenlosem Strom, mit der Folge, dass jeder, der sich eine Elektropumpe leisten kann, so viel Grundwasser fördert, wie er kann – es kostet ihn ja nichts. Pflanzen mit hohem Wasserbedarf wie Zuckerrohr werden angebaut, die eigentlich nicht in die Gegend passen. Auch in Europa setzen Agrarsubventionen falsche Anreize, etwa für den Anbau von wasserintensiven Getreidesorten in trockenen Gebieten Südspaniens.

Chinesische Landwirte bauen selbst in trockenen Regionen des Nordens Getreidesorten an, die einen hohen Wasserbedarf haben. Das marktkommunistische Schwellenland, ganz auf Wachstum kapriziert, schürte über Jahre die Hydroillusion durch Null-Preise. Inzwischen verfolgt die Pekinger Führung zwar eine rigidere Wasserbewirtschaftung, aber die Folgen der Fehlsteuerung sind längst nicht beseitigt. Das Land gilt zwar als »Fabrik der Welt«, aber die dortige Industrie verbraucht vier- bis zehnmal mehr Wasser als vergleichbare Anlagen im Westen.

Nun droht die Ökologie die Ökonomie auszubremsen: Nord-China, schreibt das UNDP, stecke in einem »Teufelskreis«, einem »tödlichen Zusammenwirken aus verschwindenden Flüssen, fallenden Grundwasserspiegeln, steigender Nachfrage von städtischen und industriellen Verbrauchern und steigender Verbschmutzung«. Diese Kombination habe zu einer »großen Wasserkrise geführt. Diese Krise bedroht nicht nur das künftige Wirtschaftswachstum. Sie stellt auch eine große Gefahr für die Nahrungsmittelversorgung, die Armutsbekämpfung und die künftige ökologische Nachhaltigkeit dar.«[17]

Die OECD stellt in einer Studie über den Zustand der Umwelt in China der Wasserwirtschaft ein desaströses Zeugnis aus.[18]

- Rücksichtslos werden Gewässer verschmutzt. Nur ein Drittel der chinesischen Haushalte sind an eine Kläranlage angeschlossen (Deutschland: 92 Prozent). In der Landwirtschaft werden drei- bis viermal mehr Dünger und Pflanzenschutzmittel eingesetzt als im OECD-Durchschnitt, Chemikalien, die das Wasser belasten. Die industriellen Abwässer werden zwar inzwischen besser geklärt – Einleitungen von Giften wie Quecksilber, Blei und Cadmium haben sich zwischen 1998 und 2005 mehr als halbiert –, dennoch sind ein Viertel der Küstengewässer, ein Drittel der Flussläufe und drei Viertel der größeren Seen »hochgradig verschmutzt«.

- Obwohl China ein wasserarmes Land ist (pro Kopf steht im Landesdurchschnitt nur ein Viertel des globalen Durchschnitts zur Verfügung, im Norden und Westen des Landes sogar nur ein Zehntel), liegt der Wasserverbrauch »hoch, gemessen an OECD-Standards«. Und er wird weiter steigen: Bis 2050 soll sich die industrielle Wassernutzung verdreifachen und der städtische Bedarf verdoppeln.

- Angesichts steigenden Verbrauchs und schwindender Ressourcen leiden schon heute von den 600 größten chinesischen Städten 400 unter Wassermangel. China steuert einen Crashkurs: »Es wird unmöglich sein, das hohe (und ineffiziente) Niveau des städtischen und landwirtschaftlichen Wasserkonsums aufrechtzuerhalten.«

Die rasche Wirtschaftsentwicklung der asiatischen Schwellenländer hat bislang keine Entsprechung in einem Ausbau der nachsorgenden Infrastruktur. Obwohl Wasser längst spürbar und unübersehbar knapp ist, werden Flüsse als Abwässerkanäle und Müllhalden missbraucht.

Ob China oder Indien, ob Malaysia oder Thailand – praktisch alle großen Flüsse sind durch Einleitungen verseucht. Und zwar so stark, dass sie vielerorts nicht nutzbar sind.

Sicher, Wachstum, Wohlstand und Verseuchung sind Folgen der Globalisierung und der demografischen Entwicklung, aber sie sind keine *zwangsläufigen* Folgen, sondern Ursache von schlechter Politik, häufig von rücksichtslosen, undemokratischen Regimes. Es sei Quatsch, schreiben die Experten des UNO-Entwicklungsprogramms, dass die Menschheit an ihre natürlichen Entwicklungsgrenzen stoße: »Die meisten Länder haben genug Wasser, um die Bedarfe von Haushalten, Industrie, Landwirtschaft und Umwelt zu decken.« Es gebe Länder, in denen ein objektiver, fundamentaler Mangel an der Ressource Wasser herrsche, aber die seien die »absolute Ausnahme«. Überall sonst liege die Wurzel der Knappheit im Missmanagement. Und das kann sich die Menschheit in Zukunft noch weniger leisten als bisher. Denn die Wasserkrise wird in den kommenden Jahrzehnten weiter verschärft durch den Klimawandel.[19] Die für den Rest des 21. Jahrhunderts erwartete Erwärmung führt zu einer Polarisierung der Niederschläge. Ganz grob gesagt: Wo es heute trocken ist, wird es noch trockener – wo es feucht ist, wird es noch feuchter. Außerdem nimmt die Heftigkeit der Niederschläge zu, gerade in den Sommermonaten, weil bei höheren Temperaturen mehr Feuchtigkeit verdunstet und wieder herabregnet.

Für die Kontinente der Erde sind nach den Szenarien des Weltklimarats bis zum Ende des 21. Jahrhunderts folgende Entwicklungen zu erwarten:[20]

In Nordamerika wird es eine Nord-Süd-Teilung des Kontinents geben. Die USA werden überwiegend trockener. Dies gilt insbesondere für die Sommermonate und in erster Linie für den Südwesten sowie für Mexiko und die Karibik. Zwischen Juni und August wird aber auch der Nordwesten (Seattle, Vancouver) Rückgänge der Niederschläge um mehr als 10 Prozent erleben. An der gesamten Ostküste (außer in Florida) hingegen werden über das ganze Jahr etwas höhere Niederschlagsmengen erwartet. Die großen Feuchtigkeitsgewinner des Kontinents werden die größten Teile Kanadas und der Nordosten der USA sein.

In Südamerika müssen sich vor allem Chile und das südliche Argentinien auf einen Rückgang der Niederschläge einstellen, außerdem Venezuela und die nördliche Atlantikküste. In den Wintermonaten, zwischen Juni und August, ist in Teilen Brasiliens (zwischen Belem im Norden und Rio de Janeiro im Süden) mit Rückgängen der Niederschläge um bis zu 50 Prozent zu rechnen. Über dem tropischen Urwald im Amazonasbecken hingegen werden die Niederschläge deutlich zunehmen. *In Asien* wird es in vielen Teilen deutlich trockner. Weniger Regen wird es im Nahen Osten geben, auf der nördlichen arabischen Halbinsel, im Iran und im Irak, in Afghanistan, im nördlichen Pakistan, in Aserbaidschan, Armenien, Georgien, Kirgistan, Tadschikistan, Usbekistan, Turkmenistan. Insbesondere die Monate von Juni bis August werden dort geringere Niederschläge bringen. Zwischen Dezember und Februar werden große Teile Indiens (südlich einer Linie Bangalore-Madras sowie die Region um Delhi im Norden) von Trockenheit heimgesucht. Auch das südliche China inklusive Taiwan sowie Bangladesh, Vietnam, Kambodscha, Myanmar, Malaysia und Thailand dürften von einem Rückgang der Niederschläge in den Wintermonaten betroffen sein. Diese Rückgänge werden aber durch umso höhere Niederschläge in der sommerlichen Regenzeit (Monsun) wettgemacht. Feuchter wird die Witterung in großen Teilen des nördlichen Asiens und in den tropischen Regionen (Indonesien).

In Afrika wird für den gesamten Nordteil des Kontinents (von der Westsahara bis Ägypten) wie auch für den Süden (von Namibia an der Westküste bis Mosambik an der Ostküste) mit erheblichen Rückgängen der Niederschläge gerechnet. Feuchter wird das Wetter rund um den Äquator mit Niederschlagssteigerungen um bis zu 30 Prozent, insbesondere am Horn von Afrika, der Region der großen Seen und dem Gebiet um den Kongo-Fluss. Eine leichtere Zunahme der Niederschläge wird auch für die südliche arabische Halbinsel und die Golfregion erwartet, nämlich vor allem in den Monaten Juni bis August.

In Ozeanien wird die Trockenheit zu einem fundamentalen Problem, das die Dynamik der immer noch stark agrarisch geprägten Volkswirtschaften beeinträchtigt. Australien, schon heute zu großen Teilen Wüste, wird der Kontinent, der am stärksten von klimawandelinduzierter Trockenheit betroffen sein wird. Die gesamte Südhälfte wird an Niederschlägen einbüßen, mit besonders starken Rückgängen in der Region um Perth und dem angrenzenden Weizenanbaugebiet an der Südwestspitze des Kontinents. Auch die Anbaugebiete im Süden und

Osten, etwa zwischen Adelaide und Brisbane, dürften weitere Niederschlagsrückgänge zu verkraften haben, zumal in den Wintermonaten. Spürbar trockner dürfte auch die Nordinsel Neuseelands werden.

In Europa wird es eine hydrologische Zweiteilung des Kontinents geben, die etwa entlang einer Linie von Calais über Brüssel, Frankfurt am Main und Prag bis Kiew verläuft. Südlich dieser Linie wird das Klima im Jahresdurchschnitt trockener. Besonders dramatische Niederschlagsreduktionen werden für die iberische Halbinsel erwartet, ebenso für den Peleponnes, für Kreta, Zypern und die türkische Mittelmeerküste. Nördlich der Calais-Kiew-Linie wird das Klima jahresdurchschnittlich feuchter. Insbesondere in den Wintermonaten steigen die Niederschläge Nordeuropas um bis zu 20 Prozent an, in einer nördlichen Zone von den Skanden über den Finnischen Meerbusen bis zur Barentssee gar um bis zu 30 Prozent. Auch die britischen Inseln werden insbesondere in den Wintermonaten etwas mehr Niederschlag abbekommen als bislang. In den Sommermonaten hingegen wird es am Ende des 21. Jahrhunderts in fast allen Teilen Europas weniger regnen als Ende des 20. Jahrhunderts; lediglich der Norden und Nordosten (Norwegen, Schweden, Finnland, Baltikum, nordöstliches Russland sowie die Ostseeküste östlich der Oder-Mündung) werden auch im Sommer nasser sein als heute.

Die Lage spitzt sich zu: Ein Rückgang der Niederschläge führt zu einem größeren Bedarf an Wasser. Schon heute haben die relativ trockensten unter den hochentwickelten Ländern – die USA, Australien, Italien – die höchsten Wasserverbräuche pro Kopf. Und zwar mit Abstand. Eine Studie im Auftrag der EU-Kommission rechnet denn auch damit, dass gerade der landwirtschaftliche Wasserverbrauch in Teilen der Europäischen Union steigen wird. Immer mehr Regionen werden auf künstliche Bewässerung angewiesen sein – und wo sie heute schon gang und gäbe ist, wird sie noch intensiver betrieben, um den hohen Produktivitätsanforderungen an die Landwirtschaft gerecht zu werden. Größere Teile des Kontinents, nämlich die Mittelmeerregion sowie Teile Mittel- und Osteuropas, weisen in den Sommermonaten ein gegenüber heute erhöhtes Dürrerisiko auf. Wo es künstliche Bewässerungssysteme gibt, wo vor allem die Wasserbevorratung funktioniert, kann man Ernteausfälle in Grenzen halten. Aber selbst wenn Phasen extremer Dürre ausbleiben: Bei geringeren Niederschlägen, höheren

Temperaturen und entsprechend rascherer Verdunstung brauchen Pflanzen mehr Wasserzufuhr als heute. Beispielsweise dürfte bis 2050 der Wasserbedarf im südeuropäischen Maisanbau um 2 bis 4 Prozent, im Kartoffelanbau gar um 6 bis 10 Prozent steigen. Sogar das bislang regenreiche Irland könnte dann im Sommer auf künstliche Bewässerung angewiesen sein.

Allerdings, so rechnet die Studie vor, werden diese zusätzlichen Bedarfe durch effizientere Bewässerungsmethoden teilweise aufgefangen. Zudem sinkt der Wasserbedarf in der Landwirtschaft der nasseren Gebiete Nordeuropas. Unter dem Strich werde die EU wohl in den kommenden Jahrzehnten weniger Wasser verbrauchen als bislang. Mit einem Minus von 11 Prozent rechnen die Autoren für den Zeitraum zwischen 2000 und 2030. Aber da es bei der Wasserversorgung ja um die kleinräumige Verfügbarkeit geht, sind solche Globalbetrachtungen nicht sonderlich hilfreich. So leben die trockenen Gebiete – Süditalien, Südspanien, Griechenland, große Teile der Türkei – auf Reserve. Dort wird mehr Wasser verbraucht, als dem System zurückgegeben wird.[21] Zeit, die Hydroproduktivität zu steigern.

Wie teuer muss Wasser sein? Und wie teuer darf es sein?

Bislang haben sich große Teile der Welt nicht an den Gedanken gewöhnt, dass Wasser endlich und knapp ist. Immer noch wird es als freies Gut behandelt, das keinen oder einen viel zu niedrigen Preis hat. Was aber keinen Preis hat, das wird nicht geschont, sondern es wird falsch genutzt. Und das heißt am Ende oft: zerstört. Wie teuer sollte Wasser sein? Eine schwierige Frage, hinter der ein fundamentaler Konflikt steckt. Denn einerseits ist Wasser eine knappe Ressource, die verschwendet wird, wenn sie keinen Preis hat. Andererseits ist der Zugang zu Wasser ein fundamentales Recht, das jeder Mensch unabhängig von seiner materiellen Ausstattung besitzt. Mindestens für die Armen sollte Wasser also umsonst sein. Die Realität ist in vielen Entwicklungsländern eine andere: Wohlhabende Wohngebiete sind an Wasser- und Abwassernetze angeschlossen, in Quartieren der Armen hingegen gibt es sicheres Trinkwasser nur in Flaschen oder Kanistern zu kaufen, in der Regel zu viel höheren Preisen. Weil der Staat das natürliche Monopol der Wasserversor-

gung schlecht oder gar nicht managt, sind Wassertarife in vielen Schwel
lenländern regressiv: Mit zunehmendem Einkommen – und steigendem Verbrauch – sinkt der Preis. Die Armen hingegen zahlen mehr, häufig viel mehr: Nach Erkenntnissen des UNDP zahlen Slumbewohner in
Jakarta, Manila oder Nairobi fünf- bis zehnmal mehr für einen Liter Wasser als Bewohner wohlhabenderer Gegenden. Sie zahlen sogar mehr als
in London oder New York. Und auch in den reichen Ländern ist die Frage, wie hoch der richtige Preis für die kostbare Ressource sein sollte, nicht
so leicht zu beantworten. Immer wieder gibt es Streit um angeblich
überhöhte Preise. Praktisch überall unterliegen Wasserversorger daher
staatlicher Kontrolle: entweder indem sie als Staatsbetriebe organisiert
sind oder indem Privatunternehmen durch staatliche Behörden strikt
reguliert werden. Aus derlei Gerechtigkeitserwägungen können Preis-
signale nur eingeschränkt zu einer effizienteren Nutzung beitragen.

Viele Schwellenländer vertrauen weniger auf Effizienzsteigerungen
auf Seiten der Nachfrage als auf radikale Angebotssteigerungen. Fluss-
umleitungen sind wieder in Mode. China will den Jangtse umleiten.
Ein Multimilliarden-Dollar-Projekt mit dem Ziel, 40 Milliarden Kubikmeter pro Jahr in den wasserarmen Norden mit seinen Megastädten
umzudirigieren. Auch in Indien wird erwogen, via Umleitung die großen, zur Monsunzeit gutgefüllten Flüsse im Norden mit den trockenen
Flüssen im dynamisch wachsenden Süden zu verbinden. Allerdings:
Wasserumleitungen bieten nur kurzfristige Lösungen, sie ändern nichts
an der Übernutzung und den falsch gesetzten Anreizen. Und sie können eigene, kaum vorhersehbare Probleme schaffen – wie der ausge-
trocknete Aral-See eindrucksvoll zeigt.[22]

Vielversprechender und beherrschbarer scheint die Meerwasserent-
salzung zu sein. Eine aufwändige Methode, der sich wohlhabende, was-
serarme Länder wie die Golfstaaten und Israel gern bedienen. Israel,
technologisch führend auf diesem Gebiet, erzeugt inzwischen ein Viertel seines Trinkwassers auf diese Weise und plant bis 2020 das Volumen zu verdoppeln. Neue Technologien (»Osmose-Umkehr«) haben
die Kosten pro Kubikmeter in den vergangenen zwei Jahrzehnten halbiert. Auch trockene, küstennahe US-Staaten wie Florida und Kalifornien, aber auch EU-Länder wie Spanien setzen verstärkt auf dieses Verfahren. Allerdings ist die Entsalzung energieaufwändig, mit der Folge,
dass bei steigenden Energiepreisen die Kosten explodieren. Zumal

wenn das Wasser über weite Strecken vom Meer ins Inland gepumpt werden muss. Für ärmere Länder, für diejenigen mit den drängendsten Wasserproblemen, keine sinnvolle Lösung.

Zum effizienteren Umgang mit Wasser gibt es keine Alternative. Da erscheint es auf den ersten Blick paradox, wenn im umweltbewussten Deutschland immer wieder Wasserwerker die Bürger auffordern: Verbraucht mehr Wasser! Ein Appell, der allen Geboten ökologisch korrekten Verhaltens zu widersprechen scheint. Aber hilft ein wassersparender Deutscher tatsächlich den Dürreopfern in der Sahel-Zone? Nein. Die lokalen und regionalen Knappheiten in anderen Teilen der Welt lassen sich im niederschlagsreichen Mitteleuropa nicht durch selteneres Duschen lindern. Es geht bei Wasser stets um lokale Knappheiten. Und lokal ist es in Deutschland und in anderen europäischen Ländern reichlich vorhanden. Vielerorts sitzen die Kommunen auf Überkapazitäten, weil moderne Hausgeräte und Sparappelle den Wasserverbrauch der privaten Haushalte gesenkt haben und weil die Einwohnerzahl von Kommunen, gerade in Randlagen, schrumpft (siehe »Die sechste Knappheit: Boden«). Auch das bringt Probleme, denn die Wasser- und Kanalisationssysteme sind für den nun geringeren Durchfluss zu groß. Wenn die Flüssigkeit aber zu lange in den Leitungen steht, steigt die Belastung mit giftigen Metallen aus den Rohrwänden, es bilden sich gesundheitsschädliche Bakterien. Um die Qualität zu sichern, muss mehr Flüssigkeit fließen. Wenn die Bürger nicht freiwillig mehr Wasser verbrauchen, drehen die Versorger eben selbst den Hahn auf, damit alles gut durchgespült wird.

Die Wasserverbrauchsappelle weisen auf eine andere Problematik: Nicht nur Schwellenländer, auch reiche Staaten wie Deutschland mit gutausgebauter und vernünftig gemanagter Wasser- und Abwasserversorgung stehen vor großen Investitionen. Zum einen mussen angejahrte Systeme erneuert, in schnell wachsenden Ballungsräumen auch ausgebaut werden. Zum anderen ist in Gebieten, deren Bevölkerung schrumpft, eine Verkleinerung der Anlagen notwendig, ein Rückbau.

Es sind gigantische Summen, die in den kommenden Jahrzehnten in die Wasserversorgung investiert werden müssen: Im Jahr 2015 werden die reichen Volkswirtschaften und die großen Schwellenländer China, Indien, Brasilien, Russland und Indonesien zusammen 800 Milliarden Dollar investieren müssen, bis 2025 sollen die jährlichen Ausgaben 1 Billion Dollar übersteigen. Eine große Belastung, gerade für arme Länder, die nach OECD-Schätzungen bis zu 6,3 Prozent ihre Bruttoinlandsprodukts dafür aufwenden müssen, in den reichen Ländern sind es gerade 1,2 Prozent.[23]

Die Frage ist, wer die Rechnung bezahlt. Oder anders gewendet: wer die Erträge aus diesen Investments einfährt. Private Unternehmen, darunter Konsumgüterkonzerne wie Nestlé, sehen im Wassermarkt einen großen Zukunftssektor. Und das ist er angesichts großer und steigender Knappheit und Zahlungsfähigkeit in den Schwellenländern auch. Aber lässt sich damit wirklich Geld verdienen? Und: Sollte damit überhaupt Geld verdient werden?

Es ist gar nicht so leicht, mit Wasser und Abwasser Geld zu verdienen. Die Netze sind kapitalintensive Anlagen; der Kapitalkostenanteil an den Betriebskosten liegt etwa doppelt so hoch wie bei Elektrizitätsnetzen. Angesichts der hohen Kosten stellt das Netz ein natürliches Monopol dar – der Aufbau von Konkurrenznetzen wäre sinnlos teuer. Natürliche Monopole aber überlässt man nirgends auf Dauer dem Gutdünken privater Unternehmen, sondern die Wasserversorgung wird entweder vom Staat direkt besorgt oder sie wird per Lizenz an private Unternehmen vergeben, die der Staat eng reguliert. Das heißt: Private Unternehmen können die Preise nicht selbstständig festlegen, ihnen werden Vorschriften über Investitionen und Standards des täglichen Betriebs gemacht.

Die Grenzen unternehmerischer Freiheit sind umso enger gezogen, als es sich bei Wasser nicht um ein normales Gut handelt, sondern um ein lebensnotwendiges, von dem niemand ausgeschlossen werden darf. Nur wenigen Wasseranbietern weltweit ist es deshalb erlaubt, kostendeckende Preise zu nehmen.

Selbst wo marktwirtschaftlich orientierte Regierungen auf eine konsistente Privatisierung des Wassersektors setzen, lassen sich häufig auf Dauer keine hohen Gewinne erzielen. Zum Beispiel in England. Margret Thatchers Regierung verabschiedete 1988 und 1989 neue Gesetze für England und Wales (»Water Acts«), wonach privatisierten Unternehmen 25-Jahres-Lizenzen für die Wasser- und Abwasserversorgung erteilt wurden; in dieser Zeit sollten sie vor Wettbewerbern geschützt sein. Schon zum Zeitpunkt der Verabschiedung waren die Reformen hochgradig unpopulär. Doch dann kamen weitere Probleme hinzu: Die Wasserpreise stiegen nach der Privatisierung rapide; die Anbieter argumentierten, sie müssten in die maroden Netze investieren. Als Folge der Preiserhöhungen wurden Haushalte, die mit Zahlungen in Verzug geraten waren, vom Netz abgeklemmt – was die öffentliche Kritik verschärfte. Die Gewinne der Wasserkonzerne, zumal in trockenen Jahren, als die Bürger mit Verbrauchsbeschränkungen belegt worden waren, sorgten für zusätzlichen Unmut. Das System war nicht aufrechtzuerhalten. Als die Labour-Regierung 1997 ins Amt kam, re-reformierte sie die Wasserbranche: Sie etablierte eine strikte Regulierung, insbesondere was die Preissetzung angeht, und gab der Öffentlichkeit mehr Mitspracherechte bei der Vergabe von Konzessionen.

Das englische Beispiel zeigt, dass sich gerade Demokratien schwertun mit einer privaten Wasserversorgung, jedenfalls mit einer, die dauerhaft leichte Gewinne abwirft. Eine Erfahrung, die auch der deutsche Versorger RWE machen musste, der schon nach wenigen Jahren wieder enttäuscht beim englischen Versorger Thames Water ausstieg. Fragen der sozialen Balance, der gesundheitlichen Unversehrtheit, zunehmend auch der inneren Sicherheit (Brunnenvergiftung durch Terroristen) stehen immer wieder im Konflikt zum Ziel, private Gewinne zu erzielen. Auch wenn angesichts der steigenden Investitionen für die Wasserversorgung eine private Beteiligung hochwillkommen ist: Bislang spielt in den meisten OECD-Ländern der Staat die Hauptrolle bei der Wasserversorgung, sogar in den USA. Lediglich in Großbritannien, Frankreich und Tschechien dominieren private Anbieter. Einige große Schwellenländer, voran China und Russland, setzen zunehmend auf private Unternehmen – Länder allerdings, in denen sich eine kritische Öffentlichkeit nicht frei artikulieren kann.

Wenn es um Wasser geht, sind dem Marktmechanismus Grenzen gesetzt. So willkommen private Investments im Wassersektor sind, öffentliche Gesundheits- und Sicherheitsinteressen sowie gängige Gerechtigkeitsvorstellungen machen sie zu allenfalls schwach profitablen Projekten.

Die Zuspitzung internationaler Konflikte

Wasser wird zunehmend zum wachstumsbegrenzenden Faktor, gerade für die großen, in weiten Teilen trockenen Schwellenländer Indien und

China, denn das Bevölkerungswachstum, zumal in den Städten, und der rasch steigende Wohlstand sorgen für eine steigende Nachfrage.

Auf der anderen Seite kommt es zu einer Verknappung des Angebots, vor allem durch die Übernutzung von Seen, Flüssen und Meeren, auf längere Sicht auch durch den Klimawandel, der für einige Regionen ein erhöhtes Dürrerisiko mit sich bringt.

Wie wird die Menschheit darauf reagieren? Internationale Konflikte um Wasser werden sich verschärfen. Bei zunehmender Wasserknappheit liegt der Verdacht nahe, dass benachbarte Staaten miteinander um den Zugang zu gemeinsamen, grenzüberschreitenden Wasserreserven ringen. Den Amazonas nutzen neun Staaten, den Nil elf. Von dem Wasser des Mekong leben 60 Millionen Menschen in sechs Ländern. Am Jordan tobt einer der heikelsten Konflikte der Welt zwischen Israelis und Palästinensern. Dabei geht es auch um den Zugang zu Wasser; die Palästinensergebiete gehören zu Regionen mit den geringsten Pro-Kopf-Wasservorkommen der Welt, die Israelis und die israelischen Siedler im Westjordanland hingegen verfügen über weit größere Vorräte (ein Palästinenser verbraucht nur ein Zehntel im Vergleich zu einem Israeli).[24] In der Verfügbarkeit von Wasser spiegeln sich die politischen, ökonomischen und sozialen Machtverhältnisse wider. Häufig wird vor dem Ausbruch von Kriegen um Wasser gewarnt. Und tatsächlich scheint eine solche Zuspitzung insbesondere in Zeiten extremer Dürre möglich. Allerdings ziehen Regierungen bislang Verträge vor, die die faire Nutzung gemeinsamer Ressourcen regeln.[25] Letztlich gibt es zur Kooperation keine nachhaltige Alternative, erst recht nicht in einer Welt wachsender wechselseitiger Abhängigkeiten – von der Handelspolitik über die Terrorbekämpfung bis zum internationalen Umweltschutz.

Teil II
Die sieben Tugenden

Die erste Tugend:
Arbeit

Im Dezember 2002 versuchte Michael Metz, sich zur Ruhe zu setzen. Da war er 74 Jahre alt und hatte eine lange Karriere als Finanzmarktfachmann hinter sich. Nach dem Studium an Eliteunis und dem Dienst als Militärjurist hatte er 1959 bei der Rating-Agentur Standard & Poor's angeheuert. 43 Jahre lang hatte er mit dem Rhythmus der Märkte gelebt: andante, presto, largo. Zuletzt hatte der New Yorker bei der Investmentfirma Oppenheimer die Anlagestrategie der Firma und ihrer Kunden ersonnen. Nun sei es Zeit zu gehen, dachte Metz, mal etwas anderes machen, ein später Ruhestand in einem Alter, da der Durchschnittsbürger bereits seit einem Jahrzehnt in Rente weilt. Aber er stellte rasch fest: Das Pensionärsdasein war nichts für ihn. 2003 war Metz wieder da, zurück als »Chief Strategist«, zurück in seinem engen Büro im 25. Stock des Metlife-Gebäudes in der Park Avenue in Midtown Manhattan.

Berge von Papier, drei Flachbildschirme auf dem Schreibtisch, ein kleiner Fernseher in der Ecke, auf dem der Business-Sender CNBC lief – so lernte ich Michael Metz 2007 kennen. Da war er 79 Jahre alt. Tag für Tag kam er morgens um halb acht ins Büro und begann einen langen Arbeitstag. Mit einer Mischung aus langer Erfahrung und großer Offenheit für neue Entwicklungen war er bei der Sache. Er analysierte, argumentierte, ahnte, empfahl, warnte.

Als ich ihn besuchte, begann gerade die große Finanzkrise, ständig kamen Kollegen in sein Büro, erzählten von vertraulichen Gesprächen mit Notenbankern und Finanzaufsehern – Metz saß mitten drin im Nachrichtenstrom. Grummelte etwas von »absolutes Desaster« und davon, dass man zusammen »auf dieser verrückten Orgie« gewesen sei und jetzt »der Katzenjammer« komme – er meinte den großen Kreditboom nach der Jahrtausendwende. Doch bei all dem Stress und all den, gerade in jener Zeit, unangenehmen Überraschungen hielt ihn sein Job jung: Er wirkte nicht wie ein alter Mann; bis er mir sein Alter verriet, hatte ich geglaubt, einen agilen 60-Jährigen vor mir zu haben. Zwar mit Ringen unter den beanspruchten Augen, aber mit einer beeindruckenden körperlichen und geistigen Grundspannung.

Menschen wie Michael Metz sind Prototypen – Modelle für die Zukunft der Arbeitsgesellschaft. Es gibt eine Menge von ihnen: Experten, Unternehmer, Professoren, Intellektuelle, Schriftsteller, Staatsmänner und -frauen. Leute, die das Leben zu spannend finden, als dass sie Lust hätten, sich in immer noch vitalen Jahren aufs Altenteil zurückzuziehen. In ihrer Generation mögen sie noch absolute Ausnahmen sein, für die folgenden Generationen sind sie Vorbilder: Ein langes Erwerbsleben bis weit ins achte Lebensjahrzehnt oder sogar darüber hinaus wird künftig der Normalfall sein. Wer kann, wird arbeiten – weil die Minirente nicht reicht und er Geld verdienen muss; weil er unabhängig bleiben will; oder weil er, wie Metz, arbeiten will, um möglichst lange aktiv und geistig fit zu bleiben.

Die Freizeitgesellschaften des Westens sind dabei, sich in Arbeitsgesellschaften zurückzuverwandeln. Eine epochale kulturelle Wende. Nicht nur zum Besseren. Für schwach Qualifizierte erwarten Arbeitsforscher eine »Brasilianisierung« der Verhältnisse. Sie werden sich als Gelegenheitsjobber verdingen, jede Arbeit annehmen. Legal, illegal – egal, Hauptsache Geld. Der Rückzug des Staates verschärft die Situation zusätzlich. Ruheräume, die heute noch die Sozialsysteme eröffnen, werden in einer rasch alternden Gesellschaft immer enger. So werden Angst und Armut nicht verschwinden, wohl aber die Arbeitslosigkeit in ihrer heutigen Form: Viele werden angesichts niedriger Sozialleistungen gezwungen sein, jede Arbeit anzunehmen. »Hartz IV« – die Abschaffung der Unterstützung für Langzeitarbeitslose aus den Mittelschichten – ist der erste Schritt in diese Richtung. Überspitzt ausgedrückt: Arbeitslosigkeit ist ein Luxusphänomen in Gesellschaften, die es sich leisten können, Leute, die ihren Job verloren haben, relativ komfortabel zu unterstützen.

Das gesamte Wertesystem beginnt, sich zu verschieben. Generationenlang wurde Arbeit immer weiter aus dem Leben verdrängt. Für viele wurde sie zur Nebensache, die in eine relativ kleine Nische des Lebens passte. Nicht zu arbeiten ist bis heute akzeptiert in weiten Teilen der europäischen Gesellschaften. Umfassende staatliche Unterstützungen boten eine attraktive Alternative zur Erwerbstätigkeit, die viele nutzten; sie gingen früh in Rente oder verbrachten lange Phase in Arbeitslosigkeit auf der Suche nach einem attraktiven Job – die Staatskassen zahlten. Aber das ist vorbei. In einer Zeit, in der Menschen (im produktiven Alter) immer knapper werden, sind die alternden Gesellschaften darauf angewiesen, möglichst viele Menschen in die Wertschöpfung einzubeziehen. Nur eine kleine, reiche Minderheit wird es sich künftig leisten können, nicht zu arbeiten. Und die wird vom Rest der Gesellschaft äußerst kritisch beäugt werden. Dass Arbeitsfähige ihre Zeit mit Nichtstun verbringen, das wird in den kommenden Jahrzehnten immer weniger akzeptabel.

Es ist wie stets in der Menschheitsgeschichte: Werte und gesellschaftliche Normen passen sich den ökonomischen Erfordernissen an. »Das Sein bestimmt das Bewusstsein«, formulierte Karl Marx, und das Sein wird zunehmend von den heraufziehenden Knappheiten bestimmt. In der neuen Ära wird Arbeit zur Fundamentaltugend – zur Grundvoraussetzung für jeden Lösungsansatz. Und genau deshalb zum moralischen Imperativ.

Das Ende der Arbeit? Arbeit ohne Ende!

Die These von der Rückkehr der Arbeit mag überraschend klingen. Wird nicht seit Jahrzehnten das genaue Gegenteil beschworen – das »Ende der Arbeit«? Autoren wie Ulrich Beck oder Jeremy Rifkin verkündeten das Verschwinden der Erwerbsarbeit und wollten es durch eine Art Bürgerarbeit ersetzen.[1] Und viele Bürger glaubten es. Die europäischen Gewerkschaften forderten immer weitere Arbeitszeitverkürzungen; noch Ende der neunziger Jahre des vergangenen Jahrhunderts plädierten sie in Deutschland für die »Rente mit 60« und die 32-Stunden-Woche, in Frankreich wurde per Gesetz die 35-Stunden-Woche eingeführt. Begründung: Die immer weiter steigende Produktivität werde die Menschen zunehmend aus dem Produktionsprozess verdrängen. Maschinen übernähmen die Tätigkeiten, immer weniger Menschen würden benötigt.

Eine Idee, so alt wie das Industriezeitalter. Sie ist verknüpft mit der Sagengestalt des Ned Ludd. Niemand weiß, ob er wirklich gelebt hat.

Und doch spiegelt sich in dieser Figur das Unbehagen mit der maschinisierten Moderne. Ludd war ein Antiheld, er galt als geistesschwach und emotional instabil, war aber mit einiger Körperkraft ausgestattet. Der Vorfall, der später Geschichte und seinen Namen weltbekannt machen sollte, spielt sich 1779 in Leicester, einer englischen Industriestadt, ab: Auf der Straße machen sich ein paar Kinder über Ludd lustig. Er jagt ihnen hinterher, verfolgt sie in ihr Wohnhaus, findet sie dort aber nicht. Statt sie zu verdreschen, zerstört Ludd zwei Strickmaschinen der Familie. Ein grotesker Akt von Vandalismus. Dennoch – oder gerade deshalb – nehmen sich spätere Generationen den rasenden Ludd zum Vorbild. Im 19. Jahrhundert nennen sich die britischen Maschinenstürmer »Luddites«. Ihr Ziel: den angeblich menschenverachtenden Fortschritt aufhalten. Ihr Mittel: Terror gegen Maschinen, manchmal auch gegen Menschen. Bekennerschreiben unterzeichnen sie mit »King Ludd« oder »Captain Ludd«. Der Mythos lebt, bis heute. Als »Neo-Ludditen« bezeichnen sich manche Fortschrittsgegner der Gegenwart. Sie ängstigen sich vor der rasanten technischen Entwicklung und der Integration der internationalen Märkte – jenen Faktoren, die die Welt Anfang des 21. Jahrhunderts wieder ebenso in Unordnung bringen, wie sie es schon im frühen 19. Jahrhundert getan haben. Damals wie heute steckt die Wirtschaft in einer Umbruchphase. Damals wie heute geht die Angst um, Maschinen und ausländische Billigarbeiter würden heimische Werktätige überflüssig machen – ein blindwütiger Fortschritt zerstöre die Existenz der Menschen. Damals wie heute wandeln sich die Arbeitsbeziehungen von Grund auf.

Die Ängste sind verständlich, und doch wird die These vom Ende der Arbeit durch ständige Wiederholung nicht wahrer. Es stimmt, dass die industrielle Beschäftigung immer weiter schrumpft. Falsch ist aber, dass dies die Arbeit verdrängt hat. Denn der Rückgang an Beschäftigung durch Rationalisierung und Verlagerung von arbeitsintensiven Tätigkeiten ins billigere Ausland wurde weit überkompensiert durch die zusätzlichen Jobs, die zeitgleich an anderen Stellen der Volkswirtschaft entstanden im weitläufigen Dienstleistungssektor.

In Deutschland hat sich der Anteil der Industriebeschäftigten an allen Werktätigen seit 1970 etwa halbiert, während im gleichen Zeitraum die Beschäftigung insgesamt deutlich gestiegen ist. Millionen zusätzlicher Arbeitsplätze wurden geschaffen. Es stimmt, dass die Zahl normaler, sozialversicherungspflichtiger Stellen zurückgegangen ist, allerdings bei weitem nicht in dem Umfang, wie häufig behauptet wird: Im Jahr des Wiedervereinigungsbooms 1991 gab es in Westdeutschland gut 23,3 Millionen solcher Normalarbeitsverhältnisse, Ende 2007 waren es 22,2 Millionen. Keine dramatische Erosion. Es stimmt, dass eine fundamentale Krise weite Teile der Ex-DDR fest im Griff hat. Aber aus dieser regionalen Sonderproblematik auf das Ableben der Arbeitsgesellschaft insgesamt zu schließen, ist schlicht unseriös. Per Saldo stieg in allen westlichen Ländern die Beschäftigung in den vergangenen Jahrzehnten deutlich an.

Dass sich dennoch in Kontinentaleuropa Massenarbeitslosigkeit festsetzte, resultierte vor allem aus einem starken Anstieg des Arbeitsangebots: Die Babyboom-Jahrgänge drängten auf den Arbeitsmarkt; parallel dazu wünschten immer mehr Frauen, erwerbstätig zu sein. Und die Arbeitsmärkte waren vielerorts nicht flexibel genug, um diese beiden Angebotsschocks abzufedern.

Doch diese Phase ist längst vorbei. Die Arbeitslosigkeit geht zurück. Und sie ist vielerorts einer akuten Arbeitskräfteknappheit gewichen. Ende der Arbeit? Von wegen. Das neue Paradigma lautet: Arbeit ohne Ende.

Sich wertschöpferisch zu betätigen ist die offensichtliche Antwort auf die Großtrends Globalisierung, demografische Wende und Klimawandel. Die grundlegenden Veränderungen, die die Menschheit in den kommenden Jahrzehnten in Atem halten werden, erfordern vor allem dies: eine Menge Arbeit. Durch Zurücklehnen und Abwarten lassen sich die Herausforderungen, die sich durch die heraufziehenden Knappheiten stellen, jedenfalls nicht bewältigen. Ohne zusätzliche Anstrengungen, ohne die Steigerung der Produktivität jedes Einzelnen über seine gesamte Lebenszeit hinweg, wird sich das heutige Wohlstandsniveau nicht halten lassen. Denn:

- Die Globalisierung hat einen intensiven Wettbewerb der Standorte angefacht. Belegschaften konkurrieren um die international mobilen Produktionsfaktoren Kapital und Know-how (siehe »Die zweite Knappheit: Geist«). Metropolen konkurrieren um die Hochqualifizierten und die Hochproduktiven (siehe »Die fünfte Tugend: Offenheit« und »Die siebte Tugend: Originalität«). Nationen stehen im

Wettbewerb um Zukunftsmärkte und um den Zugang zu Rohstoffen. Wettbewerbsvorteile entstehen nicht von allein, sondern indem man sie sich erarbeitet.

- Die Veränderungen des Weltklimas und die Knappheit an Energie (siehe »Die vierte Knappheit: Energie«) stoßen einen grundlegenden Strukturwandel an: die Entwicklung von emissionsarmen Wirtschafts- und Lebensweisen. Wer durch diesen Wandel seine bisherige berufliche Existenz verliert, muss sich neue Beschäftigungschancen schaffen. Auch klimaschonende Verfahren und Prozesse kommen nicht von allein in die Welt, sondern durch Arbeit, Kreativität und Mut.

- Vor allem aber ist es die demografische Wende, die zu Mehrarbeit zwingt. In den vergangenen, demografisch günstigen Zeiten konnte man es sich leisten, die Arbeit auf viele Köpfe zu verteilen, sodass die individuellen Arbeitszeiten stark zurückgingen. Nun hat sich diese Entwicklung umgekehrt, jeder Einzelne wird immer mehr Zeit mit Erwerbsarbeit verbringen.

Der produktive Imperativ: Arbeitet!

Das zentrale Problem des demografischen Wandels ist der steigende Anteil von älteren nichtarbeitenden, unterstützungsbedürftigen Menschen – die *relative* Knappheit von Menschen. Wie im Kapitel »Die erste Knappheit: Menschen« beschrieben, altern die westlichen Gesellschaften schneller, als dass sie schrumpfen, weshalb die Bevölkerungsanteile der mittleren, leistungsfähigsten Altersgruppe zurückgehen. Bleibt alles wie gehabt, müssen immer weniger Leute immer mehr Ältere unterschützen. Deshalb geraten die Staatshaushalte aus den Fugen, deshalb schwächt sich das Wachstum ab. All die Probleme ließen sich direkt angehen, wenn mehr Leute im leistungsfähigsten Alter arbeiteten, wenn das leistungsfähige Alter ausgedehnt würde und wenn wir alle unsere Produktivität steigern könnten.

Das ist alles andere als unmöglich. Denn in den meisten europäischen Volkswirtschaften ist der aktive Teil der prinzipiell arbeitsfähigen Bevölkerung bislang relativ klein – und das heißt: steigerungsfähig. Derzeit arbeiten lediglich 65 Prozent der EU-Europäer im erwerbsfähigen Alter, nach gängiger Definition die Menschen im Alter zwischen 15 und 64 Jahren. Die Europäische Kommission geht davon aus, dass bis Mitte des kommenden Jahrzehnts die durchschnittliche Erwerbsquote auf 71 Prozent steigen wird.[2] Eine moderate Annahme: In Schweden oder Dänemark liegt der Anteil der Arbeitenden schon heute höher. Gelänge es, die Erwerbstätigkeit in ganz Europa auf heutiges skandinavisches Niveau zu hieven und zögerte man den effektiven Renteneintritt über das 65. Lebensjahr hinaus, ließe sich die demografiebedingte Dämpfung der wirtschaftlichen Entwicklung noch weiter mildern. Voraussetzungen wären stärkere Beschäftigungsanreize in den Sozialsystemen, eine Liberalisierung des Arbeitsmarkts und, nicht zuletzt, erheblich höhere Bildungsanstrengungen.

Bislang konzentriert sich die Demografiedebatte auf die Frage, wie viele Leute im arbeitsfähigen Alter sind. Aber das greift zu kurz. Denn viele Bürger zwischen 15 und 64 Jahren sind bisher gar nicht erwerbstätig. Relevant sind vielmehr die Fragen: Wie viele Leute arbeiten, egal welchen Alters? Wie produktiv gehen sie zu Werke?

Höhere Produktivität, so viel ist klar, ist der beste Ausweg aus der demografischen Falle. Je produktiver wir werden, desto weniger Zeit müssen wir arbeiten. Höhere Investitionen in Maschinen und Bildung, mehr Kreativität, größere Offenheit gegenüber hochproduktiven Zuwanderern und Originalität, um im globalen Wettbewerb die Deutungshoheit über die eigenen Stärken zu gewinnen und zu behalten – all das hilft, die Produktivität weiter zu steigern. Aber diese Strategien bringen keine schnellen Lösungen, sondern sie erfordern schwierige, langwierige Prozesse.

Es geht kein Weg daran vorbei: In alternden Gesellschaften – und das werden in den kommenden Jahrzehnten die meisten auf der Erde sein – müssen größere Anteile der Arbeitsfähigen werktätig sein. Und es sind vor allem zwei Gruppen, deren Beschäftigung sich deutlich erhöhen ließe: die Frauen und die Älteren.

Freie Potenziale: Lasst Frauen und Alte arbeiten!

Frauen, das ist eine schlichte Wahrheit, sind das wohl größte unausgeschöpfte produktive Potenzial der Arbeitsmärkte. In Westeuropa sind lediglich 52 Prozent der Frauen erwerbstätig verglichen mit 72 Prozent der Männer. In Deutschland arbeiten immerhin 62 Prozent der Frauen, ein relativ hoher Wert verglichen mit den traditionelleren Gesellschaften Süd- und Osteuropas. Allerdings zeigen einige fortgeschrittene Länder, dass es durchaus möglich ist, Frauen und Männer annähernd gleichberechtigt wertschöpferisch tätig sein zu lassen. In Dänemark arbeiten 73 Prozent der Frauen, in Schweden 72 Prozent, in der Schweiz 71 Prozent. In den angelsächsischen Ländern USA, Großbritannien und Neuseeland liegt die Frauenerwerbstätigkeit immerhin bei 66 Prozent.[3]

Begünstigt wird die Integration von immer mehr Frauen in den Arbeitsmarkt nicht nur durch die Zwänge, denen alternde Gesellschaften ausgesetzt sind, sondern auch durch zwei weitere Faktoren: Zum einen sind Frauen in allen europäischen und amerikanischen Gesellschaften in der Überzahl, besonders ausgeprägt ist der Frauenüberschuss in den ehemals kommunistischen osteuropäischen Ländern, wo die Lebenserwartung der Männer nach der Wende von 1990 extrem gesunken ist (siehe »Die erste Knappheit: Menschen). Entsprechend liegt auf den Frauen ein wachsender Zwang zur Erwerbstätigkeit. Wer sonst soll die Arbeit denn machen?

Der zweite Pro-Frauen-Faktor ist der Übergang zur Wissensgesellschaft. Physische Kraft, im industriellen Zeitalter noch der große männliche Vorteil im gesellschaftlichen Wettbewerb, wird irrelevant. Nun, da es um Bildung statt Bizeps geht, haben Mädchen und Frauen die Nase vorn: Ihre Leistungen in Schulen und Hochschulen sind besser; 57 Prozent der Uni-Absolventen in den OECD-Ländern sind weiblich. Wirtschaft, Gesellschaft, Kultur – die Welt wird femininer. In dieser Entwicklung liegen große Chancen. Wer sie nutzen will, muss geschlechtsspezifische Barrieren in Bildung und Beruf einreißen: gleicher Zugang zu allen Bildungswegen, insbesondere auch zu naturwissenschaftlich-technischen Fächern; bessere Vereinbarkeit von Kindern und Karriere durch Ausbau staatlicher und betrieblicher Betreuungsangeboten; mehr Flexibilität in den Unternehmen bei den Arbeitszeiten; Aufbrechen männlicher Monokulturen in den Firmen.

Außerdem werden die jüngeren und mittleren Jahrgänge beiderlei Geschlechts bis ins hohe Alter arbeiten müssen.

Obwohl seit Mitte der neunziger Jahre bereits wieder mehr Deutsche jenseits der 60 einen Job haben (siehe »Die dritte Knappheit:

Zeit«), gibt es in diesem Segment immer noch die größten Reserven des Arbeitsmarkts, so Johann Fuchs vom Nürnberger Institut für Arbeitsmarkt- und Berufsforschung. Wenn künftig unter den 60- bis 64-Jährigen die Erwerbsbeteiligung nach und nach auf zwei Drittel stiege – heute liegt sie nur bei gut einem Drittel –, könnte bis 2020 das Angebot an Arbeitskräften annähernd konstant bleiben. Und auch in den Jahren danach würde die aktive Bevölkerung langsamer schrumpfen als meist angenommen. Trotz Alterung und demografischer Wende ließen sich auf dese Weise bis weit ins kommende Jahrzehnt positive Wachstumsbeiträge erzielen.

Doch so weit sind wir noch lange nicht.

Noch übersehen die meisten Bürger eisern die Folgen, die das kollektive Ergrauen für sie persönlich haben wird. Sie klammern sich an eine tradierte Lebensplanung: am besten früh in den Ruhestand gehen und relativ wenig fürs Alter vorsorgen. Alles wie gewohnt. Und möglichst wenig Stress. Realistisch sind solche Erwartungen nicht. Einen finanziell üppig ausgepolsterten Ruhestand haben die heutigen Jüngeren und Mittelalten nicht zu erwarten. Die Leistungen der öffentlichen Kassen – Rente, Gesundheit, Pflege – werden künftig schmal ausfallen; auch die Renditen privater Kapitalanlagen dürften spärlicher ausfallen als in den vergangenen Jahrzehnten.

Noch bis vor kurzem wurden ältere Beschäftigte in relativ jungen Jahren aus dem Arbeitsmarkt gedrängt, und häufig haben sie dies bereitwillig mitgemacht, weil ihnen attraktive Renteneinkommen winkten. Ein Schritt, den viele Ruheständler längst bereuen dürften, weil die Kaufkraft der Renten nach diversen Nullrunden seit der Jahrtausendwende spürbar gesunken ist. Für die heute arbeitende Generation sind die Aussichten noch weit schwieriger: Für sie sinken die gesetzlichen Renten drastisch, gemessen jedenfalls am Niveau der heutigen Rentnergeneration. Deutschland, Japan und die angelsächsischen Länder sind in dieser Hinsicht am weitesten fortgeschritten. Ein Bundesbürger, der mit 20 in den Job eintritt, bis 67 arbeitet und einen Durchschnittsverdienst bekommen hat, wird dann noch 39,9 Prozent seines Einkommens an Rente erhalten. In Großbritannien liegt dieser Wert nur bei 30, in Japan bei 39, in den USA bei 40 Prozent. Der OECD-Durchschnitt aber liegt nach heute geltendem Recht fast doppelt so hoch – bei 71 Prozent – wobei allerdings auch in anderen Länder drastische

Rentenkürzungen unausweichlich sein werden. Überall gilt: Je höher das Arbeitseinkommen gewesen ist, desto größer die Lücke zum späteren Renteneinkommen. Wer in Deutschland das Zweieinhalbfache des Durchschnittslohns verdient hat, der bekommt nur ein Viertel seines vorherigen Einkommens an Rente. Deshalb: Ob Gutverdiener oder Geringverdiener – beide werden künftig weiterarbeiten wollen, über die Altersgrenze von 67 Jahren hinaus.[4] Der Ruhestand als Lebensabschnitt wird in seiner heutigen Form für viele Menschen verschwinden. Die große Freiheit in den letzten beiden Lebensjahrzehnten – für viele eher: die große Leere – wird es nicht mehr geben.

Beunruhigende Aussichten. Eigentlich müssten die Menschen sich bereits heute darauf einstellen, noch jahrzehntelang produktiv zu bleiben. Aber die wenigsten tun es. Auch die Unternehmen werden in den westlichen Ländern darauf angewiesen sein, Ältere zu beschäftigten – allein weil es an Nachwuchs fehlt. Eigentlich müssten sie sich bereits heute darauf einrichten, ihre Leute länger produktiv im Betrieb zu halten. Aber kaum einer denkt daran.

Der Grund für dieses Verdrängen liegt vermutlich im Widerwillen, mit dem wir zu Werke gehen. Wir haben uns angewöhnt, das Leben in (eher unangenehme) Arbeit und (eher angenehme) Freizeit zu trennen. Gerade in Deutschland haben sich die Menschen angepasst an eine arbeitswidrige Umwelt – an einen Sozialstaat, der Leistung kaum noch belohnt; an ein Wohlstandsniveau, das der Mehrheit immer noch ein bequemes Leben ermöglicht; an eine Ideologie, die ihnen einhämmert, dass derjenige, der viel arbeitet, anderen die Jobs wegnimmt.

Frohes Schaffen! Warum wir eine neue Arbeitsethik brauchen

In den vergangenen Jahrzehnten hat sich eine Arbeitsethik herausgebildet, die schizophrene Züge trägt. Man will einen Job – und hat man einen, will man so wenig wie möglich arbeiten. Der Grund für diese seltsame Spaltung liegt darin, dass die psychosoziale und nicht die ökonomische Rolle der Arbeit im Vordergrund steht. Die arbeitsteilige Wertschöpfung webt die ansonsten bindungsarmen modernen Menschen ins gesellschaftliche Flechtwerk ein. Heute ist die Gesellschaft zuallererst Produktions- und Absicherungsgemeinschaft, die sich durchs gemeinsame Schöpfen von Werten konstituiert. Und jeder Einzelne will das Gefühl haben, Teil dieser Gemeinschaft zu sein. So gesehen besteht die wichtigste Funktion von Arbeit darin, der Identität des Individuums ein Fundament und dem Leben eine Struktur zu geben. Deshalb wird Arbeitslosigkeit als Identitätsverlust und großes Unglück empfunden. Deshalb erleben viele Ältere den Renteneintritt als Schock – von einem Tag auf den anderen werden sie nicht mehr gebraucht. Wer aus dem Arbeitsprozess herausfällt, fällt aus der Gesellschaft. Einerseits.

Andererseits bedeutet für die große Mehrheit Arbeit nicht Freude, Selbstverwirklichung und Teamgeist, sondern Leid. Wer im Job Spaß hat, so die immer noch vorherrschende Grundhaltung, der kann sein Geld nicht auf ehrliche Weise verdienen. Woher kommt diese eigenartige Haltung? Sie resultiert aus dem Erbe des protestantischen Ethos, das immer noch in den tieferen Schichten der westlichen Kultur schlummert – jenes »Geistes des Kapitalismus« (Max Weber), der harte Arbeit zum Ideal des gottgefälligen Lebens erhob.[5] Aber diese Arbeit darf nach puritanischer Auffassung keine Freude machen. Man muss sich quälen, darf sich auch an ihren Früchten nicht erfreuen, muss stattdessen Bescheidenheit und »innerweltliche Askese« üben. Eine bizarre, lebensfeindliche Haltung, die bis heute das Arbeitsleben vergiftet.

Es ist unsäglich: Die meisten Menschen schleppen sich mit chronischem Widerwillen zur Arbeit. Motto: Muss ja. Freitags mittags beglückwünscht man sich gegenseitig, die Woche endlich herumgebracht zu haben. Umfragen des Meinungsforschungsinstituts Gallup zeigen, dass rund 70 Prozent der Beschäftigten in Deutschland innerlich gekündigt haben. Das hält man nur aus, wenn man den größten Teil seiner Lebensspanne abseits des Produktionsprozesses verbringt. Deshalb wurde Arbeit immer weiter aus dem Leben hinausgedrängt. Die Beschäftigten erstritten sich sechs Wochen Urlaub, immer niedrigere Jahresarbeitszeiten, einen frühen Renteneintritt. Zeit, die sie zum großen Teil passiv verbringen: »Faulenzen« und »Nichtstun« gibt die Hälfte der Singles und ein Drittel der Familien als häufige Freizeitbeschäftigungen an, so eine Umfrage des B.A.T.-Freizeit Forschungsinstituts.[6] Hochqualifizierte arbeiten zwar in der Regel viel und intensiv. Dennoch: Auch für sie ist die Erwerbsphase heute eine relativ kurze Episode – mit spätem Ein- und frühem Ausstieg.

Auf die notwendige Ausweitung der Arbeitszone sind die Menschen bislang nicht vorbereitet. Wenn immer mehr Arbeit zur Notwendigkeit wird, müssen sich die Wertvorstellungen der Menschen und das Klima in den Betrieben grundlegend ändern. Ohne Spaß an der Sache ist das Pensum der Zukunft kaum zu schaffen. Ohne Freude, ohne Begeisterung an der Arbeit wird es schwierig, im Wettbewerb zu bestehen. Gefordert ist nichts weniger als eine neue Arbeitsethik – eine neue Spaßkultur der Produktivität. Weg vom sadomasochistischen Ansatz, hin zu einer hedonistischen Arbeitskultur.

Wer ein langes Arbeitsleben in einer sich ständig verändernden Wirtschaft vor sich hat, der muss immer wieder Neues lernen. Sich auszuruhen auf einem einmal erreichten Plateau, das wird gefährlich. Ein weiterhin hohes Veränderungstempo zwingt immer wieder zur Neupositionierung. Lebenslanges Lernen also. Es ist eines der großen Schlagwörter der vergangenen Jahre. Doch darauf seien wir nicht programmiert, sagt Ursula Staudinger, Professorin an der International University Bremen: Unsere »überkommenen Prägungen« machten es schwierig, in einer »völlig neuen Situation zurechtzukommen«. »Gerade die Generation der 30- bis 50-Jährigen ist in einer stabilen Welt aufgewachsen. Biografien verliefen meist linear: 20 bis 30 Jahre lernen, 30 Jahre arbeiten, 20 bis 30 Jahre Ruhestand – dieses Lebens- und Bildungsmodell hat sie geprägt. Aber das wird für immer weniger Menschen funktionieren.«

Auszüge eines Gesprächs, das ich mit ihr führte:

Diese Prägung hindert die Leute, sich den neuen Anforderungen zu stellen?

Man kann die Bedeutung des traditionellen Modells der Lebenszeitstruktur gar nicht überschätzen. Unsere Eltern und Vorfahren haben es uns vorgelebt; auch das heutige Umfeld hält die lineare Biografie immer noch für den einzig erfolgreichen Lebensentwurf. Mit solchen Vorstellungen im Kopf fällt es vielen Menschen schwer, sich den immer neuen Lebenssituationen in einem künftig deutlich längeren Berufsleben zu stellen.

Ist die Flexibilität, die der Arbeitsmarkt heute und erst recht in Zukunft fordert, also letztlich widernatürlich?

Das glaube ich nicht. Andere Gesellschaften, etwa die amerikanische, zeigen ja, dass Menschen mit viel größeren Veränderungen zufrieden leben können. Die amerikanische Kultur hat aber auch traditionell andere Leitbilder, etwa das des Pioniers. Da ist es ganz normal, mit über 40 noch mal an die Uni zu gehen und einen Master zu machen. Der Mensch kann mit einer Menge Wandel fertig werden.

Sind wir Deutsche also nur ausgesprochen weinerlich?

Das würde ich nicht sagen. Jeder Einzelne ist von den neuen Anforderungen stark gefordert, viele sogar überfordert. Uns fehlt bislang das kulturelle Instrumentarium, die hinzugewonnene Lebenszeit – die im 20. Jahrhundert ja um 30 Jahre zugenommen hat – produktiv zu nutzen. Nun stellt sich für jeden Einzelnen die Frage: Was machen wir mit diesen zusätzlichen Jahren?«

Angesichts des Abbaus der Sozialsysteme werden die meisten länger arbeiten müssen. Genügen diese neuen Zwänge nicht als Motivation, sich zu verändern?

Zwang ist ja etwas Negatives. Wenn jemand seinen Job verliert, kann das ein Anstoß sein, sich zu verändern, noch mal auf die Uni zu gehen. Aber ein solcher negativer Impuls genügt auf Dauer nicht; das ist sehr kraftzehrend. Wir wissen aus der Motivationsforschung, dass es viel besser ist, positiv besetzte Ziele anzustreben. Ohne Interesse und Spaß ist lebenslanges Lernen schwierig.

Lernen Menschen, die eine höhere Ausbildung genossen haben, nicht von allein ständig Neues hinzu?

Es stimmt schon: Je höher die Qualifikation ist, desto mehr lernt man informell tagtäglich im Job. Aber wenn sie eine organisierte Weiterbildung brauchen, wird es für viele Akademiker schwieriger. Die Firmenkultur spielt eine wichtige Rolle: Wo es wenig Toleranz gegenüber Fehlern und eine strikte Hierarchie gibt, ist die Angst größer, sich eine Blöße zu geben.

Na dann: Frohes Schaffen!

Wenn Menschen Roboter werden: die Dienstleistungsgesellschaft der Zukunft

Okay, wir müssen mehr arbeiten. Und wir sollten Spaß dabei haben. Aber was werden wir eigentlich arbeiten? Welches sind die neuen Jobs, worin bestehen die neuen Anforderungen, die auf uns zukommen? Mit diesen großen Fragen habe ich mich in den vergangenen Jahren bei einer Reihe von Workshops beschäftigt: Die Paderborner Unternehmensberatung Unity, eine Ausgründung des Heinz-Nixdorf-Instituts, hatte mich eingeladen, mit ihren Experten über die Dienstleistungsgesellschaft im Jahr 2020 nachzudenken. (Nur damit Sie keine vorschnellen Schlüsse ziehen: Ich habe für das Projekt kein Geld erhalten, es ging uns lediglich darum, dass wir alle etwas lernen.) In einer aufwändigen Szenarioanalyse machten wir uns daran, künftige Zustände der Welt zu ersinnen. Normalerweise wenden die Unity-Leute diese Methode an, um Unternehmen einen Rahmen für ihre strategische Planung zu stecken; gerade Familienunternehmer machen sich Gedanken darüber, wohin sie ihre Firmen führen müssen, damit sie, aller äußeren Veränderungen zum Trotz, auch in der nächsten Generation noch erfolgreich sind. Nun befassten wir uns mit diesem Instrumentarium mit der Dienstleistungsgesellschaft der Zukunft, ein breiter und diffuser Begriff, denn mehr als 28 Millionen Bundesbürger arbeiten im Dienstleistungssektor[7] – als Beamte, als Bedienung in der Eckkneipe oder als Unternehmensberater.

Welche Services werden künftig wachsen? Vor allem: Welche ganz neuen Jobs werden entstehen? Am Beginn unserer Überlegungen machten wir uns in einer Gruppe von fünf, sechs Leuten Gedanken darüber, welche Einflussfaktoren die Strukturen der Dienstleistungsgesellschaft der Zukunft bestimmen. Wir kamen auf nicht weniger als 52 Größen. Von den Transportkosten über die Gesetzgebung zum geistigen Eigentum, die mögliche Überwindung von Sprachgrenzen bis zur Einstellung zur Arbeit.

Am Ende eines aufwändigen, EDV-gestützten Prozesses, der Überlappungen und Widersprüche tilgte, ähnliche Szenarien zusammenfasste, kam Folgendes als Kernbotschaft heraus.

Die Arbeitsteilung innerhalb einer Gesellschaft und international zwischen den Volkswirtschaften wird weiter voranschreiten. Und sie wird getrieben durch neue Technologien. Dadurch kommt es zu einer zunehmenden räumlichen – und teils sogar zeitlichen – Trennung zwischen dem Leistungserbringer und dem Leistungsempfänger. Anfänge dieser Globalisierung der Dienstleistungsmärkte gibt es längst: Seit Jahren beschäftigt beispielsweise die US-Wirtschaftsprüfungsgesellschaft Deloitte Steuerexperten in Indien – Akademiker, an Hochschulen vor Ort in amerikanischem Recht geschult. In der Medizin sollen

Teleoperationen möglich werden: Der Patient liegt in Deutschland auf dem OP-Tisch, während der Chirurg irgendwo auf der Welt sitzt und via Datenleitung und Roboter das Skalpell führt. Kulturelle und sprachliche Grenzen werden auch künftig die Dienstleistungsmärkte segmentieren. Aber diese Grenzen werden an immer mehr Stellen durchlässig – weil die Verständigungsfähigkeit zwischen Kulturen als Folge der Globalisierung zunimmt und weil sich Dienstleistungen so zerlegen lassen, dass ein immer kleinerer Teil der Wertschöpfung auf spezifischem kulturellen Wissen basiert.

Um die Entwicklung zu illustrieren, standen am Ende des Unity-Projektes einige fiktive, neue Dienstleistungen:

Zum Beispiel der »Human Service Robot«. Dabei handelt es sich nicht um einen Roboter, sondern um einen Menschen, dem zusätzliche standardisierte Fähigkeiten hinzugefügt wurden. Menschen werden zu flexibel einsetzbaren Dienstleistungserbringern, die auch hochkomplexe Aufgaben erledigen können, für die sie gar nicht ausbildet sind. Möglich wird dies durch den Einsatz von sogenannter »Augmented Reality«. Diese »erweiterte Realität« erleben sie durch spezielle Datenbrillen oder -helme, auf die zusätzliche Informationen und Anweisungen gespielt werden, die den natürlichen Blick des Auges ergänzen. Dadurch können hochwertige Dienstleistungen, für die bislang der Einsatz von Experten nötig war, von weniger qualifizierten Personen erbracht werden. Die Möglichkeiten, die daraus erwachsen, sind revolutionär: Vom Feuerwehrmann über den Automechaniker bis zum Hirn- oder Herzchirurgen – komplexes Wissen und spezifische Kenntnisse sowie Erfahrungen werden skalierbar. Experten können ihr Wissen ortsungebunden anwenden. Ausgeführt wird es vor Ort von den menschlichen Robotern, die vor allem über manuelle Geschicklichkeit, Konzentrationsfähigkeit und Zuverlässigkeit verfügen müssen – und über keinerlei eigenen Willen bei der Ausführung der Tätigkeiten.

Zum Beispiel die »Virtual Mall«. Die Revolution des Einzelhandels. Supermärkte in ihrer heutigen Form verschwinden, Einkaufswagen gibt es nur noch im Museum. Der Kunde betrachtet (physische oder virtuelle) Ausstellungsstücke. Produktdetails kann er sich auf seinen Handheld-Computer übertragen lassen und die Ware dann auch elektronisch bestellen. Die gewählten Produkte werden dann, für den Kunden unsichtbar, durch intelligente Logistiksysteme zusammengestellt. Der Einkauf wird ihm am Ende, ganz nach Wunsch, entweder an einem Drive-Through-Schalter ins Auto geladen oder direkt nach Hause geliefert. Der Flächenbedarf der Supermärkte sinkt, ein großer Vorteil in immer höher verdichteten Städten (siehe »Die sechste Knappheit Boden«). Es wird weniger Verkaufspersonal benötigt, hilfreich in Zeiten der Kopfknappheit. Der Einkauf wird unabhängig vom Individualverkehr, man braucht kein Auto mehr für die Fahrt zum Supermarkt, was angesichts hoher Energiekosten (siehe »Die vierte Knappheit Energie«) günstig ist. Ältere, gebrechliche Kunden werden vom Packen entlastet. Die Beschäftigten in den virtuellen Supermärkten – mit Ausnahme der Packer und Fahrer – müssen deutlich höher qualifiziert sein als ihre Kollegen in den heutigen realen Märkten, da sie eine immer aufwändigere Technik beherrschen müssen.

Zum Beispiel der »Offshore Health Management Advisor«. Da die Menschen älter werden und bis ins hohe Alter produktiv bleiben müssen, gewinnt die Gesundheitsvorsorge enorm an Bedeutung, um die Lebensweise auf den Langstreckenlauf des Lebens auszurichten. Die Akutmedizin wird durch spezialisierte »Health Management Advisors« ergänzt. Dank moderner Informationstechnologie sind sie weitgehend standortungebunden. Vitaldaten des Kunden werden direkt an den medizinischen Stammbetreuer gesendet. Darüber hinaus finden regelmäßig Videogespräche statt, in denen das aktuelle Wohlbefinden erörtert wird. Der persönliche Betreuer hat in gewisser Weise die Rolle eines »Coaches« für die Gesundheit. Dieser Service kann zu günstigen Preisen angeboten werden, da die Betreuer im billigeren Ausland sitzen. Voraussetzung ist allerdings, dass die Gesundheitsberater die jeweilige Sprache ihrer Kunden beherrschen und über gute Kenntnisse der jeweiligen Lebensweise verfügen. Da kulturelle Nähe erforderlich ist, sind den technischen Möglichkeiten des Service-Offshorings Grenzen gesetzt.

Zum Beispiel der »Personal Life Assistant«. Unternehmen helfen gestressten Professionals bei der Bewältigung des Alltags. Sie überprüfen die Gehaltsabrechnung, buchen den günstigsten Urlaubsflug, reservieren einen Restauranttisch für die nächste Woche, bezahlen den Strafzettel für falsches Parken, versorgen den Kunden stetig mit Informationen zu Weinschnäppchen oder neuen Kinofilmen und suchen ständig nach neuen, passenden Jobangeboten. Der Personal Life Assistant entlastet den beanspruchten Hochqualifizierten bei lästigen Routinetätigkeiten im privaten Bereich. Der kann dadurch noch produktiver arbeiten, die verbleibende Freizeit intensiver mit seiner Familie verbringen, und er gewinnt Freiräume, um sich zusätzlichen karitativen Tätigkeiten zu widmen. Erbracht werden diese Dienstleistungen von mittelmäßig ausgebildeten Mitarbeitern, die live Unterstützung anbieten, via Telefon, Computer, E-Mail oder welche Kommunikationswege in den kommenden Jahrzehnten hinzukommen mögen.

Zum Beispiel »Buy a process«. Bislang geben Firmen Routinetätigkeiten ihrer internen Verwaltung, etwa die Buchhaltung, an externe Dienstleiter zur Erledigung. Basis war eine dauerhafte Zusammenarbeit zwischen Firma und Dienstleiter. In Zukunft wird diese dauerhafte Beziehung aufgebrochen, Aufträge werden für einzelne Prozesse vergeben. Ob eine Gehaltsabrechnung oder eine Bestellung von Standardmaterialien – man kann sie online einkaufen. Für Prozesse, die heute noch im Rahmen langfristiger vertraglicher Bindung erbracht werden, entsteht ein Markt, auf dem derjenige den Zuschlag bekommt, der gerade Kapazitäten frei hat und den niedrigsten Preis bietet. Vorteil für Unternehmen: Sie können ihre Wertschöpfungsarchitekturen per Knopfdruck gestalten und sich jederzeit veränderten Bedingungen anpassen. Dadurch entwickeln sie sich immer mehr zu virtuellen Unternehmen, die nur noch über kleinste Kernmannschaften an Leuten verfügen. Alle Routinetätigkeiten – vom Sekretariat über die Verwaltung bis hin zur Wartung der Haus- und Informationstechnik – werden von wechselnden externen Dienstleistern erbracht. Möglich werden diese neuartigen Angebote durch ein hohes Maß an Standardisierung und Automatisierung aufseiten der Prozessanbieter. Die Aufgabe der Mitarbeiter dort besteht vornehmlich darin, die Computer mit den gerade hereinkommenden Aufträgen zu füttern. Sie brauchen keine hochspezialisierte Ausbildung, wichtiger ist Flexibilität: Sie müssen ständig verfügbar sein – gearbeitet wird dann, wenn Aufträge da sind.

Die fiktiven Beispiele zeigen einige grundlegende Merkmale, die die Arbeitsgesellschaft der Zukunft kennzeichnen dürften:

Erstens: Wissen, Können und Machen entkoppeln sich zusehends. Bislang sind sie bei den meisten Dienstleistungen eng verknüpft. Künftig fallen sie auseinander, und zwar entlang von drei Dimensionen:

- personell: Die Ausführenden können in immer größerem Umfang direkt auf das Wissen anderer zurückgreifen (wie die »Human Service Robots«), oder ihnen steht ein Fundus an hochkomplexen, hochdifferenzierten standardisierten Prozessen zur Verfügung, die sie nur noch in Gang setzen müssen (wie die »Buy a process«-Mitarbeiter).

- räumlich: Die Ausführenden müssen nicht mehr unbedingt am gleichen Ort sitzen wie die Kunden, sondern können auch in anderen Ländern arbeiten (»Offshore Health Management Advisors«, »Personal Life Assistants«); bei Services, die weit von individuellen Bedürfnissen entfernt sind, können sie sogar in anderen Kulturräumen angesiedelt sein (»Buy a process«, »Human Service Robots« für technischen Support in der Industrie).

- zeitlich: Bei steigender Automatisierung im Hintergrund der Service-Erbringung können kundenferne Leistungen zeitlich verschoben erbracht werden, womöglich gar in anderen Zeitzonen.

Zweitens: Der Servicesektor wird globalisiert. Durch die zunehmende Technisierung und die kulturelle Annäherung der Menschen rund um den Globus werden immer mehr Dienstleistungen international handelbar. Weit verzweigte Wertschöpfungsnetze werden möglich, die es bislang nur in der industriellen Produktion gibt. Diese Entwicklung ist längst im Gange: Seit Jahren wächst der Handel mit Dienstleistungen, von niedrigem Niveau aus, mit schnelleren Raten als der Austausch von Industrieprodukten.

Drittens: Der Wettbewerb auf den Dienstleistungsmärkten wird intensiver. Bislang werden die meisten Services auf räumlich begrenzten Märkten angeboten – Leistungen von Mensch zu Mensch. Die Globalisierung der Dienstleistungen setzt mehr und mehr Services dem grenzüberschreitenden Wettbewerb aus, internationale Kostendifferenzen werden ausgenutzt (»Offshore Health Management Advisors«, »Personal Life Assistants«). Auch die technologische Aufrüstung vieler Dienstleistungen sorgt für einen verstärkten Konkurrenzkampf: Geringer Qualifizierte sind plötzlich in der Lage, Dinge zu tun, zu denen bislang nur Hochqualifizierte in der Lage waren (»Human Service Robots«); eben noch exklusives Wissen, das nun breit zugänglich ist, wird entwertet.

Viertens: Die Verteilung der Einkommen wird ungleicher. Die bisher skizzierten Entwicklungen zeigen, dass große Produktivitätssprünge im Servicesektor möglich sind. Das ist die gute Nachricht. Problematisch ist allerdings, dass die aus der zusätzlichen Wertschöpfung resultierenden Einkommen primär einer relativ kleinen Gruppe von Menschen zufließen dürften. Während einige ihr Wissen und Können nun weltweit verkaufen können – wie die Experten, die die »Human Service Robots« anleiten –, wird das Wissen und Können vieler anderer dadurch verdrängt und entwertet. Selbst spezialisierte, persönliche Dienstleistungen geraten unter Druck durch Billigkonkurrenz: Der Hausarzt um die Ecke, der nebenbei Prophylaxe- und Fitnessprogramme anbietet, muss seine Gebühren senken, weil der »Offshore Health Management Advisor« etwa in Rumänien seine Leistungen für einen Bruchteil westeuropäischer Arzthonorare anbietet. Oder die »Virtual Malls«: Dort werden weniger Leute beschäftigt sein als in heutigen Supermärkten, dafür müssen sie besser ausgebildet sein und werden, dank ihrer höheren Produktivität, deutlich mehr verdienen als ihre traditionellen Kollegen.

Neue Prioritäten: Alles auf Arbeit!

Arbeit rückt wieder ins Zentrum des Seins. Aber die Formen und Inhalte verändern sich grundlegend. Die Begriffs- und Gedankenwelt des Industriezeitalters trägt im 21. Jahrhundert nicht mehr: Arbeitnehmer, Arbeitgeber, Arbeitsplatz, Arbeitslosigkeit, Arbeitszeit, Freizeit – all das verwischt und vermischt sich. »Arbeitnehmer müssen lernen, selbstständig wie Unternehmer zu agieren«, sagt Hilmar Schneider, Direktor des Bonner Instituts zur Zukunft der Arbeit (IZA). »Sie müssen immer wieder Neues beginnen. Aber ist das schlimm? Schlimm ist es nur für diejenigen, die nicht darauf vorbereitet sind.« Nicht gut vorbereitet sind vor allem jene, die nur einen engen Beruf gelernt haben – Lehre, Berufsschule, Gesellenbrief, fertig. Leichter wird es Hochschulabsolventen fallen, sich in den neuen Zeiten zurechtzufinden. Sie haben selbstständiges Arbeiten gelernt und eine relativ breite Bildung genossen.

Nicht nur jeder einzelne Bürger, auch Politik und Unternehmen sind gefordert. Bildung ist der Schlüssel, um in der unruhigen neuen Welt erfolgreich sein zu können. Bislang wird das nur für die heutigen Kinder und Jugendlichen diskutiert (Stichwort »Pisa-Schock«). Aber es gilt auch für die mittleren Jahrgänge: Sie gehen unvorbereitet in die neue Zeit des produktiven Imperativs. Es sind gerade die kopfstarken Jahrgänge, geboren zwischen Ende der fünfziger und Ende der sechziger Jahre, die noch für lange Zeit den Kern des Produktionspotenzials der Gesellschaft darstellen. Aber gerade diese Altersgruppen sind nicht eingestellt auf »lebenslanges Lernen«. Hilfestellungen seitens des Staates oder der Wirtschaft gibt es bislang kaum für sie.

Gefordert ist schließlich eine Grundüberholung der Sozialsysteme (siehe »Die vierte Tugend: Solidarität«) – nach der Maxime: Alles auf Arbeit! Bislang führen die hohen Sozialabgaben, die auf den Löhnen lasten, dazu, dass Arbeitseinkommen in Deutschland so stark beansprucht werden wie nirgends sonst in der westlichen Welt. Außerdem trennt das Sozialsystem strikt zwischen Arbeitenden und Transferempfängern. Man steht auf der einen Seite oder auf der anderen. Menschen werden dafür bezahlt, dass sie nicht arbeiten. Alternde Gesellschaften können sich dieses Vorgehen nicht mehr leisten. »Lohnersatzleistungen« darf es nur noch für diejenigen geben, die aus gesundheitlichen Gründen nicht erwerbstätig sein können. Geringproduktive mit niedrigen Einkommen sollten Lohnzusatzleistungen erhalten – Lohnsubventionen statt Arbeitslosengeld. Wer nicht arbeitet, bekommt auch nichts dazu.

Alles auf Arbeit – dieser Grundsatz muss auch für die Rentenversicherung gelten. Wenn nur noch minimale Renten gezahlt werden können, müssen die Älteren hinzuverdienen dürfen. Und zwar so viel sie wollen und können, ohne dass ihnen dafür die Bezüge gekürzt werden. Der Beginn der Rentenzahlungen sollte flexibel möglich sein. Starre Ruhestandsgrenzen, ob 65 oder 67 Jahre, passen nicht in eine Welt, in der es darum geht, möglichst viele Leute möglichst lange aktiv zu halten.

Die zweite Tugend:
Sparsamkeit

Mein Freund Herbert[1] freute sich wie ein Kind, als er seinen neuen »Fish Master« bestieg und sich hinters Steuer klemmte. Blau und silbern schimmerte das Boot in der Sonne, dicker Außenborder, drei Sitzreihen, Seewassertank im Rumpf für die gefangenen Fische. »Wenn man am Meer wohnt, braucht man ein zuverlässiges Boot.« Klar, leuchtet ein.

Herbert ist Amerikaner, Akademiker, er hat einen guten Job, er ist Alleinverdiener mit Frau und drei Kindern. Zusammen wohnen sie in einem großen Haus in der Nähe von Boston mit Blick auf den Atlantik. Er hat drei Autos und inzwischen zwei Motorboote. Alles nicht übertrieben, normaler Standard in der Gegend. Der Fish Master kostete über 20 000 US-Dollar, finanziert auf Pump, was überhaupt kein Problem darstelle, wie mich Herbert aufklärte, er könnte ja einfach seine Hypothek aufstocken. Die Zinsen seien so niedrig, das sei locker drin. Zwischen uns entspann sich ein Gespräch darüber, wie Amerikaner mit Geld umgehen. »Immer mehr Leute aus meinem Bekanntenkreis leben nur noch paycheck to paycheck, was reinkommt, geben sie sofort aus«, erzählte Herbert. »Wenn die mal arbeitslos werden, bricht alles zusammen.« Er spare immerhin noch, indem er regelmäßig seine Hypothek tilge. »Das ist völlig außer Mode gekommen.«

Amerikaner haben ein sonderbares Verhältnis zum Geld. Von ihrem Einkommen sparen sie nichts. Mehr noch: Sie verschulden sich immer höher. »Shop till you drop« – Konsumieren bis zum Umfallen. Über Jahrzehnte hatten die US-Bürger eine normale Sparquote: Zwischen 9 und 14 Prozent ihres verfügbaren Einkommens legten sie zurück. Bei guter Konjunktur etwas mehr, bei schlechter etwas weniger. So war das von den frühen fünfziger bis zu den frühen neunziger Jahren. Zuletzt aber rutschte die Sparquote sogar bis unter null, was bedeutet, dass die Leute mehr ausgeben, als sie an Einkommen zur Verfügung haben. Der lange Aufschwung seit Anfang der neunziger Jahre hat die Amerikaner leichtsinnig gemacht. Das Gefühl griff um sich, man könne von allein reich werden, man müsse nur ein Haus oder ein Aktienpaket kaufen und darauf warten, dass sein Wert steige. Später werde man schon alle Schulden tilgen können. Eine ganze Generation wuchs mit einer gefährlichen Geldillusion auf.

Amerika ist nur der extremste Fall. In vielen Teilen der westlichen Welt breitete sich die Überzeugung aus, Sparen sei hoffnungslos altmodisch. Besonders dramatisch gingen die Sparquoten in den angelsächsischen Ländern zurück: Großbritannien, Australien, Kanada. Aber auch in Dänemark und Finnland, Korea und Japan, Griechenland, in der Tschechischen und der Slowakischen Republik[2] – all diese Nationen haben sich das Sparen ziemlich konsequent abgewöhnt.

Verrückterweise wurden insbesondere die Angelsachsen lange Zeit als vorbildlich dargestellt, gerade für die Bundesrepublik. Konjunkturforscher bewunderten das hohe Wirtschaftswachstum der angelsächsischen Volkswirtschaften, Politiker beschimpften die »Angstsparer« – nicht mal als Konsumenten taugten die Deutschen noch. Sie müssten mal wieder so richtig Geld ausgeben, dann klappe es auch mit dem Aufschwung. Der SPD-Politiker Franz Müntefering verstieg sich sogar einmal zu der These, wenn die Bürger auf ihrem Geld säßen, dann müsse es ihnen der Staat eben mittels höherer Steuern wegnehmen und ausgeben.

Verantwortungsloses Geschwätz. Natürlich finden es Politiker besser, wenn die Leute konsumieren, als wenn sie sparen. Denn kurzfristig kurbelt es tatsächlich die Wirtschaft an, wenn mehr Geld ausgegeben wird: Der Konsumschub sorgt für mehr Nachfrage, die Beschäftigung steigt, eventuell auch die Inflation. Aber der expansive Impuls ist nur ein Strohfeuer. Um es erneut zu entfachen, muss die Sparquote aber mals sinken. So trudelt eine Gesellschaft allmählich in die Schuldenfalle. Am Ende steht die Wirtschaft nicht besser da – aber die Bürger sind schlechter für die Zukunft gerüstet. Politikern, die nur die Konjunktur bis zur nächsten Wahl im Blick haben, mag das egal sein. Aber die Normalsparer sollten sich nicht von derart kurzsichtigen Erwägungen in die Irre leiten lassen.

Im Übrigen sparen auch die Deutschen längst nicht mehr so viel wie früher. Noch in den siebziger Jahren lag die Sparquote im Schnitt bei

14,5 Prozent, in den Achtzigern bei 13,5 Prozent. Seit der deutschen Einheit ging es deutlich bergab: In den Neunzigern legten die Bundesbürger im Schnitt noch 11 Prozent beiseite, im Jahr 2000 erreichte die Sparneigung ihren Tiefpunkt (9,2 Prozent). Seither hat sie sich wieder etwas normalisiert auf Werte zwischen 10 und 11 Prozent.[3] Klar, in einer insgesamt schwierigen wirtschaftlichen Lage war der Anstieg der Sparquote ein zusätzlicher Dämpfer, aber bei weitem nicht die Ursache der langen deutschen Schwächephase.

Die Deutschen und andere Kontinentaleuropäer verhalten sich ziemlich vernünftig: Ob Österreicher, Italiener oder Franzosen – sie sorgen für eine unsichere Zukunft vor. Allerdings sollten sie noch mehr tun: Je mehr Geld sie zurücklegen, desto leichter wird es ihnen fallen, das Brechen der demografischen Welle zu meistern.

Es wird Zeit, dass die alte Tugend des Sparens wieder mehr Anhänger findet. Dabei geht es nicht nur um Geld. Es geht um die gesamte Lebenseinstellung: um den Hedonismus, der sich im Erwerb überflüssiger Dinge erschöpft. Ich plädiere nicht für Askese, sondern für einen bewussteren, gemäßigteren Konsum. Die Welt ist zugeschüttet mit Billigprodukten – Unterhaltungselektronik, Spielzeug, Kleidung –, alles für wenige Euro zu haben, nach kurzer Zeit kaputt oder schäbig. Also weg damit – her mit dem nächsten kurzen Konsumkick. Wir verhalten uns, als gäbe es keine Knappheit an Energie, Boden, Wasser, Luft, Wald ... Aber bei der Erzeugung dieser Güter wird eine Menge dieser knappen Ressourcen aufgewendet. Statt zu sparen, geben wir unser Geld in erheblichem Umfang für nutzlose, kurzlebige Dinge aus. Keine Generation zuvor hat sich solch sinnlosem Konsumismus hingegeben.

Die heraufziehenden Knappheiten dürften einen Wandel des Lifestyles anstoßen – weil wir mehr Geld auf die hohe Kante legen müssen, weil die Preise steigen werden, weil sich die Wertvorstellungen ändern werden. Wie konnte es eigentlich so weit kommen? Warum konnte sich die westliche Welt derart hemmungslos in einer Konsumorgie ergehen?

Warum die Sparquoten zurückgingen

Menschen sparen aus einer Vielzahl von Gründen: um sich größere Anschaffungen leisten zu können, um fürs Alter vorzusorgen, um ihren Kindern eine Erbschaft zu hinterlassen, um künftige Einkommensausfälle oder unvorhersehbare Ausgaben meistern zu können, um in Zukunft steigende Steuern oder sinkende staatliche Leistungen ausgleichen zu können. Manche Leute sparen, weil Kredite schwer zu bekommen sind und sie deshalb größere Anschaffungen wie Auto oder Haus überwiegend aus eigenem Vermögen bezahlen müssen. Oder weil es einfach nichts gibt, was sie gern kaufen würden, so wie früher die Bewohner der DDR.

In all diesen Motiven stecken die wichtigsten Gründe für den Rückgang der Ersparnis in den vergangenen Jahrzehnten, nämlich:

- die Deregulierung der Finanzmärkte,
- die lockere Geldpolitik der Notenbanken,
- das steigende Vertrauen in staatliche Institutionen,
- die ungleichere Einkommensverteilung,
- die demografische Entwicklung.

Deregulierung der Finanzmärkte

Während der großen Weltwirtschaftskrise in den dreißiger Jahren des 20. Jahrhunderts gingen die Regierungen dazu über, Banken strikt zu regulieren und internationale Kapitalströme zu begrenzen. Regeln, die über Jahrzehnte in Kraft blieben. Für Bürger und Unternehmen bedeutete das: Kredite waren relativ knapp und teuer. Das änderte sich im Zuge der Liberalisierung der Finanzmärkte. Die achtziger und neunziger Jahre brachten eine große Deregulierungswelle für die Banken und den Finanzsektor insgesamt. Die Grenzen wurden für internationale Kapitalströme geöffnet. Ein intensiverer Wettbewerb unter den Instituten sorgte dafür, dass sie sich förmlich darin überboten, immer billigere Kredite auszuleihen. Vergabestandards wurden gesenkt, sodass Leute Kredite bekamen, die zuvor nie Zugang dazu gehabt hatten. Dank offener Grenzen konnte Kapital importiert werden, wenn es im Inland knapp war, weil zu wenig gespart wurde. Zudem gingen die Banken dazu über, ihre Forderungen aus Krediten weiterzuverkaufen (»verbriefen«) – so konnten sie sich der Risiken entledigen und rasch neue Kredite vergeben.

Extrem wurde dieses Geschäft in den USA und in Großbritannien betrieben, wo die Liberalisierung besonders weit fortgeschritten war. Immobilienfinanzierungen, die 100 Prozent des Wertes plus Kaufkosten (Makler, Gebühren, Renovierung) ausmachten, waren keine Seltenheit. Man brauchte nicht mehr zu sparen, um sich später mal ein Haus leisten zu können. Ohne Eigenkapital ging es ja auch. Und weil sich plötzlich mehr und mehr Leute Wohneigentum zulegen konnten, stieg die Nachfrage nach Immobilien, was wiederum die Preise in die Höhe schießen ließ. Die Banken, scharf darauf, mehr Geschäft zu generieren, sprachen die Hausbesitzer an und boten ihnen weitere billige Kredite: Dein Haus ist mehr wert, stocke doch deine Hypothek auf und kauf dir ein neues Auto (oder, wie mein Freund Herbert, ein neues Motorboot). Es war eine Perpetuum-mobile-Ökonomie, geschmiert von billigen Krediten, die die Preise von Vermögensgütern steigen ließen, wodurch noch mehr billige Kredite ausgereicht werden konnten ... Sparen? Wozu?

Ein gigantisches Kartenhaus türmte sich auf – das 2007 begann, in sich zusammenzustürzen, als die Immobilienpreise anfingen zu sinken. Die Probleme im »Subprime«-Sektor – der massenweise Ausfall von Hypotheken von Schuldnern mit schlechter Bonität in den USA – löste die schwerste Finanzkrise seit den dreißiger Jahren aus. Als Reaktion auf die Krise werden die Banken wieder strikter von den Aufsehern an die Zügel genommen. Mit der zwangsläufigen Folge, dass es künftig schwieriger wird, Kredite zu erhalten. Entsprechend vorsichtiger dürften auch die Bürger werden. Entsprechend rückt die Notwendigkeit, wieder auf altmodische Art zu sparen, ins Bewusstsein.

Aber die Banken waren nicht die einzigen Cheerleaders des Kreditbooms. Auch die staatlichen Währungsbehörden trugen ihren Teil dazu bei.

Lockere Geldpolitik der Notenbanken

Über lange Zeit hielten die Notenbanken die Zinsen sehr niedrig. Zu niedrig, wie inzwischen viele Fachleute überzeugt sind. Sie legten damit die monetäre Grundlage für den Kredit- und Immobilienboom, dem sie mehr oder minder teilnahmslos zusahen. Weil die Inflation der Preise von Waren und Dienstleistungen kein Problem war, ließen die Notenbanken die Zügel schleifen: niedrige Zinsen, zügiges Wachstum der Geldmenge und des Kreditvolumens.

Dass es zu einer Inflation bei Vermögensgütern kam, dass die Preise von Aktien, Anleihen, Immobilien, Rohstoffen bis hin zu Briefmarken durch die Decke gingen, nahmen die Zentralbanker zur Kenntnis. Mehr nicht. Entweder erklärten sie sich für nicht zuständig wie Alan Greenspan, der langjährige Chef der amerikanischen Federal Reserve Bank. Oder sie redeten darüber, dass es zwar im Prinzip notwendig sei, Preisblasen an den Finanzmärkten zum Platzen zu bringen, dass es im konkreten Fall aber schwierig wäre, wie die Europäische Zentralbank unter Jean-Claude Trichet. Oder sie scherten sich gleich gar nicht um derlei Fragen der Finanzstabilität und verfolgten ausschließlich das Ziel, möglichst lange auf der Woge des Booms zu surfen, so wie die Chinesen, deren unterbewertete Währung zu einer gigantischen Aufblähung der Geldmenge führte. Die üppige Versorgung der Weltwirtschaft mit flüssigen Mitteln hielt die Zinsen über lange Zeit sehr niedrig, verbilligte Kredite und senkte die Renditen von Geldanlagen. All das verleidete den Bürgern das Sparen.

Inzwischen führen zwei Entwicklungen dazu, dass die Notenbanken ihren Kurs überdenken müssen: die große Finanzkrise, die durch die Liquiditätsschwemme mitverursacht wurde, und die wieder anziehende Inflation der Verbraucherpreise. Eine in Zukunft mutmaßlich straffere Geldpolitik wird nicht nur diese Symptome bekämpfen, sie wird auch das Sparen wieder attraktiver machen.

Steigendes Vertrauen in staatliche Institutionen

Eine große Sorglosigkeit hat die Bürger in den neunziger Jahren überkommen. Und es gab ja eine Menge positiver Entwicklungen, darunter auch die bessere Finanzpolitik in vielen Ländern. In Europa drängte der Maastricht-Vertrag die Mitgliedstaaten zu einem Kurs der Solidität. Wer Mitglied der Währungsunion werden wollte, musste sein Haushaltsdefizit auf 3 Prozent des Bruttoinlandsprodukts (BIP) und den Schuldenstand auf 60 Prozent des BIP beschränken. Dieser Prozess war zwar nur teilweise erfolgreich, aber immerhin: In Finnland, dem Land mit einer der niedrigsten Sparquoten, gab es den größten Rückgang des Schuldenstands, von 66 Prozent im Jahr 1996 auf 48 Prozent 2007.

Spanien, die Niederlande, Irland, Belgien – sie alle trugen ihre Schuldenberge ein beachtliches Stück weit ab. Sogar Griechenland und Italien, die zuvor dramatisch hoch verschuldet waren mit Schuldenstandsquoten von über 100 Prozent, bauten Schulden ab, wenn auch nicht so stark wie erhofft. Noch erfolgreicher verlief die Konsolidierung in einigen Staaten außerhalb der Währungsunion: Schweden und Dänemark gelang es, den Schuldenstand von Höchstmarken bei 85 Prozent auf 31 Prozent (Dänemark) beziehungsweise 47 Prozent (Schweden) im Jahr 2007 zu drücken. Auch Australien, Kanada und Neuseeland setzten alles daran, aus der Schuldenfalle zu entkommen.[4]

Die Sparer nahmen das als Signal für eine gesicherte finanzielle Zukunft. Wenn der Staat Schulden anhäuft, passiert das Gegenteil: Die Bürger müssen damit rechnen, die Schulden in Zukunft abtragen zu müssen – indem Steuern erhöht und/oder öffentliche Leistungen gestrichen werden. Um diesen erwarteten Belastungen vorzubeugen, legen sie Geld zurück. Umgekehrt sorgt ein Schuldenabbau dafür, dass die Bürger glauben, weniger vorsorgen zu müssen. Das Vertrauen in den Staat und in die Solidität des Gemeinwesens insgesamt steigt. Warum nicht drauflos konsumieren?

Viele Sparquoten erscheinen allerdings viel zu niedrig: Finnlands und Dänemarks waren zeitweise negativ. Ähnlich wie die USA seit den neunziger Jahren – wo die Haushaltskonsolidierung, die Präsident Bill Clinton eingeleitet hatte, mit Beginn des »Kriegs gegen den Terror« 2001 endete –, sind sie von einem »irrationalen Überschwang« (so der Finanzmarktforscher Robert Shiller), von einem übermäßigen Optimismus getragen.

Deutschland und Frankreich übrigens, auch das erklärt ihre vergleichsweise hohen Sparquoten, haben den Zwang zur Haushaltskonsolidierung nicht sonderlich ernstgenommen. Ihre Schuldenstände liegen deutlich über dem Niveau der neunziger Jahre – sodass die Bürger für die Zukunft höhere Belastungen befürchten müssen.

Ungleichere Einkommensverteilung

Sparen kann nur, wer Geld übrig hat. Je reicher die Bürger sind, desto mehr Geld könnten sie beiseite legen. In Deutschland erreicht die Sparquote für das oberste Zehntel der Einkommensskala gut 20 Prozent.

Die wohlhabendsten 5 Prozent legen rund 30 Prozent ihres verfügbaren Einkommens zurück, und die Top 1-Prozent an die 40 Prozent. Die ärmeren Gruppen auf der Einkommensskala sparen hingegen gar nichts oder leben sogar auf Pump: Die unteren 40 Prozent der Haushalte haben eine Sparquote von null. Somit kann eine ungleiche Einkommensverteilung dazu führen, dass die gesamtwirtschaftliche Sparquote steigt. In Deutschland scheint das in den vergangenen Jahren der Fall gewesen zu sein. Während die verfügbaren Durchschnittseinkommen real stagnierten oder zeitweise sogar sanken, stiegen die Einkommen der wohlhabenderen Teile der Bevölkerung deutlich, sodass die Sparquote stieg.[5] Auch in anderen Teilen der Welt, insbesondere in Schwellenländern wie China und Russland, lässt sich die stark gestiegene gesamtwirtschaftliche Sparquote teilweise mit einer ungleicheren Einkommensverteilung erklären.[6]

Nicht erklären lässt sich mit diesem Argument allerdings der Rückgang der Sparquote in den USA und in Großbritannien. In beiden Ländern haben die Einkommensdisparitäten erheblich zugenommen, ohne dass die Sparquote reagiert hätte. Der Grund liegt offenbar im Konsumverhalten der Wohlhabenden dieser Länder: in einem Hang zur Opulenz, der auf die ganze Gesellschaft abstrahlt.[7]

Demografische Entwicklung

Über mehrere Kanäle beeinflusst die Demografie die Ersparnisbildung. Sparer sind vor allem die Altersgruppen zwischen 40 und 60 Jahren. Gesellschaften mit einem hohen Anteil Älterer dürften weniger sparen, so eine gängige Hypothese. Die älteren Jahrgänge bauen im Zuge des Ruhestands ihre Vermögen ab, ihre Sparquote sinkt. Und sie verschenken oder vererben Vermögen an eine relativ kleine Zahl von Kindern (die wiederum dank der Vermögensübertragungen für die eigene Vorsorge weniger sparen müssen). In dieser Situation dürfte Japan sein, die demografisch am weitesten fortgeschrittene Gesellschaft. Das Land hat einen dramatischen Absturz der Sparquote erlebt, trotz horrender Staatsschulden. Anfang der neunziger Jahre legten die Japaner noch 14 bis 15 Prozent ihrer Einkommen zurück, inzwischen sind es nur noch 3 Prozent.

Andererseits sind Gesellschaften wie Deutschland mit großen Kohorten von Erwerbstätigen und wenigen Kindern darauf angewiesen, mehr vorzusorgen, weil sie sich weniger auf den Generationenvertrag verlassen können. Hierzulande dürften sich derzeit beide Effekte überlagern: Eine große Anzahl von Rentnern spart weniger, während die geburtenstarken Jahrgänge feststellen, dass sie mehr vorsorgen müssen. So gesehen, hat die Babyboom-Generation noch zwei Jahrzehnte vor sich, in denen sie für die kommenden mageren Jahre vorsorgen kann.

Auch wenn viele es sich nicht leisten können, in den Ruhestand zu gehen: Geld auf der hohen Kante zu haben, erleichtert das Leben, gerade in einem Alter, in dem man zunehmend auf fremde Hilfe angewiesen ist. Den Sparzwang lindern könnte allenfalls der Staat, denn auch der muss dringend Rücklagen bilden. Müsste. Eigentlich.

Projekt Zukunftsfonds: warum der Staat zum Sparer werden muss

Die meisten Staaten haben in den vergangenen Jahrzehnten das Gegenteil von Sparen getan: Sie haben sich verschuldet, über jedes vernünftige Maß hinaus. Diese Entwicklung resultierte teils aus falscher wirtschaftspolitischer Ideologie: Der Vulgärkeynesianismus postulierte, mit immer neuer Stimulierung der Nachfrage durch defizitfinanzierte Ausgabenprogramme könne endloses Wachstum generiert werden. Teils geschah es aus politischer Opportunität: Regierungen, die Schulden machen, tun ja nichts anderes, als Ausgabenprogramme zu beschließen und im Gegenzug die heutigen Steuerzahler nicht dafür zahlen zu lassen, sondern die Lasten in die Zukunft zu verschieben.

Der deutsche Staat hat ausstehende Schulden von 1,6 Billionen Euro, knapp 70 Prozent des Bruttoinlandsprodukts. Dies ist die »explizite« Staatsverschuldung, jene Anleihen, die der Staat ausgegeben hat und die er in Geld zurückzahlen muss. Dazu kommt eine »implizite« Staatsverschuldung, die aus künftigen Verpflichtungen besteht, die der Staat eingegangen ist und die wahrscheinlich nicht durch künftige Einnahmen gedeckt werden können; dies betrifft vor allem die umlagefinanzierten Sozialversicherungen, deren Ausgaben aus den laufenden Einnahmen bezahlt werden. Durch die demografische Wende werden in

Zukunft Einzahler fehlen, während die Zahl der Empfänger steigt. Steuerzahler werden knapp.

Der impliziten Staatsverschuldung kann sich der Staat durch Änderungen im System entledigen. Im Jahr 2003 lagen die gesamten Schulden des deutschen Staates bei 330 Prozent, davon waren 270 Prozent implizit, wie der Sachverständigenrat zur Begutachtung der gesamtwirtschaftlichen Entwicklung ausgerechnet hat. Diese Verbindlichkeiten dürften sich inzwischen halbiert haben, durch die Einführung eines »Nachhaltigkeitsfaktors« (wodurch die Renten kaum noch steigen) und die Erhöhung des Renteneintrittsalters von 65 auf 67 Jahre (wodurch die künftigen Rentenbezüge erheblich gekürzt werden).[8] Dennoch: Im Jahr 2008 bleibt eine gesamte Staatsschuld von knapp unter 70 Prozent explizit plus vielleicht 130 Prozent implizit. Macht zusammen 200 Prozent des Sozialprodukts. Untragbar hoch.

Dazu kommen weitere Belastungen. Im Szenario des Sachverständigenrats ist nämlich die Belastung durch Klimaveränderungen nicht berücksichtigt. Sturmfluten und starke Regenfälle werden den Aus-, Neu- und Umbau der Infrastruktur erforderlich machen. Katastrophenhilfe wird mehr Geld erfordern.

Geben wir uns keinen Illusionen hin: Besser als heute wird die wirtschaftliche Lage in Deutschland für Generationen nicht mehr werden. Noch sind wir wettbewerbsfähig, exportstark und profitabel, sogar der laufende Staatshaushalt war 2007 wieder ausgeglichen. Aber die guten Zeiten werden allmählich ausklingen. Der finanzielle Druck auf die Staatsfinanzen wird zunehmen. Der Mangel an leistungsfähigen Menschen, schon jetzt spürbar, wird zum allgegenwärtigen Problem. Der Staat müsste jetzt sparen – nicht nur im Sinn von Einsparen, sondern im Sinn von weniger ausgeben als einnehmen. Er sollte Jahr für Jahr Überschüsse einfahren und nicht nur zum Schuldenabbau verwenden, sondern auch gezielt Geld anlegen. Konkret: Westliche Staaten wie Deutschland müssen darüber nachdenken, einen staatlichen Investmentfonds einzurichten, einen jener »Sovereign Wealth Funds« (SWFs), wie sie Asiaten, Araber, Russen oder Norweger haben. Deutschland braucht einen Zukunftsfonds.

Die Grundidee der SWFs ist bestechend, weshalb sie übrigens auch Ökonomen wie der amerikanische Exfinanzminister und Harvard-Professor Larry Summers befürworten.[9] Das primäre Ziel der Staatsfonds ist es, gegenwärtige Einkommen, die in Zukunft nicht mehr in dieser Höhe anfallen werden, für künftige Generationen zu bewahren. Es geht also zuvörderst darum, intergenerationelle Gerechtigkeit herzustellen. Topkandidaten für die Einrichtung von SWFs sind naturgemäß Länder, die Bodenschätze ausbeuten. Indem sie heutige Einnahmen im Ausland anlegen, erreichen sie nicht nur eine zeitliche Spreizung der Erträge, sie vermeiden auch eine Überhitzung der heimischen Wirtschaft in Zeiten hoher Rohstoffpreise. Die SWF-Idee wirkt ansteckend. Inzwischen hat sie auf rohstoffarme Volkswirtschaften mit hohen Außenhandelsüberschüssen übergegriffen. So haben Singapur und China SWFs eingerichtet. In Japan wird über einen solchen Schritt nachgedacht. Warum sollte nicht auch das alternde Rekordüberschussland Bundesrepublik eine solche Institution bekommen?

Es wäre von Vorteil, wenn der deutsche Staat seine fiskalische Basis internationalisieren würde. Mit abnehmender Leistungsfähigkeit der heimischen Bevölkerung werden Einnahmen aus Steuern und Abgaben nicht mehr in heutigem Umfang sprudeln – während gleichzeitig die Staatsausgaben steigen. Könnten die deutschen Finanzminister dann auf Erträge aus Vermögen in aller Welt zurückgreifen, würde das die Haushaltslage entspannen, zumal wenn die ausländischen Renditen höher sind als die hiesigen.

Das Geld müsste aus Überschüssen der öffentlichen Haushalte kommen. Denn die Ausgangssituation in Deutschland unterscheidet sich grundlegend von der bisheriger SWF-Staaten: Dort speisen staatliche oder quasistaatliche Rohstoffgesellschaften und/oder Devisenreserven der Notenbanken die Fonds. Beides besitzt Deutschland nicht in größerem Umfang. Da sich eine Vergesellschaftung von privaten Kapitalströmen verbietet, müssen die Mittel aus laufenden Budgets abgezweigt werden. In guten Zeiten sollten deshalb nicht Steuern und Abgaben gesenkt werden, sondern der Bund sollte eine Doppelstrategie fahren: Schulden abbauen, parallel dazu einen SWF aufbauen – entsprechend den beiden Ziele der Generationengerechtigkeit und der fiskalischen Risikostreuung.

Ordnungspolitisch mag diese Idee nicht sonderlich korrekt klingen. Aber ein bisschen Staatskapitalismus würde den Staaten des Westens gut tun – als Ergänzung zur Marktwirtschaft. Neben Steuern und Abgaben brauchen die Finanzminister künftig Zinsen und Dividenden aus staatlichem Vermögen. Nicht nur wegen der demografischen Entwicklung, sondern auch weil die Globalisierung die Struktur der Staatseinnahmen beeinflusst. Zwar hat die internationale Mobilität von Kapital und Steuerzahlern allen Vorurteilen zum Trotz nicht bewegungsunfähig gemacht, es gibt kein »Race to the Bottom«, jedenfalls bislang nicht (siehe »Die vierte Tugend: Solidarität«). Aber sie setzt der Besteuerung der Bürger Grenzen, denn die Leistungsfähigeren unter ihnen sind inzwischen so mobil, dass sie in Länder mit niedrigeren Steuern überzusiedeln drohen.

Diese Entlastung der mobilen Bürger ist längst im Gange. Seit Anfang der neunziger Jahre hat sich die Steuerlast deutlich verschoben, und zwar überall im Westen. In den OECD-Ländern machen die Einnahmen aus Sozialversicherungsbeiträgen und Umsatzsteuern einen immer größeren Anteil der Steuerlast aus, während gleichzeitig die persönliche Einkommensteuer an Bedeutung verliert. Auch die Ertragsteuern, die die Unternehmen zahlen müssen, sind gestiegen, aber ihr Gewicht bleibt gering.[10]

Es sind die heimattreuen Arbeitnehmer, auf denen der größte Teil des Staatsbudgets lastet. Eine problematische Unwucht. Denn erstens wird diese Gruppe in den kommenden Jahrzehnten schrumpfen. Zweitens sorgen die stark gestiegenen Kapitalerträge dafür, dass die Beschäftigten einen immer kleineren Teil vom Sozialprodukt abbekommen; die Lohnquote sinkt, auch dies ist unter anderem eine Folge der Globalisierung. Drittens wird die Besteuerung von Kapitalerträgen in Zeiten offener Grenzen nicht gerade einfacher.

Wenn Globalisierung und Demografie in den kommenden Jahrzehnten sowohl an der Einnahmen- als auch an der Ausgabenseite der Staatsbudgets zerren, dann müssen sich die Finanzminister etwas Neues einfallen lassen. Wenn der Produktionsfaktor Kapital von der Globalisierung profitiert, aber steuerlich kaum heranzuziehen ist, liegt es nahe, dass der Staat sich eigene Kapitaleinnahmen verschafft. Allmählich würde ein Zukunftsfonds anwachsen, der sicherheitsbewusst international investieren und Deutschland demografie- und globalisierungsresistenter machen würde. Übrigens könnte auch die Goldreserven der Notenbanken in solche Zukunftsfonds eingebracht werden.

Das Ziel lautet, auch in 20 oder 30 Jahren noch ordentliche öffentliche Leistungen anbieten zu können. Staatliche Kapitaleinkünfte könnten dazu einen Beitrag leisten. Denn was wäre die Alternative? Weiter steigende Steuern und Abgaben, die die wenigen verbliebenen Beschäftigten zahlen müssten. Eine Leistungsbremse sondergleichen. Und das kann sich die alternde Welt nun wirklich nicht leisten – sie ist darauf angewiesen, dass möglichst viele Bürger möglichst viel arbeiten.

Jenseits des Schlaraffenlands: Energie sparen

Beim Sparen geht es nicht nur um Geld. Es geht auch um natürliche Ressourcen. Im Kapitel »Die vierte Knappheit: Energie« wurde deutlich, dass der derzeitige Energieverbrauch, vor allem seine noch ungebremste Steigerung, nicht aufrechtzuerhalten ist. Es bedarf einer grundsätzlichen Neuausrichtung, weil Primärenergieträger wie Öl und Gas knapp werden und weil der Ausstoß an Treibhausgasen derart stark zunimmt, dass es tatsächlich zu einer Klimakatastrophe kommen dürfte, wenn es so weitergeht. Am Energiesparen führt also kein Weg vorbei – es sei denn, saubere (bislang noch unbekannte) Technologien leiten eine neue Ära des Energieüberflusses ein.

Prinzipiell lassen sich drei Lösungsszenarien gegen die Energiekrise vorstellen:

- *Arm, aber sauber.* Das Wirtschaftswachstum schwächt sich stark ab, insbesondere in den Schwellenländern. Ökonomische Stagnation würde zu einem Verharren beim Energieverbrauch und beim Ausstoß von Treibhausgasen führen.
- *Geiz ist geil.* Neue Technologien ermöglichen eine sprunghaft verbesserte Energieeffizienz. Weil diese Technologien billig sind – oder durch politische Maßnahmen billig gemacht werden –, stehen sie weltweit zur Verfügung auch in den Schwellenländern. Dadurch kann in den reichen Ländern der Energieverbrauch erheblich zurückgehen, in den Schwellenländern steigt er nur noch mit geringen Raten.
- *Das energetische Schlaraffenland.* In der Energieerzeugung sind technologische Durchbrüche möglich, die eine treibhausgasneutrale Versorgung zu niedrigen Kosten möglichen. Saubere Energie steht in großer Menge zu niedrigen Preisen zur Verfügung. Niemand muss sparen – weder an Energie noch an Wohlstand.

Wie wahrscheinlich sind diese Extremlösungen? In ihrer Radikalität sind sie natürlich alle unrealistisch, nicht aber in ihrer Tendenz. Was die Energieerzeugung angeht, so ist die Suche nach grundlegenden Alternativen zur fossilen Produktion in vollem Gange. Doch selbst wenn technologische Durchbrüche hin zur Null-Emissions-Ökonomie gelingen sollten: Die Umstellung der gesamten Weltwirtschaft würde Jahrzehnte dauern, weil eine komplett neue Energieinfrastruktur errichtet werden müsste. Die Energieverteilung fußt auf flächendeckenden Netzen – Strom-, Gas-, Tankstellennetze et cetera –, die ein großes Beharrungsvermögen kennzeichnet. Wir stehen also am Beginn einer Übergangsphase, die einen großen Teil des 21. Jahrhunderts in Anspruch nehmen wird.

In der Zwischenzeit greifen Teile der Lösungen eins und zwei. Dass das weltweite Wirtschaftswachstum angesichts steigender Energiepreise und gravierender Knappheit zurückgeht, ist durchaus plausibel. Unwahrscheinlich ist indessen, dass sich eine weiterhin wachsende, immer besser gebildete Weltbevölkerung mit einer Stagnation des Lebensstandards zufrieden geben wird.

Weniger flüssige Mittel: Wasser sparen

Neben dem Energiesparen ist das Sparen von Wasser die zweite große Herausforderung, wiederum gerade in den Schwellenländern. Denn dort gibt es die höchsten Verbrauchssteigerungen und die größten Engpässe. Anders als in den ärmsten Ländern, wo teils extreme Knappheit an (sauberem) Wasser herrscht und die Menschen deshalb sehr sparsam damit umgehen, wird in den großen Schwellenländern Wasser in großem Stil vergeudet – sowohl bei der Nutzung als auch durch die überflüssige Verschmutzung natürlicher Wasservorräte. Investitionen in die Wasser- und Abwasserinfrastruktur, wassersparende Anbau- und Produktionsmethoden sind die naheliegenden Lösungen. Und in aller Regel auch die billigsten. Viel wäre schon gewonnen, wenn die Schwellenländer ihren Hydrohaushalt auf heutigem europäischen Niveau einpendelten.

Insbesondere in der Landwirtschaft lässt sich die Wasserproduktivität auch durch verbesserte Methoden, durch gezieltere Bewässerungen, durch an Boden- und Klimabedingungen besser angepasste Getreidesorten steigern. Nach dem Motto »more crob per drop« – mehr Korn pro Tropfen – ist schon viel erreicht worden: Seit 1960 hat sich die Wassermenge halbiert, die benötigt wird, um eine Person mit Getreide zu versorgen. Aber noch ist die Wasserproduktivität in vielen Weltgegenden sehr niedrig, gerade in den dürrsten Zonen. Pakistanische Bauern brauchen doppelt so viel Wasser, um 1 Tonne Weizen herzustellen, wie kalifornische Farmer. China stellt mit 1 Kubikmeter Wasser ein halbes Kilo Getreide her, in der OECD sind es 2 Kilo, also das Vierfache. Chinas Wasserproduktivität ist in der Reisproduktion wiederum doppelt so hoch wie die Indiens.[11]

Sogar in der europäischen Landwirtschaft schlummern noch enorme Einsparpotenziale, wie eine Studie im Auftrag der EU-Kommission schätzt:[12] durch dürreresistente Getreidesorten, bessere Bewässerungspraktiken, durch die Verwendung von aufbereitetem Abwasser. Insgesamt ließen sich im Agrarsektor 43 Prozent des heute verwendeten Wassers einsparen.

Auch für andere Sektoren stellt die Studie für die kommenden Jahrzehnte enorme Wassersparpotenziale in Aussicht. Heute verbrauchen die 27 Länder der EU rund 247 000 Millionen Kubikmeter Wasser jährlich, davon Deutschland etwa ein Zehntel. Bereits seit Anfang der neunziger Jahre des 20. Jahrhunderts ist die Wassereffizienz deutlich gestiegen: Inzwischen verbraucht die EU etwas weniger Wasser als damals – obwohl im gleichen Zeitraum die Bevölkerung (leicht) und die Wirtschaft (vielerorts kräftig) gewachsen sind. Heute werden in der EU nur noch 15 Prozent des verwendeten Wassers in der Industrie genutzt, 24 Prozent in der Landwirtschaft, 17 Prozent rauschen durch die Leitungen der öffentlichen Wasserversorgung. Stromerzeugung ist mit 44 Prozent der größte europäische Hydrosektor. Und immer noch sollen der Studie zufolge große Einsparungen möglich sein: Allein in der Wasserversorgung von Haushalten, kleinen Unternehmen und Behörden könne man die Produktivität verdoppeln – durch das Schließen von Lecks in den Rohrnetzen und sparsamere Hausgeräte. Ohne Probleme und Einbußen an Bequemlichkeit und Lebensqualität lasse sich die pro Kopf konsumierte Wassermenge von 150 Liter täglich auf 80 Liter senken.

Beispiele für den effizienteren Umgang mit Wasser gibt es in Mengen: In der Industrie könnte mehr Wasser recycelt und mehr Regenwasser eingesetzt werden. Geschätztes Einsparpotenzial: mehr als 40 Prozent. Golfplätze könnten effizienter bewässert werden und aufgefangenes Regenwasser nutzen. Geschätztes Einsparpotenzial: 70 Prozent. Im Tourismus könnten wassereffizientere Küchengeräte in Hotels oder Sanitärausstattungen in Gästezimmern genutzt werden. Geschätztes Einsparpotenzial: bis zu 90 Prozent.

Auch wenn wir massiv Wasser sparen – die Menschen werden nicht auf dem Trockenen sitzen.

Macht Sparen unglücklich?

Ist es eigentlich schlimm, dass wir mehr sparen müssen? Steht uns ein großer Verlust an Lebensqualität bevor? Anders herum gefragt: Macht denn ein geld- und ressourcenintensiver Lebensstil glücklich?

Kaum.

Das Wohlbefinden, das rein materielle Billigkonsum-Quickies erzeugen, ist nur ein kurzes. Ab einem gewissen Wohlstandsniveau erhöht zusätzlicher Konsum die Lebenszufriedenheit nicht mehr nennenswert, schon gar nicht dauerhaft. Wenn die Grundbedürfnisse in vernünftiger Qualität erfüllt sind – wenn ein wirtschaftliches Entwicklungsniveau erreicht ist, bei dem ausreichend Nahrung, Kleidung und Behausung zur Verfügung stehen und die Gesellschaft so weit befriedet ist, dass die Menschen nicht mehr ständig fürchten müssen, Opfer von Überfällen zu werden –, stiftet jeder zusätzliche Euro nur noch geringe Zuwächse an Lebensqualität. Möglich sogar, dass das Wohlbefinden mit zunehmendem Wohlstand wieder sinkt – weil die Menschen mehr arbeiten müssen, als ihnen lieb ist, weil die Luftqualität schlechter, das Wasser schmutziger, der Straßenverkehr lauter werden.

Glück und Zufriedenheit, das zeigen die Ergebnisse der internationalen Sozialforschung, hängen nur bis zu einer gewissen Grenze vom Geld und den damit verbundenen Konsummöglichkeiten ab.[13] Wenn Menschen mehr und mehr Euros in der Tasche haben, werden sie nicht mehr nennenswert glücklicher. Sie wenden sich anderen, postmateriellen Werten zu.[14]

Auch Bildung dürfte eine Rolle spielen: Je mehr Geist ein Mensch in sich aufgenommen hat, je mehr Kreativität von ihm gefordert wird, desto mehr Immaterielles wird er konsumieren – Bildung, Kultur, Gesundheit, Wellness und dergleichen. Und vielleicht wird er auch mehr Geld auf die Seite legen, um durch Konsumzurückhaltung finanzielle Unabhängigkeit und persönliche Freiheit zu gewinnen – auch das sind postmaterielle Werte.

Eigentlich erstaunlich, dass sich die westliche Welt trotzdem in den Konsumrausch der vergangenen Jahrzehnte hineingesteigert hat.

Die dritte Tugend:
Kreativität

Im Auge des Wirbelsturms herrscht Ruhe. Thomas Mührke jedenfalls wirkt ziemlich entspannt und selbstbewusst. Dass er von der Globalisierung weggespült werden könnte, fürchtet er jedenfalls nicht. Mührke ist einer der letzten Überlebenden der New Economy. Mitte der neunziger Jahre entwickelte er mit seinem damaligen Geschäftspartner das Programm »GoLive«, eine Software, mit der sich Privatleute Websites bauen können. Ein mittelgroßer Erfolg damals. Doch statt an die Börse zu gehen und das schnelle Geld zu kassieren – 150 Millionen Dollar hatten die Banken in Aussicht gestellt –, entschieden sich die beiden für harte Arbeit: 1999 verkauften sie ihre Firma an den US-Software-Multi Adobe. Mührke wurde Geschäftsführer der Hamburger Adobe-Truppe. Seither muss sich sein Team mit Kollegen in Kalifornien und in Indien messen, den anderen beiden Entwicklungszentren des Konzerns.

Zum ersten Mal besuchte ich Mührke Anfang 2000. Damals recherchierte ich im Rahmen eines Reports für den *Stern* über die Folgen der Globalisierung für die deutschen Beschäftigten. Mit einer kleinen Truppe von 25 Leuten saß mein Gesprächspartner in einem Loft nahe dem Hamburger Fischmarkt. Mührke wirkte vorsichtig und etwas unsicher damals, so als sei ihm nicht ganz geheuer, was dieser weltweite Konzern mit seinem nie endenden Räderwerk aus 24 Stunden Tagen, 7-Tage-Wochen und 360-Tage-Jahren von ihm und seinen Leuten verlangen würde.

Als ich Mührke, inzwischen Mitte 40, sechs Jahre später wieder traf, wirkte er ganz anders: sicher, souverän, gereift durch Erfolg. Denn inzwischen war klar, dass er und seine Leute nicht gerade von einer übermächtigen oder unschlagbar billigen firmeninternen Konkurrenz platt gemacht würden. Im Gegenteil: Die Hamburger Zelle ist auf 120 Leute angewachsen. Mit GoLive beschäftigen sie sich nur noch am Rande.

Reife Produkte entwickeln längst die Kollegen in Indien weiter. »In Hamburg findet das Kreative statt«, sagt Mührke – neue Produkte erdenken, insbesondere Programme für mobile Anwendungen, bei denen Europa führend ist. Es sind deutsche Tugenden, mit denen Mührkes Truppe die Konzernzentrale in San José überzeugt hat – Zuverlässigkeit, Pünktlichkeit, systematisches Vorgehen: »Wir überlegen relativ lange, bevor wir etwas machen. Aber wenn wir sagen, wir machen's, dann tun wir's auch und sind zum vereinbarten Zeitpunkt fertig.« Keine Selbstverständlichkeiten, weltweit gesehen.

Mührkes Erfahrungen illustrieren einen fundamentalen Trend: Den Kreativen gehört die Zukunft. Wer Neues schaffe und dadurch ein »temporäres Monopol« erlange, der könne sich dem brutalen internationalen Kostenwettbewerb ein Stück weit entziehen und womöglich satte Gewinne einstreichen, sagt Thomas Straubhaar, Direktor des Hamburgischen Weltwirtschaftsinstituts. Alle standardisierbaren Arbeitsabläufe drohen abzuwandern. Wo nur das Lohnkostenargument zählt, haben auch Akademiker in reichen Ländern keine Chance. Selbst Dienstleistungen werden zu international handelbaren Gütern (siehe »Die erste Tugend: Arbeit«). Bei Adobe zum Beispiel findet die Qualitätssicherung der Programme – das zeitraubende Testen und Beheben von Fehlern – in Indien statt, da dort die Lohnkosten nur ein Viertel der deutschen betragen.

Die neue Zeit wird neue Leitbilder hervorbringen. Bislang gelten hierzulande noch der Facharbeiter und der Ingenieur als Idealtypen, an denen sich die industriell geprägte Gesellschaft orientiert. Künftig werden diese Rolle der Künstler und der Erfinder übernehmen. Noch mag ein bloßer Vorsprung an Wissen genügen, um wettbewerbsfähig zu sein; unter Akademikern herrscht in Deutschland nahezu Vollbeschäftigung. Aber in Zeiten, da auch Gelerntes rasch entwertet werden kann, komme es darauf an, »dass man sein Wissen schöpferisch nutzt«, so Straubhaar.

Knapp sind neue, spannende Ideen – knapp ist das Originäre und das Originelle. Wer nur das global Gleiche zu kopieren sucht, hat schon verloren.

Die »Wissensgesellschaft« ist längst Realität. Jetzt geht es um mehr: Es kommt nicht nur darauf an, sich möglichst viele Fakten ins Hirn zu brennen, es kommt drauf an, was man daraus macht: neue Ideen ersinnen, bislang unentdeckte Querverbindungen ziehen, vorhandenes Wissen in überraschenden neuen Kombinationen verbinden. Es geht darum, eine Welt mit Neuem zu befruchten, die durch Globalisierung, Standardisierung und eine gleichförmige, sinnentleerte Massenkultur verödet.

Die Menschheit hat ein Content-Problem: Sie hat einen großen globalen Markt- und Spielplatz geschafften, aber sie weiß nicht so recht, was sie damit anfangen soll. Es fehlen die Inhalte. Die immer gleichen Formen werden wiederholt, bestenfalls leicht variiert, nur zu niedrigeren Kosten hergestellt. Die Schwellenländer imitieren den Westen – jetzt bauen und exportieren auch Inder und Chinesen Autos, nur etwas schlechter und billiger als Europäer, Japaner und Amerikaner –, wirklich Neues haben sie bislang nicht auf den Markt gebracht. Und die reichen Länder neigen dazu, auf den Niedrigkostenwettbewerb mit stupiden Kostensenkungen zu reagieren. Kurzum: Die globalisierte Wirtschaft ist bislang ein leerer Rahmen, der geradezu darauf wartet, mit Geist gefüllt zu werden.

Mehr wagen: kreative Unternehmen

Der weltweite Wettbewerb der Imitatoren setzt Unternehmen unter gewaltigen Druck. Diesem Druck versuchen sie sich insbesondere durch drei Grundstrategien auf mehr oder weniger kreative Art zu entziehen: Erstens setzen insbesondere Großkonzerne darauf, ihre Marktmacht auszubauen. Durch Übernahmen anderer Firmen versuchen sie in eine Position zu kommen, die ihnen mehr Einfluss im globalen Powerplay gegenüber Kunden, Lieferanten, Kapitalgebern und Regierungen bescheil. Hohe Marktanteile und engmaschige internationale Distributionsnetzwerke sollen ihnen Größenvorteile verschaffen, die Konkurrenten kaum einholen können. Zweitens streben Unternehmen durch Standortarbitrage – die Verlagerung von Aktivitäten von teureren Standorten an billigere – danach, Kostenvorteile zu erzielen, um dem drohenden Margenverfall zu begegnen. Und drittens versuchen sich Firmen durch Innovation dem Wettbewerbsdruck zu entziehen: Wer originär neue Produkte und Prozesse schaffen kann, ist in der Lage, jene »temporäre Monopolposition«, von der Straubhaar oben sprach, zu erlangen. Eine Lage, in der sie so lange überdurchschnittliche Gewinne einstreichen können, wie Imitatoren die Innovation nicht kopiert und zu niedrigen Preisen angeboten haben.

Klar, alle drei Strategien sichern Unternehmen keine langfristige Stabilität. Wo überdurchschnittliche Renditen erwirtschaftet werden, tauchen rasch Wettbewerber auf, die diese Positionen bestreiten. Einmal erreichte Vorsprünge müssen stets aufs Neue errungen werden. Aus gesamtwirtschaftlicher Sicht ist die dritte Strategie der Margensicherung durch Innovation eindeutig die vorteilhafteste. Innovation sorgt für steigende Produktivität und für stabile Lohnstückkosten, ganz ohne Stellenstreichungen und Gehaltskürzungen. Zudem ist der Innovationsprozess eher an bestehende Standorte gebunden: Kreative Unternehmen sind tendenziell standorttreuer als Firmen, die vor allem auf kostenkillende Standortarbitrage setzen.

Nun gilt Deutschland nicht gerade als Hort der Kreativität. Es fehle an Unternehmergeist und Start-up-Kultur, an Wagemut und Aufbruchswillen. »Deutschland«, findet der Innovationsforscher David Audretsch, Professor am Max-Planck-Institut für Ökonomik in Jena, »hat die falschen Werte und die falsche Kultur. Wenn diese Gesellschaft ihren Wohlstand behalten will, muss sie sich grundlegend ändern.« Vor allem, so der Amerikaner, fehle es an »Entrepreneurial Capital«, an einer gesellschaftlichen Stimmung, die das Gründen von Unternehmen fördere. Nach den Gründerjahren der alten Bundesrepublik, als kreative Unternehmerlegenden wie Max Grundig, Josef Neckermann oder Heinz Nixdorf wirkten – deren Firmen, nebenbei bemerkt, längst in die ewigen Jagdgründe der Wirtschaftsgeschichte eingegangen sind –, sei es nicht mehr weit her mit dem Entrepreneurial Capital im Lande. Soweit das verbreitete Vorurteil. Natürlich ist die Story vom fehlenden Unternehmergeist nicht ganz falsch. Doch sie verstellt den Blick auf einen interessanten Teil der Realität: Es gibt verschiedene Wege zur Innovation. Und es gibt eine spezifisch deutsche Art von Unternehmen, die völlig unterschätzt wird: den kreativen Konzern.

Die angelsächsische Innovationskultur baut auf Start-ups: relativ unstrukturierte, junge Firmen, gegründet häufig von Wissenschaftlern, die neue Ideen mittels Risikokapitalspritzen in neue Produkte verwandeln wollen. Viele scheitern. Aber einige haben Erfolg. Sie wachsen, werden übernommen von Großkonzernen, die ihr Wissen ausschlachten und weltweit vermarkten. Es ist ein darwinistischer Ausleseprozess, ein aufwändiges Hin und Her aus Versuch und Irrtum. Nur ganz wenige der Start-ups wachsen zu strahlender globaler Größe heran, so wie Microsoft oder, um bei Thomas Mührkes Beispiel zu bleiben, Adobe. Alle übrigen sind temporäre Organisationen, eher locker strukturiert, die sich irgendwann wieder auflösen.

Der kreative Konzern ist anders: auf Langlebigkeit ausgelegt, auf Unabhängigkeit vom Kapitalmarkt bedacht – der typische industrielle Mittelstand, familiendominierte Unternehmen. Vor allem aber unterscheiden sich beide Typen von kreativen Unternehmen in ihrem jeweiligen Bedarf an spezifischem Wissen: Die Unternehmen der beiden Gruppen nutzen Humankapital (das Wissen und den Einfallsreichtum ihrer Mitarbeiter) und Sozialkapital (Kooperationsbereitschaft, Wertesystem, Teamgeist der Mitarbeiter und der sie umgebenden Gesellschaft) auf jeweils andere Art und Weise.

Der angelsächsische Typus verfolgt ein Geschäftsmodell, das von seinen Mitarbeitern breite Bildung und einen weiten Horizont verlangt. Es fußt auf der spontanen und überraschenden Verknüpfung allgemein zugänglichen Wissens. Typisch für diese Art von Unternehmen sind etwa Werbeagenturen, Webdesign, Internethandelshäuser, Softwareentwicklung, Investmentbanking, Redaktionen und dergleichen. Der zweite Typus des kreativen Unternehmens benötigt im Gegensatz dazu ein hohes Maß an fach- und firmenspezifischem Wissen. Erst die jahrelange intensive Beschäftigung mit der Materie innerhalb einer Organisation führt zur Fähigkeit, kreativ und innovativ sein zu können. Typisch etwa: Maschinenbau, Automobilbau, chemische und pharmazeutische Industrie und dergleichen.

Die beiden Modelle erfordern jeweils ganz unterschiedliche Arbeitsstrategien. Während beim ersten Typus große Flexibilität und häufige Personalwechsel erwünscht sind, um immer wieder neue Ideen ins Haus und Unordnung in die Organisation zu bringen, ist beim zweiten Typus genau dies unerwünscht; Unternehmen mit hohem spezifischen Know-how-Bedarf sind auf Stabilität ihrer Mitarbeiterschaft angewiesen, weil sie mit ihnen zusammen dauerhaft in Know-how investieren müssen; zu viel Flexibilität schadet diesen Unternehmen, weil spezifisches Wissen abfließt.

Die Stärke Deutschlands liegt eindeutig im zweiten Typus: das langfristig operierende, auf spezifischem Wissen fußende Unternehmen. Diese Firmen brauchen relativ große, stabile Strukturen und einen verlässlichen äußeren Ordnungsrahmen. In der Mainstream-Ökonomik finden diese Überlegungen kaum Niederschlag. Die herrschende Lehre, stark von der angelsächsischen Realität geprägt, geht davon aus, dass Innovation vor allem eine Aufgabe neuer Unternehmen ist, während es die primäre Funktion des stabilen Großunternehmens ist, den Status quo zu verwalten. Demnach seien gründergeführte Start-ups die vornehmsten Agenten des Fortschritts und der »kreativen Zerstörung« (Josef Schumpeter). Folglich brauchten die Nationen des alten Europa eine neue Gründerkultur und eine Veränderung ihrer gesetzlichen Regeln und sozialen Normen, wie es der Jenaer Professor Audretsch fordert.

Die Frage ist, ob sich europäische Volkswirtschaften wirklich bemühen sollten, eine solche Start-up-Kultur zu schaffen, ja, ob sie realistischerweise überhaupt entstehen kann. Denn es gibt inzwischen zwar Risikokapital in großen Mengen, woran es jedoch fehlt, ist das dafür nötige Humankapital – fähige Leute, die Know-how-lastige Firmen gründen beziehungsweise dort arbeiten wollen. Dieser Mangel ist eine Folge der demografischen Entwicklung: Die wenigen jüngeren gut Ausgebildeten werden inzwischen aufgesaugt von Großunternehmen.

In Europa werden Menschen zumeist aus Not zu Firmengründern, nicht aus Gier. Sie machen sich selbstständig, wenn sich ihnen keine attraktiven Alternativen bieten; der Höhepunkt der letzten Gründerwelle in Westdeutschland lag in den Jahren 1993/94, als hochqualifizierte Angehörige der geburtenstarken Jahrgänge keine Jobs in den Konzernen fanden. Die New-Economy-Phase der späten neunziger Jahre versuchte, das angelsächsische Start-up-Modell zu imitieren – und blieb nur eine oberflächliche Entwicklung. Kreativ waren manche der selbsternannten Entrepreneur nur im Betrügen ihrer Aktionäre.

Die Gründerwelle ab 2003 betraf weniger die hoch als vielmehr die durchschnittlich und schwach Qualifizierten. Sie wurde ausgelöst durch staatliche Anreize (»Ich-AG«) sowie durch die Teilliberalisierung der Handwerksordnung (Aufweichung des Meisterzwangs); vermutlich stellt sie keinen strukturelle Trendwende dar, sondern eine einmalige Anpassung an neue Rahmenbedingungen.[1] Globalisierung und demografische Wende führen dazu, dass die optimale Größe eines Unternehmens steigt. Denn die globale Integration hat viele Märkte dramatisch vergrößert und wird noch viele weitere erfassen; kleine Firmen sind mit dem Betrieb von grenz- und kulturübergreifenden Wertschöpfungsketten und/oder Distributionsnetzwerken überfordert. Umso schwieriger ist es für Start-ups, in weltmarkttaugliche Größenordnungen zu wachsen.

Unternehmensgröße ist auch mit Blick auf die Kapitalmärkte von zunehmender Relevanz. Tiefe interne Kapitalmärkte machen Firmen unabhängiger von kurzfristigen Interessen externer Kapitalgeber, die wenig Interesse an langfristigen Investitionen in firmenspezifisches Wissen haben. Zentraler Shareholder beim deutschen Typus des kreativen Unternehmens ist daher eine Unternehmerfamilie, die die Firma entweder privat führt oder über eine signifikante Beteiligung die Kontrolle ausübt. Generationenübergreifende familiäre Bindungen können gerade in Zeiten raschen ökonomischen, politischen und gesellschaftlichen Wandels eine Stabilität gewährleisten, ohne die langfristig angelegte kreative Prozesse nicht ablaufen können.[2]

Etablierte Unternehmen verfügen im Vergleich zu Start-ups über den Vorteil breiterer interner Arbeitsmärkte, die in der Lage sind, die immer knappere Ressource Mensch effizienter ein- und umzusetzen. Im Gegensatz zu kleinen Firmen können sie ihren Mitarbeitern Aufgabenwechsel innerhalb der gleichen Organisation bieten – also Flexibilität und äußere Anregungen (wichtige Voraussetzungen für Kreativität) bei gleichzeitigem Halten von spezifischem Wissen.

Dies ist die betriebliche Herausforderung in Zeiten der demografischen Wende: innerhalb eines vergleichsweise starren Unternehmensrahmens die Mitarbeiter aktiv, kreativ, offen und interessiert zu halten.

Organisationsstrukturen werden heute lockerer. Statt die Mitarbeiter durch harte Pläne und Sanktionen auf die Unternehmensziele auszurichten, sorgt die lange Sozialisation von Mitarbeitern in das Unternehmen für eine sich im Idealfall automatisch einstellende Kompatibilität von Unternehmenszielen und individuellen Plänen.[3] Im kreativen Konzern wird Kultur wichtiger als Struktur.

Mehr Freiheit: kreative Belegschaften

Albert Einstein mag die Spezielle Relativitätstheorie allein in seiner Zelle im schweizerischen Patentamt ersonnen haben. Gewöhnlichere Geister brauchen Anregungen von außen. Kreativität entsteht durch Teamwork, nicht durch individuelle Genialität. »Das Neue«, sagt Wilhelm Bauer vom Fraunhofer-Institut für Arbeitswirtschaft und Organisation (IAO) in Stuttgart, »hat durch Austausch seine Geburtsstunde.« Nicht einzelne Individuen sind die Generatoren der Kreativökonomie, sondern Teams, die räumlich eng zusammensitzen und in permanentem informellen Austausch stehen. Bauer und seine Leute haben die Büros der Zukunft (»Office 21«) entwickelt: variable Kommunikationslandschaften – Alternativen zu den hierzulande üblichen Zweierzimmern. Größtmögliche Freiräume bräuchten die Kreativwerker, meint Thomas Malone, Managementprofessor am Massachusetts Institute of Technology (MIT), Autor des Buchs *The Future of Work*.[4] Sie sollten in weitgehend hierarchiefreien Netzwerken organisiert werden, nicht mehr in starren und demotivierenden Linienorganisationen. Entsprechend müssten Führungskräfte einen völlig neuen Stil lernen: »cultivate and coordinate« statt des hergebrachten »command and control«.

Kreativität und Originalität können sich nur in einem immer wieder veränderten Arbeitsumfeld entfalten. Der gelegentliche Wechsel von Arbeitsort, Arbeitszeit, von Arbeitsumfeld und Aufgabenstellung mögen unbequem sein, sie können aber äußerst anregend wirken. Die Kommunikationstechnologie befreit immer mehr Menschen vom Anwesenheitszwang an ihrem räumlichen Arbeitsplatz. Sie können arbeiten, wo und wann sie wollen. Die Organisation sollte ihnen die Freiheit dazu einräumen, auch als Kompensation für nunmehr ständige Erreichbarkeit.

Der deutsche technologieintensive Mittelstand mag viele Stärken haben. Firmeninterne Spielräume zu eröffnen gehört bislang nicht dazu. In vielen Unternehmen, kritisiert Armin Falk, der Wissenschaftliche Direktor des Bonner Instituts zur Zukunft der Arbeit, werde immer noch so geführt, als habe man es mit den Arbeitssoldaten der industriellen Epoche zu tun, nicht mit modernen Kopfwerkern: Auch Spezialisten seien einem »enormen Druck« ausgesetzt. Sie bräuchten »mehr

Freiheit«, um ihre Fähigkeiten ausspielen zu können. Auszüge eines Gesprächs mit Armin Falk:

Ist unsere Art zu arbeiten immer noch arg preußisch?

Wir wachsen in eine Arbeitswelt hinein, wo es gerade für die Hochqualifizierten keine klare Trennung zwischen Arbeit und Freizeit mehr gibt. Zugleich sind die Anforderungen stark gestiegen, beruflich wie privat. Im Job erleben viele die Folgen permanenten Wettbewerbsdrucks; sie müssen extrem flexibel sein, immer erreichbar. Dazu kommt, dass sich inzwischen häufig beide Ehepartner Erwerbs- und Hausarbeiten sowie die Kindererziehung teilen.«

Zumal sich die Menschen heute ihre Kräfte für ein langes Arbeitsleben einteilen müssen.

Richtig. Die heutige mittlere Generation muss sich darauf einrichten, bis an die 70 zu arbeiten, viele womöglich sogar darüber hinaus. Das ist ein Langstreckenlauf, auf den man sich vorbereiten muss. Und den hält man nur durch, wenn die Arbeitgeber darauf Rücksicht nehmen.

Eine schöne Forderung, die leider dem Zeitgeist widerspricht.

Mag sein. Deutsche Manager haben großen Nachholbedarf, gerade was die Führung von Hochqualifizierten angeht. Von diesen Leuten haben wir sowieso zu wenige in Deutschland. Für den langfristigen Erfolg der Unternehmen ist es unumgänglich, gerade diese Menschen zu motivieren.

Wie sollte denn gute Personalführung heute aussehen?

Der Einzelne sollte sich möglichst frei entfalten können. Darauf muss sich die ganze Organisation ausrichten. Starre Arbeitszeitregelungen zum Beispiel sind ein Anachronismus, der vielen Mitarbeitern nur unnötig das Leben schwer macht. Es geht schließlich nicht darum, wann, sondern dass die Mitarbeiter etwas leisten. Führung muss sich auf die Vorgabe von Zielen konzentrieren, nicht von Arbeitszeiten.

Aber so weit sind wir noch nicht?

Nein, in vielen Unternehmen nicht. In der deutschen Wirtschaft hat vielerorts die Führungskultur des Industriezeitalters überlebt. Eine Kultur, die aus dem 19. Jahrhundert stammt. Sie ist der militärischen Organisation entlehnt. Mit solchen preußischen Tugenden kommt man in der auf Kreativität und Innovation basierenden Wissensökonomie des 21. Jahrhundert nicht weit. Ins Zentrum rückt der kreative Spezialist, der im Team zusammen mit anderen Spezialisten an Innovationen bastelt.

In den vergangenen Jahren schien der Fokus eher auf Einsparungen zu liegen. Daraus können langfristig große Probleme erwachsen. Der Schlüssel für eine erfolgreiche Personalpolitik ist Vertrauen. Wenn die Leute das Gefühlt haben, geachtet und fair behandelt zu werden, dann sind sie produktiver und kreativer. Das ist empirisch sehr gut belegt. Aber was erleben sie in der Praxis? Druck, Mehrarbeit, Sparrunden, während Topmanager sich ganz unverblümt die Gehälter erhöhen – in vielen deutschen Unternehmen scheint immer noch eine Klassengesellschaft zu herrschen. Da wird ein unglaubliches ökonomisches Potenzial zerstört.

Dass sich Kreativität nicht verordnen lässt, diese Erkenntnis muss sich erst noch durchsetzen.

Mehr Spielen: kreativ bis ins hohe Alter

Auf William Baumol wurde ich durch seine Gemälde aufmerksam. Sein Name war mir aus dem Studium ein Begriff; als ich Anfang der neunziger Jahre Volkswirtschaft lernte, waren seine Arbeiten längst Klassiker. Ehrlich gesagt ging ich davon aus, dass Baumol inzwischen tot sei, zumindest aber im Ruhestand und irgendwo in Florida in einem Strandhaus dem Sonnenuntergang entgegensah. Umso überraschter war ich, als ich bei einer Internetrecherche für einen Artikel über die Produktivität älterer Menschen auf aktuelle Arbeiten von ihm stieß und auf seine Homepage klickte. Und von dieser Website sprangen mich Baumols Gemälde geradezu an. Abstrakte Bilder, die er selbst gemalt hatte und die, soweit ich es beurteilen konnte, von beachtlicher Qualität waren. Also vereinbarte ich ein Interview mit ihm. Ich fand einen Mann von 82 Jahren vor, der ein hoffnungsfrohes Beispiel für die alternden Gesellschaften des Westens abgab.

Der weltbekannte New Yorker Ökonomieprofessor von der Columbia University, ein bescheidener Mann mit brüchiger Stimme, war alles andere als eingerostet. Immer noch arbeitete er 50 bis 60 Stunden pro Woche. Er forschte, schrieb, lehrte, beriet, reiste. Jedes Jahr veröffentlichte er noch mehrere Bücher. Und er malte: Wann immer er Zeit hatte (»leider zu selten«), kreierte er seine Bilder und Skulpturen. Die Kunst, erzählte mir Baumol, sei für ihn ein Schlüssel zu seinem wissenschaftlichen Erfolg. »Wenn ich mich in ein wissenschaftliches Problem verbeiße und nicht weiterkomme, lege ich die Arbeit beiseite und male.« Dafür nutzte er häufig einen Computer, weil er nur selten Zeit hatte, sich an seine Staffelei zu stellen. Also saß er im Flugzeug oder im Zug mit dem Laptop auf dem Schoß und ließ seiner Fantasie freien Lauf.

Etwas Manuelles tun statt etwas rein Geistiges, etwas Bildliches schaffen statt etwas Abstraktes – dieses Umschalten, sagte Baumol, befruchte seine Kreativität enorm. Ideen für seine wissenschaftlichen Arbeiten kämen dann häufig von allein: durch Loslassen, nicht durch krampfhaftes Verbeißen. Umgekehrt tauchten neue Ideen für seine Bilder unwillkürlich bei der Beschäftigung mit wissenschaftlichen Fragen vor seinem geistigen Auge auf.

Auch wegen dieses Wechsels zwischen den Sphären – und zwischen verschiedenen Hirnrealen – hat Baumol fast alles erreicht, was ein Wissenschaftler erreichen kann. Seine Veröffentlichungsliste war 96 Seiten lang. Viele hielten ihn für nobelpreiswürdig. Wollte er sich nicht allmählich mal zur Ruhe setzen? »Oh no«, sagte Baumol, »ich genieße, was ich tue.« Sich am Strand von Florida zu sonnen und mit anderen Rentnern Golf zu spielen, erschien ihm auch im neunten Lebensjahrzehnt als zu langweilig.

Wie wird man auf diese Weise alt, fragte ich ihn. Haben Sie einen Tipp? Gern, sagte Baumol, »erstens: Treiben Sie Sport. Ich schwimme dreimal die Woche, trainiere auch mit Gewichten. Und zweitens: Stellen Sie sich dem Wettbewerb um neue Ideen und Ansätze; das hält das Hirn jugendlich. Mein Gedächtnis ist heute besser als vor 20 Jahren.« Im Moment, sagte er zum Abschluss des Gesprächs, beschäftige ihn die Frage, ob jüngere Menschen tatsächlich innovativer seien als Ältere: »Daran forsche ich gerade.«

Dies ist in der Tat eine der großen Fragen: Kann eine vergreisende Gesellschaft überhaupt noch innovativ sein? Die Welt mit neuen Produkten und Gedanken zu befruchten gilt traditionell als Domäne der Jungen. Ältere können vielleicht besser kommunizieren, verkaufen, führen, entscheiden. Aber kreativ sein? Die Antwort ist offen, die Erkenntnisse der einschlägigen Forschung sind nicht eindeutig.

Es ist durchaus möglich, dass die nächsten Jahrzehnte einige positive Überraschungen bringen: Deutschland und die übrigen westlichen Gesellschaften stehen vor einem Großversuch. Anders als in der Vergangenheit wird künftig eine große Anzahl gut ausgebildeter Menschen für lange Zeit ökonomisch und geistig aktiv bleiben. Sie haben einen geistigen Fundus angesammelt, über den jüngere Gesellschaften nicht verfügen. Und dieses Wissen können sie nutzen, um neue, überraschende Querverbindungen zu knüpfen. Denn darum geht es ja auch beim Innovieren: vorhandenes Wissen zu neuen Kombinationen zu verknüpfen. Es könnte sein, dass gerade alternde Gesellschaften eine beispiellose Innovationskraft entwickeln. Sind nicht bereits heute die alten europäischen Nationen ungleich innovativer als die jungen Gesellschaften Afrikas und des Nahen Ostens? Wo Menschen spätestens mit 50 Jahren krank und schwach werden, ist es schwierig, Wissen und Können zu akkumulieren.

Tatsächlich zeigen die Erkenntnisse der Altersforschung, dass die Generation der künftigen Senioren beste Voraussetzungen hat, bei blühender Geisteskraft alt zu werden. Für sie dürfte das traditionelle Muster des geistigen Alterns nur noch eingeschränkt gelten. Für frühere Generationen machten die Forscher folgendes Entwicklungsmuster aus: Grob gesagt, erreichten die Menschen mit Ende 20, Anfang 30 den Höhepunkt ihrer körperlichen und intellektuellen Fähigkeiten. Danach ging es allmählich bergab. Insbesondere die logische Intelligenz und das Gedächtnis verloren an Kraft. Nur soziale und sprachliche Fähigkeiten blieben länger erhalten – die typischen Stärken der reiferen Jahre. Aufgewogen wurde dieser Rückgang in den mittleren Lebensjahren durch Erfahrung. Eine größere Effizienz im Einsatz der eigenen Ressourcen sorgte dafür, dass die Menschen in ihren dreißiger und vierziger Jahren den Höhepunkt der persönlichen Produktivität erreichten. Ab dem 50. Lebensjahr würde aber auch der individuelle Output unweigerlich zurückgehen. Zeit, an den Ruhestand zu denken.

Heute gehen Psychologen davon aus, dass dieses Muster so nicht mehr gilt. Zwar nimmt die körperliche Leistungsfähigkeit ab Mitte 30 unweigerlich ab; sie lässt sich aber durch Training noch Jahrzehnte auf hohem Niveau halten, sofern man nicht schwer körperlich arbeiten muss. Im Gegensatz zur körperlichen kann die geistige Potenz viel länger erhalten bleiben, gerade bei Leuten, die in ihrer Jugend viel Bildung genossen haben. Sie haben Hirnstrukturen ausgebildet, die auch in fortgeschrittenem Alter offen sind für die Aufnahme von Neuem. Auch als reifer Erwachsener sei man keineswegs »geistig festgefroren und blockiert«, sagt der Münchener Hirnforscher Ernst Pöppel. Je mehr man in seiner »frühen Phase aufgenommen« habe, desto leichter falle es »später, geistig aktiv zu bleiben«. Und das bis weit jenseits der 60 – wenn man am Ball bleibt.

Auch Persönlichkeitsmerkmale wie Selbstbewusstsein und Optimismus sind nach Erkenntnissen der Entwicklungspsychologie Grundbedingung fürs hochproduktive Altern. Der »Glaube daran, dass man es schaffen kann, dass man Entwicklungspotenzial hat«, sei eine wichtige Voraussetzung dafür, in Bewegung zu bleiben, schrieb der vor wenigen Jahren verstorbene Altersforscher Paul Baltes, früher Direktor des Berliner Max-Planck-Instituts für Bildungsforschung. Doch leider sei solch Optimismus vielen Deutschen fremd. »Es ist uns gelungen«, so Baltes, »unser Leben zu verlängern, aber wir wissen nicht, wie wir die gewonnenen Jahre mit Leben füllen sollen.«

Falls es auch den heute Mittelalten und Jungen nicht gelingt, das verlängerte Leben mit verschärfter Schaffenskraft auszufüllen, wird es eng. Es gibt keinen Status quo, und man sollte ihn nicht anstreben. Oder anders ausgedrückt: »Das Leben ist ein unendlicher Prozess des Werdens«, wie der inzwischen angejahrte (und überaus kreative) Songwriter Bob Dylan einmal sagte.

Das neue magische Viereck: kreativitätsorientierte Politik

Im Jahr 2007 bat mich die Denkfabrik Berlinpolis an einem Projekt über »kreative Wirtschaft« teilzunehmen. Zusammen mit anderen Externen – Experten von Stiftungen und Universitäten – sollte ich mir Gedanken über kreativitätsorientierte Wirtschaftspolitik machen und sie mit der Staatskanzlei eines westdeutschen Bundeslandes diskutieren. (Letzteres war übrigens eine wegen der dort herrschenden Engstirnigkeit ernüchternde Erfahrung.) Es klang interessant, ich schien etwas lernen zu können, also sagte ich zu. Meine Rolle als Wirtschaftsjournalist bestand darin, die Unternehmenssicht in das Projekt einzubringen, das ansonsten vor allem aus Bildungsexperten getragen wurde. Meine

Überlegungen mündeten in ein Thesenpapier, das ein »neues magisches Viereck« aufspannte: Bausteine für die Wirtschaftspolitik.

Die Grundlage meiner Thesen war diese: Dass der Staat sich aus der Wirtschaft zurückziehen müsse, das war seit den achtziger Jahren das dominante wirtschaftspolitische Paradigma. Nun ist die große Liberalisierungswelle vorbei, zum einen weil sie zuerst bei den Bürgern und inzwischen auch bei vielen Unternehmen keine Unterstützung mehr findet, zum anderen weil die derzeitigen ökonomischen und gesellschaftlichen Umwälzungen politische Antworten erfordern. Gerade eine Volkswirtschaft, die sich mit hochproduktiven Leistungen – und mit hohen Löhnen und Renditen – im internationalen Wettbewerb behaupten will, bedarf eines leistungsfähigen, effizienten öffentlichen Sektors. Globalisierung, Demografie und Klimawandel machen den Staat nicht überflüssig. Im Gegenteil: Ohne potenten Staat ist eine arbeitsteilige Kreativökonomie kaum denkbar.

Also, vier Eckpunkte:

Eckpunkt 1: Bildung für alle

Dies ist die Grundvoraussetzung für jede Kreativwirtschaft. Das Neue entsteht nicht in leeren Köpfen, sondern es wächst auf dem Humus einer breiten Bildung. Absolute politische Priorität sollte daher die Erhöhung der Akademikerquote haben. Deutschland, bis Ende der achtziger Jahre einer der internationalen Spitzenreiter in dieser Disziplin, ist dramatisch zurückgefallen. Ein beliebtes Gegenargument lautet, Deutschland habe nun mal eine Tradition der beruflichen Bildung, die in den Statistiken die Akademikerquote senke, obwohl es doch exzellent ausgebildete Absolventen der beruflichen Bildung gebe, Leute, die in anderen Ländern Colleges besuchen und als Akademiker gezählt würden. Sicher, auch wer eine berufliche Bildung genossen hat, kann durchaus hochqualifiziert sein. Er hat aber sehr spezielles Wissen erworben, dass ihm wenig Breite ermöglicht. Schwache Voraussetzungen für Kreativität und Flexibilität.

Der Staat allein wird mit dieser Herausforderung überfordert sein. Private Zusatzangebote und Alternativen entstehen. Von Hochleistungskrippen bis zu Privatschulen, von Nachhilfespezialisten bis zu Musik- und Kunsterziehung, von privaten Fachhochschulen bis zu in-

ternationalen Eliteuniversitäten – der Markt der privaten Bildungs-
anbieter expandiert. Auch Erwachsene, an der ständigen Ergänzung,
Erneuerung und Auffrischung ihres Kopfkapitals interessiert, werden
künftig verstärkt private Bildungs- und Kulturangebote nachfragen.
Denn so viel ist klar: Die Zeiten, da man in seiner Jugend fürs Leben
lernte und dieses Wissen fürderhin als Routinier anwandte, sind vorbei.

Wichtiger noch: Der Bildungssektor darf sich nicht aufs traditionelle
Vermitteln von Wissen beschränken – er muss zum kreativen Spielen
mit den erworbenen Kenntnissen anregen. Überraschende Verbindun-
gen ziehen, neue Kombinationen ausprobieren, sich nicht mit dem ab-
finden, was ist, sondern, zunächst im Kopf, neue Welten erschaffen –
das sind Grundfähigkeiten für die Zukunft. Der Schwerpunkt verlagert
sich von der Reproduktion zur Invention. Entsprechend verändern sich
die Lebens-, Lern- und Arbeitswelten. Kreativität gedeiht nicht in reiz-
armer Ödnis, sondern sie braucht ein spielerisches, buntes Umfeld als
Nährboden.

Eckpunkt 2: Migrationspolitik für Deutsche und Ausländer

Die Globalisierung hat zu einem verschärften Wettbewerb der Gesellschaften um mobile Ressourcen geführt, insbesondere um jüngere
hochproduktive, schöpferische Fachleute. Diesem Wettbewerb stellt
sich die deutsche Politik bislang allenfalls ansatzweise. Die irrational
geführte deutsche Debatte über Zuwanderung ist in diesem Zusammenhang schädlich, weil sie abschreckend wirkt und in der heimischen
Bevölkerung den falschen Eindruck erweckt, Zuwanderer seien per se
eine Belastung. Die Kreativökonomie braucht freien Zugang für alle
Fähigen, die sich hierzulande entfalten wollen. Sie brauchen eine dauerhafte Lebensperspektive und eine selbstbewusste, tolerante Leitkul-
tur, die es ihnen ermöglicht, sich zu integrieren.

Die Regierenden sollten sich auch an Deutsche wenden, die seit Jahren in Scharen das Land verlassen. Die Politik muss helfen, Deutschland zu einer offeneren Gesellschaft zu formen, in der sich die Fähigen
und Willigen entfalten können. Öffentliche Symbole sind bei diesem
hochemotionalen Thema ebenso wichtig wie konkrete Politik. Eine
neue wissensfokussierte Migrationspolitik darf sich nicht auf die Ein-

wanderung Hochqualifizierter beschränken. Sie muss vielmehr dieser Bevölkerungsgruppe, unabhängig von Staatsbürgerschaft und Herkunft, Entfaltungsspielräume eröffnen. Deutschland muss mehr Diversität wagen. Nur wer attraktiv ist für Hochqualifizierte aus aller Welt, kann attraktiv für den eigenen Nachwuchs sein.

Eckpunkt 3: Befreiung der »dienenden« Sektoren

Der kreative Kern der Wirtschaft benötigt einen effizienten und leistungsfähigen Dienstleistungssektor, der komplementäre Services anbietet. Denn die Kreativarbeit konzentriert sich auf die Ballungsräume. Die metropolitanen Innovationskollektive bilden die Hot Spots der neuen globalisierten Arbeitswelt. Um sie herum gruppiert sich eine bunte und hochgradig ausdifferenzierte Dienstleistungslandschaft. Die dominierende schöpferische Klasse braucht kulturelle Dienstleistungen als Input – Bücher und Zeitschriften, Hochschulen und Museen, Theater und Musik –, auch Services rund um Haushalt und Gesundheit, die ihr noch mehr Konzentration auf die Welt der Ideen ermöglichen. Die fortschreitende Arbeitsteilung umfasst immer weitere Bereiche des Lebens. Doch viele dieser Randbereiche sind in Deutschland nach wie vor vielfältig reglementiert. Dieser Befund gilt für die Handwerksordnung, die nach wie vor die freie Berufsausübung behindert. Das gilt auch für viele freie Berufe, deren Leistungen in Deutschland nach OECD-Berechnungen zu den teuersten weltweit zählen. Der Bankenmarkt ist immer noch von öffentlich-rechtlichen Instituten dominiert. Die Netzwerkindustrien (Strom, Gas, Bahn, Post) werden immer noch vor Wettbewerb geschützt. Die oben erwähnte dienende Peripherie kann ihrer Funktion nur gerecht werden, wenn solche überkommenen Regelungen abgeschafft werden. Die Öffnung der Dienstleistungsmärkte sollte hohe Priorität haben, auch wenn sie derzeit unpopulär ist.

Eckpunkt 4: Förderung der Originalität der Metropolen

Da sich die wirtschaftliche Aktivität zunehmend auf die Metropolen konzentriert, sollte auch der Staat seine Mittel zunehmend auf die Städte fokussieren. Die Verteilung staatlicher Leistungen in der Fläche wird in Zukunft noch ineffizienter sein als bisher schon. Politik und Bevölkerung müssen das zunehmende Stadt-Land-Gefälle akzeptieren lernen. Nur Ballungsräume können die Generatoren der neuen Wirtschaft werden. Ihr Wachstum sollte absolute Priorität genießen. Den dort lebenden Kreativarbeitern muss sich ein anregendes Umfeld bieten, das weitere Personen aus dem In- und Ausland anlockt. Weiche Standortfaktoren gewinnen an Bedeutung. Es geht darum, den Kreativen ein kulturell anregendes (multikulturelles), sicheres Umfeld zu bieten. Und es geht darum, die Metropolen zu differenzieren gegenüber anderen Standorten: durch eine gewachsene Kultur, durch ein Image, durch architektonische Ikonen (siehe auch »Die siebte Tugend: Originalität«).

Müssen wir alle Kreativarbeiter werden?

Wie auf jede Knappheit, reagieren die Menschen auch auf die Geistesknappheit. Die Politik und die staatlichen Institutionen mögen langsam und träge sein, die Bürger sind längst dabei, sich auf die neuen Bedingungen einzustellen. Bildung und Wissen werden wertvoller, erfahren mehr Wertschätzung. Der private Bildungssektor – von der Krippe bis zur Uni – gedeiht. Bildung ist eine notwendige, aber keine hinreichende Bedingung für Kreativität. Es muss etwas dazukommen: vielleicht manchmal so etwas wie ein göttlicher Funke, vor allem aber ein soziales Klima, das Unkonventionelles zulässt. Wer die ausgetretenen Pfade verlässt und dafür von seiner Umgebung geächtet oder verspottet wird, der erfährt nicht jene Wertschätzung, die ihn zur Entfaltung seiner Kreativität anregt.

Der Ausgangspunkt dieses Kapitels war die Feststellung, dass der globale Imitationswettbewerb dazu zwingt, sich immer wieder Neues auszudenken. Aber muss in einer arbeitsteiligen Wirtschaft eigentlich jeder zum Künstler oder zum Erfinder werden? Offensichtlich nicht. Nicht alle werden Kreativitätsarbeiter, nicht alle stehen im internationalen Wettbewerb. Auch künftig nicht. Neben dem direkt globalisierten Teil der Wirtschaft werden auch weiterhin lokale, regionale und nationale Sphären bestehen. Dies sind typischerweise Bereiche mit geringerer Produktivität, deren Einkommen vor allem davon abhängen, wie produktiv die hochproduktiven, kreativen Bereiche der Ökonomie sind.

Und diese kleinräumigen Nischen der globalisierten Ökonomie existieren hinter kulturellen Schutzwällen. Auch wenn das Zusammenwachsen der Welt zu einer kulturellen Annäherung führt, auch wenn sich die weltweite Kommunikation durch die Einheitssprache Englisch vereinfacht und sich angelsächsische Umgangsformen verbreitet haben – zwischen den Kulturen bleiben kommunikative Gräben bestehen.

Nationale, regionale, lokale Eigenarten existieren weiter, sie gewinnen sogar wieder an Bedeutung, weil sie ein Gefühl von Heimat in einer grenzenlosen Welt vermitteln (siehe »Die vierte Tugend: Solidarität«). Man versteht sich einfach besser, hat mehr Vertrauen, fühlt sich wohler – bei vielen Dienstleistungen sind dies wettbewerbsentscheidende Faktoren. Wo immer persönlicher Kontakt nötig oder erwünscht ist, wo immer Menschen direkt miteinander zu tun haben, bildet das kulturelle Gewebe, das sie verbindet, einen mächtigen Schutzwall gegenüber Wettbewerbern aus anderen Kulturräumen. Wo immer die heimatliche Sprache in all ihren Feinheiten wichtig ist – ob bei medizinischen Diensten, im Verkauf, bei Kultur, Unterhaltung, Information –, bildet sie eine unsichtbare Grenze.

Allerdings: Diese Grenze verschiebt sich ständig, und es sieht so aus, als ob die fortschreitende kulturelle Annäherung der Menschheit dafür sorge, dass die kulturellen Schutzräume immer weiter schrumpfen.

Umso wichtiger wird das Schöpferische.

Die vierte Tugend:
Solidarität

Der Wandel, unvorhersehbar und umfassend, wie er derzeit über die Welt hereinbricht, verunsichert die Menschen zutiefst. Billigkonkurrenz! Vergreisung!! Klimakatastrophe!!! Umverteilung!!!! Finanzkrise!!!!! Viele Veränderungen, Ausgang ungewiss – das macht Angst. Nicht nur den Deutschen: *Ängst* ist inzwischen zur anglisierten, international verwendeten Befindlichkeitsbestimmung geworden. Zum Synonym eines chronifizierten mentalen Krisenmodus. Selbst die Amerikaner, lange Zeit in den Disziplinen Optimismus und Selbstbewusstsein kaum zu übertrumpfen, sind sich in großer Mehrheit der Zukunft nicht mehr so sicher.

Die Hoffnungen bleiben gedämpft, die Erwartungen im Zweifel negativ – in vielen westlichen Ländern, vor allem aber in Deutschland.

Seit Jahren gibt es kein europäisches Land, wo Optimisten so rar sind wie in der Bundesrepublik. Regelmäßig zeigen die Eurobarometer-Umfragen, mittels derer die EU-Kommission die Stimmungslage in den Mitgliedstaaten erkunden lässt: Deutschland hat den Blues. Und zwar hartnäckig. Seit Jahren äußert nur ein Viertel der Bundesbürger die Erwartung, ihre persönliche Lebenssituation werde sich in den kommenden fünf Jahren verbessern. Keine andere westliche EU-Nation ist so pessimistisch. Und je weiter die Deutschen in die Zukunft blicken, desto weniger Grund zur Vorfreude können sie ausmachen. Dass es die heutigen Kinder im Leben einmal leichter haben werden als sie selbst, erwarten nur 3 Prozent; 81 Prozent hingegen prophezeien der nächsten Generation ein schwierigeres Leben. Lediglich 25 Prozent meinen, ihre eigene Rente sei sicher. Lauter europäische Negativrekorde. Die Deutschen sind immer noch die Minusmenschen Europas.

Woher kommt diese eigentümlich hartnäckige depressive Stimmung? Keine einfache Frage. Denn interessanterweise ist die große Mehrheit mit ihrem aktuellen Sein nicht sonderlich unzufrieden. Ob

Lebensstandard, Lebensqualität, Arbeit oder Bezahlung – die allermeisten haben daran wenig auszusetzen. Nein, die Gegenwart ist nicht schlecht für die Deutschen. Doch was die Zukunft angeht, da erfasst sie das große Schlottern.

Offenkundig haben die Bundesbürger den Glauben an die Leistungsfähigkeit der deutschen Gesellschaft und ihrer Institutionen verloren. Es ist nicht so, dass die Deutschen sich selbst aufgegeben hätten; die meisten vertrauen immer noch ihrer eigenen Kraft. Aber das ökonomische, soziale, politische Umfeld sehen sie als tendenziell widrigen Lebensraum, der sie, wenn es hart auf hart kommt, hängen lässt. Beispiel: Eine große Mehrheit der Bundesbürger ist so selbstbewusst zu glauben, dass sie ihren derzeitigen Job behalten werde. Doch für den Fall der Fälle fürchten so viele wie nirgends sonst in Europa, keine neue adäquate Stelle zu finden. Wer sich als Mitglied einer eher schwachen, krisenanfälligen Nation empfindet, der fühlt sich den Unwägbarkeiten einer sich rasch wandelnden Welt ziemlich allein ausgeliefert. Vertrauen fehlt. Das schafft Zukunftsangst.[1]

Es gibt eine starke Antwort auf Unsicherheit und Verunsicherung: Solidarität. Wer das Gefühl hat, er stehe ganz allein da in dieser großen, unüberschaubaren Welt im Wandel, den kann die Angst schon übermannen. Gegen die Risiken der Turbomoderne helfen kollektive Absicherungsstrategien, die wieder an Bedeutung gewinnen: Nation und Sozialstaat im Großen – Familie, Freunde und Nachbarn im Kleinen. Die Tugend der Solidarität bietet das Gegengewicht zur Tugend der Offenheit. Beides gehört zusammen: Gesellschaften vermögen sich nur der Welt zu öffnen, wenn sie zusammenhalten; wenn sie in der Lage sind, Veränderungen gemeinsam zu meistern; wenn ihre gemeinsame Identität so stark ist, dass sie das Fremde als Bereicherung verstehen können, nicht als Gefährdung. Offenheit für andere Kulturen, für neue Ideen, für Produkte aus aller Welt – ohne die komplementäre Tugend der Solidarität, ohne ein belastbares Gefühl der Zusammengehörigkeit als Gesellschaft, wird es schwierig.

Die fundamentale Bedeutung der Solidarität ist in den vergangenen Jahrzehnten, als das Leben für immer weitere Teile der westlichen Gesellschaften immer sicherer wurde, in den Hintergrund getreten. Weil sie immer reicher und immer besser abgesichert durch staatliche Systeme lebten, konnten sich die Bürger des Westens ganz der Individualisierung hingeben. Jeder ist seines Glückes Schmied. Ein einfacher, schlichter Satz. So häufig wiederholt, dass er sich leicht ins Bedeutungslose verliert. Und doch resoniert in diesem Satz das Selbstverständnis der westlichen Kultur. Denn dahinter steht nichts weniger als die Vorstellung vom Individuum, das sich in seiner gottesähnlichen Einzigartigkeit mit all seiner Kraft seinen eigenen Platz in der Welt schaffen kann. Jeder Mensch sei, letztlich, allein verantwortlich für sein Schicksal.

Eine populäre Täuschung. Schließlich wird die Leistungsfähigkeit jedes Einzelnen maßgeblich bedingt durch die Umstände, in die er hineingeboren worden ist und in denen er lebt. In welcher Familie, in welcher Region, in welchem Land ist er aufgewachsen? Wie reich, wie klug, wie gebildet ist seine Umgebung? All diese Bedingungen haben entscheidenden Einfluss auf individuelle Lebensumstände und Chancen. Seine Position innerhalb der Gesellschaft mag von den besonderen Fähigkeiten des Einzelnen abhängen, aber sein individueller Wohlstand ergibt sich zum ganz großen Teil aus dem Wohlstandsniveau der Gesellschaft. Das gilt für alle, arm wie reich. Wir mögen das Gefühl haben, unseres Glückes Schmied zu sein, aber ein Westeuropäer schmiedet mit einem viel größeren Hammer als, sagen wir, ein Zentralafrikaner. Ohne dass es uns ständig bewusst wäre, fußt unser heutiger Wohlstand auf den Investitionen einer langen Kette früherer Generationen: Was die Altvorderen erdacht haben, was sie ihre Kinder gelehrt haben, welche Werte und Normen sie gepflegt haben, was sie an Produktivkapital und Infrastruktur bereitgestellt haben, all das beeinflusst die heutige Produktivität und damit den Wohlstand.

Es ist diese gegenseitige Bedingtheit des Seins, die die Basis bildet für die Tugend der Solidarität. In Gruppen von Menschen, die für einander einstehen, können die Individuen sicherer, wohlhabender und zufriedener leben.

Vorbild Skandinavien? Wie nationale Solidarität funktioniert

Selbst liberale Ökonomen wie der US-Notenbanken-Chef Ben Bernanke sprechen inzwischen von der Notwendigkeit, die Verlierer der Umwälzungen aufzufangen. Andernfalls, so die Befürchtung, werden die Bürger keine offenen Grenzen mehr akzeptieren. Ohne soziale Sicherung werde der Protektionismus sich Bahn brechen. Wie gesagt: Solidarität bedingt Offenheit.

Es sieht so aus, als avanciere der europäische Sozialstaat, lange Zeit von Angelsachsen und Asiaten als hoffungslos altmodisch verspottet, zum Exportmodell. Immer mehr Nationen erleben, dass die Globalisierung nicht nur die Chancen, sondern auch die Risiken erhöht hat. Menschen, die eben noch dachten, sie hätten einen sicheren Job, müssen feststellen, dass ihre Firma aufgekauft wird und sie gefeuert sind. Finanzkrisen – vom Asiencrash bis zum Bankenkrach der Jahre 2007 ff. – brechen überraschend aus und wirbeln ganze Gesellschaften durcheinander. Plötzliche Verwerfungen an den Rohstoffmärkten lassen Nahrungsmittel in Teilen der Welt zu unerschwinglichen Luxusgütern werden. Im Zuge des Klimawandels werden, da sind sich alle Prognosen einig, Wetterkatastrophen häufiger. Wirbelstürme, Überflutungen, Dürreperioden – immer öfter wird der Klimastress ganze Regionen in Krisengebiete verwandeln. Es sind diese Wechselfälle, die nach kollektiven Absicherungsstrategien rufen.

Auch die globale demografische Wende fordert den Sozialstaat. Während die westlichen Gesellschaften die Leistungen ihrer staatlichen Sicherungssysteme tendenziell einschränken müssen, um folgende Generationen nicht übermäßig zu belasten, werden viele Schwellenländer den umgekehrten Weg gehen: Rente, Gesundheit, Pflege – sofern sie diese Systeme nicht massiv ausbauen, werden große Gruppen in den auch dort alternden Bevölkerungen existenzielle Not leiden. Gerade in China vollzieht sich die demografische Wende abrupt. Wenn die Eltern, die dem staatlichen Druck zur Ein-Kind-Familie gefolgt sind, alt und hilfsbedürftig sein werden, werden sie sich nicht mehr, wie bislang, vornehmlich auf die Familie verlassen können. Staatliche Versicherungs- und Versorgungssysteme müssen dann einspringen, um die private Solidarität zu ergänzen. Sie werden dabei von Europa lernen können – von seinen Erfolgen und von seinen Fehlern.

Als vorbildlich gelten insbesondere die skandinavischen Länder. Nirgends sind die sozialen Absicherungssysteme großzügiger, nirgends die Bildungssysteme besser, nirgends wird mehr für Forschung und Entwicklung ausgegeben, nirgends gibt es so wenig Korruption, nirgends sind die Einkommen so gleichmäßig verteilt.

Schweden, Dänemark, Finnland, Norwegen – sie gehören ganz eindeutig zu den Gewinnern der Globalisierung, und zwar obwohl ihre sonstigen Bedingungen reichlich ungünstig sind (wenn man von Norwegens Öl- und Gasreichtum absieht): Weit ab von den Metropolen Europas liegen sie am Rand des Kontinents – dünnbesiedelte Landstriche mit rauem Klima, dunklen Wintern und Sprachen, die für den Rest der Welt unverständlich bleiben. Dennoch gehören die skandinavischen Länder zu den reichsten, produktivsten und innovativsten Volkswirtschaften der Welt. Ihre Bürger sind überaus zufrieden mit ihrem Leben; die Dänen sind die mit Abstand glücklichsten Europäer.

Die Skandinavier leben vor, wie die Tugend Solidarität funktioniert: Sie sind kleine, homogene Gesellschaften mit starken nationalen Identitäten. Im jeweiligen Land erstreckt sich die Solidarität des einzelnen Bürgers nur auf ein paar Millionen Mitbürger. Ihre Wertesysteme sind egalitär; mehr zu besitzen als die Nachbarn gilt zwar auch in Skandinavien als erstrebenswert, aber viel mehr muss es nicht sein. Man duzt sich, die Sie-Form ist längst aus der Sprache getilgt. Und, das darf man nicht unterschätzen, die Skandinavier pflegen ein robustes protestantisches Arbeitsethos, das auch von hohen Steuern und üppigen Sozialleistungen nicht korrumpiert wird. Die Bürger stehen unter einem hohen Konformitätsdruck, die soziale Kontrolle funktioniert, sodass Bürokraten und Bezieher staatlicher Unterstützungsgelder nicht augenzwinkernd bei der Ausbeutung der öffentlichen Kassen kollaborieren können.

Skandinavien war nicht immer so erfolgreich. Alle nordischen Länder haben in den späten achtziger und frühen neunziger Jahren schwere Krisen durchlitten. Die Globalisierung machte ihnen zunächst schwer zu schaffen. Doch es gelang ihnen, in raschen Reformschritten ihre Gemeinwesen auf die neuen Bedingungen einzustellen, ohne ihre Grundwerte zu verraten. Diese Reformepisoden sind umso bemerkenswerter, als die Parteienlandschaften etwa in Schweden und Dänemark zersplittert sind. Anderswo würde eine solche Konstellation zur politischen Komplettblockade führen. Nicht so in Skandinavien, wo der Wille zu parteiübergreifender Zusammenarbeit so stark ist, dass selbst Minderheitsregierungen handlungsfähig sind.

Anderswo in der Welt schauen viele neidisch nach Norden. Kann man die dortigen Erfolge kopieren?

Der Schlüssel zum beneidenswerten Erfolg der Skandinavier liegt in ihrem Zusammenhalt: Nirgends auf der Welt bringen die Menschen einander so viel Vertrauen entgegen wie in Skandinavien. Es sind Gesellschaften mit einem hohen Maß an real vorhandener Solidarität. Deshalb können sie ihren Bürgern auch ein hohes Maß an formalisierter sozialstaatlicher Solidarität abverlangen.

Vertrauen ist für die Funktionsfähigkeit des Sozialstaats unverzichtbar. Die Daten der World Values Survey, einer seit Jahrzehnten laufenden globalen Umfrage, zeigen, dass die verschiedenen Gesellschaften in höchst unterschiedlichem Maß mit Vertrauenskapital ausgestattet sind. Skandinavien und die Niederlande weisen die höchsten Werte auf; in Schweden, Dänemark, Norwegen und den Niederlanden antworteten jeweils etwa Zweidrittel der Befragten auf die Frage »Vertrauen Sie fremden Personen?« mit ja; in Finnland liegt dieser Werte bei rund 50 Prozent. Die angelsächsischen Länder hingegen sind relativ misstrauische Gesellschaften: In den USA sagt nur rund ein Drittel der Befragten, sie vertrauten Fremden, in Großbritannien und Irland sind es noch weniger. Die ost- und die südeuropäischen Länder inklusive Frankreich stehen am unteren Ende der Liste.

Für Deutschland ergibt sich ein geteiltes Bild: Die alte Bundesrepublik ist eine vergleichsweise vertrauensvolle Gesellschaft mit 42 Prozent Ja-Antworten. Die Ex-DDR hingegen bringt es, ähnlich wie andere ehemals sozialistische Gesellschaften, auf nur 25 Prozent Zustimmung. Deutschland insgesamt erreicht einen Wert von knapp 40 Prozent

Jene Länder sind ökonomisch am erfolgreichsten, die ein Staatsmodell für sich entwickelt haben, das den Vorstellungen und Vorlieben ihrer Bürger entspricht und die deshalb effizient funktionieren. Die Schlussfolgerung ist klar: Die Größe des staatlichen Sektors sollte der Ausstattung mit Vertrauenskapital entsprechen. Übersteigt die staatlich verordnete Solidarität die real in der Gesellschaft vorhandene, leidet die Wirtschaft. Mangelt es an Sozialkapital, wird ein großer Staatssektor zu einer ökonomisch schwer tragbaren Bürde. Die Korruption nimmt überhand. Die Bürger befürchten, ihre Mitbürger beuteten die Gemeinschaftskassen aus und verhalten sich selbst entsprechend. Sie fühlen sich als Steuerzahler unfair behandelt, die Leistungsanreize leiden. Deshalb wirken sich hohe Steuer- und Abgabenquoten in unterschiedlichen Ländern offenkundig ganz unterschiedlich auf die Arbeitseinstellung der Bürger aus: Bei skandinavischen Abgabenquoten würde in Deutschland kaum noch jemand zu arbeiten bereit sein, von den USA ganz zu schweigen. Die schlichte weltweite Kopie des skandinavischen Systems würde im Desaster enden. Korruption und Schwarzarbeit würden grassieren. Die Bürger würden abwandern oder zumindest ihr Geld ins Ausland schaffen.

Die Empfehlung, einfach Steuern und Staatsausgaben anzuheben, wie sie linke Ökonomen und Politiker gelegentlich mit Verweis auf Skandinavien aussprechen, entspringt einer allzu mechanistischen Weltsicht. Und doch können andere Länder etwas von Skandinavien lernen: Sie sollten ihre sozialen Sicherungssysteme kleinräumiger organisieren.

Hier ist die Begründung: Wenn Vertrauen und Nähe die Voraussetzung sind für die Funktionsfähigkeit sozialstaatlicher Systeme, ist es folgerichtig, diese Systeme zu regionalisieren. Größere Staaten sollten sich in überschaubarere Einheiten unterteilen – in Regionen skandinavischer Dimensionen. Hätte Schweden 80 Millionen Einwohner wie Deutschland und Dänemark 60 Millionen wie Frankreich, würden sie an ihren Sozialstaaten ersticken. Kleinere staatliche Einheiten, vor allem wenn sie über belastbare regionale Identitäten verfügen, sind die bessere Ebene, um staatliche Solidarität zu organisieren. Der engere Zusammenhalt der Bewohner unterfüttert das regionale System mit mehr Vertrauen als die großen zentralstaatlichen Umverteilungsmaschinen.

Die Überschaubarkeit der Regionen bietet ein Gegenmodell zur Unüberschaubarkeit der Globalisierung. Sie können ein Maß an Absicherung gewährleisten, dass große Länder nicht aufbringen.

Daraus erwächst ein weiterer Vorteil: In den kleineren Einheiten lässt sich mehr Transparenz herstellen – und mehr Demokratie wagen. Die Unzufriedenheit mit der Demokratie, die in vielen westlichen Ländern um sich greift, resultiert aus ihrer Bürgerferne, aus ihrer offenkundigen Unfähigkeit, die Bedürfnisse des Volkes zu befriedigen (siehe »Die fünfte Knappheit: Macht«). Je heterogener eine Gesellschaft ist, desto schwieriger wird es für Bürger, Politiker und Lobbyisten, sich über die gemeinsamen Ziele und Überzeugungen zu verständigen. Der Volkswille braucht einen Kommunikationsraum, um sich formen zu können. Doch die nationale Öffentlichkeit, die sich in nationalen Massenmedien artikuliert, löst sich zunehmend auf. Der Resonanzboden, ohne den jede Demokratie hohl bleibt, wird rissig. Die Gesellschaft differenziert sich aus, Massenmedien zersplittern in viele Teile. Eine Unzahl von digitalen Fernsehsendern ist auf Sendung. Die Informationsportale und die sozialen Netzwerke und in Zukunft Was-weiß-ich-noch-alles gewinnen Aufmerksamkeit. Nutzer stellen »Inhalte« selbst her. Seriöse Informationsmedien haben es entsprechend schwerer, sich durchzusetzen: ihren Markt zu finden, sich zu finanzieren, aufwändigen, rechercheintensiven Journalismus zu betreiben.

Das Wegbrechen der klassischen Öffentlichkeit nationaler Informationsmedien kann in zwei mögliche Richtungen führen: die Unterspülung der Demokratie – oder ihre Regionalisierung. Im ersten Szenario nimmt die Volksherrschaft schweren Schaden. Wenn eine Fülle von Parallelrealitäten und -gesellschaften entstehen, womöglich ohne Bezug zueinander, wenn es nicht mehr die *eine* Wirklichkeit gibt, über die die Bürger und ihre Vertreter verhandeln, dann ist die Diffusion der Macht definitiv zu weit gegangen. Die Formulierung des Volkswillens und die Kontrolle der Macht sind dann kaum noch möglich. Es wird zwar ein mediales Demokratietheater aufgeführt – das die Bürger gelangweilt an sich vorbeiziehen lassen –, aber die wirkliche Macht wird unbeobachtet in den Hinterzimmern der Bosse und Bürokraten ausgeübt. Düstere Aussichten.

Im zweiten Szenario verhandelt eine überschaubare regionale Gesellschaft über ihre gemeinsamen Belange, und zwar direkt. Die neue Medienwelt macht's möglich: Regionale Informationsportale und Communities lassen eine virtuelle Bürgerversammlung entstehen. Darin kann es zu einer großen, permanenten Debatte kommen, an der sich viele Bürger unmittelbar beteiligen – der Vertrauensverlust in die Institutionen würde durch Umgehung der Institutionen, durch direkte Partizipation wettgemacht. Sogar Online-Referenden zu praktischen Fragen werden möglich. Vorstellbar ist eine solche direkte E-Kratie nur in kleinen Staaten – oder eben auf regionaler Ebene innerhalb großer Staaten.

Gerade für Deutschland mit seinen starken regionalen Identitäten erscheint die Regionalisierung als Option.

Wer ist Deutschland? Solidarität und nationale Identität

Die Unterschiede zwischen Skandinavien und Deutschland sind frappierend. Deutschland ist eine große Volkswirtschaft, mitten in Europa, dichtbesiedelt, die Sommer sind länger, das Wetter ist, jedenfalls in der südlichen Hälfte, besser als in den nordischen Ländern. Doch die Deutschen sind verunsichert, ihr Wohlstand hat seit Mitte der 90er Jahre gelitten, bei Produktivität, Bildung, Forschung und Entwicklung sind sie zurückgefallen. Und obwohl sie in all diesen Disziplinen seit 2005 wieder aufholen, sind sie längst nicht zu alter Stärke zurückgekehrt.

Sind die Deutschen heute eine weniger solidarische Gesellschaft? Müssen sie wieder solidarischer werden?

Leider ist Solidarität unter größeren Gruppen von Menschen keine Frage des Willens. Die Aufforderung, man möge sich mal schön solidarisch verhalten, verfängt nicht. Solidarität bedarf eines emotionalen Fundaments, wechselseitigen Vertauens, eines Gefühls dauerhafter Zusammengehörigkeit. Dieses Fundament bietet in modernen Großgesellschaft das Konzept der Nation. Die zur Nation überhöhte Gesellschaft schafft sich eine gemeinsame Identität. Doch in Deutschland ist der nationale Zusammenhalt nicht sonderlich stark ausgebildet. Solidarität? Die Bürger fühlen sich tendenziell von den umfangreichen Umverteilungssystemen übervorteilt. Hunderttausende meist jüngerer Bessergebildeter haben inzwischen das Land verlassen – auf zu grüneren Tälern mit besserer Stimmung und, wenn's geht, niedrigeren Steuern. Die Eliten in Politik, Wirtschaft, Verwaltung et cetera sind kaum zu gemeinsamem Handeln fähig; große Reformen, die das Gemeinwesen mit einigen entschlossenen Weichenstellungen wieder in die Spur zurückbringen, wie es die Skandinavier vorexerziert haben, sind in Deutschland unmöglich. Es wird zwar viel von Solidarität geredet, aber praktiziert wird sie selten.

Die Deutschen, das ist ein tieferliegender Grund für ihre Verwirrung, haben Schwierigkeiten mit ihrer nationalen Identität. Brüchig ist der Glaube an die Leistungsfähigkeit, die Zukunftsfähigkeit und den Zusammenhalt der Gesellschaft. Und das liegt auch an den Verbrechen, die in deutschem Namen unterm Hakenkreuz begangen wurden. Sie stellen für die nationale Identität eine nachhaltige Belastung dar. Es kann ja gar nicht anders sein. Als aufgeklärter Zeitgenosse kann man sich nicht ernsthaft und vorbehaltlos zur Nation bekennen. Denn zu einem solchen Bekenntnis gehört, die Geschichte seines Volkes anzunehmen und sich selbst ohne Hintergedanken in dieser Tradition stehend zu begreifen. Wer Ahnen hat wie Hitler, Himmler, Eichmann, wer Mitmacher und Mitläufer in der eigenen Familie hat, der kann sich kaum vorbehaltlos mit seiner Nation identifizieren.[2]

Erschwerend kommt hinzu, dass die deutsche Identität schon vor Hilters »Machtergreifung« 1933 und dem »Zusammenbruch« 1945 eine komplizierte Angelegenheit war. Über Jahrhunderte war »Deutschland« bloß ein kultureller Begriff, kein staatlicher. Die Deutschen verband zwar ihre Sprache, aber andere Faktoren, um die sich anderswo in Europa die Nationalstaaten kristallisierten, fehlten: eine gemeinsame Staatskirche und ein starkes Herrscherhaus. Deutschland war zersplittert in Hunderte kleine und kleinste Reiche sowie in verschiedene Konfessionen, die sich auch lange nach dem Dreißigjährigen Krieg noch feindselig gegenüberstanden. Ein nationales Zusammengehörigkeitsgefühl konnte nur schwerlich entstehen. Noch Mitte des 19. Jahrhunderts war keineswegs klar, ob die Deutschen freiwillig in einem Nationalstaat leben wollten. Erst 1871 wurde er durch Bismarck erzwungen, und dieser von oben verordnete Nationalstaat war dem »Eisernen Kanzler« selbst nicht ganz geheuer.

Bismarcks Deutsches Reich fand sich als Wirtschaftsnation. Entstanden aus dem Deutschen Zollverein, war es zunächst vor allem ein gemeinsamer Wirtschaftsraum. Der ökonomische Erfolg wurde zum kollektiven Fluchtpunkt der Nation. Industrialisierung und Eisenbahnbau wurden zu deutschen Symbolen; »made in Germany«, ursprünglich erfunden von den Briten, um zunächst minderwertige deutsche Produkte zu brandmarken, wurde zum Fluchtpunkt des Nationalstolzes. Kein Zufall auch, dass der Sozialstaat in Deutschland erfunden wurde. Damit wollte Bismarck nicht nur die Macht der Sozialdemokraten schmälern, er wollte auch die Arbeiter für den Nationalstaat einnehmen. Die Deutschen waren zuallererst eine Erwerbs- und Verteilungsgemeinschaft. Und sie sind es bis heute.

Doch seit der Zeitenwende von 1990 gewinnt die Nation wieder an Bedeutung – als vertrauter Rückzugsraum in einer turbulenten Welt voll Fremdem. Und für viele Westdeutsche, die den Nationenbegriff bis dahin für überwunden geglaubt hatten, ist diese Rückbesinnung auf die Nation immer noch überraschend, wenn nicht gar schockierend.

Nach 1990 wurde die westdeutsche Identität durch drei Entwicklungen noch weiter geschwächt:

- Erstens ließ die Wiedervereinigung Deutschland heterogener werden – ökonomisch, weltanschaulich, kulturell –, was den Zusammenhalt der Gesellschaft nachhaltig geschwächt hat. Umfragen legen den Schluss nahe, dass die Deutschen durch die Wiedereinigung eine unglücklichere Nation geworden sind. Drei Viertel der Bundesbürger halten einer Umfrage des Instituts für Demoskopie Allensbach zufolge die Phase der Teilung bis 1990 für die glücklichste Phase der deutschen Geschichte. Warum man mit all den anderen 80 Millionen Staatsbürgern in hohem Maße solidarisch sein soll, erklärt sich nicht von selbst.

- Zweitens brachte die Globalisierung ein gestiegenes Veränderungstempo, aber es stellte sich heraus, dass das mit sich selbst beschäftigte Deutschland nicht in der Lage war, sich flexibel auf die neue Situation einzustellen. Die Parteien liegen im Dauerclinch, uneins über den Weg in die Zukunft.

- Drittens begann – als Folge von Wiedervereinigung, Globalisierung und Inflexibilität – die Wirtschaft zu lahmen. Die Arbeitslosigkeit stieg massiv an, der Sozialstaat wurde brüchig. Der Gesellschaft, die sich nach 1945 als Wirtschaftsnation konstituiert hatte, brach der Kern ihrer Identität weg. Was blieb vom deutschen Wesen ohne industrielle Rekorde?

Diese Entwicklungen spiegeln sich in der Verunsicherung und dem Pessimismus der eingangs dieses Kapitels zitierten Umfrageergebnisse. Deutschland als Ganzem mangelt es an Zusammenhalt, an Solidarität, an Selbstvertrauen. Während die Gesellschaft durch die Wiedervereinigung heterogener wurde, wurde ihr mehr staatliche Solidarität abverlangt. Eine schwierige Konstellation.

Einen Ausweg bietet die Regionalisierung. Die regionalen Identitäten sind intakt, und sie sind von der Nazi-Ära unbelastet. Man kann aus vollem Herzen Bayer sein oder Sachse, Berliner oder Schwabe, Ostfriese oder Badenser, Rheinländer oder Hesse. Man kann sich dazu bekennen, ohne Scham, ohne schlechtes Gewissen. Zu dieser Form von Regional- oder gar Lokalpatriotismus sind die Bundesbürger fähig. Dass auch Bayern, Sachsen, Berliner, Hamburger, Ostfriesen, Badenser, Rheinländer oder Hessen an Nazi-Verbrechen beteiligt waren, ist unbestreitbar. Es belastet aber nicht die regionalen Identitäten. Die Verbrechen wurden im Namen Deutschlands begangen. Deshalb hat man Probleme damit, aus vollem Herzen, ohne Vorbehalte, Deutscher zu sein. Aber die Regionen sind eben eine andere Sache. Sie haben eine andere, teils eigenständige, auf jeden Fall aber viel länger zurückreichende Geschichte als der deutsche Nationalstaat. Die jüngere Vergangenheit kann ihnen nicht viel anhaben. Deshalb bieten die regionalen Traditionen durchaus attraktive Anknüpfungspunkte für die kollektive Identität der Gesellschaft. Sie zu nutzen, ist Sache der Politik, gerade auf Länderebene. Vorbildlich macht das Bayern – der Exministerpräsident Edmund Stoiber spricht gern davon, dass Bayern auf »1000 Jahre unterunterbrochene Staatlichkeit« zurückblicken könne. Norddeutschen mag das lächerlich vorkommen, aber für Bayern funktioniert diese kollektive Selbstvergewisserung prächtig.

Eine Schlussfolgerung aus diesen Überlegungen lautet: konsequenter Föderalismus. Die Bundesländer müssen auf mehr Gebieten eigenständig entscheiden können. Sie brauchen eigene Steuern, über deren Höhe jedes Land selbst entscheidet. Insbesondere sollten die sozialen Sicherungssysteme regionalisiert werden, damit die staatlichen Strukturen besser mit dem Empfinden der Bürger in Übereinstimmung gebracht werden.

Viel Arbeit: Sozialstaatsmodelle für die Zukunft

Angesichts des dramatischen Veränderungstempos bedarf es staatlicher Sicherungssysteme, um die Vorteile der wirtschaftlichen Integration breiten Schichten zugutekommen zu lassen. Einerseits. Andererseits gibt es den verbreiteten Glauben, die Globalisierung führe zu einem »Race to the Bottom«, zu einem Aushungern der öffentlichen Haushalte, weil sich in einer Welt offener Grenzen die Steuerzahler in die nächste Steueroase verabschieden könnten. Wenn dieses Rattenrennen tatsächlich so stattfände, dann bleibe tatsächlich nichts anderes übrig, als mit einem immer kleineren öffentlichen Sektor klarzukommen. Dann wären die europäischen Sozialstaaten Auslaufmodelle, die von einem globalen Turbokapitalismus dahingerafft würden. Ein Blick auf die Zahlen zeigt, dass die Staaten keineswegs aushungern. Bislang jedenfalls sind die Staaten nicht bewegungsunfähig. Seit Beginn der Globalisierung im Jahr 1990 ist der Anteil, den sich der Staat vom Bruttoinlandsprodukt (BIP) greift, keineswegs flächendeckend zurückgegangen. Nach wie vor kann jede Nation gemäß ihrer Kultur und Tradition die Größe ihres öffentlichen Sektors wählen: so viel wie Schweden, das immer noch deutlich mehr als die Hälfte der Wirtschaftsleistung durch seine öffentlichen Kassen umleitet – oder so wenig wie Amerika und Japan, die Abgabenquoten von nur knapp einem Drittel einziehen. Ja, es gibt sogar Länder wie Großbritannien und Australien, die in den vergangenen Jahren ihre Staatseinnahmen gesteigert haben – und ökonomisch dennoch durchaus erfolgreich waren.[3] Selbst bei den Unternehmenssteuern innerhalb der Europäischen Union ist ein ruinöser Wettbewerb ausgeblieben. Anfang der neunziger Jahre, vor Öffnung des EU-Binnenmarktes, hatten viele Ökonomen noch eine solche Entwicklung befürchtet. Inzwischen zeigt sich: Zwar sind flächendeckend die Steuersätze gesenkt worden, das hat aber nicht zu dauerhaften Einnahmeausfällen geführt, wie eine Studie der EU-Kommission zeigt.[4] Unternehmenssteuern haben sich als weitgehend stabile Einnahmequellen erwiesen. Ganz klar, die ideologische Debatte über die Sozialstaaten und die Globalisierung fußt auf falschen Annahmen.

Viel relevanter als die schiere Größe des öffentlichen Sektors sind seine Struktur und seine Qualität. Wie werden die Staatseinnahmen erzielt? Wofür wird das Geld ausgegeben? Wie gut ist das Preis-Leistungs-Verhältnis? Das sind die wirklich wichtigen Fragen. Leider ist die Bundesrepublik in diesen Disziplinen nicht gerade Spitze. Andere Länder ziehen die Gelder der Bürger effizienter ein: Sie stützen sich mehr auf unproduktive Aktivitäten wie Konsum und Immobilienbesitz als auf den vornehmsten Produktionsfaktor Arbeit; entsprechend geringer sind die beschäftigungs- und wachstumsdämpfenden Wirkungen selbst bei hohen Gesamtabgabenquoten. Und sie geben mehr für produktive Verwendungen (Bildung, Infrastruktur) aus.

Auch wenn die Besteuerung von Hochqualifizierten, die sich hohen Steuern durch Auswanderung entziehen können, schwieriger geworden ist: Die Politik ist auch in Zeiten der Globalisierung keineswegs irrelevant geworden; sie gewinnt, im Gegenteil, enorm an Bedeutung. Auch weil die rasante weltwirtschaftliche Entwicklung gesellschaftliche Verwerfungen verursacht, die entschärft werden müssen – wie im 19. Jahrhundert, als in Folge der industriellen Revolution der Sozialstaat erfunden wurde.

Bislang konzentriert sich der Sozialstaat kontinentaleuropäischer Prägung darauf, Menschen, die nicht arbeiten, Alternativeinkommen zu gewähren. Wer keinen Job hat, bekommt Arbeitslosengeld. Wer alt ist, bekommt Rente. Wer krank ist, bekommt Krankengeld. Der Staat zieht damit eine klare Trennlinie zwischen Arbeitenden und Transferbeziehern. Aber das ist eine Strategie von gestern. Künftig muss der Staat diese Trennlinie aufheben: In Zeiten der Kopfknappheit müssen so viele Menschen wie irgend möglich produktiv tätig sein (siehe Kapitel »Die erste Tugend: Arbeit«). Sozialsysteme, die die Bürger von der Arbeit abhalten, können sich alternde Gesellschaften beim besten Willen nicht mehr leisten.

Vier Maximen wird die gesellschaftlich organisierte Solidarität künftig beachten müssen:

- *Die erste Maxime: Alles auf Arbeit.* Der Sozialstaat muss die Bürger in ihrem Produktivsein unterstützen. Sämtliche Arbeitsverbote für Transferbezieher müssen fallen. Wer nicht genug verdient, sollte Lohnzuschüsse bekommen, kein »Lohnersatzeinkommen«. Wer nicht genug gelernt hat, bekommt zusätzliche Bildungsangebote. Ob Alte oder schwer Vermittelbare – alle sollen arbeiten dürfen.

- *Die zweite Maxime: Umverteilung von Chancen statt von Einkommen.* Am Beginn ihres Lebens muss der Staat in die Bürger investieren – indem Geld, Ressourcen und öffentliche Aufmerksamkeit in Bildung vom Kindergarten bis zur Hochschule fließt. Es geht darum, gerade junge Menschen zu möglichst großer Produktivität, Flexibilität und Kreativität zu erziehen. Der Staat muss eine Priorität darauf setzen, Chancen in der ersten Phasen des Lebens umzuverteilen. Bislang gilt es als ein Ziel des Sozialstaats, später im Leben die marktmäßige Verteilung von Einkommen einzuüben, insbesondere durch progressive Steuer- und Abgabensysteme. Dieses Ziel wird immer schwieriger zu erreichen sein: Zum einen weil die Globalisierung bis auf Weiteres zu einer Polarisierung auf der Einkommensskala führen wird, zum anderen weil die Möglichkeiten staatlicher Umverteilung begrenzt sind in einer Zeit, da gerade Wohlhabende in Länder mit besserem Preis-Leistungs-Verhältnis abwandern können.

- *Die dritte Maxime: Basissicherung statt Lebensstandardsicherung.* Bislang fußt der kontinentaleuropäische Sozialstaat auf der Vorstellung, er müsse den Mittelschichten ihren Lebensstandard gegen die Wechselfälle des Lebens absichern; die Renten orientieren sich in ihrer Höhe am vorherigen Arbeitseinkommen, ebenso die Arbeitslosenunterstützung. Aber diese lebensstandardsichernde Unterstützung wird nicht mehr möglich sein. Sie wird angesichts einer steigenden Zahl von Transferbeziehern infolge der Alterung zu teuer. Außerdem schwächen hohe Lohnersatzleistungen die Arbeitsanreize. Der Sozialstaat muss sich darauf konzentrieren, eine Basisabsicherung zu organisieren. Wer sich mehr leisten will und kann, der muss darüber hinaus privat vorsorgen.

- *Die vierte Maxime: Abkopplung vom Job.* Die staatliche Absicherung und die Höhe der finanziellen Beteiligung richtet sich bislang danach, auf welcher rechtlichen Grundlage man arbeitet. In Deutschland etwa gibt es eine scharfe Trennung zwischen »Normalarbeitsverhältnissen« (festangestellt, sozialversicherungspflichtig, lohnsteuerpflichtig), freiberuflicher Tätigkeit, Unternehmertum und geringfügiger Beschäftigung. In jeder Kategorie gelten eigene Regeln, die möglichen Transfers und die Belastung mit Abgaben unterscheidet sich drastisch. Eine absurde Klassengesellschaft, die nicht nur ungerecht ist, sondern auch Hürden beim Wechsel von der einen in die andere Kategorie schafft. Eine Basisabsicherung für alle muss sich aus allgemeinen Steuern finanzieren.

Seit einigen Jahren wird in Deutschland eine neue Form der sozialen Absicherung diskutiert, die inzwischen von einer regelrechten Bewegung getragen wird: das staatliche Basiseinkommen für alle. Sämtliche bisherigen Sozialleistungen – von Kindergeld bis Rente – würden nach und nach abgeschafft und durch ein staatliches Grundgehalt ersetzt, das jeder Bürger in gleicher Höhe bekommt, egal ob er arbeitet oder nicht, egal wie viel Vermögen und sonstiges Einkommen er hat. Verschiedene Konzepte sind in der Diskussion, sie heißen »Solidarisches Bürgergeld« oder »Bedingungsloses Grundeinkommen«, sie unterscheiden sich in ihrer konkreten Ausgestaltung und in der Höhe der Zuwendungen, aber nicht im grundlegenden Ansatz. Von der Linkspartei über liberale Ökonomen wie Thomas Straubhaar bis hin zum anthroposophischen Unternehmer Götz Werner (dm-Drogeriemärkte) macht sich inzwischen eine bunte Gruppe für das Konzept stark. Und sie hat eine Menge Anhänger.

Die Idee ist in der Tat faszinierend: Geld vom Staat soll es künftig ohne Zwang zur Arbeitsaufnahme, ohne Bedürftigkeitsprüfung, ohne soziales Stigma geben. Das Ziel ist durchaus ehrenwert: den Menschen die Angst vor dem Absturz zu nehmen, einen Boden einzuziehen in einer Ära, in denen vieles ins Rutschen gerät. Wer keine passende Erwerbsarbeit findet, so schwärmt beispielsweise Götz Werner,[5] der werde durch das Grundeinkommen nicht genötigt, irgendeine schlechte oder schlecht bezahlte Arbeit anzunehmen, sondern könne sich karitativ um seine Mitmenschen kümmern, könne sich künstlerisch verwirklichen, könne sich weiterbilden oder was auch immer. Der Grundeinkommensstaat greift nicht bestimmend in die Lebenswege seiner Bürger ein, indem er die Menschen zu sinnlosen und erniedrigenden Arbeiten nötigt. Vielmehr lässt er ihnen auch unter den veränderten Bedingungen des 21. Jahrhunderts die Souveränität über ihr Leben. Freiheit für alle, auch für diejenigen, die zufällig auf der Verliererseite des Wandels enden – das macht die Anziehungskraft dieses Konzepts aus.

Eine großartige Idee. Aber sie setzt einen starken Zusammenhalt der Gesellschaft voraus. In heterogenen Großgesellschaften, wo die soziale Kontrolle nicht gut funktioniert, wo Vertrauen und Spirit schwach sind, wird das System nicht funktionieren. Das staatliche Basiseinkommen würde unter diesen Bedingungen einen starken Anreiz bieten, die Füße hochzulegen. Viele Leute dürften das Geld nehmen, es nebenher noch etwas durch Schwarzarbeit aufstocken und ansonsten den lieben Gott einen guten Mann sein lassen.

Ob das System funktioniert, hängt davon ab, ob es die Bürger verantwortungsbewusst nutzen. Auf der kleinen, überschaubaren Ebene der

Region, wo gemeinsame Werte gepflegt werden und soziale Kontrolle ausgeübt wird, mag das Bürgergeld funktionieren. Auf nationaler Ebene in großen Ländern nicht.

Jenseits von Staat und Markt: private Solidarität

So wichtig die sozialstaatliche Absicherung in Zukunft sein wird: Die staatlichen Leistungen werden in den kommenden Jahrzehnten schmaler ausfallen. Durch die Alterung der Bevölkerung werden die Kosten für die Gesundheitsversorgung und für die Pflege stark steigen. Die Zahl der Hilfe- und Pflegebedürftigen wird deutlich anwachsen. Die Bürger werden diese Entwicklung als Sozialabbau wahrnehmen: Selbst wenn die Budgets nicht gekürzt werden, so geht doch kaum ein Weg daran vorbei, dass die Leistungen pro Kopf sinken. Wie sonst soll die Rechnung aufgehen?

Der Staat lässt eine Lücke an organisierter Solidarität, die gefüllt werden muss. Und dafür gibt es zwei Möglichkeiten: den ökonomischen und den solidarischen Weg.

Die reine Marktlösung allerdings wird teuer. Die Ära der Kopfknappheit wird die Preise für Dienstleistungen rund um Gesundheit, Betreuung und Haushalt stark verteuern – einfach weil es viele Nachfrager gibt und immer weniger Leute, die diese Leistungen erbringen könnten. Zum Beispiel: Auf die vielen Tausenden Polinnen, die heute in deutschen Haushalten Alte und Kranke pflegen, wird die nächste Generation nur noch bedingt als Helferinnen in der Not setzen können. Osteuropa altert sogar noch schneller als der Westen. Jüngere Frauen, die für Vergütungen arbeiten, die nach deutschen Verhältnissen sehr moderat sind, wird es in der künftigen Generation nicht mehr geben. Bei gedämpftem Wachstum werden die Nettoeinkommen der Einkäufer solcher Dienstleistungen nicht gerade dramatisch steigen können. Vor allem Rentner werden finanziell deutlich schlechter ausgestattet sein als heute; wie viel Geld sie mit Arbeit dazuverdienen vermögen, bleibt abzuwarten. Unter dem Strich bleibt die triste Erkenntnis: Viele werden sich alltagsnotwendige Dienstleistungen nicht leisten können.

Entsprechend werden die Leute sich gegenseitig helfen müssen. Private Hilfestellungen zwischen Freunden, Verwandten, Bekannten,

Nachbarn werden zur Normalität, weil sie zur Notwendigkeit werden. Vom Einkauf über die Kinderbetreuung und das Wäschewaschen bis hin zum gemeinsamen Kochen und Essen lassen sich viele individuelle Schwächen durch die Solidarität der privaten Kleingruppen abfedern. Es gibt letztlich keine Alternative. Das heißt aber auch: Man muss sich auf andere Menschen einlassen, muss sich ihnen öffnen, zeitliche Souveränität aufgeben. Der extrem individualistischen Generation der heute Mittelalten wird eine solche Verhaltensänderung nicht gerade leichtfallen. Unter ihnen gibt es viele Singles, viele Kinderlose. Ehen werden häufig geschieden, Partnerschaften sind locker, Freundschaften werden durch häufige Umzüge auseinandergerissen. Es wird interessant sein zu sehen, wie diese ungebundenen Menschen sich an die Tugend Solidarität gewöhnen werden.

Wenn es gut läuft, wird die Notwendigkeit zu gegenseitiger Hilfe einen Wertewandel einläuten: Enge Freundschaften und familiäre Bindungen dürften an Wertschätzung gewinnen. Statt vereinzelter Singles könnten sich die Menschen in Wohngemeinschaften zusammenfinden. Diese Entwicklung ist bereits heute sichtbar. In der jüngeren Generation, so zeigen diverse Umfragen, schätzt man wieder Familie, Nähe, auch Kinder. Der Wunsch nach Einbindung in feste, verlässliche Beziehungen, die äußere Krisen zu überstehen in der Lage sind, wird bereits heute wieder zum bürgerlichen Ideal. Solidarität im unmittelbaren persönlichen Umfeld wird zur Absicherungsstrategie in unübersichtlichem Gelände. Es ist der Kontrapunkt zur individualistischen Lebensperspektive der vorangegangenen Altersgruppen. Natürlich kostet derlei Verlässlichkeit individuelle Freiheit.

Um nicht missverstanden zu werden: Dies ist kein Plädoyer für neubürgerliche Spießigkeit, sondern die Erwartung, dass sich angesichts radikal veränderter Lebensumstände auch die Verhaltensweisen und die Einstellungen der Menschen verändern. Während in den Generationen nach 1968 die Entfaltung der individuellen Freiheit möglich wurde – weil die demografische und die wirtschaftliche Entwicklung günstig waren, weil der Sozialstaat eine immer umfangreichere Absicherung ermöglichte –, wird mehr private Solidarität nun zur Notwendigkeit, weil sich die Vorzeichen der Entwicklung umgekehrt haben. Und dieser Wandel hat auch positive Seiten: Die Menschen rücken ein Stück näher zusammen, was durchaus das Wohlbefinden steigern kann.

Weniger Menschen, mehr Humanität?

Die neue Ära der Kopfknappheit wird nicht nur Anpassungsprobleme mit sich bringen, sie könnte auch einen fundamentalen Wertewandel anstoßen: Die Welt könnte humaner, friedlicher, solidarischer werden.

Eine allzu optimistische Vorhersage? Wir sind es gewöhnt, im Rahmen des malthusianischen Szenarios zu denken. Es ist die Welt, wie wir sie kennen. Die Menschen stehen in einem knallharten Verdrängungswettbewerb: Weil es tendenziell immer zu viele von ihnen gibt, konkurrieren sie, notfalls auf Leben und Tod, um knappe Ressourcen – um Nahrung und um Land. Es ist eine brutale Welt, in der das Leben nicht viel wert ist. Menschen werden in Kriege geschickt, sterben zu Millionen, oder sie werden in der industriellen Produktion geschunden: »Menschenmaterial« – ein Begriff, der eine grobe Missachtung des Individuums, seiner Einzigartigkeit und seines Werts ausdrückt. Das 19. und das 20. Jahrhundert gaben viele grausame Beispiele für dieses Denken. Ein Menschenleben wurde nicht als wertvoll angesehen – weil Menschen nicht knapp waren.

Wenn Menschen knapp werden, dürften ihr Wert und ihre Wertschätzung steigen. Der zivilisatorische Fortschritt, der sich in weiten Teilen der hochentwickelten Welt und in immer mehr Schwellenländern vollzogen hat, lässt sich als Vorbote eines fundamentalen Wandels hin zu einer immer humaneren Welt deuten. Ein paar Anzeichen für diese Veränderungen zum Besseren.

Weniger Kriege

Je älter und je reicher Gesellschaften werden, desto weniger sind sie bereit, in den Krieg zu ziehen. Menschenleben gelten einfach als zu kostbar, und die Risiken für den Wohlstand erscheinen zu groß. Westliche Staaten haben inzwischen große Skrupel, ihre Bürger in Kriege zu schicken. Der Gedanke, sich für die Nation zu opfern, früher ultimatives patriotisches Bekenntnis, ist im alternden Europa höchst unpopulär, weniger allerdings in den USA, wo die Bevölkerung weiterhin relativ stark wächst. Im 19. und frühen 20. Jahrhundert und sogar noch während der Balkankriege in den neunziger Jahren des 20. Jahrhunderts wurden bewaffnete Auseinandersetzungen zwischen Volksheeren als ein notwendiges Ringen der Nationen untereinander angesehen. Das ist vorbei, jedenfalls im Westen. Folglich wird die Kriegsführung immer weiter technisiert, mit dem Ziel, die Zahl der Opfer in den eigenen Reihen gering zu halten.

Diese Bewusstseinsveränderung dürften in den kommenden Jahrzehnten viele Gesellschaften durchmachen. Wo die Bevölkerungsdynamik nachlässt und der Wohlstand steigt, wird das Leben friedlicher. Allerdings: In Regionen, die unter verschärftem Ressourcenmangel leiden (Wasserknappheit, Knappheit an fruchtbarem Boden), könnten sich die Konflikte durchaus zuspitzen, dies umso mehr, wenn sie mit einer rasch wachsenden Bevölkerung einhergehen.

Weniger Verbrechen

Der geringere demografische Druck dürfte auch die innere Befriedung der Gesellschaften vorantreiben. Verbrechen, insbesondere Gewaltverbrechen, werden meist von Jüngeren begangen: in der Regel jüngeren Männern. Auch bürgerkriegsähnliche Zuspitzungen kommen eher in Gesellschaften vor, in denen es einen Überschuss an jungen Männern gibt. Im malthusianischen Szenario haben gerade sie Schwierigkeiten, einen Job zu finden, sich Einkommens- und Entfaltungsmöglichkeiten zu schaffen. Und dieser aufgestaute Frust bricht sich destruktiv Bahn. Unter diesen Bedingungen können Terrorgruppen wie Al Kaida und Hamas leicht Nachwuchs rekrutieren. Junge Gemeinwesen sind tendenziell unruhige Gemeinwesen. Ob die Kreuzzüge im Mittelalter, die Gewaltausbrüche unter Afroamerikanern in den sechziger Jahren, die Gewalt in den Palästinensergebieten heute oder die Verbrechen in den Metropolen Brasiliens – stets wurzeln diese Konflikte in einer großen, jungen Bevölkerungsgruppe, die das Gefühl hat, ihr Platz im Leben wird ihr vorenthalten. Alternde Gesellschaften hingegen sind tendenziell ruhiger und friedlicher. Es werden weniger Verbrechen begangen. Das erhöht die Lebensqualität.

Kinderfreundlichere Gesellschaft

Haben die Älteren erst die Bevölkerungsmehrheit, so eine gängige Vorhersage, würden staatliche Leistungen und Systeme sich vornehmlich an ihren Bedürfnissen orientieren. In der Republik der Alten sind Reformen kaum noch durchsetzbar – Kürzungen staatlicher Leistungen werden an einer Mehrheit von Seniorenwählern scheitern. Spätestens im Jahr 2023, so haben die Münchner Ökonomen Hans-Werner Sinn und Silke Übelmesser berechnet, werde es so weit sein: Dann würde Deutschland zur »Gerontokratie, in der die Alten über die Jungen das Sagen haben. Nur die Furcht vor Auswanderung der Jungen«, so die beiden Wissenschaftler, »wird die Alten davon abhalten, die Jungen auszubeuten.«[6]

So plausibel dieses Szenario ist – Mehrheit ist Mehrheit –, so vernachlässigt es doch die gesellschaftliche Dynamik, die Knappheiten auszulösen vermögen. Wenn junge Leute und vor allem Kinder knapp werden, steigen sie in der Wertschätzung, auch der Älteren. Das ist schon heute zu beobachten: Die alternden Gesellschaften Europas haben in den vergangenen Jahren massiv die staatlichen Einrichtungen zur Kinderbetreuung ausgebaut und/oder die Zuwendungen an junge Familien erhöht, in Deutschland mit der Einführung des »Elterngeldes« sogar drastisch. Aus Sicht einer Mehrheit der Steuerzahler sind dies uneigennützige Leistungen, denn sie selbst werden nicht in deren Genuss kommen. Diese Politiken resultieren aus einer gestiegenen Wertschätzung für Kinder. Die Knappheit an Nachwuchs führt dazu, dass die Gesellschaft als Ganze ihr Verhältnis zu Kindern überdenkt. Dies zeigt sich auch in ganz privaten Entscheidungen: In der gehobenen Mittel- und der Oberschicht, dort wo die finanziellen Grenzen weiter gesteckt sind, gehört es inzwischen wieder zum guten Ton, Kinder zu haben. Das Drei-Kinder-Modell entwickelt sich zur Norm für besser gestellte Familien.

Mehr Kindheit

In vielen Ländern, wo es heute noch hohe Geburtenüberschüsse gibt, werden bei sinkenden Geburtenzahlen die Kinder erst als Kinder leben können. Bislang lassen kinderreiche Familien in Teilen Afrikas und Asiens ihre Kinder arbeiten, um den Lebensunterhalt bestreiten zu können. Kinder werden verkauft, versklavt, missbraucht. Folge eines mörderischen Bevölkerungswachstums. Die Erfahrung, die die westlichen Länder bereits im späten 19. Jahrhundert gemacht haben – dass nämlich weniger Geburten den Lebensstandard der Eltern wie der verbleibenden Kinder steigern, dass die Lebens- und Entfaltungschancen, die Bildungs- und die Konsummöglichkeiten größer werden, dass sich weniger stark wachsende Gesellschaften auch mehr Menschlichkeit leisten können –, wird auch in diesen Teilen der Welt die Kindheit als eigene Lebensphase etablieren.

Die fünfte Tugend:
Offenheit

Es ist eine fixe Idee, die seit einiger Zeit wieder mehr Anhänger findet: Wir müssen uns schützen vor all der Unbill da draußen; wir können uns dem Lauf der Welt entziehen, können die Zeit anhalten und den Wandel an uns vorübergehen lassen. Wir machen es uns gemütlich in der Überschaubarkeit der Nation und der Region, der Rest ist uns egal, wir machen dicht. So hört man es inzwischen wieder überall auf der Welt. Protektionismus – Güter, Kapital und Immigranten aus anderen Ländern fern halten – scheint ein Reflex zu sein. So verständlich, so gefährlich.

In den USA hat sich eine import- und immigrantenfeindliche Stimmung ausgebreitet, geschürt von Politikern, die Linderung von den Qualen der Globalisierung versprechen. Paradox in einer Nation, die wie keine andere Importgüter konsumiert. In Deutschland wehren sich die großen Parteien vehement gegen eine rationale Einwanderungspolitik, die das Land für leistungsfähige und -willige Immigranten öffnen würde. Absurd in einer Gesellschaft, die so schnell altert wie kaum eine andere auf der Erde und die bereits unter einem Mangel an Hochqualifizierten leidet. In Argentinien erhebt der Staat einen Zoll auf den Export von Getreide, um angesichts weltweiter Nahrungsmittelknappheit heimischen Rindermästern zu billigem Futter zu verhelfen. Absurd, weil die Ausfuhrgebühren die Getreideproduktion immer unattraktiver machen, sodass weniger angebaut wird und die Weltmarktpreise umso stärker steigen. China manipuliert seine Wechselkurse. Die Europäer schützen ihre Bauern. Und. Und. Und.

Protektionismus, die Abschottung vor dem und den Fremden, entspringt offenbar einem Urreflex des Menschen. Wenn Schwierigkeiten auftauchen, ist das Schließen der Grenzen eine der ersten Optionen, die erwogen werden. Dabei verschärft Protektionismus in aller Regel jene Probleme, die die Protektionisten lösen zu wollen vorgeben. (In

Wahrheit geht es ihnen natürlich häufig bloß darum, sich lästige Wettbewerber vom Hals zu halten.)

Offenheit ist eine Tugend, gerade in Zeiten gravierender ökonomischer, sozialer und ökologischer Krisensymptome. Sie

- hilft unterschiedliche demografische Tendenzen in den verschiedenen Weltregionen auszugleichen,
- fördert die Verbreitung neuer Ideen und lindert die Knappheit des Geistes,
- beschleunigt die Fähigkeit zur Problemlösung in einer Phase, in der es keine Zeit zu verlieren gibt,
- hilft die Versorgung mit immer knapperer Energie zu sichern,
- ist die Voraussetzung dafür, den Wasserverbrauch und die Nutzung des Produktionsfaktors Boden zu optimieren.

Offenheit, logisch, ist kein Allheilmittel, aber die Voraussetzung für die Lösung vieler Probleme, die die Menschheit plagen.

Handelsmuster zwischen Jung und Alt

Die Welt steuert auf eine Konstellation zu, in der Gesellschaften höchst unterschiedlicher Altersstruktur am internationalen Handel teilnehmen. Anders als vor der Globalisierung, als Handel vor allem eine Sache war zwischen den reichen Ländern mit relativ ähnlichen Bevölkerungsstrukturen, ergibt sich in den kommenden Jahrzehnten die Chance, einen fruchtbaren Austausch zu pflegen zwischen Nationen, die in der demografischen Entwicklung unterschiedlich weit fortgeschritten sind.

Wenn es gelingt, in den kommenden Jahrzehnten die Grenzen offenzuhalten, wird die globale Integration einen Teil des demografischen Problems abpuffern. Alternde Gesellschaften wie Europa und Japan können durch jüngere, dynamischere Nationen mitgezogen werden. Die Alten verlegen sich mehr und mehr aufs Geldanlegen im dynamischeren Ausland und aufs Importieren von Gütern und Leistungen, die sie wiederum mit dem Ertrag ihrer Auslandvermögen bezahlen. Jüngere Nationen ihrerseits können vom Wissens- und Erfahrungsschatz der älteren Volkswirtschaften lernen, können Lösungen für den spezifischen Bedarf der Älteren übernehmen. Und sie können von Kapitalflüssen aus den alternden Ländern profitieren. Den jüngeren Nationen, die noch Jahrzehnte rasch wachsen werden, erleichtert die Austausch den ökonomischen Entwicklungsprozess.

Kurz: In offenen Volkswirtschaften lassen sich die demografiebedingten Lasten viel leichter tragen als in geschlossenen Gesellschaften. So sieht eine Modellrechnung des Internationalen Währungsfonds (IWF)[1] für die Welt als Ganzes folgende Tendenzen: In den kommenden Jahrzehnten werden Japan, aber auch Europa zunehmend von den Erträgen ihrer im Ausland investierten Gelder leben. Ihren Konsum bestreiten sie in immer weiterem Umfang durch Importe aus den Schwellenländern. Die Handelsbilanzen verschlechtern sich demografiebedingt bis ins fünfte Jahrzehnt um 2 (Europa) beziehungsweise 3 Prozentpunkte (Japan). Zunächst in Japan, dann auch in Europa werden die Investitionen zurückgehen, auch die Ersparnisse sinken.

Neue globale Spezialisierungsmuster bilden sich heraus. Jüngere, bevölkerungsreiche Volkswirtschaften werden sich noch stärker als bisher auf arbeitsintensive Tätigkeiten spezialisieren. Dies umso mehr, je teurer Kapital und Energie werden – in der Vergangenheit war die Globalisierung davon geprägt, dass beides außergewöhnlich billig war. Entsprechend konnten Volkswirtschaften wie China, Taiwan oder Malaysia einen kapital- und energieintensiven Entwicklungsprozess durchmachen. Sie konnten Fabriken voll moderner Maschinen hochziehen, die viel Energie verbrauchten.

Wenn hingegen die Zinsen und die Energiepreise nachhaltig steigen, werden personalintensivere Produktionsweisen rentabler. Und das würde bedeuten: Die Globalisierung würde sich mehr und mehr von der Industrie zum Dienstleistungssektor verschieben, wo Menschen schlechter durch Kapital ersetzt werden können. Immer mehr Dienstleistungen werden international handelbar, dank verbesserter Kommunikationsinfrastruktur und dank einer stärkeren kulturellen Annäherung zwischen verschiedenen Gesellschaften. Vom virtuellen Concierge-Service über den Offshore-Gesundheitsberater können eine Menge neuer Services in Schwellenländern erbracht werden für Kunden in den alternden Gesellschaften (siehe »Die erste Tugend: Arbeit«). Erst in diesem Szenario können die bevölkerungsreichen Länder ihre spezifischen Vorteile wirklich ausspielen. Insbesondere Indien dürfte von dieser Verschiebung hin zur Service-Globalisierung profitieren, wegen seiner kulturellen Nähe zu den fortgeschrittenen Wissensgesellschaften, wegen der englischen Sprache, wegen des weiterhin dynamischen Bevölkerungswachstums.

Jüngere Gesellschaften sind tendenziell risikofreudiger. Es wird mehr ausprobiert, auch auf die Gefahr hin zu scheitern. Ein intensiver Wettbewerb zwischen den vielen Jüngeren in diesen Ländern wird viele Leute zu Firmengründern werden lassen. Eine Start-up-Kultur breitet sich aus, viele werden untergehen, einige überleben, wenige werden hocherfolgreich. Versuch und Irrtum, Erfolg und Misserfolg, Gedeihen oder Eingehen – eine gigantische Zahl von ökonomischen Experimenten steht in den Schwellenländern noch bevor. Bleiben die Grenzen offen, können sie zu Weltmarktgröße heranwachsen, können auf Know-how und Kapital aus den reichen Ländern zurückgreifen. Für Unternehmen und Investoren in den reichen Ländern wiederum tut sich eine Vielzahl von Investitionsmöglichkeiten auf. Ein fruchtbarer Austausch zum wechselseitigen Vorteil.

Ältere Gesellschaften wiederum können mit ihren spezifischen Stärken punkten. Sie haben lange Zeit gehabt, spezifisches Wissen zu akkumulieren. Sie verfügen über disziplinniertere Beschäftigte, die in der Lage sind, in komplexen Organisationsstrukturen zusammenzuarbeiten. Ihre Spezialität besteht darin, komplizierte Probleme zu lösen und vieldimensionale Prozesse zu steuern – und davon gibt es in den rasch wachsenden Gesellschaften eine Menge.

Im Übrigen: Die demografische Welle bricht in den kommenden Jahrzehnten fast überall auf der Welt, auch in den jüngeren Nationen steigt die Zahl der Älteren stark an. Auch sie brauchen spezifische Produkte und Dienste sowie neue Absicherungsstrategien (Versicherungen, Staat), die in den alternden Gesellschaften schon entwickelt werden. Europa, Japan und Nordamerika sind die »First mover«, die einen Vorsprung bei der Lösung demografiebedingter Probleme haben werden, die nach und nach auch den Rest der Welt ereilen.

Und wenn die Grenzen dichtgemacht werden? Dann wird es für die Welt insgesamt erheblich schwieriger, den demografischen Tsunami ohne größere Blessuren zu überstehen.

Wenn Geld bergauf fließt: Die Umkehr der Kapitalströme

Anders als im vorigen Abschnitt beschrieben, hat sich in den vergangenen Jahren Kapital nicht unbedingt von den reichen, alternden Ländern in die armen, jüngeren Länder bewegt. Sondern es ist in umgekehrter Richtung geströmt: Das Kapital ist bergauf geflossen, nein: Es ist in breiten Strömen nach oben gesprungen. China ist der größte Kapitalexporteur der Welt, die USA waren der größte Kapitalimporteur.[2] Auch andere Volkswirtschaften entzogen sich dem klassischen Muster, wonach Geld in die ärmeren Volkswirtschaften fließt, weil sich dort höhere Renditen erzielen lassen, etwa weil dort die Märkte noch nicht gesättigt sind. Auch Großbritannien, Spanien, Italien und Griechenland haben in den vergangenen Jahren große Summen an ausländischem Kapital ins Land geholt.

Wenn das Geld auch in Zukunft von Arm nach Reich transferiert wird, muss man sich in der Tat die Frage stellen, ob es nicht vorteilhafter wäre, wenn die Tugend der Offenheit den Kapitalverkehr aussparte. Denn diese Entwicklung führt ja zu einem perversen Ergebnis: Alternde Gesellschaften, die eigentlich Geld für die Zukunft sparen und weltweit anlegen müssten, verschulden sich im Ausland. Jüngere Gesellschaften, die eigentlich im eigenen Land investieren müssten, um der wachsenden Zahl an Einwohnern Einkommenschancen zu eröffnen, investieren verstärkt im Ausland. Eine unmögliche Konstellation.

Wird das Kapital weiterhin bergauf fließen? Oder werden die Naturgesetze sich irgendwann doch durchsetzen?

Ich vermute letzteres. Denn die Phase seit Mitte der neunziger Jahre stellt eine Sondersituation dar. Es ist eine Zeit, die geprägt ist von grundlegenden Veränderungen in der internationalen Währungspolitik, die massiven Einfluss gehabt haben auf den Entwicklungstrend der globalen Wirtschaft. China und andere asiatische Länder hatten ihre Währungen an den Dollar gebunden und bewusst unterbewertet gehalten, um ihre Ausfuhr anzukurbeln. Dies ist übrigens eine Form von Protektionismus: Bei einer unterbewerteten Währung sind Exporte billiger und Importe teurer, als sie bei freien Wechselkursen wären. Die Strategie führte zu gigantischen Exportüberschüssen, die Einnahmen ins Land brachten, die die Bürger und die Staaten wiederum zu einem großen Teil sparten. Geld, das anderswo auf der Welt investiert wird.

Und da boten sich insbesondere die USA an, deren Bürger sich im Zuge des fast zwei Jahrzehnte langen Aufschwungs das Sparen praktisch abgewöhnt hatten. Der größte Kapitalmarkt der Welt, konsumhungrige Bürger, ein Staat, der weltweit teure Kriege führt – Amerika braucht dringend Geld und pumpt es sich in Asien und bei den arabischen Ölexporteuren.

Die Tugend der Offenheit sorgte für eine gigantische Umverteilung der Konsummöglichkeiten.

Aber dieses Spiel wird nicht ewig weitergehen. Die Welt bewegt sich auf ein neues Gleichgewicht zu: Die Amerikaner werden mehr sparen. Und die Asiaten werden mehr konsumieren wollen, sie werden weniger zurücklegen, dies umso mehr, je schneller soziale Sicherungssysteme ausgebaut werden, und sie werden ihre Währungen aufwerten lassen. In der Folge dürften die Kapitalströme abflauen, sich womöglich auf längere Sicht wieder umkehren, ganz so, wie man es erwarten sollte.

Immerhin, einige Länder verhielten sich in den vergangenen Jahren wie erwartet. Japan, Deutschland, die Niederlande, die Schweiz und Schweden – sie alle investierten große Summen im Ausland. Und die junge Türkei importierte Kapital in großem Stil.

Die geschlossene Gesellschaft und ihre Fehler

Nicht nur auf tote Materie – auf Güter und Kapital – bezieht sich die Tugend der Offenheit, sondern sie hat auch eine höchst lebendige Dimension: die internationale Wanderung von Menschen. Auch dieser dritte Kanal sollte offengehalten werden. Doch damit tun sich viele Länder noch schwerer als mit offenen Grenzen für Güter und Kapital. Sogar in den USA, einem Land, das fast ausnahmslos aus den Nachfahren von Immigranten besteht, verkünden Populisten wie der Publizist Lou Dobbs, eine liberale Einwanderungspolitik sei nichts anderes als eine weitere Waffe im »Krieg gegen die Mittelklasse«.

Dabei zeigt die historische Erfahrung, dass Einwanderung für die Ursprungs- wie für die Zielgesellschaften vorteilhaft sein kann. Im 19. Jahrhundert und frühen 20. Jahrhundert wanderten Europäer aus jungen Gesellschaften mit enormem Bevölkerungsdruck in die unerschlossenen Gebiete Amerikas und Australiens. In den fünfziger und sechziger Jahren des 20. Jahrhunderts linderten südeuropäische Gastarbeiter die gravierende Arbeitskräfteknappheit hierzulande und hielten das deutsche Wirtschaftswunder in Bewegung. In den Ursprungsländern wurde der Bevölkerungsdruck gedämpft, was den Zurückgebliebenen bessere Chancen und höhere Pro-Kopf-Einkommen brachte – in die Zielländer brachten die Emigranten ihre dringend benötigte Produktivität.

So könnte es auch heute sein. Leider ist es nicht so. Und das liegt auch an der Politik.

Heute ziehen die Menschen aus alternden Gesellschaften fort; Deutschland und die osteuropäischen Länder sind Beispiele für diesen Trend. Statt Gutausgebildete aus aller Welt gezielt anzulocken – auch mit Steuervorteilen –, setzen viele Länder auf Abschreckung. Deutschland zum Beispiel hat seine Einwanderungspolitik seit dem »Anwerbestopp« für Gastarbeiter in den siebziger Jahren immer arbeitsmarktferner ausgerichtet. Wer ins Land kam, sollte möglichst nicht arbeiten. Eine absurde Politik, die die Überzeugung verbreitet hat, Einwanderer seien eine Bürde. Selbst hochqualifizierten Einwanderungswilligen werden Verbote und bürokratische Hürden in den Weg gestellt. Und sogar wer im Land ist, wird häufig bei der Berufsausübung behindert; ausländische Berufsabschlüsse werden oft nicht anerkannt.

Andere Länder machen vor, wie Offenheit in der Einwanderungspolitik funktioniert. Großbritannien beispielsweise hat seit einigen Jahren ein Zuwanderungsgesetz mit einem Punktesystem, das Migrationswillige nach ihrer Nützlichkeit für die Gesellschaft beurteilt. Genauso wichtig für die Migrationspolitik sind politische Symbole: »Kinderstatt-Inder«-Debatten oder Wahlkampfaktionen gegen die doppelte Staatsbürgerschaft mögen den Beifall deutscher Stammtische einheimsen, weltweit aber wirken sie abschreckend. Die deutsche Gesellschaft sollte lernen, die Vielfalt, die Zuwanderer ins Land tragen, als Chance zu begreifen. Der in der öffentlichen Debatte häufig behauptete – falsche – Gegensatz zwischen In- und Ausländern ist längst überholt. Deutschland ist nämlich weder für hochqualifizierte Ausländer noch für vergleichbar qualifizierte Inländer sonderlich attraktiv. Siehe die Auswanderungswelle der vergangenen Jahren.

Auch alternde, reiche Länder können so offen sein, dass sie attraktiv erscheinen. Sie müssen nur wollen. Die Politik sollte ihren Beitrag leisten und helfen, Deutschland zu einer offeneren Gesellschaft zu formen. Öffentliche Symbole sind bei diesem hochemotionalen Thema ebenso wichtig wie konkrete Politik. Eine neue wissensfokussierte Migrationspolitik darf sich nicht auf die Einwanderung Hochqualifizierter beschränken. Sie muss vielmehr dieser Bevölkerungsgruppe, unabhängig von Staatsbürgerschaft und Herkunft, attraktive Entfaltungsspielräume eröffnen. Deutschland muss mehr Vielfalt wagen.

Virtuelles Wasser: Offenheit und Umwelt

Auch für die Agrarmärkte gibt es nur eine Lösung: Öffnen! Und zwar sofort. Seit Jahrzehnten weigern sich die reichen Länder des Nordens beharrlich, ihre Agrarmärkte für den internationalen Handel zu öffnen. Es gab permanente Überproduktion, deshalb wollte man sich billigere Importe aus Regionen mit günstigeren Anbaubedingungen vom Hals halten und warf sogar subventioniertes Getreide auf den Weltmarkt. Längst hat sich die Lage ins Gegenteil verkehrt. Boden ist knapp. Wasser ist knapp. Die Hungerkrise, die unvermittelt Anfang 2008 ausbrach, hat diese neuen Knappheiten in drastischer Form vor Augen geführt.

Zwar ist Wasser nicht direkt handelbar, weil die Transportkosten zu hoch wären, aber in veredelter Form kann man es sehr wohl um die Welt schicken: in Form von Getreide, Fleisch und anderen wasserintensiv hergestellten Produkten. Wer sie importiert, holt sich »virtuelles Wasser« ins Land – weil er Reis, Weizen oder Rindfleisch nicht selbst produzieren und dafür Wasser verwenden muss.

Im internationalen Handel mit virtuellem Wasser stecken große Chancen. Er könnte dazu beitragen, dass die Wirtschaftsweise in jeder Region der Erde an die örtlichen Feuchtigkeitsbedingungen angepasst wird. Mit anderen Worten: In trockenen Gebieten sollte wassersparend gewirtschaftet werden; wasserintensive Sektoren sollten dort konzentriert sein, wo es feucht ist. Eine globalisierte Ökonomie sollte einen regen Austausch zwischen beiden Arten von Gebieten ermöglichen, eben »virtuellen Wasserhandel«, der zu einer schonenderen Nutzung der Ressourcen beiträgt. Internationaler Handel ist ein erprobtes und effektives Mittel, Produktivitätssteigerungen zu erzielen. Warum sollte es nicht auch zur die Steigerung der Wassereffizienz eingesetzt werden?

Behindert wird der Handel bislang durch die nach wie vor durch vielerlei Importbeschränkungen abgeschotteten Märkte für landwirtschaftliche Produkte, insbesondere seitens der reichen Länder. Immer noch denken die Agrobürokratien in den Kategorien nationaler Autarkie. Eine Weltsicht, die in anderen Sektoren längst verschwunden ist – selbst in der Energiepolitik nehmen es fast alle Volkswirtschaften der Welt hin, dass sie von Importen abhängig sind –, nur die Agrarpolitiker denken immer noch in nationalen »Selbstversorgungsgraden«. Schädliche Agrarsubventionen und Importbeschränkungen, die dazu führen, dass in ohnehin trockenen Gebieten zu viel Wasser verbraucht wird, verschärfen die Wasserknappheit.

Eine Politik, deren Folgen in den kommenden Jahrzehnten durch den Klimawandel noch drastischer zu Tage treten werden. Im Mittelmeerraum, in Australien, im Südwesten der USA, in Teilen Argentiniens, Brasiliens sowie Indiens werden den Prognosen zufolge die Niederschläge in den kommenden Jahrzehnten sinken, gerade im Sommer. Dort werden die Erträge tendenziell zunehmen, der Bedarf an künstlicher Bewässerung wächst. Andererseits lassen sich durch die Klimaveränderungen auch neue Anbauregionen erschließen, die Ausfälle auf dem Weltmarkt ausgleichen könnten. Konkret: Der nördliche Teil Europas (nördlich der Calais-Kiew-Linie), Kanada (wo bislang nur ein relativ schmaler Streifen im Süden intensiv für Ackerbau genutzt wird), das südliche Sibirien – in diesen Regionen wird es den Prognosen des Weltklimarats zufolge wärmer und fruchtbarer, zumindest wenn auch hier gebietsweise trockenere Sommer mit intelligenten Bewässerungsmethoden ausgeglichen werden. Spezialisieren sich feuchte Gebiete auf wasserintensive Produkte und kommt es zu einem freien Handel mit Agrargütern, wären Einsparungen in Regionen mit Wasserknappheit die Folge. Ein produktivitätssteigernder Austausch von »virtuellem Wasser«.

Doch von einem solch wassereffizienten Welternährungssystem ist die Menschheit noch weit entfernt. Die über Jahrzehnte fallenden Preise haben die reichen Länder dazu bewogen, ihre Bauern mittels Subventionen und Importbeschränkungen gegenüber dem Wettbewerb aus anderen Ländern zu schützen, zumal aus solchen, die dank besserer natürlicher Voraussetzungen günstiger produzieren können. In der beginnenden Phase hoher Agrarpreise gibt es für solche Politiken keine Rechtfertigung mehr. Im Gegenteil, die Öffnung der Agrarmärkte ist eine der Lösungen für die kommende Ära. Internationaler Handel gleicht temporäre Engpässe aus; Missernten durch Dürren und Unwetter, wie sie in Folge des Klimawandels häufiger werden, lassen sich bei offenen Grenzen leichter verkraften. Freier Handel hilft, die Agroproduktivität weiter zu steigern: Wo nicht mehr nationale Selbstversorgung das politische Ziel ist, lässt sich mehr Spezialisierung erreichen, je nach Klima- und Bodenbedingungen, mit entsprechend größeren Erträgen und, womöglich, geringerem Einsatz von Dünger und Pflanzenschutzmitteln.

Wie so häufig ist das Prinzip ganz einfach: Jedes Agrarprodukt sollte dort hergestellt werden, wo die natürlichen Bedingungen am besten sind. Das steigert das Wohlergehen aller beteiligten Nationen. Schrieb schon der britische Ökonom David Ricardo Anfang des 19. Jahrhunderts. Aber die Lehren der Vergangenheit geraten allzu leicht in Vergessenheit.

Wiederholen wir die Fehler der Vergangenheit?

Dass sich Schlagbäume senken, wenn die Zeiten schwierig werden, dieses Muster zieht sich durch die gesamte Wirtschaftsgeschichte. Schon in den letzten Jahrzehnten des 19. Jahrhunderts wurde der Freihandel immer wieder durch »Schutzzölle« beschränkt. Diese Ära, die heute als die erste Globalisierung bezeichnet wird, brachte Europa und Amerika zwar eine Explosion des Wohlstands. Aber was in der Rückschau wie ein langer, stetiger Wachstumsprozess wirkt, erschien den Zeitgenossen keineswegs so harmonisch.

Die Wirtschaft oszillierte zwischen Boom und Rezession, zwischen Euphorie und Depression. Es war eine Phase wilder Umschwünge, die viele Menschen verunsicherten. Und eine Zeit des raschen Wandels, der auch Verlierer hervorbrachte – wer bei den raschen Produktivitätssprüngen der führenden Industrieunternehmen nicht mithalten konnte, hatte Probleme. 1873 kam es zu einer Wirtschaftskrise, zum »Gründercrash«: Industrieprodukte verfielen im Preis, Konkurse und Unterbeschäftigung schockierten die Zeitgenossen.

Insbesondere in den achtziger Jahren des 19. Jahrhunderts breiteten sich Schutzzölle in Europa aus. Sie betrafen Industriegüter, aber auch die Landwirtschaft. Da die Transportkosten drastisch gesunken waren, brachten Getreideimporte aus Erzeugerländern mit günstigeren natürlichen Bedingungen wie die USA, Kanada, Argentinien und Russland die europäischen Bauern unter starken Wettbewerbsdruck. Sie forderten Schutz vor ausländischer Konkurrenz. Doch die Höhe der Zölle blieb so gering, dass sie die rasche Integration der Wirtschaft letztlich nicht stoppen konnten. Im Kern blieb das liberale ökonomische Dogma offener Grenzen erhalten. Und die dominierende Weltmacht England engagierte sich als Sponsor der offenen Wirtschaftsordnung – und beteiligte sich nicht an den Schutzzollspielchen der anderen.

Nach dem Ersten Weltkrieg, als das System offener Grenzen zusammen gebrochen war, versuchten die westlichen Länder an die Zeit vor 1914 anzuknüpfen: Freihandel und feste, an den Goldpreis gebundene Wechselkurse. Tatsächlich kam es in den zwanziger Jahren des 20. Jahrhunderts zu einer Wiederbelebung des Freihandels. Doch in den Jahren nach dem Börsencrash von 1929, als Massenarbeitslosigkeit, Bankenkrisen, Deflation zu einem sich selbst verstärkenden Abschwung führten, machten die westlichen Staaten in wenigen Schritten die Grenzen dicht: Jedes Land versuchte, sich einen Vorteil dadurch zu verschaffen, dass es Importe aus anderen Ländern erschwerte, und hoffte, mit einem Außenhandelsüberschuss aus der Krise zu kommen. Eine Illusion. Alle mussten feststellen, dass dieser Vorteil, wenn überhaupt, nur von kurzer Dauer war, weil die übrigen Länder ihrerseits mit der Erhöhung der Zölle reagierten. Auch grenzüberschreitende Kapitalflüsse wurden unterbunden, um die Kapitalflucht und den Zusammenbruch von Banken zu verhindern. Das Ergebnis war katastrophal: 1933 betrugt das Volumen des Welthandels nur noch ein Drittel des Niveaus von 1929. Binnen vier Jahren wandelte sich die Weltwirtschaft von einem offenen System zu einem Nebeneinander von Volkswirtschaften, die nach Autarkie strebten. In der Rückschau sehen Historiker den Handelskrieg der dreißiger Jahre als einen Verstärker der Großen Depression, die erst mit dem Ausbruch des Zweiten Weltkriegs 1939 endete.

Unkooperatives Verhalten der Staaten, die sich auf Kosten der jeweils anderen ökonomische Vorteile zu verschaffen suchten, hatte ein Desaster angerichtet. Rückschläge, die die Welt erst nach Jahrzehnten wettmachen konnte.

Wie hatte es so weit kommen können? Vor allem aus zwei Gründen. Zum einen gab es im damaligen internationalen System keine Ordnungsmacht, sondern eine Rivalität zwischen einer wachsenden Zahl relativ gleichstarker Spieler. Die schwindende Weltmacht England war nicht mehr in der Lage, den Freihandel zu verbreiten. Die kommende Weltmacht USA hatte sich nach dem Ende des Ersten Weltkriegs und der Neuordnung der Staaten Europas wieder auf eine passive Rolle zurückgezogen. So kam es zu einem unkooperativen, aggressiven Ringen der Nationen.

Zum anderen hatte der weltweite Crash von 1929 den Glauben in die Segnungen freier Märkte und die wirtschaftspolitische Abstinenz des Staates stark untergraben. Marktskeptische Ökonomen wie John Maynard Keynes und später John Kenneth Galbraith, die eine aktive Rolle für den Staat forderten, wurden zu Vordenkern für Generationen von Wirtschaftspolitikern. Zwar waren sie keine Protektionisten, aber selektive Grenzschließungen, insbesondere auf den Kapitalmärkten, waren nun kein Sakrileg mehr.

Nach dem Zweiten Weltkrieg zogen die Staaten des Westens Lehren aus dem Desaster des Handelskriegs der dreißiger Jahre. Vorsichtig wollten sie die Weltwirtschaft wieder für den Handel öffnen. Ein Prozess, der bis heute nicht abgeschlossen ist. Das Welthandelsabkommen GATT wurde geschaffen. Es spannte einen institutionellen Rahmen auf, innerhalb dessen handelspolitische Konflikte auf zivilisierte Art gelöst werden konnten. Und es bot das Setting, innerhalb dessen weitere Marktöffnungen möglich waren. Die USA, damals mit Abstand größte Wirtschaftsmacht der Erde, erkannten, dass sie sich als Ordnungsmacht engagieren mussten. Sie übernahmen die Rolle des Sponsors der neuen internationalen Ordnung, öffneten ihre Märkte, verhielten sich in aller Regel kooperativ. Sie traten das Erbe Großbritanniens an, das diese Rolle im 19. Jahrhundert gespielt hatte. Innerhalb Europas sollte die Europäische Gemeinschaft einen Rückfall in alte Animositäten verhindern und für eine sukzessive Öffnung der Märkte und die Einhaltung gemeinsamer Spielregeln sorgen. Da es keine natürliche

Führungsmacht in Europa gab, die die Rolle des Sponsors hätte übernehmen können, wurde das neue System auf starke supranationale Institutionen gebaut, die sich die Mitgliedstaaten zu unterstützen verpflichteten.

Die Lehre aus der Geschichte? Die Tugend der Offenheit verbreitet sich nicht automatisch. Sie braucht einen Ordnungsrahmen, der jene Länder sanktioniert, die hoffen, sich kurzfristige Vorteile mittels protektionistischer Strategien verschaffen zu können. Es braucht eine Führungsmacht – oder starke Institutionen –, die das offene Weltwirtschaftssystem stabilisieren. Doch all das gibt es derzeit nicht. In vielerlei Hinsicht ähnelt das heutige globale System dem Szenario der Zwischenkriegszeit. Es gibt viele ähnlich starke Staaten; keiner ist in der Lage, als Sponsor eines globalen Systems aufzutreten. Die internationalen Institutionen (WTO, IWF, Weltbank, UNO ...) sind zwar viel stärker und schlagkräftiger als in den zwanziger Jahren, aber der neuen Konstellation werden sie in Krisenzeiten kaum Herr.

Was hat bisher einen großen Handelskrieg verhindert? Zum einen sind die Volkswirtschaften heute viel tiefer verflochten. Die Zerschlagung und Neuzusammensetzung der Wertschöpfungsketten schafft mittlerweile wechselseitige Abhängigkeiten, die es in dieser Intensität vor einem Dreivierteljahrhundert nicht gab. Umso größer sind die Kosten des Protektionismus und die politischen Widerstände dagegen.

Zum anderen gab es bislang noch gar keinen wirklichen Stresstest für die neue globale Unordnung. Zwar platzte 2000 die Internetblase an den Börsen, gefolgt von den Terroranschlägen des 11. September 2001. Doch damals sah die Welt noch anders aus: Die Schwellenländer spielten bloße Nebenrollen. Und die Staatengemeinschaft war bestrebt, zusammenzuarbeiten angesichts der schwer kalkulierbaren Bedrohung durch Terroristen.

Während ich das Manuskript an diesem Buch abschließe, mehren sich die großen weltwirtschaftlichen Verwerfungen. Die im ersten Teil des Buches beschriebenen Knappheiten spitzen sich zu; die Finanzkrise im Zuge des Abschwungs am US-Hypothekenmarkt hat die Banken im Griff; die Nahrungsmittelkrise in vielen ärmeren Ländern destabilisiert ganze Weltregionen; die akute Energieknappheit kann zu gravierenden Verteilungskämpfen führen. Um nur die gravierendsten Verwerfungen zu nennen. All dies trifft die großen Volkswirtschaften ins Mark. Ob sie trotz allem in der Lage sein werden, das internationale System halbwegs offenzuhalten, ist keineswegs sicher.

Möglich immerhin, dass die nächste Wendung der Welt einen Rückfall in Zeiten bringt, die längst überwunden schienen. Umso dringlicher ist die Entwicklung neuer Institutionen – um die Welt kooperationsfähiger zu machen.

Die sechste Tugend:
Kooperation

Klaus Schwab ist nicht die Sorte Mensch, die sich mit Kleinigkeiten abgeben würde. Sein Metier ist das Große, besser: das ganz Große. Das Globale. Die Errettung der Welt. Viel kleiner sollte die Mission nicht sein. »Improving the State of the World« – den Zustand der Welt verbessern – heißt es im Motto des World Economic Forum (WEF), das Schwab gegründet hat und das er immer noch leitet. Man kann sich über derlei Sendungsbewusstsein lustig machen. Tatsächlich hat Schwab einiges erreicht: Mit dem WEF-Jahrestreffen in Davos hat er einen Ort geschaffen, an dem die Mächtigen und Einflussreichen – Staats- und Konzernlenker, Wissenschaftler, Künstler und Journalisten – der Welt zusammenkommen, um über die großen, weltbewegenden Fragen zu diskutieren. Reden, wenigstens das. Vertrauen aufbauen, sich gegenseitig kennenlernen, die Sichtweise des anderen verstehen lernen – das ist der Anfang jeder Kooperation.

Zum Jahrestreffen 2008 dachten Schwab und seine Leute sich etwas Neues aus: eine Online-Community (genannt Welcom – World Electronic Community) für die 10 000 Topentscheidungsträger der Welt. Übers Internet sollen sie sich über die wichtigen Fragen der Menschheit austauschen und im herrschaftsfreien Diskurs Lösungen finden. »Wir müssen einen Bewusstseinswandel in den Köpfen der Entscheidungsträger anstoßen«, erzählte mir Schwab, bevor das System startete. Die Welt brauche eine Art »Wikipedia-Mentalität«, eine Haltung des freiwilligen Gebens und Nehmens von Informationen und Ideen. Das gelte für die Wirtschaft genauso wie für die Politik. »Heute«, sagte Schwab, »vollzieht sich die politische Gestaltung immer noch durch Regierungen und deren Interaktion miteinander. Diese Entscheidungsprozesse müssen ergänzt werden durch einen viel umfassenderen Ansatz, der mehr Akteure einbezieht.« Schwab stellte sich eine »ganz neue, sehr direkte Art der Interaktion zwischen den einflussreichsten Persönlichkeiten der Welt« vor. Wie gesagt, mit Kleinigkeiten gibt sich der Mann nicht zufrieden.

Wie groß der Erfolg auch sein mag, der dem »Welcom«-Projekt beschieden sein wird, es stellt einen Ansatz dar, um das globale Vakuum zu füllen. Denn das Dilemma der Globalisierung besteht darin, dass es einerseits rasch zunehmende wechselseitige Abhängigkeiten gibt, dass aber andererseits keine ordnenden Instanzen existieren. Die Ära des kapitalistisch-kommunistischen Gegensatzes mit seinen klar gefassten Blöcken ist lange vorbei; die Rolle der USA als einzig verbliebener Hegemonialmacht ist stark dezimiert– wo früher ordnender Einfluss konzentriert war, hat eine Diffusion der Macht ein Vakuum hinterlassen. Eine gefährliche Situation. Denn grenzüberschreitende Konflikte und Probleme schaffen einen Koordinationsbedarf in nie gekanntem Ausmaß. Die globale Agenda ist voll explosiver Themen: Klimawandel, Energieknappheit, Protektionismus, Versorgung von Flüchtlingsströmen aus Hunger-, Dürre- oder Überflutungsgebieten, erratische Wechselkursbewegungen, weltumspannende Finanzmarktkrisen.

Wie schnell inzwischen gravierende Probleme auftreten können, die ganze Länder und Regionen destabilisieren, hat die Hungerkrise gezeigt, die im Winter 2007/08 ausbrach. Ausgelöst durch fundamentale Verschiebungen in der Nachfrage nach Nahrungsmitteln, wurden die Preisreaktionen verschärft durch spekulative Investoren: Aggressive Anleger wie Hedgefonds setzten auf weiter steigende Nahrungsmittelpreise und sorgten so dafür, dass Hunderte Millionen Menschen in armen Ländern fast über Nacht sich nicht mal mehr genug Grundnahrungsmittel leisten könnten. Hungerrevolten bedrohten die Regierenden, internationale Spannungen nahmen zu. Agrarexportländer versuchten Getreideexporte durch Verhängung von Exportzöllen zu behindern und verschärften mit diesen Maßnahmen die globale Nahrungsmittelknappheit noch.

Derlei Konflikte dürften sich in den kommenden Jahrzehnten häufen. Doch die Mechanismen und Institutionen, mit denen die Welt bislang darauf reagiert – oder eben: nicht reagiert – sind höchst unbefriedigend.

Wo niemand mehr die Mittel hat, Macht auszuüben und die Weltordnung nach seinen Interessen zu formen, gibt es entweder Chaos – oder das Machtvakuum wird gefüllt durch Kooperation, durch Zusammenarbeit mittels friedlichen Ausgleichs von Einzelinteressen. Dies ist keine triviale Aufgabe: Eine Vielzahl von Spielern müssen zusammenfinden, große und kleine Staaten, Demokratien und Despotien, reiche und arme Volkswirtschaften, außerdem multinationale Konzerne aus unterschiedlichen Branchen, Länder, Publikumsgesellschaften, Staatskonzerne, Familienunternehmen, Staatsfonds, Nicht-Regierungsorganisationen mit unterschiedlichen Agenden et cetera. Es ist ein schwieriges Geschäft, das durch die Vielzahl von Spielern, Interessen und Themen nicht einfacher wird. Aber es ist die einzige Option.

Von einem solch kooperativen Szenario ist die Welt bisher weit entfernt. In den Jahren nach der Jahrtausendwende hat es einen Rückschritt in Richtung Unilateralismus gegeben. Die USA unter Führung von Präsident George W. Bush haben darauf verzichtet, den »Krieg gegen den Terror« durch internationale Institutionen wie den UNO-Sicherheitsrat absichern zu lassen. Stattdessen stützten sie sich auf eine »Koalition der Willigen«. Es war ein destruktives Signal, das von dieser Strategie ausging. Wie negativ, lässt sich kaum überschätzen. Die USA, die auf dem Höhepunkt ihrer Macht am Ende des Zweiten Weltkriegs Hauptsponsor internationaler Institutionen waren, die bereit gewesen waren, sich dem internationalen Recht und den Sprüchen internationaler Schiedsgerichte (etwa im Rahmen des GATT) zu unterwerfen, die nicht nur nationale Interessen verfolgen, sondern auch höhere Werte wie Freiheit und Demokratie verbreiten wollten, eine Linie, die noch George Bush senior im ersten Golfkrieg 1991 bemüht war einzuhalten – diese USA also waren nun bereit, all ihre Grundsätze sausen zu lassen. Ein Weltsicherheitsrat, der nicht Amerikas Regierung in den Irakkrieg folge, mache sich selbst überflüssig, beschied George W. Bush der Weltgemeinschaft. Dass sich seine US-Administration von Grundsätzen internationaler Kooperation verabschiedet hatte, mehr noch: dass sie sogar ihre eigenen moralischen und rechtlichen Standards der rohen, harten Machtausübung zu opfern bereit war – wie das Internierungslager in Guantanamo zeigte –, beschädigte die Position Amerikas in der Welt. Es relativierte die Ideen, für die Amerika stand: Freiheit, Menschenrechte, Demokratie, Fairness, Rechtsstaatlichkeit.

Amerika mag dem Rest der Welt kein gutes Vorbild gegeben haben, doch auch anderswo geriet die Tugend der Kooperation immer weiter in Vergessenheit. Die Globalisierung hat bei den Bürgern eine Rückbesinnung auf die Nation angestoßen, eine Suche nach Vertrautem und Bekanntem in einer unübersichtlicheren Welt. Eine Folge dieser verständlichen Rückvergewisserung war eine stärkere Betonung von (tatsächlichen oder vermeintlichen) einzelstaatlichen Interessen in der nationalstaatlichen Politik. Die Krise der Europäischen Union nach den gescheiterten Referenden in Frankreich und den Niederlanden über die europäische Verfassung 2005 und 2008 in Irland hat die EU in ihrer Handlungsunfähigkeit nachhaltig geschwächt.

Neue Großmächte wie Russland und China sind zu Kooperation bislang kaum bereit. Ihre autoritären Regierungen unterfüttern ihre Politik mit schrill nationalistischen Tönen nach innen und forschem Auftreten nach außen. Auch vor Drohungen gegenüber anderen Staaten machen sie nicht halt, siehe Russlands Gas- und Ölstrategie, die auch Instrumente wie die Unterbrechung der Lieferungen während der winterlichen Heizperiode umfasst. Ähnlich wie die imperialen Mächte des 19. Jahrhunderts agieren sie in einer Weise, die die weltweite Wohlfahrt weitgehend ausblendet.

Am Beginn der 21. Jahrhunderts gibt es eine problematische Ungleichzeitigkeit: Einerseits erfordert die ökonomische und ökologische Globalisierung Mechanismen der Konfliktlösung, besser noch zur gemeinsamen Ziel- und Umsetzung. Andererseits steckt das internationale politische System immer noch in den überkommenen Strukturen des 20. Jahrhunderts – mit Rückbezügen zum 19. Jahrhundert.

Die Schwäche der internationalen Institutionen

In einer Welt ohne globale Hegemonialmächte müssten eigentlich internationale Institutionen die Koordinierung der vielen Interessen und die Lösung der Konflikte übernehmen, vielleicht sogar die Agenda bestimmen – analog zur innerstaatlichen Situation, wo absolute Herrschaft ersetzt wurde durch Verrechtlichung und Institutionalisierung. Tatsächlich gibt es eine Menge globaler Institutionen: die UNO und ihre Unterorganisationen, den Internationalen Währungsfonds (IWF), die Weltbank, die G7- beziehungsweise G8-Gruppe, die WTO, um nur die wichtigsten zu nennen. Doch all diese Institutionen sind Relikte aus der Zeit des Kalten Krieges beziehungsweise der *Pax Americana*, traditionell sind sie westlich dominiert, und es fällt den Staaten der Welt schwer, sie an die neuen Verhältnisse anzupassen.

Im Führungsgremium des IWF verfügten die G7-Länder (USA, Japan, Deutschland, Großbritannien, Frankreich, Italien, Kanada) noch 2008 gemeinsam über 45 Prozent der Stimmen. China hatte 3,66 Prozent, Indien lediglich 1,89 Prozent. Dominique Strauss-Kahn, früher französischer Finanzminister und seit Herbst 2007 IWF-Chef, hatte versprochen, eine Reform zu erreichen, die die Stimmengewichte im IWF den veränderten Machtverhältnissen anpasst. Nun gibt es eine veränderte Formel, nach der die Mitspracherechte im Fonds neuverteilt werden.[1] Die größten Stimmengewinne sollen China, Korea, Indien, Brasilien und Mexiko bekommen. Wie erfolgreich diese Reform letztlich sein wird, ob der Fonds auf Dauer eine entscheidende Rolle bei der Stabilisierung des chaotischen Währungs- und Finanzsystems spielen kann – all das ist offen.

In der Weltbank stellen die fünf Länder mit den größten Anteilen – Amerika, Japan, Deutschland, Großbritannien und Frankreich – fünf Direktoren. Die übrigen 19 Direktoren werden von allen übrigen 180 Ländern nach Staatengruppen gewählt.

Besonders krass ist das Missverhältnis zwischen der machtpolitischen Realität und den überkommenen Spielregeln bei den G7, wo Westeuropa mit vier Mitgliedern (Deutschland, Frankreich, Großbritannien, Italien) ein geradezu groteskes Übergewicht besitzt. Bei den jährlichen Gipfeln ist zusätzlich Russland dabei, vor allem wegen seines immer noch beträchtlichen Atomwaffenarsenals. In den vergangenen Jahren hat es sich eingebürgert, die sogenannten »Outreach 5« zu den Gipfeln hinzuzubitten, nämlich China, Indien, Brasilien, Südafrika und Mexiko. Bislang haben sie dort aber keine große Rolle gespielt. Sollten sie tatsächlich ordentliche Mitglieder einer G13 werden, würde das die Gipfel noch weiter aufblähen und ihre tatsächliche Beschlussfähigkeit erschweren. Warum Italien und Kanada dabei sind, aber kein arabisches Land, ist schwer zu erklären. Denkbar wäre auch eine G5 – USA, EU, Russland, China, Indien.

Ähnlich schief ist die Machtverteilung im Weltsicherheitsrat, dem Machtzentrum der UNO. Auch dort bildet die Zusammensetzung die Verhältnisse von 1945 ab, nicht die des 21. Jahrhunderts. Großbritannien und Frankreich, damals noch Kolonialmächte mit weltumspannendem Machtanspruch, heute lediglich Teile der EU, sitzen neben den USA, Russland und China. Indien? Brasilien? Afrika? Nicht repräsentiert.

Die weltwirtschaftlichen Institutionen IWF, Weltbank, auch die G7 waren bis in die neunziger Jahre handlungsfähig, weil die Machtverhältnisse klar waren, weil die Anzahl der Verhandlungspartner klein war und weil deren Interessen ziemlich homogen waren. Schwieriger war die Situation früher schon im GATT, dem Allgemeinen Zoll- und Handelsabkommen, das in den neunziger Jahren zur Welthandelsorganisation (WTO) ausgebaut wurde. Dort galt und gilt bis heute der Grundsatz: ein Land, eine Stimme. 1947, als das GATT gegründet wurde, saßen zunächst die Vertreter von 23 westlichen Ländern zusammen und verhandelten über Zollsenkungen, um den internationalen Austausch wieder zu beleben, der seit dem Handelskrieg der dreißiger Jahre weitgehend zum Erliegen gekommen war. In allen Verhandlungsrunden ging es vor allem um die Senkung von Zöllen auf Industriegüter. Agrarmärkte blieben abgeschottet, Dienstleistungen waren damals noch kaum handelbar. Wenn sich die Amerikaner und Europäer einig waren, konnte ein Deal zustande kommen. Andere Länder spielten bloße Nebenrollen.

Noch die »Uruguay-Runde«, 1994 beendet, lief nach diesem Muster, auch wenn es dort bereits um neue, komplexe Themen ging wie den Handel mit Dienstleistungen und den Schutz geistigen Eigentums. In der eingangs des Kapitels »Die fünfte Knappheit: Macht« erwähnten Doha-Runde aber, wiederum von der EU und den USA initiiert – beziehungsweise von deren Handelsbeauftragten Pascal Lamy (später WTO-Chef) und Bob Zoellick (später Weltbank-Präsident) –, läuft das Spiel anders: Indien und Brasilien sind stolze neue Spieler in der Handelsdiplomatie. China, erst seit 2001 WTO-Mitglied, hält sich zwar diplomatisch zurück, verändert aber durch sein rasches Handelswachstum permanent die Bedingungen, unter denen das globale Handelsspiel ausgetragen wird. Russland ist noch gar nicht WTO-Mitglied, weil es den damit verbundenen Eingriff in die nationale Souveränität nicht zu akzeptieren bereit ist. Andere große Schwellenländer spielen aktive Rollen, Indonesien und Südafrika beispielsweise. Mehr Mächte, heterogenere Interessen – eine Einigung ist unvergleichlich schwieriger als früher.

In der multipolaren Welt müssten mächtigere Institutionen die Rolle der Ordnungsmächte übernehmen – analog zur Entwicklung innerhalb der Nationalstaaten, wo der Übergang von der Alleinherrschaft zur Demokratie einherging mit der Stärkung von Institutionen, die das entstandene Machtvakuum ausfüllen mussten. Bislang sind die Staaten der Erde nicht bereit, freiwillig ihre neu gewonnene Bewegungsfreiheit einzuschränken. Länder wie China oder Russland lehnen derlei Gedanken rundheraus ab. Auch die Länder des Westens, insbesondere die einstige Hegemonialmacht USA, tun sich schwer, den neuen Mächten Teilhabe in den Institutionen zukommen zu lassen.

Derweil bilden sich neue Institutionen exklusiv für die Newcomer-Staaten, die untereinander enger kooperieren ohne oder gar gegen den Westen. Beispiele gibt es einige, etwa den lateinamerikanischen Krisenfonds, den Venezuela aufgelegt hat, oder die Shanghai Cooperation Organization, in der Chinesen, Russen und Zentralasiaten zusammensitzen. Europäern, Amerikanern, Japanern und anderen westlichen Mächten kann das nicht recht sein. Sie sollten alles tun, um die globale Kooperation zu intensivieren – und um demokratische Schwellenländer eng als gleichberechtigte Partner einzubinden.

Die Wiederentdeckung des Westens

Den despotischen Newcomern der Weltwirtschaft fällt es schwer, mit anderen Staaten zu kooperieren. Ihre Staatslenker müssen schon in der Innenpolitik kaum Kompromisse eingehen, geschweige denn sich überstimmen lassen. Eine harte Linie zu verfolgen und sich im Zweifel mit Gewalt durchzusetzen ist nach ihrer Erfahrung oft eine erfolgreiche Taktik. In westlich geprägten Demokratien hingegen regieren in aller Regel Politiker, die im Laufe ihrer Karriere über Jahrzehnte geübt haben, Kompromisse zu schmieden, politische Gegner zu achten, Niederlagen sportlich zu nehmen und dergleichen mehr.

Wer, wenn nicht sie, soll die globale Kooperation voranbringen? Wer, wenn nicht Europäer und Nordamerikaner, sollen eine Führungsrolle einnehmen? Es bedarf letztlich einer Neuauflage der transatlantischen Partnerschaft der zweiten Hälfte des 20. Jahrhunderts, vor verändertem Hintergrund – eine ambitionierte euro-amerikanische Agenda für das 21. Jahrhundert. Die Ziele: Frieden, Freiheit und Wohlstand. Klingt banal? Ist es aber nicht in diesen Zeiten.

Auch wenn sich Administrationen gern einbilden, sie verfolgten spezifische nationalstaatliche Interessen: Viele dieser Interessen entspringen schlicht der Motivation traditioneller Bürokratien, die um attraktive Posten und exklusive Beziehungen zu anderen Bürokratien fürchten. Warum Deutschland andere außenpolitische Interessen haben sollte als, sagen wir, die Niederlande oder Polen, ist schleierhaft. Warum die Europäische Union als Ganze fundamental andere Interessen haben sollte als die USA, ist schwer zu begründen. In Zeiten vielfältiger, direkter globaler Interdependenzen treten originär nationale Anliegen immer weiter in den Hintergrund.

Gemeinsame transatlantische Interessen hingegen gibt es eine Menge.

Zum Beispiel: *sichere Versorgung mit Öl und Gas.* Immer mehr werden beide westlichen Großmächte abhängig von Energieimporten vom Persischen Golf und aus Zentralasien (siehe »Die vierte Knappheit: Energie«). Entsprechend sollten sie den Staaten dieser Region mit einer gemeinsamen Nachfragemacht gegenübertreten. Auch sollten sie darüber nachdenken, gemeinsam alternative Energie-Infrastrukturprojekte voranzubringen, etwa den Einstieg in die Wasserstoffproduktion aus Solarstrom.

Zum Beispiel: *weltweite Krisenintervention.* Krisen dürften zunehmen, sei es durch Verwerfungen an den Finanzmärkten, sei es durch extreme Wetterphänomene infolge des Klimawandels, sei es durch soziale Spannungen in Ländern mit nach wie vor hoher Bevölkerungsdynamik. Unruhen, Bürgerkriege, Hungersnöte, Flüchtlingswellen – es gibt viele Extremsituationen, bei denen der Westen gemeinsam eingreifen sollte, mit humanitärer Hilfe, auch mit militärischen Mitteln. Dies ist nicht nur eine Frage des Mitgefühls, sondern auch des Eigeninteresses: Wenn ganze Weltregionen destabilisiert werden, kann das globale Auswirkungen haben, die letztlich auch Europa und Amerika treffen.

Zum Beispiel: *Funktionsfähigkeit der Märkte.* Beide transatlantischen Partner haben ein massives Interesse daran, einen Rückfall in den Protektionismus zu verhindern. Gerade in ökonomisch schwierigen Zeiten besteht die Gefahr einer zunehmenden nationalen Abschottung gegenüber den internationalen Güter- und Kapitalmärkten. In den Schwellenländern breiten sich Handelsschranken für Agrarausfuhren aus; jetzt rächt sich, dass die reichen Staaten selbst über Jahrzehnte ihre Agrarmärkte geschützt haben und sich gegen eine Einbeziehung in die Welthandelsorganisation gestemmt haben (siehe »Die fünfte Tugend: Offenheit«).

Zum Beispiel: *Währungsfragen*. Die Wechselkurse vieler Währungen sind seit den neunziger Jahren zunehmend zu einem Politikum geworden. Die Umtauschverhältnisse der meisten Währungen der Welt werden manipuliert, indem die Regierungen entweder politisch Wechselkurse festsetzen und von den Währungsbehörden verteidigen lassen oder indem sie regelmäßig ihre Wechselkurse am Markt beeinflussen.[2] Darunter sind Länder wie China, Indien und Russland. Ein Großteil des Welthandels wird inzwischen zu manipulierten Wechselkursen vollzogen, was den Wettbewerb verzerrt, ganze Volkswirtschaften deformiert und erratische Kursanpassungen provoziert. Leidtragende solcher starken Schwankungen waren in den vergangenen Jahren gerade Amerikaner und Europäer. Der IWF sollte eine verschärfte Aufsichtsfunktion bekommen, eventuell auch für das Management nationaler Devisenreserven zuständig werden.

Zum Beispiel: *Klimawandel*. Gemeinsam ist das atlantische Duo der größte Emittent von Treibhausgasen. Ohne sie wird es keinen effektiven Klimaschutz geben können. Ohne den dritten Großverschmutzer China auch nicht. Könnten sich diese drei Spieler auf einen glaubwürdigen und effektiven Plan zur Reduktion von Treibhausgasen einigen, wäre der Klimawandel zu beherrschen. Zu dritt sind sie verantwortlich für knapp 60 Prozent der Emissionen. Gemeinsam könnten sie auch Druck auf andere Staaten ausüben, sich zu beteiligen. Bislang sind die Amerikaner davor zurückgeschreckt, sich explizite Emissionsziele zu setzen oder gar sich einem multilateralen Abkommen zu unterwerfen, was auch daran liegt, dass in diesem Punkt die kurzfristigen transatlantischen Interessenlagen differieren: Die Europäer sind bereits deutlich energieeffizienter; pro Kopf verbrauchen auch reiche europäische Länder wie Deutschland und Frankreich nur halb so viel wie die USA; der Anteil erneuerbarer Energien in Europa liegt etwa 40 Prozent höher als in den Vereinigten Staaten.[3] Um die Amerikaner in ein Abkommen zu bewegen, werden die Europäer Konzessionen machen müssen, damit die negativen Auswirkungen auf die US-Wettbewerbsfähigkeit in Grenzen bleiben.

Die intensivierte transatlantische Zusammenarbeit ist eine langfristig angelegte Strategie, für die es nach Jahren der wechselseitigen Entfremdung des vergangenen Jahrzehnts einer neuen Grundlage bedarf. Wie legt man die? Durch persönliche Kontakte. Durch regelmäßige Arbeitstreffen auf Regierungsebene. Durch den allmählichen Wiederaufbau von wechselseitigem Verständnis und Vertrauen.

Allerdings müssen beide Seiten noch einige Vorleistungen erbringen: Den Amerikanern steht die schmerzhafte Erkenntnis bevor, dass sie an Stärke eingebüßt haben. Die USA als mit Abstand größte Militärmacht der Welt können noch Schlachten gewinnen, aber nach dem Sieg keine neue Ordnung mehr etablieren, wie das Debakel im Irak zeigt. Mit einem Krieg in zwei Ländern, im Irak und in Afghanistan, ist Amerika militärisch an der Grenze dessen angelangt, was es zu opfern bereit und in der Lage ist. Daraus erwächst ein Glaubwürdigkeitsdefizit, wenn Washington anderswo auf der Welt – in Nordkorea oder im Falle einer chinesischen Annexion Taiwans – damit droht einzugreifen. Amerikas länger anhaltende ökonomische Schwächephase und die hohen Kosten, die eine Erhöhung der Energieeffizienz mit sich bringen werden, lässt die Ressourcen schmaler ausfallen, die die USA für die Befriedung anderer Weltgegenden aufwenden können – die einzige verbliebene Weltmacht leidet unter »imperialer Überdehnung« (so der US-Historiker Paul Kennedy).

Als dezimierte Supermacht muss Amerika die Kooperation und den Kompromiss mit den Europäern suchen. Und zwar auf allen Gebieten. Unilaterales Vorpreschen – ob es nun den Einmarsch im Irak betrifft oder die Neuordnung der Finanzmarktregulierung – untergräbt das Vertrauen, auf das die USA nun (wieder) angewiesen sind. Unbedingt muss Washington auch der Versuchung widerstehen, die Europäer auseinander zu dividieren, wie das im Vorfeld des Irakkriegs geschah – als der damalige Verteidigungsminister die inzwischen sprichwörtliche Unterteilung zwischen »Old Europe« und »New Europe« vornahm: Plötzlich standen sich Spanien, Polen, Dänemark und andere einerseits und Frankreich und Deutschland andererseits gegenüber. Die untereinander streitlustigen Europäer laden zwar zu solchen taktischen Machtspielen geradezu ein. Amerika sollte sie sich dennoch versagen.

Die Europäer ihrerseits müssen (sich selbst und anderen) die Frage beantworten, wer eigentlich die EU regiert. Immerhin wird Europa in dieser Hinsicht mit dem Verfassungsvertrag einige Fortschritte machen, wonach es einen EU-Außenminister und einen ständigen Präsidenten des Ministerrates geben wird. Aber das wird nicht genügen. Neben derartigen institutionellen und personellen Fragen müssen sich die Europäer ihres gestiegenen Einflusses bewusst werden und der Versuchung widerstehen, sich aus ernsten internationalen Konflikten herauszuhalten. Natürlich, die Stellung am Rande des Geschehens ist im Zweifel attraktiver. Aber sie kann nur einnehmen, wer weiß, dass die Hegemonialmacht schon das Nötige tut. Was in Zeiten amerikanischer Vormacht zuweilen funktionierte, ist für eine Weltmacht Europa ein Tabu.

Internationale Verantwortung zu übernehmen, heißt eben im Zweifel auch: harte, unpopuläre Entscheidungen treffen – Kampftruppen entsenden, Wirtschaftssanktionen verhängen und durchsetzen, Menschenleben und Wohlstand aufs Spiel setzen, sich mit unkooperativen oder verbrecherischen Regierungen anderswo anlegen. Dass jedes EU-Mitgliedsland seine eigene Armee unterhält, ist vor diesem Hintergrund ein Anachronismus, den sich die Union unter den neuen Vorzeichen nicht mehr wird leisten können. Ohne die Europäer, das ist eindeutig, wird es Ordnung auf globaler Ebene in Zukunft nicht geben können.

Wider die Despoten: neue Koalitionen der Demokraten

Die Gemeinsamkeiten der großen, reifen Mächte Amerika und Europa treten in einer Welt umso deutlicher zutage, in der Despoten und Diktatoren wieder mehr Macht zuwächst. Undemokratische Systeme sind insbesondere in Ländern zu finden, die vom Rohstoffboom profitieren: Die steigenden Einnahmen fallen beim Staat an und sichern die Macht autoritärer Regime – viele rohstoffreiche Länder tappen in die Despotiefalle (siehe »Die vierte Knappheit: Energie«). Dazu kommen nochkommunistische Volkswirtschaften wie China und Vietnam. All diese Länder sind zu internationaler Kooperation nur sehr begrenzt bereit; und sie neigen dazu, ihre inneren Spannungen durch außenpolitische

Aggressivität zu lösen. Es ist daher schwierig, sie in eine Koalition der Kooperativen aufzunehmen und mit ihnen zusammen potente internationale Organisationen aufzubauen.

Hingegen gibt es eine andere Gruppe von Schwellenländern, die stabile Demokratien sind, insbesondere Indien und Brasilien. Schnellwachsende Gesellschaften und Volkswirtschaften, die längst regionale Mächte sind. Ohne sie wird es in Zukunft kaum eine stabile globale Ordnung geben können. Ihre Grundwerte und ihre Kultur sind europäisch beeinflusst, europäische Sprachen haben sich seit Generationen als Amtssprachen etabliert. Auch wenn ihr Wohlstand noch weit hinter Westeuropa und Nordamerika zurückbleibt, so werden diese Länder doch zunehmend von einer wachsenden städtischen Mittelschicht geprägt, die sich in ihrer Weltanschauung und ihrem Lebensstil nicht dramatisch von den etablierten Gesellschaften des Westens unterscheidet. Mit anderen Worten: Die aufstrebenden freiheitlichen Gesellschaften werden den etablierten reichen Ländern zusehends ähnlicher. Und je größer und mächtiger sie werden, desto mehr werden sie feststellen, dass es ohne ihre Mitwirkung keine stabile globale Ordnung geben kann. Weil die Bedeutung des Westens schwindet, sind Europäer und Amerikaner darauf angewiesen, mit den großen Demokratien der Newcomer-Staaten eine tragfähige, dauerhafte Allianz zu schmieden.

Bislang tut sich der Westen schwer damit, die großen aufstrebenden demokratischen Länder als gleichberechtigte Partner ernst zu nehmen. Den Außenpolitikern und Diplomaten gelten sie als relativ unproblematische Partner, weshalb ihre Bemühungen sich auf die aggressiveren autoritären Staaten konzentrieren. China und Russland ziehen mit ihrer breitbeinigen Politik die Aufmerksamkeit des Westens auf sich. Indien, Brasilien und andere dynamische Demokratien hingegen stehen abseits. Nebenbei bemerkt: Auch die Wirtschaft ist eher von den despotischen Regimes fasziniert. Die dortigen Führerstrukturen sind überschaubarer als die häufig chaotisch wirkenden, komplexen Demokratien. In einem autoritären Staat kann man mit wenigen guten Kontakten große Geschäfte anschieben. Es gibt schnellere Resultate, da es keine bürgerlichen Mitspracherechte und Gewaltenteilung gibt. In einer Demokratie hingegen, zumal in einer so komplexen Gesellschaft wie der indischen, sind die Wege verschlungen, Entscheidungen dauern lange; schnelles Geld zu verdienen ist schwieriger.

Es ist paradox, aber der Westen umwirbt unkooperative Staaten, während er jene Mächte, die seine eigenen Werte teilen, links liegen lässt. Perverse Signale. Länder, deren Führungen sich ruhig und verantwortungsvoll verhalten, werden nicht wirklich ernst genommen. Solche, die die internationale Ordnung gefährden, werden hingegen umworben. Wäre es dem Westen ernst mit dem Etablieren einer Ordnung für die Zukunft, müsste er sich genau entgegengesetzt verhalten. Bislang tun sich die neuen Großmächte schwer damit, konstruktive internationale Rollen zu finden. Vorsichtig tasten sie sich an eine stärkere internationale Verantwortung heran. Amerikaner und Europäer sollten ihnen dabei helfen. Zweifellos müssen die aufstrebenden Demokratien gleichberechtigte Mitglieder in den globalen Machtzirkeln werden – vor allem in den G8 und im UN-Sicherheitsrat. Daneben aber brauchen neue Zeiten auch neue Institutionen. Es geht darum, mit den Eliten der demokratischen Großmächte einen bevorzugten Austausch zu pflegen. Informell, aber auch formell.

Warum gibt es eigentlich keine globale Institution der Demokratien – eine »Liga der freien Welt« –, in der alle demokratischen Staaten Mitglied werden dürfen? Ziel wäre es, einen Konsens in wichtigen Fragen zu schaffen. Die Mitgliedschaft wäre eine Prestigefrage, wer nicht dabei sein darf, muss sich vor seiner Bevölkerung und der Weltöffentlichkeit rechtfertigen. Eine solche Liga der freien Welt würde einen Standard für den kooperativen Umgang innerhalb der Länder und zwischen den Staaten setzen.

Im Idealfall wäre die Liga der freien Welt so erfolgreich, dass nach und nach alle wichtigen Länder demokratische Standards übernähmen und Mitglied würden. Mit der Folge, dass die Liga allmählich die UNO als Weltorganisation ablösen würde.

Was die Struktur angeht, so schwebt mir ein Zwei-Kammer-System vor, das sich an der EU orientiert: einen Rat, wo Regierungsvertreter zusammensitzen, sowie eine parlamentarische Versammlung aus Abgeordneten aller Mitgliedländer. Diese Gremien dürften zunächst nicht beschlussfähig sein, weil die Sichtweisen und Interessen der einzelnen Staaten zu stark divergieren. Ziel wäre es aber, auf Dauer eine gemeinsame Sichtweise zu entwickeln – einen gemeinsamen demokratischen Blick auf globale Fragen. Je mehr sich eine solche gemeinsame Perspektive herausbildet, desto eher wird die Liga der Freien Welt tatsächlich

Beschlüsse fassen können und damit wichtige Weichenstellungen für globale Verhandlungen schaffen.

Ein Schwerpunkt der Zusammenarbeit sollte in der Ausbildung der Eliten liegen. Den Entscheidungsträgern in Politik und Verwaltung – und in der Wirtschaft – kommt eine entscheidende Rolle zu, wenn es um die Tugend der Kooperation geht. Sie sind diejenigen, die sie tatsächlich pflegen müssen. In den meisten westlichen Ländern werden sie in nationalen Eliteinstituten auf das nationale Wohlergehen eingeschworen (in Deutschland gibt es nicht mal das). Die neue Institution müsste diese nationalen Blickwinkel erweitern, indem sie den Entscheidungsträgern aller Mitgliedstaaten in zentralen Bildungsinstituten eine globale, übergreifende Perspektive eröffnete. Weltweite Kooperationsfähigkeit herzustellen ist ein langfristiges Projekt, das für Generationen angelegt ist.

Um von Anfang an mehr zu sein als ein bloßes Diskussionsforum, sollte die Liga der freien Welt ein Präsidium bekommen, in dem die großen Vier – USA, EU, Indien, Brasilien – zusammensitzen. Zwischen ihnen gäbe es eine enge, regelmäßige Zusammenarbeit auf Ebene der Regierungen, aber auch der Parlamente. Gemeinsam könnten sie globale Initiativen anstoßen. Zusammen könnten sie bei akuten Krisen intervenieren.

Sie wären ein stabilisierender Faktor in einer ansonsten immer instabileren Welt.

Die siebte Tugend:
Originalität

Dubai ist eine der sonderbarsten Städte auf Erden. Sie ist ein Produkt der Globalisierung, ein Resultat der Grenzenlosigkeit und ein Symbol für die Wurzellosigkeit einer Welt in Bewegung. In Dubai wird auf engem Raum sichtbar, welche Chancen die offene Welt bereithält – und welche seltsamen Verirrungen sie hervorbringt. Es ist gerade erst zwei Generationen her, da war der Ort ein malariaverseuchtes Kaff am Rande der arabischen Wüste. Heute ist Dubai eine Millionenstadt aus glitzernden Hochhäusern, mit künstlich bewässerten Golfplätzen und Parks, mit künstlichen Inseln im Persischen Golf, mit Skihallen voll künstlichem Schnee. Es ist eine Stadt – der Begriff führt im Falle Dubais etwas in die Irre –, die durch und durch künstlich ist. Sogar das Volk ist künstlich. Es sind zu 90 Prozent ausländische Arbeitskräfte, die dort nur für eine begrenzte Zeit bleiben dürfen: ausgemergelte pakistanische Bauarbeiter, indische Computerspezialisten, europäische und amerikanische Geschäftsleute und Ingenieure. Nur ein kleiner Kern von arabischen Bewohnern gehört zum inneren Kern der arabischen Stammesgesellschaft, in deren Zentrum der Emir steht.

Weil alles in Dubai künstlich ist, sind die Stadtplaner geradezu besessen vom Konzept des »Landmark«, des Wahrzeichens. Ein Gebäude nach dem anderen ist in den vergangenen Jahren entstanden, das der künstlichen Stadt am Golf zu einem Gesicht verhelfen soll. Ausrufezeichen in der Betonlandschaft, die Bestandteile der urbanen Ikonografie werden sollen. Mit dem Burj al Arab, einem mehr als 300 Meter hohen, segelförmigen Sieben-Sterne-Hotel, ist das gelungen. Es gehört inzwischen zu den bekanntesten Gebäuden der Welt. Es macht Dubai weltweit sichtbar.

Dubai versucht eine Originalität zu schaffen an einem Ort, wo nichts ist als Geld. Denn die Stadt steht auf keinem soliden kulturellen Fundament. Spezifisch arabisch ist immer weniger an Dubai. Die Tradition wird so stark von der angelsächsisch geprägten globalisierten Businesskultur überlagert, dass der unverwechselbare Kern kaum noch sichtbar ist. Das hat seine Vorteile: Die britisch-amerikanische Neuprägung erleichtert der weltweit mobilen Elite die Orientierung; nur noch an wenigen Ecken wirkt die Stadt morgenländisch exotisch, ansonsten ist sie wie so viele andere Metropolen: englischsprachig, klimatisiert – austauschbar. Doch genau diese Austauschbarkeit ist ein gewaltiger Nachteil: Wenn Dubai anderen Städten so stark ähnelt, warum zieht es dann so viele Menschen dorthin? Warum wird gerade dort gebaut, als gehe morgen der Beton aus?

Die Antwort ist simpel: Dubai erhebt keine Steuern, und wenn einer mit großen Summen Bargeld im Koffer kommt, um mal eben eine Immobilie cash zu bezahlen, fragt keiner so genau nach der Herkunft der Scheine. Wer auch immer sein Geld ungestört mehren will, in Dubai ist er willkommen. Schwarzgeld befeuert den Bauboom, willige internationale Spezialisten erfreuen sich an hohen Nettogehältern, Arbeiter ziehen aus armen Ländern dorthin, um ihren Familien daheim ein bescheidenes Auskommen zu sichern. Dazu kommen die satten Öleinnahmen der Region, die zum Teil durch die Stadt fließen.

Dubai ist auf Geld gebaut und auf nicht viel mehr. Aber auf Dauer wird das nicht genügen. Auf Dauer wird das Emirat seinen Bewohnern Steuern abnehmen müssen, um die immer teurere Infrastruktur zu finanzieren. Auf Dauer braucht die Stadt eine stabile Bürgerschaft, die sich engagiert: ökonomisch, kulturell, politisch. Auf Dauer braucht Dubai, wenn es sich weiter entwickeln will, eine eigene Originalität. Es muss sich differenzieren von all den anderen, schnell wachsenden Zweckmetropolen in den Schwellenländern. An dieser Differenzierung arbeiten der Emir und seine Leute, indem sie Landmarks in die Wüste setzen, indem sie europäische Hochkultur importieren, indem sie neue Wirtschaftszweige ansiedeln von Logistik über Gesundheit bis Software. Ob diese Bemühungen letztlich fruchten, ob man die Entwicklung von oben planen kann, ohne gleichzeitig bürgerliche Freiheiten und Mitspracherechte zuzulassen – ohne eine von unten gewachsene Kultur –, ist zweifelhaft. Es wäre eine Überraschung.

Das Beispiel Dubai zeigt, wie zentral die Tugend der Originalität in der Ära der Globalisierung ist. Wer nicht auf Gewachsenes zurückgreifen kann, versucht, eine Retortenoriginalität zu erzeugen. Eine Weltwirtschaft, die sich vor allem aufs Kopieren kapriziert, lechzt geradezu nach Originärem und Originellem (siehe »Die zweite Knappheit: Geist«). In einer Zeit, in der Wissen, Kapital und hochqualifizierte Menschen mobil sind, müssen Standorte in der Lage sein, diese mobilen Faktoren an sich zu binden. Geld allein genügt nicht. Es muss noch etwas dazukommen: ein kulturelles Bindegewebe und eine gemeinsame Identität, die eine Gesellschaft zusammenhalten, die die leistungsfähigen Mobilen zum freiwilligen Bleiben bewegen und ihnen Solidarität mit den weniger Glücklichen abverlangen können; ein kollektiver *Spirit*, ein verbindendes Wir-Gefühl, das die Gesellschaft antreibt; Sichtbarkeit und Unverwechselbarkeit nach außen, die mobile Ressourcen von anderswo anziehen.

Jede Gesellschaft braucht eine Vorstellung davon, wer sie ist, was sie von anderen unterscheidet, was sie besonders gut kann. Denn dies ist ja der Standardratschlag der klassischen Außenhandelstheorie: Wenn die Grenzen offen sind, sollte sich jede Nation auf das konzentrieren, was sie besser kann als andere. Jede Gesellschaft muss in der Lage sein, sich unter den sich rasch verändernden Bedingungen der Globalisierung Wettbewerbsvorteile zu erarbeiten.

Auch im Zeitalter der Globalisierung ist die Welt nicht »flach«, wie häufig in Anlehnung an das vielzitierte Buch des US-Publizisten Thomas Friedman behauptet wird.[1] Sie ist im Gegenteil sogar ziemlich gebirgig. Nur ist die globale Wirtschaftsgeografie inzwischen so beschaffen, dass die Berge rasch erodieren können und dass sich anderswo neue Erhebungen auftürmen. Mobile Produktionsfaktoren lagern sich mal hier und mal dort ab. Es kommt darauf an, sie zu binden.

Strategien für Millionen: Metropolenraum Europa

Ballungsräume sind die Erhebungen in der ökonomischen Landschaft. Zwar wurde seit den neunziger Jahren immer mal wieder der »Tod der Distanz« ausgerufen. Dahinter steckte die Vorstellung, die ökonomische Aktivität breite sich, dank Internet und anderer Informationsübertragungswege, gleichmäßig in der Fläche aus. Ganz so als könne künftig auch jeder Bewohner entlegener Weltwinkel seine Leistungen online weltweit anbieten, ganz so als könne und wolle er immer mehr digitale Güter konsumieren, die er online geliefert bekommt und be-zahlt. Doch all das wird nicht eintreten: Die wirtschaftliche Entwick-lung konzentriert sich, gerade weil sie wissens- und kreativitätsgetrie-ben ist, auf die Ballungsräume. Die globalisierte Wirtschaft ist ein Netzwerk aus Metropolen, die miteinander in Verbindung stehen. Die Peripherie spielt nur noch eine Nebenrolle.

Die Stadt bleibt der schicksalhafte Ort menschlichen Fortschritts. Mehr denn je werden die Ballungsräume zu Brennpunkten ökonomi-scher Aktivität. Eine Politik, die auf Kreativität und Wachstum setzt, sollte die Städte fördern und Entleerungstendenzen dünnbesiedelter Landstriche unterstützen statt zu behindern. Sie sollte die Originalität der Metropole, ihre Einzigartigkeit in den Mittelpunkt der Überlegun-gen zu stellen: Differenzierung zwischen Standorten entsteht in der Globalisierung durch gewachsene Eigenarten. Erst die in der Tradition wurzelnde Kultur macht Metropolen einzigartig. Sie stiftet Identität und Attraktivität. Gesichtslose Superstädte gibt es heute reichlich – in China, im Mittleren Osten, in den USA. Staat und Politik sollten des-halb nicht blind internationale Standards imitieren, sondern helfen, eine eigene Ikonografie zu entwickeln.

Das alte Europa mit seinen tief in der Geschichte verwurzelten Bal-lungsräumen verfügt über eine natürliche Originalität. Ein großer Vor-teil für den Kontinent, aus dem er mehr machen könnte. Innerhalb der EU finden sich einige der attraktivsten Großstädte der Welt. Dies ist das Ergebnis einer Studie der Standortberatung Contor und der Wissen-schaftlichen Hochschule für Unternehmensführung (WHU).[2] Die Auto-ren haben mehr als 1200 EU-Regionen (Kategorie »Nuts 3«) analysiert. Mehrere Dutzend Indikatoren gingen in die aufwändige Untersuchung ein, die Europa aus drei unterschiedlichen Perspektiven betrachtet: mit den Augen eines Industrieinvestors, der nach dem besten Kosten-Pro-duktivitäts-Verhältnis sucht; mit den Augen eines Hightech-Unterneh-mers, der hochqualifizierte Leute sucht und internationale Anbindun-gen braucht; und mit den Augen eines Investors, den die langfristigen Entwicklungsperspektiven der jeweiligen Region interessieren.

Als ich die Studie mit den Autoren für einen Artikel diskutierte und mir die Zahlen genauer ansah, fiel mir auf, dass sich als Ergebnis eine europäische Champions League herausbildete. Es gab insgesamt zehn Regionen, die jeweils in zwei der drei Szenarien ganz oben landeten.

Und es waren allesamt Metropolen mit unverwechselbarem Profil, mit eigener kultureller Prägung und eigener ökonomischer Spezialisierung. Und dies sind keine Billigstandorte, sondern teure, teils sehr teure Regionen. Dass sie sich so hohe Kosten leisten können, spricht gerade für sie – billig kann man schließlich überall auf der Welt.

- *Paris.* Den potentesten Ballungsraum auf dem Kontinent bilden Paris und sein Umland. 1 Million Menschen mit wissenschaftlich-technischer Bildung lebt dort – eine gigantische Ansammlung von Technologiefirmen, Forschungsinstituten, Eliteunis. Frankreichs Zentralgestirn verzeichnet die höchste regionale Wirtschafts- und Kaufkraft in der EU.
- *Stuttgart.* Der schwäbische Wirtschaftsraum zwischen Main-Tau-ber-Kreis, Heidenheim und Böblingen ist (neben Paris) die wichtigste Technologieregion Europas. Nirgends sonst in der EU ist die Hochtechnologendichte (21 Prozent der Beschäftigten) so groß. Folge: sehr hohes und weiter steigendes Pro-Kopf-Einkommen.
- *Luxemburg.* Das kleine Herz Europas überrascht mit vielen Pluspunkten. Dank hoher Produktivität lässt sich im Finanzzentrum auch relativ günstig produzieren. Für Investoren, die am lokalen Markt interessiert sind, ist Luxemburg trotz geringer Bevölkerungszahl attraktiv: Das sehr hohe Sozialprodukt pro Kopf sorgt für üppige regionale Kaufkraft.
- *Dublin:* Irland, vor allem die Zentralregion um Dublin, weist sehr hohe Produktivitätswerte auf; pro Beschäftigten erwirtschaftet die Industrie doppelt so viel wie im EU-Durchschnitt. Die Lohnstückkosten liegen so niedrig wie kaum irgendwo sonst in Westeuropa. Günstige demografische Daten tragen zu exzellenten Wachstumsaussichten bei.
- *Barcelona.* Die katalanische Metropole ist eine der größten Industrieregionen der EU. Und sie ist relativ billig: Auch 2010, so die WHU-Prognose, wird ein Arbeitnehmer nur 28 000 Euro jährlich verdienen – ein Drittel weniger als der EU-Durchschnitt. Fehlende Produktivität gleichen die Spanier mit niedrigen Löhnen und langen Arbeitszeiten aus (184 Stunden monatlich).
- *Madrid.* Spaniens Hauptstadt hat einen rasanten Aufstieg zu einer der Topmetropolen Europas geschafft. Nicht nur als Industrie-, auch

als Dienstleistungs- und Wissenschaftszentrum ist Madrid von wachsender Bedeutung. Viele Multis steuern von hier aus ihr Lateinamerikageschäft.

- *Helsinki.* Der relativ dicht besiedelte Streifen im Süden Finnlands mit den Städten Helsinki, Turku und Tampere gehört zu den besten Industrie- und Tech-Regionen in der EU. Finnland, Sieger der Pisa-Studien, punktet mit enger Verzahnung zwischen Bildungs- und Forschungseinrichtungen und Technologieunternehmen (Nokia).
- *Wien.* Eine der billigsten Großstädte Europas ist die einstige Habsburger Metropole. Die Lohnstückkosten sind relativ niedrig, die Arbeitszeiten lang. Weitere Pluspunkte: niedrige Ertragssteuern (25 Prozent), gute Infrastruktur. Als östlichster Vorposten des Westens ist Wien das Dienstleistungszentrum für neue EU-Länder wie Ungarn, Slowakei, Tschechien.
- *Mailand.* Rund um die norditalienische Metropole erstreckt sich die größte Industrieregion Europas: 1,6 Millionen produzierende Beschäftigte. Die Lohnstückkosten sind moderat. Die Akademikerdichte ist relativ gering, die Produktivität Durchschnitt. Auch als Dienstleistungszentrum entwickelt sich Mailand dank guter Infrastruktur und der Lage mitten in Europa.
- *Kopenhagen.* Teuer ist die dänische Metropole, keine Frage. Die Arbeitskosten gehören zu den höchsten der EU. Doch Kopenhagen und sein Umland beiderseits des Øresunds bilden ein potentes Hightech-Zentrum. Kaum irgendwo sonst in Europa ist die Akademikerdichte so groß (31 Prozent der Beschäftigten). Die Stadt gilt als sauber, sicher und praktisch korruptionsfrei.

Diese zehn Metropolen spannen eine Art ökonomisches Kraftfeld über Europa auf. Sie machen deutlich, dass es nirgendwo auf der Welt eine so große Vielfalt der Kulturen, Lifestyles und wirtschaftlichen Profile auf so engem Raum gibt. Europa insgesamt mag sich nicht sonderlich gut nach außen verkaufen, aber seine Metropolen schlagen sich hervorragend im globalen Wettbewerb. Und sie erfinden sich immer wieder aufs Neue.

Zum Beispiel Kopenhagen. Als Jens Kramer Mikkelsen 1989 Bürgermeister von Kopenhagen wurde, steckten Dänemark und seine Hauptstadt in einer tiefen Krise: Explodierende Staatsschulden, stagnierende

Wirtschaft, die Arbeitslosenquote in der Stadt war zweistellig. Depression und Frust – Kopenhagen war der kranke Mann am Øresund. »Dann«, erzählte mir Kramer Mikkelsen, »entschieden wir uns, gegen die Krise anzuinvestieren.« Es wurde viel Geld ausgegeben – für Bildung, für den Ausbau des Nahverkehrs und des Flughafens, für Kultur. »Und die öffentlichen Investitionen haben später private nach sich gezogen. Es ist fast ein Märchen, wie sich die Stadt verändert hat«, schwärmte Jens Kramer Mikkelsen, der bis 2004, vier Legislaturperioden lang, im Amt war.

Die Rettung Kopenhagens war eine nationale Aufgabe. Ihr größtes Einzelprojekt: der Bau der Øresund-Brücke, die seit dem Jahr 2000 Kopenhagen mit dem südschwedischen Malmö verbindet. Sie hat eine grenzüberschreitende Metropolregion von mehr als 3 Millionen Menschen geschaffen, einen attraktiven Standort für Softwareentwickler und Biotechnologen, für Logistikexperten und Designer. Kopenhagen ist eine blitzsaubere, freundliche, sichere Stadt – mit hohen Steuern und sehr hohen Löhnen. Aber, so Kramer Mikkelsen gelassen, »exzellente Leute sind nun mal nicht billig«. Der Erfolg der Edelmetropolstrategie ist beeindruckend, auch weil er belegt, dass der schärfere Wettbewerb mit Niedriglohnstandorten – in Osteuropa oder in China – nicht zu einem Rattenrennen nach unten führen muss.

Dies ist die Erfahrung der Topmetropolen: Originalität und Selbstbewusstsein zahlen sich aus. Nur Deutschland als Ganzes tut sich schwer damit.

Warum immer mehr Deutsche das Land verlassen

Im Sommer 2006 lernte ich Patrick Teroerde kennen. Er hatte mir eine E-Mail geschrieben, weil er Auszüge meines Buchs *Wirtschaftsfaktor Patriotismus* gelesen hatte, Thesen, die ihn offenbar provoziert hatten. Er lebte in einem Zwiespalt: Einerseits verstand als er sich als »Patriot«. Andererseits war er ausgewandert, hatte sich also, wenn man so will, unpatriotisch verhalten: war nach England gezogen. Teroerde ist einer von jenen Hunderttausenden Deutschen, die in den vergangenen Jahren die Bundesrepublik verlassen haben. Als ich an einem Artikel über diesen neudeutschen Exodus recherchierte, verabredete ich mich mit ihm in London. Nun saßen wir bei Steak und Bier in einem Restaurant im schicken Londoner Stadtteil Chelsea, sprachen über seine Geschichte und seine Beweggründe. Wie so viele Deutsche schien er an seinem Deutschsein zu leiden.

Teroerde, damals 31 Jahre alt, ein Mann von aristokratischer Haltung, sah sich keineswegs als vaterlandsloser Geselle: »Ich halte überhaupt nichts davon, mich vor der Verantwortung zu drücken.« Obwohl er größtenteils in den USA und in Frankreich aufgewachsen war, hatte er seinen Wehrdienst in Deutschland abgeleistet. Das habe er als seine Pflicht angesehen, erzählte er. Dennoch war er gegangen, im Herbst 2002, als Rot-Grün wiedergewählt worden war. »Da habe ich mir gesagt: Jetzt muss ich hier weg.« Der Finanzexperte lagerte seinen Hausstand bei einem Freund in Frankfurt im Keller ein (wo die Sachen zum Zeitpunkt unseres Gesprächs immer noch herumstanden), packte ein paar Koffer, stieg ins Auto und zog nach London. Es sei eine ganz spontane Entscheidung gewesen, sagte Teroerde. Und keine leichte dazu: Die Beziehung zu seiner Freundin überlebte die Übersiedlung nicht. Dennoch entschied er: »In einem so deprimierenden Umfeld wollte ich nicht weiter arbeiten.«

Inzwischen war er für eine Schweizer Investmentgruppe in der britischen Hauptstadt tätig, die sich auch an deutschen Mittelständlern beteiligte. Da lag es nahe, dass sich Teroerde immer wieder die Frage stellte, ob er nicht nach Deutschland zurückkehren und von dort aus arbeiten sollte. Aber er hatte sich immer wieder dagegen entschieden. Insbesondere weil ihn die deutsche Politik abschreckte: »Ich habe nicht das Gefühl, dass ich denen da in Berlin trauen kann. Wer weiß, was denen noch alles einfällt.«

Teroerde ist Teil einer Massenbewegung. Eine gigantische Auswanderungswelle hat die Bundesrepublik erfasst. Es verlassen so viele Deutsche das Land wie seit Generationen nicht mehr. Rund 150 000 gehen Jahr für Jahr, 60 Prozent mehr als Anfang der neunziger Jahre. In Wirklichkeit dürften die Zahlen noch höher liegen. Denn von der offiziellen Statistik werden all jene Bundesbürger nicht erfasst, die vergessen, sich beim Fortzug ordnungsgemäß abzumelden. Tatsächlich wandern inzwischen wohl rund 250 000 Deutsche jährlich aus, vermuten Migrationsforscher.

Während Auswanderershows im Privat-TV (*Mein neues Leben XXL*) deutsche Maurer in Kanada, Tischler in Südafrika oder Tanzlehrer in Connecticut präsentieren und dem breiten Publikum den Traum vom fröhlicheren Sein jenseits deutscher Grenzen einpflanzen, während knapp ein Viertel der Gesamtbevölkerung inzwischen mit dem Gedanken spielt, ins Ausland zu gehen, sind die Besten und die Reichen tatsächlich auf dem Sprung. Berechnungen der OECD zeigen: Es gehen deutlich mehr Akademiker aus Deutschland fort, als aus dem Ausland herkommen. Vielen anderen Nationen – nicht nur klassischen Einwanderungsländern wie den USA, Kanada und Australien, sondern auch der Schweiz oder Schweden – gelingt es hingegen, einen stattlichen Einwanderungsüberschuss bei den hoch Qualifizierten zu verbuchen.[3]

Das unterscheidet die heutige Emigrationswelle von früheren: Im 19. und frühen 20. Jahrhundert gingen vor allem Angehörige der Unterschicht: Arbeiter, kleine Bauern, Dienstmädchen. Schlichte Leute ohne Vermögen und höhere Bildung, aber mit dem unbedingten Willen, sich nicht in ihr Schicksal zu fügen. Inzwischen sind die typischen Auswanderer jung, gebildet, hoch motiviert und international erfahren. Ihnen steht eine grenzenlose Welt offen, und sie wägen ihre Chancen sorgfältig ab, überlegen genau, wo sie sich am besten entfalten können. In einer Umfrage des Sozio-ökonomischen Panels 2007 gaben 23,5 Prozent der interviewten Bundesbürger an, in letzter Zeit über Auswanderung nachgedacht zu haben. In der Altersgruppe bis 40 Jahre waren es sogar 34 Prozent. Glücklicherweise realisiert nur ein kleiner Teil von ihnen seine Ideen.[4]

Auswanderungswellen entwickeln eine Eigendynamik: Emigranten berichten ihren Bekannten daheim, wie gut es ihnen im Ausland gefällt, daraufhin entschließen sich weitere Menschen zur Übersiedlung und so weiter. Rollt die Welle erstmal, dann ist sie schwer zu stoppen, selbst wenn die »Push-Faktoren«, wie Migrationsforscher die die Fortzugsgründe nennen, schwächer werden.

Das Fernweh der Bundesbürger wäre kein Problem, wenn entsprechend viele Ausländer nach Deutschland kämen und den Fortzug kompensierten. Doch mit der Attraktivität Deutschlands ist es nicht mehr weit her: Anders als noch in den Jahren 1950 bis 2000 – damals wanderten im Durchschnitt 200 000 Menschen jährlich mehr ein als aus – ist der Nettoeinwanderungssaldo immer weiter gesunken und nähert sich der Nulllinie. Für die alternde deutsche Gesellschaft wird die Abwanderung zur schwer tragbaren Hypothek. Sie bedroht den Wohlstand der Gesellschaft. Weil hierzulande seit Jahrzehnten nur wenige Kinder geboren werden, ist Deutschland darauf angewiesen, möglichst viele qualifizierte Ausländer anzulocken – und möglichst viele Inländer zu halten. Andernfalls beschleunigt sich die heraufziehende demografische Krise – was der Auswanderungswelle noch mehr Schwung geben könnte.

Warum eigentlich gehen die Leute? Dieser Frage habe ich in diversen Interviews nachgespürt. Wie bei Patrick Teroerde ist es eine Mischung aus objektiven Beweggründen – der bessere Job, die niedrigeren Steuern im Ausland – und ganz emotionalen Faktoren, die die Menschen aus Deutschland forttreiben. Was die Auswanderungswelle tatsächlich ankurbelt, sind kulturelle Gründe. Dieses Fazit ziehe ich aus einer Online-Befragung bei deutschen Auswanderern, die ich selbst Ende 2006 durchgeführt habe. Auf den Artikel, für den ich auch Teroerde interviewt hatte, schrieben rund 500 Leute Internet-Beiträge in einen Blog, die meisten von ihnen neudeutsche Auswanderer. Diesen Leuten mailte ich einen Fragebogen zu. Warum waren sie gegangen? Welche Erfahrungen haben sie im Ausland gemacht? Was könnte sie zur Rückkehr bewegen? Es ist eine der raren empirischen Untersuchungen unter Menschen, die tatsächlich das Land verlassen haben.

Die Ergebnisse? Nun ja, deprimierend – jedenfalls aus Sicht der Zurückbleibenden.[5]

- *Es sind vor allem kulturelle Faktoren, die die Befragten außer Landes getrieben haben.* Dies sind die drei am häufigsten genannten Gründe: im Ausland gibt es mehr Möglichkeiten, sich zu entfalten (80,6 Prozent); zu viel Bürokratie, zu viele Vorschriften in Deutschland (66 Prozent); pessimistische Grundstimmung (65 Prozent). Mit deutlichem Abstand folgte dann noch die Antwort »schlechtes soziales Klima« (37 Prozent).

- *Harte wirtschaftliche Gründe spielen bei der Emigrationsentscheidung eine wichtige, aber zweitrangige Rolle:* »Zu hohe Steuern und Abgaben« (64 Prozent) war erst der vierthäufigste Grund zu gehen; auf Platz sechs folgte »schlechte Zukunftsaussichten in Deutschland« (60 Prozent). 52 Prozent gaben an, man finde »hier keinen

Job«. Immerhin 30 Prozent meinten, ihre Kinder hätten in anderen Ländern eine bessere Zukunft vor sich.

- *Die Erfahrungen der Emigranten im Ausland sind überaus positiv.* 81 Prozent gaben an, ihre Erwartungen hätten sich erfüllt. 77 Prozent fanden ihr Leben im Ausland angenehmer. 69 Prozent hatten erlebt, dass es leicht war, im Job Fuß zu fassen. Nur 28 Prozent stimmten der Aussage zu, das Leben sei härter im Ausland. Lediglich 25 Prozent hatten die Erfahrung gemacht, dass es schwierig war, im Ausland Freunde zu finden. 11 Prozent gaben Sprachprobleme an, 7 Prozent hatten Probleme mit kulturellen Unterschieden. Ganze 3 Prozent zeigten sich »enttäuscht von den Erfahrungen« am Zielort.

- *Wer ausgewandert ist, kommt nicht so leicht zurück.* Befragt nach Entwicklungen, die sie zu einer Rückkehr nach Deutschland bewegen könnten, zeigten sich die Befragten verhalten. Mit 57 Prozent war die Antwort »ein attraktives Jobangebot aus Deutschland« der am häufigsten genannte Grund, gefolgt von »niedrigere Steuern und Abgaben« (49 Prozent) und Wünschen von Partnern und Familien (41 Prozent). 24 Prozent sagten, ein nachhaltiger Aufschwung könne sie zur Rückkehr bewegen, genauso viele antworteten, »nichts« könne ihre Entscheidung im Ausland zu leben rückgängig machen.

Aus den Zahlen lässt sich ablesen, wie weit die Globalisierung die Mobilitätshürden abgetragen hat. Anders als bei früheren Wanderungswellen im 19. oder frühen 20. Jahrhundert sind die Transportkosten heute zu vernachlässigen. Für ein paar Tausend Euro bekommt man Flugtickets und einen Container, in dem man seinen Hausstand ans andere Ende der Welt schaffen kann. Die kulturellen Differenzen sind zusammengeschrumpft, die Unsicherheiten über das Leben am Zielort sind dank Internet und Tourismus fast verschwunden. Innerhalb der Europäischen Union kann man seinen Wohn- und Arbeitsort frei wählen. Internationale Unternehmen entsenden Mitarbeiter rund um den Globus. Entsprechend leicht fällt die Entscheidung zu gehen. Entsprechend leicht könnten die Auswanderer auch wieder zurückkehren. Der Lebensmittelpunkt ist kein fixer Ort mehr, sondern eine Option auf Zeit, die man jederzeit neu wählen kann.

Darum dreht sich eine Kontroverse der Migrationsforscher: Kommen die meisten derjenigen, die in den vergangenen Jahren Deutschland verlassen haben, wieder zurück? Ja, vermuten beispielsweise die Autoren der schon erwähnten Studie aus dem Sozio-ökonomischen Panel, deshalb stelle die Abwanderung kein nachhaltiges Problem dar.[6] Der Osnabrücker Professor Klaus Bade ist anderer Ansicht. Mir gegenüber wählte er deutliche Worte: »Wir befinden uns in einer migratorisch suizidalen Situation. Es gelingt uns immer schlechter, jungen, fähigen Leuten hier in Deutschland eine Perspektive zu bieten.« Nachdem ich die Ergebnisse unserer Umfrage gesehen habe, neige ich Bades These zu. Wir haben es mit einem massiven Problem zu tun – und mit einem Phänomen, das nicht so leicht zu erklären ist. Es geht letztlich um das Selbstverständnis der Deutschen.

Deutschland – irgendwie originell, aber nicht sonderlich attraktiv

Hier kommt der Faktor Originalität ins Spiel: jene positiv besetzte kulturelle Differenzierung gegenüber anderen Gemeinwesen. Deutschlands Identität ist brüchig. Es ist kein positiv gestimmtes, optimistisches Gemeinwesen mit einem attraktiven Selbstbild. Entsprechend schwierig ist es, die mobilen Inländer zu halten und die mobilen Ausländer anzulocken. Die Bindekräfte der deutschen Gesellschaft sind nicht sonderlich groß. Die Umfrageergebnisse zeigen kulturelle Abstoßungseffekte. Immer noch ist die deutsche Identität befleckt von den Verbrechen des »Dritten Reiches«, immer noch schafft die Geschichte Vorbehalte, im Ausland, aber auch bei den Deutschen selbst. Verständlicherweise, angesichts der Monstrosität des Holocaust. Bis heute und für die absehbare Zukunft lasten die NS-Verbrechen auf dem deutschen Wesen.

Als Ersatzidentität fanden die Westdeutschen das »Wirtschaftswunder«. Nach der totalen militärischen und moralischen Niederlage am Ende des Zweiten Weltkriegs rekonstruierten sie sich als reine Wirtschaftsnation; sie wurden »D-Mark-Patrioten«. Ansatzpunkte dafür fanden sie im 19. Jahrhundert, bereits damals war der wirtschaftliche Aufstieg des Deutschen Reiches Kristallisationspunkt des Nationalgefühls. Doch als die ökonomische Dynamik nachließ, entstand ein Vakuum, das die Deutschen nicht in der Lage waren zu füllen. Wiedervereinigung und Globalisierung und später die demografische Wende ließen die Wirtschaft erlahmen – mit der Konsequenz, dass die nationale Identität implodierte. Im Zuge des langen relativen wirtschaftlichen Niedergangs verlor die ökonomische Nation ihre Mitte (siehe »Die vierte Tugend: Solidarität«). Mit der Konsequenz, dass die Bindekräfte dieser Gesellschaft nicht sonderlich groß sind. Die Deutschen – sie fühlen sich nicht uneingeschränkt gut miteinander. Und so benehmen sie sich auch.

Es gab allerdings ein paar Wochen, in denen die Bundesbürger Urlaub von ihrer beladenen Wir-Identität nahmen: damals während der Fußball-Weltmeisterschaft 2006 – die man bezeichnenderweise als »Sommermärchen« titulierte, so irreal erschien die schwarz-rot-goldene Seligkeit im Nachhinein. Damals überraschten sich die Deutschen selbst: Sie waren fröhlich, offen und gastfreundlich und sogar auf entspannte Art patriotisch. Eigentlich ganz undeutsch.

Die ökonomischen Wirkungen dieser großen Party dürfe man nicht unterschätzen, erzählte Stephen Schwarzman, der Gründer von Blackstone, einer der weltgrößten Private-Equity-Gesellschaft, in einem Interview, das ich gemeinsam mit zwei Kollegen mit ihm führte:[7] Aus aller Welt seien in jenem Sommer »Leute hergekommen, die noch nie hier waren und die zuvor ein eher mäßiges Deutschlandbild hatten. Aber das hat sich geändert: Die Spiele waren toll – ich selbst war beim Finale in Berlin –, es funktionierte alles perfekt; es war sehr sicher; die Menschen waren höflich. Einige meiner Blackstone-Partner, die noch nie hier waren, brachten ihre Familien mit und machten ein, zwei Wochen Urlaub. Sie sahen vier Spiele, reisten herum. Dann kamen sie zurück und sagten: Das war wirklich toll.« Es seien Erlebnisse gewesen, die sich in künftigen ökonomischen Entscheidungen niederschlagen dürften:»Die Weltmeisterschaft hat Deutschland in einen neuen Glanz gehüllt. Es ist schwierig, Leute dazu zu bringen, an Orten zu investieren, an denen sie niemals waren. Die WM wird das Bild von Deutschland nachhaltig aufhellen.«

Leider verblasste der schwarz-rot-goldene Glanz binnen weniger Monate wieder. Vom jenem neuen Deutschlandgefühl ist nicht viel geblieben, jedenfalls nicht bei den Deutschen selbst. Die alte Skepsis, der quälende Pessimismus ist längst zurückgekehrt. Auch das ist irgendwie originell – aber nicht sonderlich attraktiv.

Als Bezugspunkte einer nachhaltig positiv besetzten Originalität bieten sich den Deutschen die Regionen an (siehe auch »Die vierte Tugend: Solidarität«). Während die Nation nach dem Zweiten Weltkrieg etwas tendenziell Negatives, bestenfalls Rationales (»Verfassungspatriotismus«) war, klammerten sich die Bundesbürger emotional an den Begriff »Heimat«. Der typisch neudeutsche Heimatbegriff bietet einen Anker für die Identität der bundesrepublikanischen Gesellschaft in der Ära der Globalisierung. Hinter dem Konzept »Heimat« verbergen sich individuelle Bindungen an kleinräumige Strukturen – die Landschaft, die Gegend, den Landstrich, die örtliche Färbung der Sprache, der Dialekt, regionale Begriffe, regionale Bräuche und regionale Küche. Zwar hat bei den Kommunikations-, Konsum- und Feiergewohnheiten im Laufe 20. Jahrhundert eine starke Annäherung stattgefunden, aber es ist unübersehbar, dass die regionalen Identitäten nach wie vor lebendig sind.

Hier liegt der Schlüssel zur Beantwortung der neuen deutschen Frage: Einerseits gibt es einen Bundesstaat, der aber unzureichend emotional unterfüttert ist. Andererseits gibt es lebendige regionale Identitäten, die aber im staatlichen System unzureichende Entsprechungen finden. Die Bundesländer und insbesondere ihre Regierungen haben es in der Hand, dieser regionalen Identität durch Taten, Worte und Symbole Anknüpfungspunkte in der gegenwärtigen Realität zu geben. Ohne einen ausgeprägten, aufgeklärten und offenen Regionalpatriotismus zu pflegen, wird es in Deutschland schwierig, jene emotionalen Bindungen zu stiften, die man braucht, um kluge Köpfe anzulocken und zu halten, auf denen die Kreativökonomie fußt. Sie gehen dahin, wo das Leben am schönsten, leichtesten, angenehmsten ist, wo sie willkommen sind, wo sich ihnen Entfaltungsmöglichkeiten bieten.

Eine Gesellschaft ohne positives Selbstbild – ohne einladende Originalität – wird die mobilen Personen der Welt kaum halten, geschweige denn anlocken können.

Epilog: Unsere bewegte Zukunft

»Mein Gott, ist das alles düster«, haben mir Leute gesagt, die Teile des Manuskripts gelesen hatten. Wirklich? Wenn alles gut geht – das heißt, wenn sich alle vernünftig verhalten –, schreckt mich die Zukunft nicht.

Soll ich Ihnen erzählen, wie ich mir mein Leben im Jahr 2030 vorstelle? Ich bin 64 Jahre, hoffentlich fit, arbeite etwa so viel wie heute, nur die Wochenenden halte ich mir jetzt meist frei, die brauche ich inzwischen zum Erholen. An Ruhestand ist nicht zu denken. Meine Frau und ich waren zwar in der glücklichen Lage, einiges an Geld sparen zu können, aber für einen Ruhestand, wie ihn meine Mutter genossen hat, reicht es beim besten Willen nicht. Warum auch? Statistisch beträgt meine Lebenserwartung noch rund zwei Jahrzehnte. Was soll ich mit all der Zeit anfangen, wenn nicht arbeiten? Ich bin froh, dass ich einer Tätigkeit nachgehe, die mir Spaß macht und bei der physische Leistungsfähigkeit nicht so wichtig ist. Häufig arbeite ich zu Hause. Wenn ich ins Büro fahre, nehme ich den Zug. Mein Auto – ein Elektromodell, wie sie jetzt üblich sind – benutze ich nur noch am Wochenende für Ausflüge (auch Strom ist teuer geworden). Vielleicht suche mir gerade neue Auftraggeber, vielleicht mache ich einen Mandarin-Kurs, vielleicht spiele ich nebenher in Kaffeehäusern Klavier. Das Leben ist voller Möglichkeiten, immer noch.

Meine Frau und ich reden jetzt häufiger mit Freunden darüber, ob wir nicht zusammenziehen sollten. Unser Haus ist groß genug, unsere Tochter, inzwischen 27, ist längst ausgezogen (ihr Studium war übrigens sündhaft teuer, wahrscheinlich ist in den vergangenen Jahren nichts so stark im Preis gestiegen wie hochwertige Bildung). Mit einigen Um- und Anbaumaßnahmen ließe sich das Haus in mehrere abgeschlossene kleine Wohnungen unterteilen. Wir stellen es uns spannend und lustig vor, mit Freunden zusammenzuwohnen. Derzeit erinnern wir uns wieder viel an studentische WG-Zeiten und träumen von einer

Neuauflage. Auch einige Geschäftsideen haben wir schon ventiliert, vielleicht gründen wir zusammen eine Firma. Daneben sprechen auch ein paar ganz pragmatische Gründe fürs Zusammenziehen: Wir alle könnten eine Menge Geld sparen – die Heizkosten sind inzwischen horrend, die Bodenpreise in den Ballungsräumen enorm gestiegen, und wenn wir irgendwann mal körperlich abbauen, könnten wir uns gegenseitig helfen, vielleicht sogar eine Hilfskraft einstellen.

Aber noch ist es nicht so weit. Noch sind wir beruflich so engagiert, dass wir einfach keine Zeit haben, uns darum zu kümmern. Kann auch sein, dass ich aus beruflichen Gründen noch mal umziehen muss. Lust habe ich dazu eigentlich nicht, zumal das Wetter in Norddeutschland deutlich besser geworden ist. Vor allem die Sommer sind nicht mehr so rau wie früher.

In unserer Nachbarschaft haben sich in den letzten Jahren viele Inder niedergelassen. Seit die Europäische Regierung eine gezielte Anwerbeaktion gestartet hat, entdecken immer mehr Inder den europäischen Kontinent als Siedlungsraum. Großbritannien ist inzwischen ziemlich dicht besiedelt und teuer, aber in Deutschland und in Osteuropa tun sich durch den Bevölkerungsrückgang leere Räume auf, und die Städte sind immer noch vital und attraktiv. Da Indien, inzwischen das bevölkerungsreichste Land der Erde, extrem eng besiedelt ist, hat eine kleine Völkerwanderung eingesetzt. Auch immer mehr Afrikaner kommen nach Europa, dank eines Stipendienprogramms für junge Akademiker.

Wissen Sie, was ich am meisten vermisse? Muße. Müßiggang. Ich muss häufig daran denken, wie ruhig und beschaulich meine Eltern gelebt und gearbeitet haben. Gut, das ist inzwischen ein halbes Jahrhundert her. Es scheint, als beschleunige sich das Leben immer mehr. So viel Neues wird in die Welt gesetzt, überall auf dem Globus. Die Erde ist jetzt voll von Kreativen, die neue Ideen, neue Verfahren, neue Produkte ersinnen und sie sofort über die vielen Kommunikations- und Transportkanäle in alle Länder hinausblasen. Auf dem Laufenden zu bleiben, darauf zu reagieren, ist manchmal etwas ermüdend. Aber andererseits würden wir es doch nicht anders wollen: Wir leben in spannenden Zeiten.

Es hätte schlimmer kommen können.

Literatur

Aaronson, Stephanie, Bruce Fallick, Andrew Figura, Jonathan Pingle, William Wascher (2006): »The Recent Decline in Labor Force Participation and its Implications for Potential Labor Supply.« Working Paper Board of Governors of the Federal Reserve System, Division of Research and Statistics, März

Adema, Willem, Maxime Ladaique (2005): »Net Social Expenditure, 2005 Edition. More comprehensive measures of social support«. OECD Social, Employment and Migration Working Papers, Nr. 29

Allianz/Universität Hohenheim (2008): »Die Stimmungslage der Nation im Frühjahr 2008. Allianz-Zuversichtsindex. Eine gemeinschaftliche Studie der Allianz Deutschland AG und der Universität Hohenheim«. März

Aziz, Jahangir, Steven Danaway (2007): »China's Rebalancing Act«. In: *Finance & Delevopment*. September, Volume 44, Nr. 3

Baldwin, Richard (2006): »Globalisation: the great unbundling(s)«. Paper prepared for the Project »Globalisation Challenges for Europe and Finland«.

Bartsch, Elga (2007): »The Economics of Climate Change – a Primer«. Morgan Stanley Europe Research Paper. 3. Oktober

B.A.T. Institut für Freizeitforschung (2003): »Arbeiten wie die Eltern – fest angestellt und mit geregeltem Feierabend«. In: *Freizeit aktuell*, Ausgabe 172. Hamburg

Batini, Nicoletta, Tim Callen, Warwick McKibbin (2006): »The Global Impact of Demgraphic Change«. IMF Working Paper WP-06–9

Beetsma, Roe,l Heikki Oksanen (2007): »Pension Systems, Aging and the stability and growth pact«. Economic Paper European Commission

Bellini, Elena, Gianmardco I.P. Ottaviano, Dino Pinelli, Giovanni Prarolo (2008): »Cultural Diversity and Economic Performance: Evidence from European Regions«. HWWI Research Paper 3–14, April

Bertelsmann-Stiftung (2007): Soziale Gerechtigkeit 2007 Ergebnisse einer repräsentativen Bürgerumfrage. Gütersloh, Dezember 2007

BITKOM (2007): Studie von BITKOM/Techconsult und BITKOM zum Fachkräftemangel 2007

Bolte, Karl Martin, Dieter Knappe, Josef Schmid (1980): *Bevölkerung*. Opladen

Bönte, Werner, Oliver Falck, Stephan Heblich (2007): »Demography and innovative Entrepreneurship«. CESifo Working Paper Nr. 2.115. October

Brenke, Karl (2007): »Die Bedeutung der Älteren auf dem Arbeitsmarkt nimmt deutlich zu«. In: *DIW Wochenbericht 21/2007* vom 23. Mai

Buchhorn, Eva, Henrik Müller,Klaus Werle (2004): »Unsere bewegte Zukunft«. In: *manager magazin* 6/04, S. 171–179

Bude, Heinz (2004): Elitewechsel. Deutsche Führungsgruppen zwischen »Bonner« und »Berliner Republik«. In: Ronald Kitzler, Stefan Hornbostel, Cornelia Mohr. Elitenmacht. Wiesbaden, S. 295–314

Bundesamt für Bauwesen und Raumordnung (2004): »Bevölkerungsprognose für die Raumordnungsregionen 2020«

Bundesministerium für Forschung und Technologie BMBF (2007): *Bericht zur Technologischen Leistungsfähigkeit Deutschlands*. Berlin

Corneo, Giacomo (2002): »Television and Work«. Institute for the Study of Labour Working Paper Nr. 376. Dezember

De Meyer, Arnoud (2004): »Renewal and Innovation. A condition of the health of nations«. In: *OECD Observer*, 24. Juli

Deutsche Bundesbank (2006): »Vermögensbildung und Finanzierung im Jahr 2005«. In: *Monatsbericht Juni*, S. 15–33

Deutsche Bundesbank (2007): »Vermögensbildung und Finanzierung im Jahr 2006.« In: *Monatsbericht Juni*, S. 17–33

Diehl, Claudia, Steffen Mau, Jürgen Schupp (2008): »Auswanderung von Deutschen: kein dauerhafter Verlust von Hochschulabsolventen«. In: *DIW Wochenbericht* 5

Ecologic Institute for International and European Environmental Policy (2007): »EU Water Saving Potential. Final report«. 19. Juli

Egon Zehnder International (2007): »Bildung – Schlüssel zur Wettbewerbsfähigkeit von Executives, Unternehmen und Volkswirtschaften«. 3. International Executive Panel, Februar

Eichengreen, Barry (2007): »Verschärfte Konflikte«. In: *manager magazin* 7/2007, S. 104–107

Eichengreen, Barry/David Leblang (2006): »Globalization and Democracy«. BIS working papers Nr. 219. November

Eurobarometer (2007): »European Social Reality. Special Eurobarometer«. Februar

Eurobarometer (2008): *Eurobarometer 68. Befragung zwischen September und November 2007. Nationaler Bericht Deutschland*. Brüssel

Europäische Kommission (2006): »The Impact of Aging on public expenditure: Projections for the EU25 member states on pensions, health care, long-term care, education and unemployment benefits (2004–2050)«. European Economy, Special Report Nr. 1

Europäische Kommission (2007): »Quarterly Report on the Euro Area«. Bd. 6, Nr. 4. Dezember. .

Europäische Kommission/Eurostat (2006): »External and intra-european trade. Statistical Yearbook, 1958–2005«

Europäische Zentralbank EZB (2007): »The European Union's Common Agricultural Policy against the Background of Globally Rising Food Prices«. In: *Monthly Bulletin*, Dezember, S. 60–61

Europäische Zentralbank EZB (2008): »Globalization, Trade and the Euro Area Macroeconomy«. In: *Monthly Bulletin*, Januar, S. 75–88

Fischer, Christian, Jan Schiefer, Sebastian Schornberg (2007): *Study on the Future Opportunities and Challenges in EU-China Trade and Investment Relations.* Study 6: *Agriculture*. Brüssel

Frank, Robert (2007): *Richistan: A Journey through the 21st Century wealth boom and the lives of the new rich*. London

Friedman, Thomas (2005): *The World is flat. A brief history of the 21rst Century.* New York City. Deutsche Ausgabe: *Die Welt ist flach.* Frankfurt/Main 2008

Goldman Sachs (2008): *The Revenge of the Old `Political´ Economy. The sustainablity of higher long-term commodity Prices, Part III.* Goldman Sachs Commodities Research, 14. März

Gorbatschow, Michail (2007): »Klimawandel und Wasserknappheit.« Gastkommentar in: »Die Welt«, 6. Juni, S. 14

Gottschalk, Sandra, Helmut Fryges, Georg Metzger, Diana Heger, Georg Licht (2007): »Start-ups zwischen Forschung und Finanzierung: Gründungsgeschehen in Deutschland«. Mannheim, Juni

Grey, David, Claudia W. Sadoff (2006): »Water for Growth and Development«. In: *Thematic Documents of the IV. World Water Forum.* Comision Nacional del Agua. Mexico City

Hahn, Robert, Caroline Cecot (2007): »The Benefits and Costs of Ethanol. AEI-Brookings Joint Center for Regulatory Studies«. Working Paper 07–17. November

Hamermesh, Daniel (2003): »Ihr seid die Champions im Nichtarbeiten«. In: *manager magazin* 9/03, S. 98

Hertsgaard, Mark (2007): »On the front lines of Climate Change. Adapting to a warmer planet«. In: *Time Magazine,* 9. April, S. 84

Hirn, Wolfgang, Henrik Müller (2007): »Westwärts«. In: *manager magazin* 4/07, S. 120–128

Ihrke, Joachim, Krystina Becker (2007): *Study on the Future Opportunities and Challenges in EU-China Trade and Investment Relations.* Study 1: *Mashinery.* Brüssel

Inchino, Andrea, Guido Schwerdt, Rudolf Winter-Ebmer,Josef Zweimüller (2007): »Too Old to Work, too young to retire?« CESifo Working Nr. 2.118. Oktober

Inglehart, Ronald (2008): »Changing Values among Western Publics from 1970 to 2006«. In: *West European Politics,* Bd.. 31, Nr. 1–2, 130–146, Januar–März

Institut der deutschen Wirtschaft IW (2007): »Fachkräftemangel. Ingenieure fehlen«. In: *IW Dienst* vom 6. Dezember

Institut für Arbeitsmarkt- und Berufsforschung IAB (2007): »Standortbedingungen und Beschäftigung in den Regionen West- und Ostdeutschlands. Ergebnisse des IAB Betriebspanels 2006«. IAB Forschungsbericht Nr. 5

International Energy Agency IEA (2007): *World Energy Outlook 2007. The Impact of China and India.* Paris

International Panel on Climate Change IPCC (2007): »IPCC Fourth Assessment Report«

Internationaler Währungsfonds IWF (2001): *World Economic Outlook Spring 2001.* Washington

Internationaler Währungsfonds IWF (2007): *World Economic Outlook Spring 2007,* Washington

Internationaler Währungsfonds IWF (2008): *Global Financial Stability Report. Containing Risks and Restoring Soundness.* Washington

James, Harold (2005): *Familienunternehmen in Europa. Haniel, Wendel und Falck.* München

James, Harold (2007): »Instabile Situation«. In: *manager magazin,* 1/2008, S. 106–108

Junius, Karsten, Ulrich Kater, Carsten-Patrick Meier, Henrik Müller (2002): *Handbuch Europäische Zentralbank,* Bad Soden

Just, Tobias, Christian Thater (2008): »Megacitiys: Wachstum ohne Grenzen«. Deutsche Bank Research. Aktuelle Themen 412, 21. Februar

Kemfert, Claudia (2008): »Kosten des Klimawandels ungleich verteilt: Wirtschaftsschwache Bundesländer trifft es am härtesten«. In: *DIW Wochenbericht* 12–13

Keynes, John Maynard (1936): *The General Theory of Employment, Interest, and Money*. Cambrigde. Deutsche Ausgabe: *Allgemeine Theorie der Beschäftigung, des Zinses und des Geldes*. Berlin 2006

Keynes, John Maynard (1924): Vorwort zu Harald Wright: *Bevölkerung*. Berlin

Klär, Erik/Jirka Slacalek (2006): »Entwicklung der Sparquote in Deutschland – Hindernis für die Entwicklung der Konsumnachfrage«. In: *DIW Wochenbericht* 40

Lamy, Pascal (2007): »Neues Spiel«. Interview in: *manager magazin* 12/2007, S. 164–167

Lüttich, Henner, Jürgen Weigand (2007): *Boomplaces 2010. Die Top-Regionen in der EU für Industrie, Hochtechnologie und Investitionen*. Norderstedt

Maddison, Angus (2001): *The World Economy. A Millenial Perspective*. Paris

Malone, Thomas (2004): *The Future of Work*. Boston

Malthus, Thomas Robert (1798): An Essay on the Principle on Population, London, Google Books Faksimile: http://books.google.de/books?id=ngQAAAAMAAJ &printsec=titlepage&dq=Thomas+Robert+Malthus&psp=1&source=gbs_ summary_r&cad=0#PPR1,M1. Deutsche Ausgabe: *Das Bevölkerungsgesetz*. München 1977

manager magazin/Psephos (2007): »Der Wirtschaftsstandort Deutschland und die Berufs- und Lebensperspektiven der jungen Managergeneration. Repräsentativerhebung November 2006 bis Januar 2007, durchgeführt von Psephos Institut für Markt-, Politik- und Sozialforschung im Auftrag des *manager magazin*«. 29. Januar . Unveröffentlicht.

Müller, Henrik (1999a): *Großmacht Euro – Sprengsatz für die Weltwirtschaft?*, Bonn

Müller, Henrik (1999b): *Wechselkurspolitik des Eurolandes – Konfliktstoff für die neue währungspolitische Ära*, Frankfurt/Main

Müller, Henrik (2004): *Wirtschaftsirrtümer. Richtigstellungen von Arbeitszeitverkürzung bis Zinspolitik*. Frankfurt/Main

Müller, Henrik (2006a): *Wirtschaftsfaktor Patriotismus, Vaterlandsliebe in Zeiten der Globalisierung*. Frankfurt/Main

Müller, Henrik (2006b): »Die Zukunft der Arbeit«. In: *manager magazin* 4/06, S. 120–130

Müller, Henrik (2006c): »Ihr fehlt uns«. In: *manager magazin* 7/06, S. 86–92

Müller, Henrik (2006d): »Falsche Freunde«. In: *manager magazin* 12/06, S. 162–172

Müller, Henrik (2006e): »Die Lehrstellen-Lüge«. In: *manager magazin* 9/06, S. 98–106

Müller, Henrik (2007a): »No Direction Home. Ergebnisse einer Umfrage zu Motiven, Erfahrungen und Plänen von ausgewanderten und auswanderungswilligen Deutschen für *manager magazin* und manager magazin.de«. Auf: http:// www.manager-magazin.de/unternehmen/artikel/0,2828,460 263,00.html

Müller, Henrik (2007b): »Der Geist ist schwach«. In: *manager magazin* 3/07, S. 94–100

Müller, Henrik (2007c): »It's (still) a men's world«. In: *manager magazin* 12/07, S. 168

Müller, Henrik (2008): »Das Weltgeld«. In: *manager magazin* 2/2008, S. 90–98

Nicholls, R. J., S. Hanson, C. Herweijer, N. Patmore, S. Hallegatte, J. Corfee-Morlot, J. Chateau, R. Muir-Wood (2007): »Ranking Port Cities with high exposure and vulnerability to Climate Extremes«. Environment Working Papers Nr. 1. Environment Directorate. OECD

Nicodème, Gaëtan (2006): »Corporate Tax Competition and Coordination in the European Union: What Do We Know? Where Do We Stand?«. Economic Papers Nr. 250 Directorate General for Economic and Financial Affairs, Juni

Nye, Joseph (2004): *Soft Power: The means to success in world politics.* New York

Organisation für Wirtschaftliche Zusammenarbeit und Entwicklung OECD (2006a): *Competetive Cities in the World Economy.* Paris

Organisation für Wirtschaftliche Zusammenarbeit und Entwicklung OECD (2007a): *Education at a Glance.* Paris

Organisation für Wirtschaftliche Zusammenarbeit und Entwicklung OECD (2007b): *Employment Outlook.* Paris

Organisation für wirtschaftliche Zusammenarbeit und Entwicklung OECD (2007c): »Economic Outlook May 2007«

Organisation für wirtschaftliche Zusammenarbeit und Entwicklung OECD (2007d): *Infrastructure to 2030. Volume 2. Mapping Policy for Electricity, Water and Transport.* Paris

Organisation für wirtschaftliche Zusammenarbeit und Entwicklung OECD (2007e): *Key Environmental Indicators.* Paris

Organisation für wirtschaftliche Zusammenarbeit und Entwicklung OECD (2007f): *Environmental Performance Reviews China.* Paris

Organisation für wirtschaftliche Zusammenarbeit und Entwicklung OECD (2007g): *Economic Survey of the United States of America.* Paris

Organisation für wirtschaftliche Zusammenarbeit und Entwicklung OECD (2007h): *Society at a Glance.* 2007

Organisation für wirtschaftliche Zusammenarbeit und Entwicklung OECD (2007i): *Taxing Wages.* 2007

Organisation für wirtschaftliche Zusammenarbeit und Entwicklung OECD (2007j): *Revenue Statistics 1965–2006.* Paris

Organisation für wirtschaftliche Zusammenarbeit und Entwicklung OECD (2008): *OECD Factbook 2008.* Paris

Organisation für wirtschaftliche Zusammenarbeit und Entwicklung OECD/FAO (2007): »Agricultural Outlook 2007–2016«

Paddington, Arch (2008): »Is the Tide Turning? Findings of Freedom in the World 2008«. Washington DC, Januar

Roland Berger Strategy Consultants/TNS opinion (2008): »Topmanagers Survey on the Euro«

Sachverständigenrat zur Begutachtung der gesamtwirtschaftlichen Entwicklung SVR (2003): »Staatsfinanzen konsolidieren – Steuersystem reformieren«. Jahresgutachten 2003/2004

Sachverständigenrat zur Begutachtung der gesamtwirtschaftlichen Entwicklung SVR (2007): »Das Erreichte nicht verspielen«. Jahresgutachten 2007/2008

Sager, Wilhelm (2006): »Wasser – Als Kriegsgrund ungeeignet«. In: *Europäische Sicherheit*, 1. September , S. 34

Schumacher, Dirk, Jan Hatzius, Tetsufumi Yamakawa (2007): »Rising Income Inequality in the G 3 countries«. Goldman Sachs Global Economics Papers Nr. 158, 6. Juli

Schwarzman, Stephen (2006): »Es gibt tolle Firmen hier«. Interview in: *manager magazin* 10/06 S. 80–86

Sheiner, Louise, David Sichel, Lawrence Slifman (2007): »A Primer on the Macroeconomic Implications of Population Aging«. Finance and Economics Discussion Series 2007–01, Federal Reserve Board, Washington DC

Sinn, Hans-Werner, Silke Übelmesser (2000): »Wann kippt Deutschland um?«, In: *Ifo Schnelldienst.* 28–29, S. 20–25

Statistisches Bundesamt Destatis (2003): *Wo bleibt die Zeit? Die Zeitverwendung der Bevölkerung 2001/2.* Wiesbaden

Statistisches Bundesamt Destatis (2007): *Statistisches Jahrbuch für die Bundesrepublik Deutschland.* Wiesbaden

Stern, Nikolas (2007): *Stern Review – The economics on climate Change.* London

Summers, Lawrence H. (2007): »Opportunities in an era of large and official Wealth«. In: Sovereign Wealth Management. Central Banking Publications. London

Tabellini, Guido (2005): »Culture and Institutions: Economic Development int the Regions of Europe«. CESifo Working Paper Nr. 1492, Juli

Thun, Eric (2007): *Study on the Future Opportunities and Challenges in EU-China Trade and Investment Relations.* Study 3: *Transport Equipment – Automotive.* Brüssel

United Nations Organisation UNO (2007): *World Population Prospects. The 2006 Revion. Highlight.* New York

United Nations Development Programme UNDP (2006): »Human Development Report 2006. Beyond Scarcity: Power, Poverty and the Global Water Crisis«

Veenhoven, Ruut (1997): »Advances in Understanding Happiness.« Veröffentlicht auf Französisch in: *Revue Québécoise de Psychologie,* 1997, Bd. 18, S. 29-74

Weber, Max (1996): *Die protestantische Ethik und der »Geist« des Kapitalismus.* Textausgabe auf der Grundlage der ersten Fassung von 1904/05, 2. Auflage. Weinheim

Weisser, Ursula (1995): »Tod in Hamburg. Die große Choleraepidemie von 1892 im Zeichen der neuen bakteriologischen Seuchenlehre«. Vortrag im Wissenschaftshistorischen Kolloquium des Medzinhistorischen Instituts der Universität Mainz, 7. Februar

Weltbank (2007): *Global Economic Prospects. Managing the next Wave of Globalization.* Washington

Werner, Götz (2007): *Einkommen für Alle!,* Köln

Anmerkungen

Einleitung

1 Umfragen zufolge ist dieser Wert zwischen 2005 und 2008 von gut 50 auf über 80 Prozent gestiegen. Vgl. z. B. http://www.npr.org/templates/story/ story.php?storyId=90451351&ft=1&f=3.
2 Vgl. Eurobarometer (2007), Frage 17.

Teil I: Die sieben Knappheiten

Die erste Knappheit: *Menschen*

1 Keynes (1924), S. IV.
2 Keynes (1936).
3 UNO (2007), S. 1.
4 Diese und die im Folgenden genannten Zahlen für einzelne Länder entstammen der mittleren Variante der UNO-Projektionen über Fertilität und Lebenserwartung. Das niedrige Szenario errechnet bis 2050 eine Weltbevölkerung von 7,8 Milliarden, das hohe Szenario von 10,8 Milliarden. (UNO, 2007, S. 1).
5 UNO (2007), Tabelle A. 8 im Anhang.
6 Zum Folgenden vgl. Bolte et al. (1980), S. 50 ff.
7 Vgl. Weltbank (2007).
8 Europäische Kommission (2006), S. 35 ff.
9 Vgl. Sheiner et al. (2007), S. 37.
10 Vgl. Aaronson et al. (2006), S. 59.
11 Beetsma/Oksanen (2007), S. 5.
12 Vgl. z. B. IWF (2001), S. 107.
13 Deutsche Bundesbank (2007), S. 19.
14 Vgl. Adema/Ladaique (2005).
15 Vgl. Sheiner et al. (2007).
16 Für eine Darstellung der Reform des Stabilitäts- und Wachstumspakts vgl. z. B. Beetsma/Oksanen (2007), S. 10 ff.
17 Vgl. Müller (1999a, 1999b) sowie Junius et al. (2002), S. 418 ff.

Die zweite Knappheit: *Geist*

1 Vgl. Hirn/Müller (2007).
2 Vgl. Statistisches Bundesamt Destatis (2007).
3 Vgl. Thun (2007).
4 Vgl. Ihrke/Becker (2007).
5 Vgl. Internationaler Währungsfonds (IWF) (2007), S. 162.
6 Vgl. IWF (2007), S. 162.
7 Vgl. IWF (2007), S. 172.
8 Vgl. Interview mit Andreas Schleicher für manager magazin.de.
9 Vgl. Institut der deutschen Wirtschaft (IW) (2007).
10 Vgl. Müller (2007b).
11 Vgl. Bitkom (2007).
12 Vgl. Egon Zehnder International (2007).
13 Organisation für Wirtschaftliche Zusammenarbeit und Entwicklung (OECD) (2007a), S. 38.
14 Vgl. Müller (2006e).

Die dritte Knappheit: *Zeit*

1 Vgl. Statistisches Bundesamt Destatis (2003).
2 Eine Umfrage unter jüngeren deutschen Managern (bis 40 Jahre) für das *manager magazin* um die Jahreswende 2006/7 ergab, dass 40 Prozent von ihnen 51 bis 60 Stunden pro Woche arbeiten, 20 Prozent arbeiten sogar mehr als 60 Stunden pro Woche. Unter 40 Stunden arbeitet praktisch keiner von ihnen. Vgl. *manager magazin*/Psephos (2007), Tabelle 10.
3 Vgl. Corneo (2002).
4 Vgl. Statistisches Bundesamt Destatis (2003).
5 Vgl. auch Hamermesh (2003).
6 Vgl. Maddison (2001), Tabellen E-1 bis E-11.
7 Vgl. OECD (2007b), Tabelle F im Anhang.
8 Vgl. Institut für Arbeitsmarkt- und Berufsforschung (IAB) (2007), S. 73 ff.
9 Vgl. Brenke (2007).
10 Vgl. *manager magazin*/Psephos (2007).
11 Vgl. De Meyer (2004).
12 In meinem Buch *Wirtschaftsfaktor Patriotismus* habe ich mich ausführlich mit diesen Fragen beschäftigt. Lesern jenes Buches werden die Kernaussagen dieser Passage bekannt vorkommen. Vgl. Müller (2006a), insbesondere Kapitel 4.
13 Vgl. Bude (2004).

Die vierte Knappheit: *Energie*

1 Vgl. International Energy Agency (IEA) (2007), S. 41.
2 Vgl. IEA (2007), S. 215.

3 Vgl. IEA (2007), S. 142.
4 Vgl. IEA (2007), S. 594.
5 Motorräder nicht mitgerechnet. IPCC (2007), Abbildung 5.5.
6 Vgl. IEA (2007), S. 81.
7 Vgl. IEA (2007), S. 84.
8 Vgl. IEA (2007), S. 97.
9 Vgl. IEA (2007), S. 91.
10 Vgl. IEA (2007), Kap. 4.
11 Alle Treibhausgase, gerechnet in CO_2-Äquivalenten.
12 Vgl. International Panel on Climate Change (IPCC) (2007), S. 330.
13 Vgl. IPCC (2007), S. 328.
14 Vgl. IPCC (2007), S. 325.
15 Vgl. Stern (2007), Teil II, 5.

Die fünfte Knappheit: *Macht*

1 Vgl. Nye (2004).
2 Vgl. IWF (2007), Tabelle A im Anhang.
3 Vgl. Europäische Kommission/Eurostat (2006), Tabelle 1A.
4 Vgl. Müller (2008).
5 Vgl. Roland Berger/TNS opinion (2008).
6 Vgl. Europäische Kommission (2007), 26 f.
7 Summe aus Aktien- und Anleihemärktekapitalisierung sowie Bankaktiva im Jahr 2006, umgerechnet in 2006er US-Dollar. Vgl. Europäische Kommission (2007).
8 Vgl. auch James (2007).
9 Zugegeben, dies ist ein umstrittenes Vorgehen, weil ökonomische Freiheiten keine Rolle spielen, weil auch die Freiheit von Not, die viele despotische Länder dank Globalisierung und Wachstum in den vergangenen Jahren erreichen konnten, nicht berücksichtigt wird. Aber Freedom House vertritt die Auffassung, dass Freiheit und Menschenrechte nicht durch ökonomische Kriterien relativiert werden dürfen – dass Freiheit ein so hohes Gut ist, dass man es den Bürgern nicht abkaufen kann. Ein respektabler Ansatz.
10 Vgl. Paddington (2008).
11 Vgl. Eichengreen (2007).
12 Vgl. Eichengreen/Leblang (2006).
13 Vgl. Eurobarometer (2008), S. 37 ff.
14 Vgl. Bertelsmann-Stiftung (2007), S. 5.
15 Mit der Rolle der Eliten in Deutschland und dem schwierigen Verhältnis der verschiedenen Teileliten in Politik, Wirtschaft, Wissenschaft, Gewerkschaften, Kultur, Publizistik et cetera. untereinander habe ich mich eingehend in meinem Buch *Wirtschaftsfaktor Patriotismus* befasst. Vgl. Müller (2006a), Kap. 4 und 5.

Die sechste Knappheit: *Boden*

1 Vgl. Organisation für wirtschaftliche Zusammenarbeit und Entwicklung (OECD)/FAO (2007), S. 20 ff.
2 Vgl. International Panel on Climate Change (IPCC) (2007), S. 502.
3 IPCC (2007), S. 501 ff.
4 Vgl. IPCC (2007), S. 499.
5 Bei dieser Zahl handelt es sich um den Durchschnitt der Jahre 2000 bis 2005. Vgl. IPCC (2007), S. 543 ff.
6 Vgl. IPCC (2007), S. 545.
7 Vgl. OECD (2006a), S. 36 ff.
8 OECD (2006a), S. 13 ff.
9 Vgl. OECD (2006a). S. 30 ff.
10 Vgl.Bundesamt für Bauwesen und Raumordnung (BBR) (2004).
11 Vgl. Stern (2007), S. 101.
12 Vgl. IPCC (2007), S. 13.
13 Vgl. Stern (2007), S. 104 ff.
14 Vgl. Stern (2007), Teil II, 5. S. 1 ff.
15 Zwar stellt der Stern-Report einen Anstieg des Meeresspiegels um fünf bis zwölf Meter in Aussicht, aber erst für »kommende Jahrhunderte und Jahrtausende« (Vgl. Stern 2007, Part II, 3, S. 81) Derart lange Zeiträume dürften der Menschheit genug Reaktionsmöglichkeiten eröffnen, um dieses Szenario abwenden zu können.
16 Vgl. Stern (2007), S. 76 f.
17 Vgl. Hertsgaard (2007).
18 Siehe http://ccsr.columbia.edu.
19 Vgl. Nicholls et al. (2007), S. 33.

Die siebte Knappheit: *Wasser*

1 Weisser (1995).
2 Vgl. OECD (2007d), S. 282 f.
3 Vgl. United Nations Development Programme (UNDP) (2006), S. 29.
4 Vgl. UNDP (2006), S. 31.
5 *Berliner Zeitung* vom 10. Januar 2006, S. 8.
6 *Frankfurter Rundschau* vom 21. Februar 2007, S. 14.
7 *Focus* vom 22. Mai 2006, S. 128.
8 *Zeit Wissen* vom 4. April 2007, S. 26.
9 *Frankfurter Rundschau* vom 13. August 2007, S. 8.
10 *Rheinischer Merkur* vom 21. Juni 2007, S. 16.
11 *Welt am Sonntag* vom 3. Dezember 2006, S. 36.
12 *Handelsblatt* vom 21. Mai 2007, S.b05.
13 UNDP (2006), S. 34.
14 UNDP (2006), S. 137 ff.

15 Vgl. OECD (2007e), S. 22.
16 Vgl. UNDP (2006), Kap. 6.
17 Vgl. UNDP (2006), S. 142 ff.
18 Vgl. OECD (2007f), S. 95 ff.
19 Vgl. Stern (2007), S. 101 f.
20 Vgl. IPCC (2007), Kap. 11 sowie S. 766 ff.
21 Vgl. Ecologic Institute for International and European Environmental Policy (2007).
22 Vgl. UNDP (2006), S. 148 f.
23 Vgl. OECD (2007d), 269 ff
24 Vgl. UNDP (2006), Kap. 6.
25 Vgl. Sager (2006).

Teil II: Die sieben Tugenden

Die erste Tugend: *Arbeit*

1 Vgl. Europäische Kommission (2006).
2 Vgl. OECD (2007b), Tabellen B. Alle Zahlen beziehen sich auf die Altersgruppe 15 bis 64 Jahre im Jahr 2006.
3 Vgl. OECD (2007h), S. 85.
4 Vgl. Weber (1996).
5 Vgl. B.A.T. (2003).
6 Vgl. Sachverständigenrat zur Begutachtung der gesamtwirtschaftlichen Entwicklung (SVR) (2007), Tabelle 17*.
7 Vgl. OECD (2007i), S. 17.

Die zweite Tugend: *Sparsamkeit*

1 Den gibt es wirklich. Seinen echten, vollständigen Namen verschweige ich natürlich an dieser Stelle.
2 Vgl. OECD (2007c), Tabelle 23 im Anhang, sowie OECD (2008), S. 43. Die nationalen Werte lassen sich zwischen den Staaten nur bedingt vergleichen, insbesondere wegen der unterschiedlichen Rentensysteme. Über die Jahre sind aber in vielen OECD-Ländern die nationalen Sparquoten gesunken.
3 Vgl. Deutsche Bundesbank (2006), S. 24, sowie Deutsche Bundesbank (2007), S. 24.
4 Vgl. OECD (2007c), Tabelle 32 im Anhang.
5 Vgl. Klär/Slacalek (2006), S. 540 f.
6 Vgl. Schumacher et al. (2007), S. 14 ff.
7 Einen reichen Fundus an Anschauungsmaterial über den Lifestyle der neuen Reichen in den USA liefert das äußerst lesenswerte Buch *Richistan* des US-Journalisten Robert Frank (2007).

8 Vgl. SVR (2003), S. 26 ff.
9 Vgl. Summers (2007).
10 Vgl. OECD (2007j).
11 Vgl. United Nations Development Programme (UNDP) (2006), Kap. 5.
12 Vgl. Ecologic (2007).
13 Vgl. z. B. Veenhoven (1997).
14 Vgl. z. B. Inglehart (2008).

Die dritte Tugend: *Kreativität*

1 Vgl. Gottschalk et al. (2007).
2 Vgl. James (2005).
3 Vgl. Müller (2006b).
4 Vgl. Malone (2004).

Die vierte Tugend: *Solidarität*

1 Die Zahlen dieses Abschnitts entstammen dem Eurobarometer (2007).
2 Zu diesem Abschnitt und den folgenden vgl. detailliert Müller (2006a),
   Kap. 2, und die dort angegebene Literatur.
3 Vgl. OECD (2007j).
4 Vgl. Nicodème (2006).
5 Vgl. Werner (2007).
6 Vgl. Sinn/Übelmesser (2000), S. 25.

Die fünfte Tugend: *Offenheit*

1 Vgl. Batini et al. (2006), S. 15.
2 Vgl. IWF (2008), S. 131.

Die sechste Tugend: *Kooperation*

1 Das Gewicht eines einzelnen Landes richtet sich nur zu 5 Prozent nach
   seinen Reserven, zu 15 Prozent nach seiner ökonomischen Stabilität, zu 30
   Prozent nach seiner Offenheit und zu 50 Prozent nach seinem Bruttoinlandsprodukt (das wiederum zu 60 Prozent zu Marktwechselkursen und
   zu 40 Prozent zu Kaufkraftparitäten in die Rechnung eingeht). Zusätzlich
   wird es eine »Ad hoc«-Anpassung der Stimmengewichte geben.
2 Ende 2006 hatten ausweislich laut Bundesbank-Statistiken 62 Staaten
   feste Wechselkurse (formaler »Peg«, »crawling peg« oder »Currency Board«),
   darunter China und die Golf-Staaten. Weitere 53 Staaten verfolgten eine

Strategie des »managed floating«, bei der die Notenbanken regelmäßig den Wechselkurs beeinflussen, darunter Russland und Indien.

3 Vgl. OECD (2008), S. 111 und 117.

Die siebte Tugend: *Originalität*

1 Vgl. Friedman (2005).
2 Vgl. Lüttich/Weigand (2007).
3 Vgl. OECD (2008), S. 23 ff.
4 Vgl. Diehl et al. (2008). Die Autoren kommen zu dem Ergebnis, es gebe nicht unbedingt einen »brain drain« aus Deutschland, sondern eine »brain circulation«; viele kämen nach einer Zeit im Ausland wieder zurück. Tatsächlich ist dies die Erfahrung der Vergangenheit. Ob sich dies auch in Zukunft fortsetzt, bleibt abzuwarten.
5 Vgl. Müller (2007a). Dort finden sich auch weitere Angaben zur Umfrage.
6 Vgl. Diehl et al. (2008).
7 Vgl. Schwarzman (2006).